RIETI
Research Institute of Economy, Trade & Industry, IAA

雇用システムの
再構築に向けて

日本の働き方をいかに**変**えるか

鶴光太郎［編著］

日本評論社

はじめに

　2018年6月に働き方改革法案が成立し、2019年4月から順次施行されている。その大きなポイントはいうまでもなく、時間外労働の上限規制の導入と非正規雇用労働者に対する不合理な待遇格差の解消のための法整備である。正規雇用労働者、非正規労働者にとって最も切実な課題がそれぞれ長時間労働是正、処遇の改善であることを考えると、そこに正面から切り込んでいくといった歴史的な改革が実行できたといえるであろう。もちろん、その内容を子細にみていけば、今後、改善や再検討を要する部分がないわけではない。

　より重要なのは、政府の働き方改革への取り組みをきっかけにして、その実施を先取りするような形で、大企業を中心に働き方改革の「うねり」は既に起こり、勢いを増しながら広がってきているところである。まさに、働き方改革を巡り企業が競い合っているといっても過言ではない。長時間労働削減だけでなく、自社の課題に合わせて多様な働き方改革を進めている企業と他社がやっているからという消極的な理由で形だけ制度を整えて「やっている感」に自己満足している企業との間には大きな差がでてきているようだ。

　働き方改革の取り組みに差がでてきている一つの背景としては、働き方改革への理解が企業、従業員とも必ずしも十分でないことが挙げられる。働き方改革はなぜ必要なのか。もちろん、従業員の働きやすさを高めるといったベネフィットがあることはいうまでもない。しかし、より重要なのは、これまでの日本的といわれてきた雇用・人事システムをどう捉え、その課題は何か、そして、その克服をするためにはどのような改革が必要であるかについての適切な理解である。それなしでは有効な働き方改革を進めることはできないであろう。

　日本的雇用システムとは何であったか、どこが変わり、どこが変わらなかったか、その大局的かつ客観的評価は専門家の間でも必ずしも十分共有されているとはいえない状況だ。80年代後半、日本が国際的にも高い競争力を誇っていた時期は、日本の雇用システムは礼賛の対象であった。一方、90年代以降、バブルの崩壊、経済の低迷の中で「会社人間」、「過労死」といった言葉に象徴されるように、

iii

一転、批判の対象になっていった。かつての「終身雇用」は幻想であり、日本的な雇用システムは崩壊の危機にあるような言動もしばしば繰り返されてきた。

しかし、第1章で詳しくみるように、日本的雇用システムの大きな特徴である長期雇用は驚くほど変わっていない。むしろ、90年代以降の日本経済が直面した大きな環境変化の中で労使ともに中高年の雇用を守ると決断したことがその「しわ寄せ」を通じて雇用システムの他の要素に大きな変化を引き起こした。新卒採用抑制（氷河期世代の現出）、非正規雇用増大、正社員の責任・負担増、賃金上昇の期待喪失がそれであり、日本経済に「大きな影」を落とすことになった。

また、日本の雇用システムの特徴といわれる長期雇用や、後払い型賃金（年功賃金）は80年代までの高成長を遂げてきたマクロ経済環境とは補完的で良くフィットしてきたが、低成長の時代には維持しにくくなっていることは確かだ。しかし、そうした特徴よりも、様々な労働・雇用問題の本質には、80年代、90年代にはまだ意識されることが少なかった、無限定正社員システム（職務、勤務地、労働時間が限定されていないという日本の正社員特有の特徴）が密接に関わっていることが明らかになってきた。

こうした認識の下で、本書では、日本が直面する様々な雇用・労働問題に対する分析、改革提言などを行う場合も、すべて、日本の雇用システム全体をどのように再構築するべきかという観点につなげて議論していきたい。雇用システムの様々な要素はそれぞれ補完的な関係にあり、どれか一つだけ変えるということは難しいためだ。また、雇用システムの再構築を議論する場合、教育システムへの議論は避けては通れない。本書では教育システムまで視点を広げて、検討を進めることにしたい。

本書の構成と内容

まず、本書は6部構成となっている。第1部：総論、第2部：歴史で日本の雇用システムの全体を鳥瞰した上で、雇用システムの各サブシステムの議論に続く。具体的には、第3部では、人事管理システムに焦点を当てた上で、第4部：賃金システム、第5部：労働時間システムといった働き方改革の中心的なテーマを扱う。第6部では教育システムに関連したある特定のトピックについてカバーする。

はじめに

第1部：総論

　第1部（総論）は、第1章（**鶴論文**）で構成されている。ここでは、日本の雇用システムの3つの定型化された特徴と指摘されてきた長期雇用、後払い賃金、遅い昇進の変遷をサーベイした後、その根幹にある問題点を無限定正社員システムと捉えた上で、ジョブ型正社員システムのデフォルト化に向けたビッグバン・アプローチを提唱する。また、働き方改革との関係については、ICTの活用などを通じて生産性向上を両立するための具体的な方策を論じる。さらに、最近政策的にも注目が集まっている、雇用の「入口」（新卒一括採用）と「出口」（高齢者雇用）を論じた上で、最後に、AI時代における雇用システムの再構築に向けた指針を提示する

第2部：歴史

　第2部（歴史）は、第2章（**中林・森本論文**）と第3章（**梅崎・八代論文**）で構成されており、日本の雇用システムを歴史的な視点から振り返る。まず、戦前においては、日本においても流動的な労働市場が存在していたことが知られているが、第2章は、産業革命期から現在に至る長期の経済発展の中で日本の雇用システムを位置付ける。欧米に比べて極めて早い時期（19世紀末）に「移動の自由」を確立した日本においては、非常に高い流動性が1920年代までにおける労働市場の特徴であったことを示し、当時における製紙業や鉱山業における技能蓄積の仕組みを紹介している。こうした制度が1920年代に解体されて以降、技能蓄積の場は、特定企業が長期勤続を促す制度、すなわち内部労働市場に収束し、1980年代には現業労働者にも新卒一斉採用が普及していったことを概観している。

　一方、第3章では、より最近の時代に目を向け、90年代における雇用システムへの考え方の転換点となったといわれ、日経連が1995年に発表した報告書『新時代の「日本的経営」──挑戦すべき方向とその具体策』を取り上げ、オーラルヒストリーも使いながら、日本企業の人事方針の変遷を分析する。同報告書は「雇用ポートフォリオ」という概念を提唱し、中でも、「高度専門能力活用型グループ」という新たな人材像を打ち出した点が新鮮であった。しかし、それは職能主義から職務主義への移行が前提であったとし、日経連の中でもこうした人材像を「雇用ポートフォリオ」に含めるかどうかは、意見の対立があったことを明らかにした上で、その後の展開も考慮すると、早すぎた理想論であったと結論付けて

いる。

第3部：人事管理システム

　第3部（人事管理システム）は、**第4章（鶴・久米・安井・佐野論文）**と**第5章（佐藤論文）**で構成されている。まず、第4章では、人事管理においても日本的な色彩の濃い、転勤、異動、定年及びその後の雇用のあり方について検討するため、経済産業研究所（RIETI）が実施したウェブアンケート調査を利用し、分析を行っている。その結果、転勤経験者は、転勤非経験者と比べて、時間当たり年収が高い、適職感が高いが、転勤への評価は企業における転勤配慮などの仕組みの有無で変わってくることが分かった。また、定年後の継続雇用制度については、継続雇用制度利用者からの評価は必ずしも高くなく、65歳以降の就業意欲が高くないことも明らかにしている。このように転勤や継続雇用制度は課題もあり、人事管理制度の再設計が必要であることを説いている。

　第5章は、多様な人材を受け入れ、彼らが活躍できる機会を用意し、それを経営成果に結びつけるダイバーシティ経営を定着させることが必要不可欠という立場から、多様な人材が活躍するためにはどのような要因が重要であるか、独自に実施した個人アンケート調査に基づいて分析を行っている。その結果、多様性尊重職場風土の形成、非年功型人事制度・自己選択型人事制度への転換、長時間労働の解消、働き方における時間と場所の柔軟化など、日本型人事制度や働き方の抜本的改革を同時に行うことが必要であることを強調している。

第4部：賃金システム

　第4部（賃金システム）は、**第6章（村田・堀論文）**、**第7章（安井・佐野・久米・鶴論文）**、**第8章（水町論文）**で構成されている。前述の通り、政府の働き方改革においては、非正規雇用の処遇改善は大きな柱である。しかし、それを推進していく中では、正規雇用の賃金システム、つまり、後払い型賃金（年功賃金）への評価、見直しはどうしても避けて通ることはできない。まず、第6章では、こうした正社員の年功賃金に着目し、日本的雇用システムの重要な要素である長期雇用との制度的補完性を考慮に入れ、90年代以降続く賃金プロファイル（勤続・経験年数と賃金水準との関係）のフラット化が長期雇用に与える影響を検証している。具体的には、「くらしと仕事に関するインターネット調査」個票

を利用し、賃金プロファイルのフラット化が雇用労働者の早期離職を促すことを示唆する結果を得た。

第7章は、今回の働き方改革関連法のポイントの一つである、非正規雇用労働者に対する不合理な待遇格差の解消を図っていく視点から、これまで明らかではなかった雇用形態間の賃金格差の実態について RIETI の調査を使った筆者らのこれまでの研究成果を紹介している。まず、正社員と有期雇用労働者の時間当たり賃金の格差は、労働者属性を制御した上での男性は8.4%の差があるが、女性は3.9%で統計的に有意ではない。これらの賃金格差は、欧州の同様の分析結果と比較しても決して大きくなく、ほぼ同程度かそれ以下の水準である。第2に、同様に労働者の属性を制御して無限定正社員と4種類（勤務地限定、職務限定、時間限定、残業限定）のジョブ型正社員の時間当たり賃金を比較すると、時間限定や残業限定のように労働時間に関連したジョブ型正社員の賃金は無限定正社員の賃金よりもむしろ高いことが示された。

上記の非正規雇用労働者に対する不合理な待遇格差の解消を目指す中で、政策的なキャッチフレーズになったのが「同一労働同一賃金」である。しかし、その意図は、同一の労働に対し同一の賃金を支払う「職務給」制度の導入を強制しようとするものではないことに留意する必要がある。第8章では、こうした視点から、日本の「同一労働同一賃金」改革の内容、趣旨、特徴および課題を、労働法学の観点から明らかにしている。日本型「同一労働同一賃金」の最大の特徴は、正規雇用労働者と非正規雇用労働者の「均等」待遇のみならず「均衡」待遇が法的に求められている点にあることを強調している。

第5部：労働時間システム

第5部（労働時間システム）は、第9章（黒田・山本論文）、第10章（島田論文）で構成されている。長時間労働の是正は、非正規雇用の処遇改善と並び働き方改革関連法の大きな柱である。第9章では、長時間労働などが心の健康（メンタルヘルス）にどう影響を与えるか、既存研究を労働経済学の視点から概観・整理し、今後の課題を提示している。具体的には、労働者の個体差を統計的に取り除いたとしても、①労働時間の長さや仕事の性質や働き方、上司との関係性などによってメンタルヘルスが左右されること、②メンタルヘルスの悪化は労働者個人の主観的な生産性とともに、企業レベルでの業績に悪影響を与える可能性があ

ること、を明らかにしている。最後に、その上で、メンタルヘルスの問題については、政府や企業などの第三者による介入が必要であり、中でも日本では企業の役割が重要であることを主張している。

第10章では、労働法学の視点から労働時間システムを捉え、これまでの日本の労働時間法制の問題点を歴史的に明らかにするとともに、今回の働き方改革関連法による労働時間制度改革を踏まえて、今後の労働時間法制の立法課題を提案している。具体的には、①労働者の健康確保のために、勤務間インターバル制度を義務化すること、②年休を長期休暇の制度とするため使用者の時季指定方式に抜本的に変更し労働週単位の連続付与を義務付けること、③労働時間管理と割増賃金制度とを切り離し、労働者の健康の確保を内在化した新しい柔軟な労働時間制度を実現すること、④労働時間等の適正化を実現するために、労使による恒常的なコミュニケーション組織の設置の義務化することなどを提案している。

第6部：教育システム

第6部（教育システム）は、**第11章（本田論文）**と**第12章（伊藤・大竹・窪田論文）**で構成されている。教育システムの幅広い分野を網羅することは本書の役割、能力を超えているが、ここでは、大学教育（第11章）とソーシャル・キャピタルと呼ばれる社会規範（第12章）といった特定のトピックについて考えてみたい。まず、第11章は、教育の中でも、大学における専門分野に着目している。日本では、大学卒業以降、就業してからは、仕事上で必要な知識やスキルは主に企業内教育訓練で習得され、大学での専門分野と仕事内容とのマッチングは希薄であるという認識が一般的であるが、十分な検討は必ずしも行われてこなかったという問題があった。そこで、経済産業省が実施した調査を用いて、「大学での専門分野と仕事との関連度」の職業的アウトカムに対する影響を分析した。まず、男性の正社員においては、他の諸要因を統制した上でも、「関連度」は収入および仕事満足度という職業的アウトカムを高めるポジティブな効果をもつことが見いだされた。他方で、女性の正社員では、「関連度」は仕事満足度を高めるが収入を上昇させる効果はなく男女間で差異があることが明らかとなった。

第12章は、一般的信頼、互恵性（互いに相手に利益や恩恵を与え合うこと）、利他性（自分を犠牲にしても他人の利益を図ること）などの社会や地域コミュニティにおける人々の相互関係や結びつきを支える仕組みであるソーシャル・キャ

ピタル（社会的資本）に注目した分析を行っている。ソーシャル・キャピタルは前述の通り、社会規範の一例と考えることができ、一見、教育とはかけ離れているようにみえるが、こうした社会規範を子供の時からどう身に付けさせていくかを考えることは、教育の範疇の問題として捉えることができよう。第12章では、ソーシャル・キャピタルが所得・従業上の地位・管理職という労働市場でのアウトカムと幸福度に与える影響を個人に関する独自のアンケート調査をもとに検証した。内生性への対処として小学生の頃に通学路および自宅の近隣に寺院・地蔵・神社があったか否かというユニークな変数を操作変数（ソーシャル・キャピタル＝説明変数には影響するが、労働市場でのアウトカム等＝被説明変数には影響しない変数）に用いることで、ソーシャル・キャピタルが高くても労働市場でのアウトカムには影響しないが，幸福度および健康水準を高めることを示した。

　最後になったが、本書を生む母体になったのは（独）経済産業研究所の「労働市場制度改革」プロジェクト（以下、同プロジェクト）である。2017年7月開催のワークショップ「日本の雇用システムの再構築」、2018年4月開催のRIETI政策シンポジウム「日本の雇用システムの再構築―生産性向上を目指したAI時代の働き方・人事改革とは」、並びに同プロジェクトで行われてきた数々の研究会における発表、議論が本書に反映されている。同プロジェクトは、2007年の発足以来、13年目を迎え、同名のプロジェクトとしては2019年度が最終年度となる。また、これまでの期間、研究の節目でまとめてきた本シリーズの書籍も本書で5冊目、完結編となる。

　本シリーズの書籍タイトルの副題は一貫して「日本の働き方をいかに変えるか」である。同プロジェクトは働き方改革という言葉が人口に膾炙するずっと以前から、日本の働き方について、幅広い分野、観点から分析、政策提言を弛みなく行い続けてきた。これも、これまで同プロジェクトに参画していただいたすべてのメンバーの方々のご尽力、ご協力の賜物である。この場を借りて感謝申し上げたい。また、RIETIの中島厚志理事長、矢野誠所長、森川正之副所長を始めとするマネジメントの方々、同プロジェクト担当である、井川典子さん、安田美奈子さんを始めとするスタッフの方々には、同プロジェクトに対して変わらぬ全面的なご支援をいただいてきたこと、改めて心からのお礼の言葉を申し上げたい。また、本シリーズの出版が5冊を数えるまで継続できたのは、ひとえに、日本評

論社編集担当の斎藤博氏の温かいご理解と熱意、そして、ご配慮の行き届いた丁寧な本作りによるところが大きい。重ねて感謝申し上げたい。

2019年8月

編者　鶴 光太郎

目　次

はじめに（鶴光太郎）　iii

第 1 部　総論

第 1 章　日本の雇用システムの再構築—総論（鶴光太郎）——————— 1

要旨　1

1　イントロダクション　2

2　日本の雇用システム—従来の特徴とその変化　3
長期雇用の特徴とその変化　4／後払い賃金の特徴とその変化　6／遅い昇進の特徴とその変化　8／まとめ　9

3　無限定正社員システムからの脱却—ジョブ型正社員と夫婦共働きのデフォルト化　10
盲点になっていた無限定正社員システム　10／採用・異動に明確にみられる欧米との差異　11／無限定正社員システムのメリット　12／無限定正社員システムと喫緊の雇用・労働問題の連関　13／ジョブ型正社員の現状　15／ジョブ型正社員の必要性・メリット　16／ジョブ型正社員の処遇と満足度　16／企業側からみたジョブ型正社員の導入効果　18／ジョブ型正社員の雇用管理における課題　18／後払い型賃金システムの改革に向けて　20／キャリア途中からのジョブ型正社員への転換　20／ジョブ型正社員をデフォルトにするために共働きもデフォルトに　21／「ゲームの均衡」としての無限定正社員システム　22／「メンバーシップ型人事」から「ジョブ型人事」への転換　24／無限定正社員システムにおけるスキルに対する考え方　25／無限定正社員システムを変えるためのビッグ・プッシュ・アプローチ　26／「労働時間の無限定性」の是正　26／「勤務地の無限定性」の是正　27／「職務の無限定性」の是正　29／
コラム●比較制度分析からみた雇用システム　23

4　働き方改革と生産性向上の両立　29
通常の生産性向上メニュー　30／働き方改革と生産性向上の両立のための新たな視点　30／ICT を徹底活用した時間当たり生産性向上　31／ICT 活用によるインプット、アウトプットの把握　32／時間・場所を選ばない働き方—テレワークによる時間当たり創造性・生産性向上　33／テレワークの光と影—生産性向上と長時間労働の可能性　35／アメリカ企業のテレワーク禁止の評価　36／テレワークの残された課題　36／生産性を高める具体的な働き方改革事例　37／「スマートワーク経営」調査からみた高生産性企業の人材活用力　39

5　きしむ雇用システムの「入口」と「出口」　40
新卒一括採用—キャリアの「入口」のきしみ　40／新卒一括採用制度の評価　41／目安の必要性　42／目安の考え方　42／目安の具体的な置き方　43／雇用システムの「出口」

―高齢者雇用、特に、継続雇用制度の是非　44／日本の定年制の歴史的変遷　44／日本の定年制の特徴　45／解雇ルールをどう考えるか―解決金制度の導入　47／現行制度の問題点と金銭救済制度の必要性　49／解決金申立の権利の問題　50／不当解雇は無効という法律体系　51／解決金水準の設定　52

6　AI時代の雇用システムの再構築　54

新たなテクノロジー役割の整理　54／新たなテクノロジーで代替される仕事、代替されない仕事　55／AIの本質は機械学習　57／AI・機械学習のリスク　57／AIと人間との補完的な関係の構築とAIで生まれる新たなタスク・職種　58／AIが生む「パーソナライゼーション」という大潮流　59／「パーソナリゼーション」で変わる企業組織、働き方　60／AI時代に必要なスキル・能力　60／AIは「先生」　61／AI時代の雇用システムのあり方　62

7　まとめ―人生100年時代に向けて　62

第2部　歴史

第2章　日本の雇用システムの歴史的変遷―内部労働市場の形成と拡大と縮小

（中林真幸・森本真世）――――――――――――――――――――　69

要旨　69

1　はじめに　70

2　数量的概観　70

2.1　所得　70

2.2　軽工業から重工業へ　71

2.3　生産性上昇の要因分解　72

3　産業革命期：自由な労働市場と人的資本投資　76

3.1　移動の自由　76

3.2　雇用者のカルテル　78

3.3　間接雇用　79

3.4　内部労働市場　80

4　両大戦間期から高度成長期：内部労働市場と外部労働市場　81

4.1　技術変化への対応としての内部労働市場　81

4.2　「日本的」な何かの形成　82

4.3　企業特殊的な熟練形成と産業特殊的な熟練形成の併存　83

5　おわりに　84

第3章　「新時代の日本的経営」の何が新しかったのか？―人事方針（HR Policy）変化の分析（梅崎修・八代充史）――――――――　89

要旨　89

1　問題の所在　90

xii

目　次

2　人事方針（HR Policy）の位置　94

3　歴史資料　95
　3.1　日経連の出版物　95
　3.2　日経連オーラルヒストリー　98

4　人事方針と人事施策の歴史分析　101
　4.1　1969〜95年間の問題群（能力主義の課題）　101
　4.2　雇用ポートフォリオの起源（95年前後）　103
　4.3　「新時代の日本的経営」における継承と革新　108
　4.4　反応　113
　4.5　その後の「新時代の日本的経営」　115

5　考察と結論　116

第3部　人事管理システム

第4章　転勤・異動・定年後雇用の実態

（鶴光太郎・久米功一・安井健悟・佐野晋平）　————　121
　要旨　121

1　はじめに　122

2　先行調査との違い　123

3　調査対象の抽出　125

4　転勤　128
　4.1　職場における転勤経験者の特徴　128
　4.2　転勤経験者の職業パフォーマンス　131
　4.3　転勤経験者の適職感、仕事満足度　133
　4.4　転勤と転居を伴わない異動の比較　134
　4.5　転勤経験者の転勤に対する評価　136

5　定年前後の雇用パターンと年収・仕事内容・満足度などの関係　137
　5.1　定年前後の雇用パターンと年収　139
　5.2　定年前後の雇用パターンと現在の仕事内容　140
　5.3　定年前後の雇用パターンと適職感、仕事満足度　140
　5.4　定年前後の雇用パターンと65歳以降の就業意欲　142
　5.5　継続雇用制度等への評価　142

6　まとめ　147
　6.1　転勤制度に対する評価　149
　6.2　高齢者雇用制度に対する評価　150

xiii

第5章　ダイバーシティ経営と人事マネジメントの課題—人事制度改革と働き方の柔軟化（佐藤博樹）――――――――――――――――――――――― 153

要旨　153

1　はじめに　154

2　ダイバーシティ経営と働き方改革　156

2.1　ダイバーシティ経営と働き方改革：女性の活躍支援と両立支援を事例に　156

2.2　働き方改革を通じた長時間労働の解消を　157

2.3　長時間労働だけでなく、多様な労働時間の側面に着目を　159

2.4　働き方改革としての在宅勤務やモバイルワーク　163

2.5　働き方改革の担い手としての管理職　164

3　ダイバーシティ経営と人事制度改革　166

3.1　典型的な従来の人事制度　166

3.2　ダイバーシティ経営適合的な人事制度の在り方　167

4　データ分析にみるダイバーシティ経営に適合的な人事制度の在り方　168

4.1　分析目的　168

4.2　分析に利用するデータ　168

4.3　分析の枠組みと分析に利用する合成変数など　169

4.4　分析結果　174

5　おわりに　177

第4部　賃金システム

第6章　賃金プロファイルのフラット化と若年労働者の早期離職（村田啓子・堀雅博）――――――――――――――――――――――― 181

要旨　181

1　はじめに　182

2　年功賃金と長期雇用の制度的補完関係　185

3　利用データ及び分析指標の概要　186

3.1　データ　186

3.2　分析に用いる2つの指標：残存率と賃金プロファイル　189

4　実証分析　194

4.1　賃金プロファイルの傾きと早期離職行動　194

4.2　結果　195

5　おわりに　197

補論　賃金プロファイルの勾配の推定　204

目　次

第7章　雇用形態間の賃金格差（安井健悟・佐野晋平・久米功一・鶴光太郎）— 211

　　要旨　211

　1　**はじめに**　212

　　1.1　非正規雇用の処遇問題　212

　　1.2　正社員の中での賃金格差　213

　2　**正社員と有期雇用労働者の賃金格差に関する先行研究**　214

　3　**無限定正社員とジョブ型正社員の賃金格差に関する先行研究**　219

　4　**データ**　219

　5　**正社員と有期雇用労働者の賃金格差に関する分析**　220

　　5.1　Blinder-Oaxaca 分解を使った正社員と有期雇用労働者の賃金格差の説明　221

　6　**無限定正社員とジョブ型正社員の賃金格差に関する分析**　222

　7　**おわりに**　225

第8章　日本型「同一労働同一賃金」改革とは何か？―その特徴と課題

（水町勇一郎）————————————————— 229

　　要旨　229

　1　**日本の「同一労働同一賃金」改革とは何か？―改革の内容**　230

　　1.1　「同一労働同一賃金」と「不合理な待遇の相違の禁止」　230

　　1.2　欧州の法的ルール―「客観的理由のない不利益取扱いの禁止」　230

　　1.3　日本の法的ルール―「不合理な待遇の相違の禁止」　235

　2　**何のための改革か？―改革の趣旨**　236

　　2.1　改革の2つの側面　236

　　2.2　改革の趣旨と「不合理な待遇の相違の禁止」　237

　3　**欧州の制度との共通性と独自性―改革の特徴**　238

　4　**今後の課題**　244

第5部　労働時間システム

第9章　労働者の健康向上に必要な政策・施策のあり方―労働経済学研究を踏まえた論考（黒田祥子・山本勲）————————— 249

　　要旨　249

　1　**はじめに**　250

　2　**労働者の健康の規定要因**　251

　　2.1　労働時間とメンタルヘルス　251

　　2.2　働き方や職場要因とメンタルヘルス　259

3 労働者の健康が生産性に及ぼす影響　265
　3.1　個人レベル　265
　3.2　企業レベル　267

4 健康政策・施策の方向性　269
　4.1　企業（第三者）による介入　269
　4.2　企業による健康施策の可能性　272

5 おわりに　274

第10章　労働時間法制改革の到達点と今後の課題（島田陽一）――――― 281
　要旨　281

1 はじめに　282

2 労働基準法制定時の労働時間規制とその問題点　284
　2.1　第2次世界大戦前の日本の労働時間規制と国際水準　284
　2.2　労働基準法制定と労働時間規制　285
　2.3　企業の労働時間管理の実際と労働者の対応　287

3 1987年以降の労働時間制度の立法改革とその限界　289
　3.1　法定労働時間の短縮と週休二日制の普及　290
　3.2　年休制度の改正と消化率の停滞　290
　3.3　これまでの労働時間短縮政策の限界　291
　3.4　柔軟な労働時間制度の発展　291

4 働き方改革関連法による労働時間制度改革の概要　297
　4.1　労働時間制度改正　298
　4.2　労働時間等の設定の改善に関する特別措置法（労働時間等設定改善法）の改正　301
　4.3　労働安全衛生法（労安法）の改正　302

5 今日における労働時間制度改革の必要性と課題　303
　5.1　長時間労働の抑制に関する社会的認識の深化　304
　5.2　長時間労働を規制する法制度の到達点と課題　305
　5.3　柔軟な労働時間制度の再編成に向けた課題　306
　5.4　副業・兼業及び在宅ワークの普及と労働時間法制の課題　311

6 まとめ　313

第6部　教育システム

第11章　"大学での専門分野と仕事との関連度"が職業的アウトカムに及ぼす効果―男女差に注目して（本田由紀）――――― 315
　要旨　315

目　　次

1　問題関心―なぜ〈関連度〉に注目するのか―　316

2　社会背景と先行研究　316

3　使用するデータと変数　319

4　分析結果　320

　4.1　大学教育・仕事内容・〈関連度〉に関する基礎的な分析　320

　4.2　年収に対する〈関連度〉の効果　327

　4.3　仕事満足度に対する〈関連度〉の効果　330

　4.4　〈関連度〉の規定要因　330

5　まとめと考察　335

第12章　寺院・地蔵・神社の社会・経済的帰結―ソーシャル・キャピタルを通じた所得・幸福度・健康への影響（伊藤高弘・大竹文雄・窪田康平）── 339

　　要旨　339

1　はじめに　340

2　データ　344

　2.1　暮らしと価値観に関する調査　344

　2.2　一般的信頼・互恵性　345

　2.3　操作変数，労働市場と幸福度・健康のアウトカム変数　345

3　ソーシャル・キャピタルの影響　348

　3.1　寺院・地蔵・神社と一般的信頼・互恵性　348

　3.2　ソーシャル・キャピタルと労働市場でのアウトカム　348

　3.3　ソーシャル・キャピタルが幸福度・健康に与える影響　349

　3.4　頑健性のチェック　353

4　神社・寺院・地蔵からソーシャル・キャピタル上昇への因果経路　353

　4.1　コミュニティ活動・地域レベルのソーシャル・キャピタルを通じた影響　353

　4.2　宗教的世界観を通じた影響　355

　4.3　親の宗教心を通じた影響　358

5　ソーシャル・キャピタルが所得に影響を与えない理由　358

　5.1　ソーシャル・キャピタルと地域間移動　358

　5.2　ソーシャル・キャピタルと対象別満足度　359

6　むすび　363

索引　369

執筆者一覧　371

xvii

【第1部】総論

第1章 日本の雇用システムの再構築 – 総論*

鶴 光太郎

要旨

　本章では、まず、日本の雇用システムの３つの特徴と指摘されてきた長期雇用、後払い賃金、遅い昇進の変遷をサーベイした後、その根幹にある問題点を無限定正社員システムと捉えた上で、ジョブ型正社員システムのデフォルト化に向けたビッグバン・アプローチを提唱する。次に、企業で急速に進みつつある働き方改革と生産性向上を両立するための具体的な方策を論じる。さらに、雇用システムの「矛盾」、「きしみ」が露わになっている、その「入口」（新卒一括採用）と「出口」（高齢者雇用）のあり方を検討した上で、雇用終了、特に、解雇無効時における金銭救済制度について論じる。最後に、AI時代における雇用、求められるスキル、ビジネスはどう変わるかを展望し、日本の雇用システムの再構築に向けた指針を提示する。

第1部　総論

1　イントロダクション

　平成30年間の間に日本経済や企業の取り巻く環境は大きく変わった。90年代初のバブル崩壊以降、成長率は鈍化するとともに、不確実性が増大した。また、企業の従業員の年齢構成をみても、かつての豊富な若年労働力を背景にしたピラミッド型から高齢化に伴い、中高年層のウエイトが大きくなる逆ピラミッド型に変化した。さらに、女性の高学歴化と社会への進出もより顕著になっていった。

　こうした大きな環境変化の中で、日本の雇用システムも適応に向けた変革が求められていた。例えば、正社員の年功色の強い賃金体系は安定的な高成長と企業内における豊富な若年労働力を前提にした世代間の再分配によって成り立っていたわけであるが、低成長で不確実性が大きければ、企業にとって将来の賃金増などの長期的なコミットメントは難しくなった。90年代以降、これまで労働時間や配転などに頼っていた雇用調整の柔軟性を更に高め、固定費用（＝正社員）を削減するまで踏み込むことが求められたといえる。しかし、現実には、過剰感の強い中高年の雇用は維持される一方、企業にとって必要な調整、コスト削減は新卒採用抑制と非正規雇用の活用に集中するという「歪み」が生じた。

　その結果、日本の雇用システムに何が起こったのであろうか。第一は、正社員にとって将来の所得増の期待が喪失してしまったことである。賃上げよりも雇用を守る方が労使ともに重要と認識されるようになったのである。

　第二は、非正規雇用、なかんずく、有期雇用の大幅な増加である。その中で、正規と非正規の処遇の格差と壁が顕在化し、労働市場の二極化、分断化が日本でもかなり顕著になった。また、2008～2009年の世界経済危機のような大きな負のマクロショックがあった場合には、正社員の雇用を守る一方、派遣切りなどの有期雇用に偏った雇用調整が行われ問題化した。

　第三は、非正規雇用増加の裏で、正規雇用は新規採用抑止により絶対数で減少

＊本章を執筆するに当たっては、鶴［2006, 2016, 2017abc, 2018, 2019］の一部を大幅に修正、加筆した上で利用した。また、本章は独立行政法人経済産業研究所（RIETI）におけるプロジェクト「労働市場制度改革」の成果の一部であり、著者は日本学術振興会科学研究費補助金特別推進研究「長寿社会における世代間移転と経済格差：パネル・データによる政策評価分析」から補助を受けた。本章の原案に対して、矢野誠所長、森川正之副所長ならびに経済産業研究所ディスカッション・ペーパー検討会の方々から多くの有益なコメントを頂いた。ここに記して、感謝の意を表したい。

に転じ、少数化、精鋭化が図られたことだ。そのため、就職氷河期の中で正社員になれない若者が続出すると同時に正社員になれたとしても責任や成果へのプレッシャーが以前よりも増して高まり、それが長時間労働に改善がみられない背景になっていたと考えらえる。

　第四は、女性の高学歴化、社会進出増大に伴い、就業する女性の仕事と生活（子育て等）の両立問題が深刻化したことだ。

　こうした問題を解決するための視点として、本章は、「正社員の無限定性」、つまり、日本の正社員は通常、職務、勤務地、労働時間（残業の有無）が事前に明確に定められていないという特徴を強調したい。戦後の日本的雇用システムの経済学的解釈が概ね確立された80〜90年代初めには必ずしも十分認識されていなかった視点であり、まさに日本的雇用システムの盲点であったといっても過言ではないだろう。

　本章は、まず、日本の雇用システムの3つの特徴と指摘されてきた長期雇用、後払い賃金、遅い昇進の変遷をサーベイした後（第2節）、その根幹にある問題点を上記で指摘した「無限定正社員システム」と捉えた上で、ジョブ型正社員システムのデフォルト化に向けたビッグバン・アプローチを提唱する（第3節）。

　次に、企業で急速に進みつつある働き方改革と生産性向上を両立するための具体的な方策を論じる（第4節）。さらに、雇用システムの「矛盾」、「きしみ」が露わになっている、その「入口」（新卒一括採用）と「出口」（高齢者雇用）のあり方を検討した上で、雇用終了、特に、解雇無効時における金銭救済制度について論じる（第5節）。最後に、AI時代における雇用、求められるスキル、ビジネスはどう変わるかを展望し（第6節）、日本の雇用システムの再構築に向けた指針を提示する（第7節）。

2　日本の雇用システム―従来の特徴とその変化

　戦後、大企業を中心に確立されてきた従来型の日本的雇用システムの特徴は、第一に長期雇用である。つまり、長期雇用の傾向が他の先進国に比べて強いことだ。第二は、後払い賃金である。年齢・賃金プロファイルの傾きが他の先進国に比べて急であり、「後払い賃金」の傾向が強いことである。第三は、遅い昇進である。大企業における昇進・選抜は他の先進国に比べて遅い（「遅い選抜・昇進」）。

第1部　総論

最初の15年程度は昇進・賃金であまり格差がなく、その後、選別が行われてきたこと、また、昇進は内部昇進の場合が多いといった特徴である（詳細については、2000年代初頭までの実証分析を含め、鶴［2006］第4章参照）。

　この3つの定型化された事実はお互いに相互補完的な関係にある。例えば、後払い賃金も遅い昇進もあくまで長期雇用を前提とした仕組みである。また、こうした特徴に派生する特徴として、企業内の頻繁な異動や配置転換、部門間の密接かつ水平的コーディネーションが指摘されてきた。一方で、過労死に及ぶような長時間労働も日本の雇用システムの生み出したデメリットとして認識されてきた。

　人事システムをみても、日本は欧米諸国のような配属先の上司が大きな権限を握る分権型と異なり、人事部が権限を握る中央集権型といわれ、その中で、長期雇用を前提に、新卒一括採用、定期的・同時的な異動、定年制という仕組みが築き上げられてきたと解釈されてきた。以下では、日本の雇用システムにおける、3つの特徴、定型化された事実である、長期雇用、後払い賃金、遅い昇進の実態及びその変化について具体的にみてみよう[1]。

長期雇用の特徴とその変化

　OECD［1993］により90年代初の主要国の平均勤続年数（雇用者、年、91年時点）を比較すると、長い国から、日本（10.9）、ドイツ（10.4）、フランス（10.1）、イギリス（7.9）、カナダ（7.8）、アメリカ（6.7）となっている。日本の勤続年数は英語圏諸国のそれよりは明らかに長く、大陸ヨーロッパの諸国と並んで勤続年数の最も長い部類に入っている。一方、直近の平均勤続年数（雇用者、年、2016年時点）では、日本（11.9）、ドイツ（10.7）、フランス（11.4）、イギリス（8.0）、アメリカ（4.2）となっており、平均でみれば日本の勤続年数の長さはほとんど変わっておらず（むしろ微増）、主要国との関係も変わっていない。バブル崩壊後、四半世紀の時を経ても全体的な長期雇用の傾向は保たれていると考えられる（労働政策研究・研修機構［2018］）。

　このため、実態を更に明らかにするためには、他の長期雇用の指標や雇用者の年齢別グループの差異をみていく必要がある。日本的雇用システム研究の嚆矢としては、1960年代から1970年代にかけての就業構造基本調査のデータと米国の

1）以下の記述においては、鶴［2006］、大湾・佐藤［2017］に多くを依っている。

CPS（Current Population Survey）を用いて実証研究を行った Hashimoto and Raisian［1985, 1992］が挙げられる。彼らは同一企業に15年間在籍する確率である15年残存率や長期勤続者の割合がアメリカより日本の方が高いことを示し、アメリカより日本の方が長期雇用傾向は強いことを示した。

　90年代のバブル崩壊以降は、経済低迷が継続する中で、日本的雇用システムの維持は難しく、いわゆる終身雇用制は崩壊危機にあるのではという懸念が持たれるようになった。しかし、1980年代から2000年代初頭の政府統計を用いた実証研究では、むしろ、コアの中高年男性の長期雇用は安定していたことがいくつかの実証分析で指摘されてきた。

　例えば、Chuma［1998］は1980年代から1990年代前半の賃金センサスデータを用いて、民営企業の無期雇用者を対象に15年残存率や終身雇用確率を推定し、中高年の男性社員においてむしろ長期勤続の傾向がより高まっていることを確認した。また、Kato［2001］は Hashimoto and Raisian［1985, 1992］の手法を使い、1977年から1997年の就業構造基本調査を用いて10年及び15年残存率の推移を調べた。その結果、勤続5年以上の30-44歳までの労働者の残存率は80％と長期雇用傾向に変化がないことを示した。他方、30代未満、または、30代以上でも勤続年数5年以下のグループの定着率は明確に低下していることを見出した。

　Ono［2010］は80年代後半から2000年代初頭の賃金センサスや労働力調査を用い、長期雇用の様々な指標（平均勤続年数の推移、長期雇用比率、残存率、サバイバルレートなど）の推移を検討し、同一企業である程度の勤続を重ねた労働者の中では長期雇用は維持されているが、長期雇用の対象者の比率は減少しており、長期雇用が適用される者とされない者との2極化が進行している可能性を指摘した。

　一方、2000年代後半以降のデータを扱った研究では長期雇用の枠組みに入っているグループにも変化の兆しがあることを示すものがでてきた。Hamaaki et al.［2012］は、1989年から2008年にかけての賃金センサスの個票データを使い、無期雇用の男性一般労働者の終身雇用比率や残存率に着目し、大卒若年層において長期雇用が弱まっていることを示した。

　Kawaguchi and Ueno［2013］は1980年代から2000年代後半の賃金センサスと就業構造基本調査を用いたコーホート分析で、全年代で平均勤続年数の低下を確認し、無期雇用の正社員に限定しても傾向が変わりなく、やはり長期雇用の仕組

第1部 総論

みに変化が生じつつあると指摘した。しかし、神林・加藤［2016］は、2012年までの賃金センサスと就業構造基本調査を用いてコーホート分析や残存率、長期雇用者比率に着目し、勤続年数の長いグループでは長期雇用は安定的であることを強調した。

上記の分析は2000年代の金融不況前後までのデータを用いたものであったが、賃金センサスの2002年から2015年までの個票データを用いて、最新の長期雇用の状況について分析したのが、大湾・佐藤［2017］である。平均勤続年数の推移、勤続5年未満比率に着目し、30代のグループで世界経済危機の影響で2009年をピークに一度短期勤続者が増加したものの、2015年までに以前の水準に戻りつつあること、それ以外の年齢層では大きな変化はないことを確認している。

また、残存率の分析から、2010-2015年では大卒高卒ともに大企業で働く若年層において残存率に上昇が見られ、若年層の間で再び長期雇用関係が強まる兆しがある一方で、中小企業に在籍する高卒労働者では残存率が全ての年齢層で低下していることを指摘している。このため、大企業や大卒労働者を中心に長期雇用は頑健さを示す一方、中小企業や高卒労働者を中心にフルタイムの無期雇用においても流動化が進むという2極化が進展しつつあると結論付けている。

後払い賃金の特徴とその変化

日本の後払い賃金の特徴は、勤続年数と賃金の関係を描いた賃金カーブ（賃金・勤続年数プロファイル）の傾きが日本の場合、諸外国に比べ高いことで確認できる。鶴［1994］では、日本、イギリス、（西）ドイツについて、生産労働者と管理・事務・技術労働者それぞれの年齢・賃金プロファイルを示している。それによれば、(1) いずれの国も賃金プロファイルの傾きは管理・事務・技術労働者の方が高く、(2) いずれの場合も日本の賃金プロファイルの傾きが最も高い、(3) 一方、55歳以上では定年制の存在により他の国よりも賃金レベルの下落が大きい、という特色が指摘できる。また、服部・前田［2000］も、アメリカ、イギリス、フランス、ドイツと日本との賃金プロファイルを提示し、日本の賃金プロファイルの傾きの方がより急であり、生産労働者の場合でも同様の傾向がみられることを示している。

また、賃金関数を推計し、勤続年数の係数が日本の場合、高いことからも後払い賃金の傾向を確認することができる。先に紹介した Hashimoto and Raisian

［1985］はこの分野でも嚆矢となる研究であり、1980年の就業構造基本調査と1979年のCPSを用いて日米の賃金関数を推計し、アメリカより日本の方が勤続年数の賃金を高める効果が大きいことを示し、Mincer and Higuchi［1988］やClark and Ogawa［1992］も同様の結果を得ている。

　90年代以降の賃金プロファイルについては、いくつかの調査研究で傾きが緩やかになってきていることを確認している。例えば、厚生労働省［2003, 2005］、大橋・中村［2004］は男子標準労働者（学卒後企業に継続勤務する「生え抜き」労働者）は大卒、高卒との賃金プロファイルの傾きが90年代を通じて緩やかになっていることを示した。特に、40代以降の中高年での賃金プロファイルのフラット化が顕著である。また、都留・阿部・久保［2003］が個別企業の企業内人事データを使って賃金関数を推計し、90年代後半、賃金に対する勤続年数や年齢の説明力・効果の弱まりを見出している。

　2000年代後半までの賃金プロファイルの変化を包括的に分析したものとしては、先に挙げたHamaaki et al.［2012］があり、1989年から2008年の賃金センサス個票データを用いて、無期雇用の男性一般労働者において、学歴・業種に関係なく、1989、1990年と比較すると2007、2008年の賃金カーブはフラット化していることを示した。これに限らず、多くの分析が、90年代以降の賃金カーブのフラット化を確認しており、日本的雇用システムの３つの定型化された事実のうち、明確に変化したのがこの後払い賃金の特徴といえる。

　先にみた、大湾・佐藤［2017］は、2007-08年の金融危機以降も賃金カーブのフラット化が引き続き継続しているのかを明らかにするため、2002年から2015年の賃金センサスの個票を用いてミンサー型賃金関数の推定を行った。すると、従業員1000人以上の大企業、1000人未満の中小企業双方とも賃金プロファイルのフラット化がみられ、もともと傾きがより急であった大企業の賃金プロファイルのフラット化が大きいことを見出している。

　ただし、これは同一時点における年齢、勤続年数との関係を示しているため、同一個人が生涯にわたって経験または期待する賃金変化に着目するため、コーホート別賃金プロファイルも推計した。1955-64年生まれ、1965-1974年生まれ、1975-1984年生まれの３つのコーホートを比較すると、若いコーホートほどよりフラット化しており、特に、最も若いコーホートの30代後半の賃金上昇鈍化は顕著となっている。

第1部　総論

後払い賃金の性格が弱まったのはなぜであろうか。90年代において経済の低迷が長期化するなかで労働分配率がかつてない水準にまで上昇した中で、団塊の世代が中高年になることで従業員の高齢化による賃金コスト上昇が進んだ。このため、従来の傾きの高い賃金プロファイルをそのまま維持できなくなり、企業が賃金水準の比較的高い大卒中高年（ホワイトカラー）の雇用を守りつつ、その賃金コスト抑制に努めたためと考えられる。

遅い昇進の特徴とその変化

小池［1991, 2001, 2005］は、アメリカのある企業の昇進が「ファスト・トラック」（特急組）であることを見出したRosenbaum［1984］の分析と対比し、日本の大企業の昇進方式を「遅い選抜・昇進」とモデル化した。聞き取り調査等により日本の大企業の場合、部長以上の中枢幹部への選抜は入社後かなり時間が経過した時点、具体的には入社後15年前後の遅い時期に行われることを強調した。その後のキャリアを決定付ける重要な選抜がかなり遅い時期に行われ、むしろそれまでは同期の間で昇進や賃金にあまり差をつけないという昇進・選抜方式である。

今田・平田［1995］はある製造業大企業の人事データを使い、「遅い選抜・昇進」といわれるホワイトカラーの昇進プロセスの内実を、入社後初期、中期、後期の３段階に応じて、「一律年功型」（勤続年数が同じであれば同じ職位）→「昇進スピード競争型」（昇進のスピードに差はあるがある時期同じ職位に並ぶように昇進）→「トーナメント競争型」（昇進できる者、できない者への選別）へと重層的なルール変化として捉えた。また、竹内［1995］も、大企業のキャリア・ツリーを分析し、入社後の時間とともに「同期同時昇進」（昇進確率が高く昇進時期が同じ）→「同期時間差昇進」（昇進確率が高く昇進時期が異なる）→「選抜」・「選別」（昇進確率が低く昇進時期も拡大方向）へと変化していくことを見出しており、今田・平田［1995］の結果と整合的である。

大卒ホワイトカラー（部課長）に関する国際比較のアンケート調査（小池・猪木［2002］）でみると、同一年次の入社者で、初めて昇進に差がつき始める時期（平均）が、日本は7.85年、アメリカが3.42年、ドイツが3.71年、また、同一年次入社者の中で昇進に見込みがなくなる者が５割に達する時点（平均）は、日本が22.30年、アメリカが9.10年、ドイツが11.48年と日本の方がかなり長くなって

いる。さらに、具体的な役職に昇進するまでの年数を比較しても、例えば、人事部長の場合26.2年に対しアメリカは9.6年となっている。このように日本の方がアメリカ、ドイツに比べ「遅い選抜・昇進」が行われているのは明らかである。

一方、こうした遅い昇進の特徴は近年、どのように変化してきているであろうか。厚生労働省［2014］は、賃金センサスを使い、規模100人以上の企業の男性役職者（係長、課長、部長）比率のピークが1983年には40-44歳であったのが、1993年には45-49歳、2013年には50-54歳に移行しており、昇進の遅れ、役職者の高齢化を確認している。

大湾・佐藤［2017］はやはり、2002年から2015年の賃金センサスの個票を用いて遅い昇進の変化についても分析を行っている。2002年から2015年までの間で、管理職比率に明確な減少傾向は見られないが、大卒の年齢別課長比率の推移をみて、課長への昇進時期の遅れと高齢化が進んでいることを指摘している。その背景としては、部長ポストが削減され、部長へ昇進しにくくなっている可能性に言及し、企業を取り巻く環境変化が求めているような遅い昇進から早い選抜への転換は起きず、むしろ昇進時期が一層遅くなっていると結論付けている。

まとめ

以上、日本の雇用システムの3つの定型化された事実、特徴の変化は以下のようにまとめることができる。まず、長期雇用については、大企業・大卒・中高年に対してはほとんど変化がなく、この仕組みはかなり頑健であるといえる。長期雇用の枠内にある若年層で2000年代前半にやや流動化がみられたがその後、定着が再び高まる動きがみられる。元々、日本的雇用システムの特徴が弱い中小企業・高卒では定着率の低下がみられ、長期雇用が適用される範囲はより狭くなっているといえる。また、遅い昇進についても、更に管理職への昇進が遅れるなど、むしろその特徴は強まっている。

一方、規模別、業種別、学歴別にかかわらず、広範かつ一貫してみられたのが賃金カーブのフラット化（賃金プロファイルの傾きが緩やかになること）である。後払い賃金と長期雇用という特徴はお互いに制度補完的な関係、つまり、それぞれの特徴がもう一方の特徴を強化するという関係があったと考えられてきた。こうした関係は村田・堀［2019］で実証的にも確認されているが、日本の特に大企業が中高年の雇用を守るために、賃金上昇を抑制してきたという動きと整合的と

第1部　総論

考えられる。言い方を変えれば、90年代以降の新たな環境変化に対応するためには、賃金抑制と長期雇用の枠組み範囲の縮小で対応してきたといえる。

　日本の雇用システムの特徴が意外と頑健であるのは、従業員の「日本的雇用システム」への憧憬があることも忘れてはならない。労働政策研究・研修機構の「第7回勤労生活に関する調査」（2016年）をみると、「終身雇用」を支持する人の割合は、1999年72.3%から2015年には87.9%と2000年代に入って一貫して上昇している。従来、若年層ほど「終身雇用」を支持する割合は低いという傾向があり、1999年には20代では67.0%、70代以上では83.2%と大きな差があったが、2000年代後半以降、急速に格差が縮小し、2015年には20代は87.3%まで高まり、年代間の格差がほとんどみられなくなった。若年層は上の世代とは異なり同じ企業に一生勤めようとは思わなくなっていると指摘されることが多いが、この調査を見る限りそのような査証はみられず、長期雇用を求める傾向はむしろ近年強まっているといえる。

　また、後払い賃金という特徴も変化してきているにもかかわらず、「年功賃金」を支持する割合は、「終身雇用」の場合と同様に、1999年60.8%から2015年には76.3%と一貫して高まっており、若年層の支持の高まりも相対的に大きくなっている。このような従業員意識も、日本的雇用システム、特に、長期雇用が頑健な背景になっていると考えられる。

3　無限定正社員システムからの脱却—ジョブ型正社員と夫婦共働きのデフォルト化

盲点になっていた無限定正社員システム

　日本的な雇用システムの議論の中で、第2節でみたような、3つの定型化された事実とそれから派生する様々な特徴が議論の中心であった。その中で、完全に盲点になっていたのが、欧米諸国にはみられず、日本の正社員に特徴的な「無限定性」という観点である。無限定性について詳述する前に、まず、通常の正社員の定義をみよう。（1）契約期間は期間の定めのない無期雇用、（2）フルタイム勤務、（3）直接雇用（雇い主が指揮命令権を持つ）といった3つの特徴を有する社員を正社員と考えるのが標準的である。こうした特徴は海外のレギュラー・ワーカーと呼ばれる正社員とも共通している。

　一方、日本の場合、勤務地、職務、労働時間が事前に限定されていないという

無限定性が欧米諸国などと比べても顕著である。通常のいわゆる正社員は、将来の勤務地や職務の変更、残業を受け入れる義務があり、労働者側からは将来の転勤や職務の変更、さらに残業命令は断れないと理解されている。つまり、使用者側は人事上の幅広い裁量権を持つ。将来、職種、勤務地の変更、残業などの命令があれば基本的に受け入れなければならないという「暗黙の契約」が上乗せされているとも解釈できる。

こうした無限定性を持つ正社員を無限定正社員と呼ぶとすると、どのような職務につくかよりも、入社した企業の一員となることが大きな意味を持つ。日本の場合、「就職」ではなく、「就社」であるとよく言われるが、これはこうした無限定正社員の特徴と反映したものと言える。このため、無限定正社員はメンバーシップ型社員、就社型社員と呼ばれることもある。

採用・異動に明確にみられる欧米との差異

欧米諸国では、アメリカ、ヨーロッパにかかわらず、ジョブ・ディスクリプション（履行すべき職務の内容、範囲）が明確であり、職務限定型の正社員が一般的であり、それに付随して勤務地限定、時間外労働なしが前提となっているとみられる。もちろん、欧米諸国でも上級ホワイトカラー、幹部候補生は、日本の無限定社員に近い働き方をしているようだ。欧米でもエリート層になると仕事の範囲も広くなり、残業もいとわず働くことが多い。一方、一般的な正社員は仕事の内容が明確に決まっていて、定時になれば帰宅するし、家族との関係があるので、もともと転勤は想定されていないのが普通である。

しかし、欧米諸国と日本の正社員の違いを単純に職務の幅の広さの違いに求めるのは短絡的である。欧米諸国も近年は正社員の職務の幅を広げて環境変化への柔軟性を高めるような「ブロードバンド化」も推進している。

むしろ、採用や異動などの人事管理に本質的な違いがあるとみるべきだ。三菱UFJリサーチ＆コンサルティング［2014］は、アメリカ、オランダ、ドイツ、フランスの4か国調査に基づき、これらの欧米諸国の雇用制度が、実際に、どの程度、ジョブ型であるかより詳細に検討を行い、以下のような特徴を報告している：

(1) 経験者の中途採用が主で、新卒採用を行っている企業でも新卒採用者の比率は低い。欠員が生じた際に、職務内容を提示して当該職務の経験者を中途

採用することが一般的。

(2) 採用や社内公募の際に職務内容や勤務地などの明示が必要となるため職務記述書が存在する。

(3) 採用後における昇進や異動は、企業の人事権によって一方的に行われるものではなく、社内公募が一般的。従業員が公募にエントリーしない限り異動はない。会社側から異動を従業員に提示する場合であっても、その異動が実現するためには、従業員の同意が前提。また、勤務地の変更も昇進や異動の結果であるため従業員の同意が必要。

(4) ホワイトカラーの場合は、職務をスキルレベルなどに応じてランク付けし、それを幾つかの職務等級にまとめてランク化し、その職務等級に応じて賃率が決まる賃金制度が一般的。

つまり、要約すると、職務内容を明記した採用、社内公募が主となる採用後の異動、従業員の同意が前提の異動・転勤、職務にリンクした賃金制度、といった特徴が指摘できる。一方、採用や社内異動に際して職務内容は明示されているものの、実際に担当する具体的な業務は、上司の指示によって柔軟に変更可能であるなど、必ずしも限定的でないことを上記報告書は強調している。

一方、日本の無限定正社員システムにおいては、(1) 職務内容が限定されていない採用、(2) 人事部主導の中央集権的な異動、(3) 義務的な受け入れを求められる異動・転勤、(4) 職務遂行能力にリンクした（結果的に年齢・勤続年数に依存する）賃金制度、というように特徴をまとめることができる。

無限定正社員システムのメリット

日本の雇用システムの中で無限定正社員システムが根付いてきて、機能してきたことを考えれば、なんらかのメリットがあったと考えられる。それは何であろうか。まず、企業側のメリットを探ると、解雇をしなくても、配置転換や労働時間による雇用調整が可能という意味で内部労働市場であっても柔軟性を確保できたことが挙げられる。その結果として、解雇回避や技術変化へも柔軟に対応することができたといえる。また、長期雇用とあいまってその企業でしか役に立たないような企業特殊な投資が促進されたことも見逃せない。

さらに、配置転換等を通じて企業の部門間のコーディネーションが良好である

第1章　日本の雇用システムの再構築−総論

ことも重要である。日本の大企業の場合、各部門間の情報がこうした水平的コーディネーションによって共有されたことが、自動車や電機産業などの「摺り合わせ」型ものづくりやプロセス・改善型イノベーションに寄与したと考えられる。

　一方、労働者からみれば無限定な働き方に即した雇用保障、待遇（「暗黙の契約」）を反映したプレミアム、具体的には年功賃金、退職金等）を獲得できたことは大きなメリットであったといえる。特に、40歳を過ぎても伸び続ける賃金は、諸外国の正社員ではあまり見られないが、中高年の生活保障の役割を果たしてきたことは疑いない。また、配置転換などにより仕事の幅を広げられること、未熟練の若者を新卒一括採用で雇用可能なこと、などが、正社員のインセンティブやスキル形成に好影響を与え、長期雇用システムの下で日本の企業・産業の競争力の源泉になってきたと評価できよう。

無限定正社員システムと喫緊の雇用・労働問題の連関

　一方で、日本的な雇用システムが90年代以降の大きな環境変化に適応できず、様々な問題を生んできたといえる。こうした雇用・労働問題は実は正社員の無限定性と以下のように密接に結び付いている。

　まず、第一は、正社員の新規採用・賃金抑制と雇用の不安定な有期雇用の大幅増である。無限定正社員の場合、無限定性という暗黙の契約が上乗せされている分、雇用保障や待遇が手厚くなっていると解釈できる。日本の正社員が無限定性を持つという点で、90年代以降、経済成長が鈍化する中で企業が正社員の賃金増や採用により慎重になったことは想像に難くない。結果として、それが非正規雇用、なかんずく、有期雇用が増大したことに結びついたといえる。

　第二は、ワーク・ライフ・バランスが進んでこなかったことである。そもそも、無限定正社員は不本意な転勤や長時間労働を受け入れなければならないことを考えると、ワーク・ライフ・バランスの達成は相当難しい。また、正社員の「無限定」という特質が「無制限」にすり替わってしまえば、ハラスメント、過労死、ブラック企業といった状況にもつながりかねないわけで、こうした問題の根本に正社員の無限定性が潜んでいることを認識すべきであろう。

　第三は、女性の労働参加、活躍を阻害していたことである。一家の大黒柱である夫が転勤、残業なんでもありの無限定正社員であれば妻は必然的に専業主婦として家庭を守ることが求められてきた。また、子育てや介護を考えるとサポート

13

第1部　総論

してもらえる両親の同居などがない限りは女性が無限定正社員のままキャリアを
継続させることが難しい状況であったといえる。

　第四は、無限定正社員の場合、どんな仕事でもこなさないといけないため必然
的に「なんでも屋」になり、特定の能力や技能を身に付けた専門家、プロになり
にくいという問題があることだ。1つの企業や組織に一生勤めることが前提であ
ればかまわないかもしれないが、「何でも屋」になってしまえば、自分の専門性
を打ち出せず、将来的なキャリアのイメージをなかなか持てない。そのために転
職が難しくなり、経済全体の中で必要な労働異動・再配分が抑制され、成長にマ
イナスの影響を与えてきた可能性も否定できない。結果として外部労働市場も発
達しないため、個人の職務能力を評価するシステムも作りにくくなっているのが
現状だ。

　企業の立場からみれば、無限定正社員システムは、「柔軟性」の高いシステム
であったが、働き手の立場からは、無限定正社員という働き方しかなく、単線的
な働き方を強いられ、働き方の選択肢がなかったといえる。つまり、無限定正社
員システムが、働き手の「同質性」と働き方の「画一性」を生むとともに、働き
手の「ダイバーシティ」や働き方の「多様性」を否定してきたといえる。

　このように、日本の働き方の問題を抜本的に解決するためには、どうしても正
社員の「無限定性」にメスを入れなければならないことがわかるであろう。無限
定正社員制度を改革することは後述の通り必ずしも容易ではないが、その改革の
方向性は明らかである。つまり、正社員の「無限定性」が多くの問題の根幹にあ
ることがわかれば、「無限定性」を改め、限定的な仕組みにしていく、具合的に
は、正社員の職務、勤務地、労働時間になんらかの限定性を導入していくことで
ある。

　本章では、無限定正社員とは異なり、職務、勤務地、労働時間いずれかが限定
される正社員とジョブ型正社員と定義する[2]。労働時間の限定については、フル
タイム（所定内労働時間）よりも労働時間が短い短時間正社員とフルタイムであ
るが残業がない正社員の2つのタイプが存在する。こうしたジョブ型正社員を普

2）呼称に当たっては、ジョブ型正社員以外には「限定正社員」が使われることが多い。働き
　方がなんらか限定された正社員なのでその実態は理解しやすいが「一段格下」というニュア
　ンスがどうしてもつきまとう。厚労省は「多様な正社員」という呼称を使っているがイメー
　ジしにくい部分がある。

及させ、最終的には日本の正社員としてデフォルト化させていくためには何が必要か考えてみたい。ジョブ型正社員については、識者や組織によって異なる呼称が使われているが、職務、勤務地、労働時間に対して「なんでも受け入れる」のではなく「特定の働き方にこだわる」、「こだわり型正社員」というイメージが適切と考えられる

ジョブ型正社員の現状

　ジョブ型正社員は日本企業でどの程度普及しているのであろうか。2011年の厚労省「『多様な形態による正社員』に関する研究会報告書」によれば、大企業2000社近くのサンプルにおいて、5割程度の企業がジョブ型正社員を導入している。これらの企業の対象となる正社員の中でジョブ型正社員の占める割合は3分の1程度である。その内、8〜9割が職務限定正社員、3割近くが地域限定正社員、1割程度が労働時間限定となっている。複数の限定性要素を兼ね備える場合も多い。

　より最近の調査をみてみよう。労働政策研究・研修機構［2017］では、中小企業を含めた、常用雇用10人以上の企業、9,639社を対象に調査を行ったところ、なんらかのジョブ型正社員[3]の区分がある企業の割合は26.8%であった。規模別でみると、中小企業（300人未満）では24.8%であったが、1000人以上の大企業では53.4%と上記の調査とも整合的な数字となっている。1000人以上の大企業では、職種・職務・職域が限定されているのが37.9%、勤務地が限定されているのが39.5%、同様時間が限定されているのが25.1%となっている。

　また、労働政策研究・研修機構［2018］は、従業員100人以上の企業を対象にし、2,260社（企業調査）とその企業に勤める正社員、12,355人（従業員調査）からアンケート調査の回答を得た。調査企業の中で20.4%の企業においてジョブ型正社員[4]がいると回答し、また、調査対象正社員の7.1%がジョブ型正社員であると回答している。ジョブ型正社員がいる企業（462社）の中では、職務が限定されている割合が39.2%、勤務地が限定されているが82.7%、所定内労働時間が限定されている割合が28.1%、残業が制限されている割合は9.5%となってい

3）同調査では多様な正社員という呼称を使っている。
4）同調査では限定正社員という呼称を使っている。

第1部　総論

る。また、ジョブ型正社員と答えた従業員（876人）の中では、職務が限定されている割合が47.9％、勤務地が限定されているが65.0％、所定内労働時間が限定されている割合が9.6％、残業が制限されている割合は15.4％となっている。

　以上の調査では調査対象企業の規模などが異なり、直接的な比較は難しいが、ジョブ型正社員の3つの限定性（職務、勤務地、労働時間）の中では、職務限定がメインであり、労働時間限定の割合は低いが、最近の調査では勤務地限定のプレゼンスも大企業を中心に高まっていることが注目される[5]。

ジョブ型正社員の必要性・メリット

　それではジョブ型正社員の必要性、メリットは何であろうか。ここでは、ジョブ型正社員のタイプ別に考えてみよう。まず、職務限定型正社員については、職務が限定されていることで、自分のキャリア、強みを意識し、価値を明確化できるという利点がある。専門性に特化したプロフェッショナルな働き方ということもできる。こうした利点が別の企業で職を見つけ、働く可能性（外部オプション）を拡大させ、現在の職場での交渉力が向上することも期待できる。ジョブ・ディスクリプション（職務内容・範囲）が明確になれば自律的な働き方が可能になり、長時間労働抑制にもつながることが期待できる。

　また、勤務地限定型や労働時間限定型正社員は、男女ともに子育て、介護といったライフ・イベントと仕事を両立させる働き方、ライフスタイルに合わせた勤務を可能にすると考えられる。特に労働時間限定型はワーク・ライフ・バランスの実現に最も効果的な働き方といえる。

ジョブ型正社員の処遇と満足度

　筆者らはRIETI「平成26年度正社員・非正社員の多様な働き方と意識に関する調査」は、無限定正社員、ジョブ型正社員、契約社員等それぞれ2000人規模のサンプルを用いて働き方やその満足度について比較を行った（鶴・久米・戸田[2016]）。その結果は以下のようにまとめることができる。

　第一は、ジョブ型正社員は無限定正社員に比べ労働時間が短いことである。ジ

5）経団連［2016］では、経団連会員企業352社を対象に、ジョブ型正社員の区分があるが45.7％、その中で、勤務地・勤務エリア限定が88.2％、職務・仕事限定が50.9％、勤務時間限定が10.6％となっている。

ョブ型正社員は、週の平均労働時間が43.3時間であり、無限定正社員47.3時間に比べて、労働時間が短い。職務限定、勤務地限定などの働き方の限定の仕方にかかわらず、労働時間が短いのが特徴だ。残業なしの正社員は同41.2時間とさらに短くなっている。

第二は、ジョブ型正社員は無限定正社員に比べ、賃金は若干低いものの、賃金に対する満足度は無限定正社員とあまり変わらないことである。例えば、ジョブ型正社員の賃金（年収）は無限定正社員の96％程度だが、賃金の満足度はジョブ型正社員では満足・やや満足の合計は44.1％、いわゆる正社員では同43.3％とほとんど変わらない。

第三は、仕事に関する満足度、ストレス、不満などをみると、ジョブ型正社員の方が無限定正社員よりも満足度が高く、ストレスが低く、その傾向は労働時間が限定された労働時間短縮、残業なしのタイプの正社員においてより顕著であることだ。

仕事から得られる総合的な満足度についてみてみると、ジョブ型正社員の満足度は無限定正社員よりも高い。満足・やや満足を合わせた割合でみると、ジョブ型正社員では53.4％に対し、無限定正社員では同42.7％となっている。とくに、労働時間短縮、残業なしの正社員において、同60％近くまで達している。また、契約社員等については同48.2％であり、ほぼ無限定正社員とジョブ型正社員の中間程度の水準となっている。

ストレスについては、ジョブ型正社員はやはり無限定正社員よりも低いが、契約社員等よりは高くなっている。ジョブ型社員では、「苦しいくらい感じる」と「かなり感じる」の合計は、ジョブ型正社員は30.0％であるが、無限定正社員では35.9％となっている。また、ジョブ型正社員の中では、労働時間限定、残業なしがストレスもとりわけ低くなっている。

仕事に対して不満に思っていることを複数回答で見てみると、ジョブ型正社員は「賃金が安い」（28.2％）、「有給休暇が取りにくい」（20.7％）が不満の要素として挙げられている。無限定正社員は、「有給休暇が取りにくい」（33.3％）、「残業が多い」（25.3％）が高いのに対し、契約社員等については「賃金が安い」（45.9％）が半数近くに達しており、「雇用が不安定」（22.0％）が続いている。いわゆる正社員から多様な正社員、契約社員等に移るにつれ、残業、有給休暇、賃金、雇用の安定へと不満事項が変わっていくことがわかる。

第1部　総論

ジョブ型正社員の場合、先にみたように賃金に対する満足度は無限定正社員並みであるが、不満事項の一つであることには変わらない。また、「特に不満はない」の割合を見てみると、無限定正社員は23.5%であるのに対してジョブ型正社員は34.4%と高く、契約社員等の27.9%よりも高い。総じてジョブ型正社員であれば満足度は比較的に高く、不満は少ないといえる。

企業側からみたジョブ型正社員の導入効果

一方、企業からみたジョブ型正社員の評価はどうであろうか。労働政策研究・研修機構［2018］はジョブ型正社員を導入している企業（462社）に過去5年間でジョブ型正社員を導入した効果を質問している。最も肯定的な回答の割合が高いのは、人材の定着率が高まった（54.7%）で、後に、社員のワーク・ライフ・バランスが向上した（49.7%）、人材の採用がしやすくなった（48.9%）、社員のモチベーションが上がった（35.9%）、社員の労働生産性が向上した（34.2%）、社員に専門性が向上した（30.1%）が続いている。

上位4つの項目については、ジョブ型正社員の中でも所定内労働時間が短縮されていたり、残業が制限されている労働時間限定型において特に高くなっていることが注目される。例えば、人材の定着率では所定内労働時間が短縮されているタイプでは65.6%が肯定的に答えている。前述の通り、ジョブ型正社員の中でも満足度を高める効果は大きい働き方といえる。一方、専門性や労働生産性の向上という点では、職務が限定されているタイプでの割合が高くなっており（労働生産性向上では職務限定のタイプの42.5%が肯定的に回答）、職務限定型の働き方がプロ型として機能していることを示唆する結果といえる。

ジョブ型正社員の雇用管理における課題

上記でみたように様々なメリットを持つジョブ型正社員ではあるが、普及に向けた雇用管理上の課題も存在する[6]。

第一は、ジョブ型正社員の場合、その特性に沿った雇用管理が書面で明示されていない、または、明示されていても実際の運用において徹底されていないことが依然多いことだ。特に、就業規則、労働契約といった事前での扱いや雇用終了

6）詳しくは、鶴［2016］第2章参照。本章ではより最近の調査について紹介する。

第1章　日本の雇用システムの再構築－総論

時といった事後の扱いにおいてである。

　労働政策研究・研修機構［2017］はジョブ型正社員を導入している企業（2,585社）に対し、ジョブ型正社員の限定性や処遇・労働条件などについて、就業規則上に規定しているか、本人に書面で明示しているかを尋ねると、いずれも行っているのが36.2％、いずれかを行っているかを含めると55.1％に達している一方、いずれも行っていないが29.3％と3割ほど占めていて、いずれも行っている、いずれも行っていないが拮抗する、両極の状況となっていることがわかる。

　また、事業所閉鎖等に直面した場合の対応としては、無限定正社員の取り扱いと全く同じ、できる限りの雇用維持努力を行うが49.2％と実際には異なる取り扱いであるができる限り雇用維持努力を行うとの19.1％を大きく上回っている状況である。

　第二は、無限定正社員とジョブ型正社員の間の相互転換である。一定期間における学び直しや育児・介護のために無限定正社員からジョブ型正社員に転換し、また、時期がくれば無限定正社員に転換するという希望を持つ働き手も多いと思われる。しかし、そうした双方向の転換制度が確立している企業は多くないのが現状だ。

　労働政策研究・研修機構［2017］では、やはり、ジョブ型正社員を導入している企業に対し、無限定正社員とジョブ型正社員の間で区分を転換できる制度があるかどうかを尋ねると制度があるのは26.4％に留まっている。制度はないが慣行はある場合を合わせて実質的に転換が可能な企業の割合は合わせて44.7％になっている[7]。その中で、相互に転換可能な企業の割合は73.9％となっている。

　ジョブ型正社員が広く普及・定着し、活躍できる環境整備のためには、上記でみてきたようにその雇用管理が適切に行われ、その価値を社会全体から広く認められなければならない。このため、まずジョブ型正社員の形態・内容について労働契約や就業規則で明示的に定められることが必要である。さらに、従来の「無限定契約」と「ジョブ型（限定）契約」との相互転換を円滑化し、ライフスタイルやライフサイクルに合わせた多様な就労形態の選択が可能になることが重要である。

7）労働政策研究・研修機構［2018］の企業調査（462社）では66.5％の企業が相互に転換できると回答している。

第1部　総論

後払い型賃金システムの改革に向けて

ジョブ型正社員を普及させることは日本的な後払い式賃金システム見直しにつながると考えられる。後払い式賃金システムは40代以降の生活保障システムであり、日本的雇用システムの労働者への「恩恵」の最も大きな部分であったのは間違いない。

しかし、こうした仕組みが日本の雇用システムにおいて大きな問題を生んでいることも事実である。まず、第一に、90年代以降中高年のコスト面からみた雇用過剰感を生み、それが非正規雇用、なかんずく、有期雇用を増大させたことは間違いない。

第二は、後払い型賃金システムは現在では60歳定年制を前提に構築されているため、定年延長や廃止は賃金システムの抜本的な見直しを伴うため、高齢者の円滑な継続就業を難しくしている。

第三は、後払い型賃金制度は勤続年数等で中高年では賃金水準が生産性を大きく上回るため、大企業から中小企業に転職すればほぼ生産性に見合った賃金になることで年収が300万前後下がるケースも多いといわれる。これが日本の場合、中高年の転職を難しくしてきた最も大きな理由である。

一方、欧米諸国では40代以降は幹部への道が開いている従業員は別であるが、通常の一般的な正社員の賃金は職務にリンクしているため上がりにくく、ほぼフラットである[8]。

こうした賃金システム見直しは雇用システム改革の核心部分であるが、法律などで規定されているわけではないのでその見直しは逆に必ずしも容易ではない。年齢や勤続年数と賃金の関係を見た賃金プロファイルは前述のように90年代以降、やや緩やかになってきている、つまり、昔ほど年功で賃金が上昇していく傾向は弱くなっているのだが、40代以降も賃金が上がり続けるという特徴は依然として維持されている。

キャリア途中からのジョブ型正社員への転換

こうした特徴を変えるためには、キャリアの途中から、一定の割合の正社員はジョブ型に転換していくことが有効と考えられる。例えば、大卒で入社してから

8）例えば、鶴［1994］、川口［2011］の賃金プロファイルの国際比較参照

第1章　日本の雇用システムの再構築－総論

10年前後程、30代前半から半ばあたりで、更に幹部を目指す無限定正社員とジョブ型正社員に分かれていくことが必要だ。従来の無限定正社員からジョブ型正社員への転換に当たってはもちろん本人の希望、同意が必要であることは忘れてはならない。ジョブ型正社員であれば基本的には職務給であるため、40代以降、賃金と生産性のかい離は大きくなく、賃金プロファイルの形状はかなりなだらかなものになるであろう。

キャリア途中からジョブ型に転換するとしてもそのタイミングはいろいろ議論があるところである。雇用システム以上に、教育システムの改革が難しいことを考えると、文系大卒のように特定のスキルがないことを前提とした新卒一括採用システムは容易には変化しないと考えられる。

そうであれば、やはり、入社時点では無限定正社員として採用せざるを得ないであろう。入社10年前後まで様々な部署で経験を積みながら、多様なスキルを伸ばしていけば、おのずとどの道のプロになるか明確になってくると考えられる。また、トップを目指すことのできる本当の意味でも幹部候補生であるかもはっきりしてくる時期でもあろう。従来の日本の大企業における「遅い昇進」では入社15年くらいの時期で選抜が明確化されると言われてきたが、それよりも明確な選抜時期は早まることを想定している。

ジョブ型正社員をデフォルトにするために共働きもデフォルトに

40代以降も上昇する賃金システムは先にも述べたように生活保障の色彩が強かったが、キャリア途中からジョブ型正社員がデフォルトになり、賃金体系の見直しが進めば、これまで享受できて生活保障が得られなくなる。つまり、それは男性（夫）が大黒柱となって家族を支え、女性（妻）が専業主婦として家庭を守るという戦後日本の典型的な家族モデルがもはや維持できなくなることを意味する。

したがって、キャリア途中からのジョブ型転換を広範囲に導入するならば、夫婦が共働きをして、2人合わせてそれなりの年収を得ることが必要であるし、それに応じた仕組みが必要となる。つまり、ジョブ型正社員のデフォルト化は共働きのデフォルト化も必要とするのだ。

共働きの夫婦が子育てをするには、両者がともに長時間労働というわけにはいかない。長時間労働を抑制し、ワーク・ライフ・バランスが当たり前にならなければいけないのだ。また、職場だけでなく共働きをデフォルトにするために家族

21

第1部　総論

によるサポートも重要になってくる。

　鶴・久米［2018］では、ベビーシッターなどの「たまのサポート」よりも夫の家事・育児参加、親との同居、保育園利用といった「日常的なサポート」が妻の就業に好影響を与えることが確認された。また、夫の家事・育児の負担を高めることは、妻の就業のみならず、正社員として働いたり、本人に労働時間等の面でより負荷のかかる働き方を選択できたりすることにもつながっている。

　また、この分析では、夫の家事・育児参加を高めるためには、夫が正社員でもジョブ型正社員といった限定的な働き方を選択したり、柔軟な労働時間制度を利用したりすることが有効であることを示された。既婚女性自身が家事・育児と就業を両立させるためには、本人が限定的な働き方を選択することが対応策の一つであろうが、真に既婚女性の働き方・活躍をサポートするためには夫側の「男の働き方」を変えることも重要である。そのためにも、引き続き職務・勤務地・労働時間が限定されたジョブ型正社員の普及を政策的にも推進していくべきだ。

「ゲームの均衡」としての無限定正社員システム

　以上みてきたように、無限定正社員システムを見直し、ジョブ型正社員を普及、デフォルト化していくことは、日本の雇用システムを取り巻く喫緊の問題を解決するためには必要不可欠であるし、それにより従業員も企業も大きなメリットを享受できることをみてきた。

　しかしながら、ジョブ型正社員普及の動きは進んでいるものの、そのペースは決して早いとはいえない。むしろ、様々な取り組みが進められる中で無限定正社員システムを見直すことは、実は予想以上に困難が伴う改革であることが分かってきたといっても過言ではない。

　なぜなら、日本の雇用システム、無限定正社員システムは、法律で規定されているわけではなく、まさに、慣行であるからだ。もし、単純に法律で定められているだけであれば法律を変えればよいかもしれない。しかし、これまで労使が長年良かれと思って積み重ねてきた仕組みを一朝一夕に変えることはことのほか難しい。その理由はなんであろうか。

第1章　日本の雇用システムの再構築－総論

コラム●比較制度分析からみた雇用システム

　ここでは、雇用システムを1つの制度と捉え、経済学における制度分析の一つのアプローチである比較制度分析の立場から考えてみよう[9]。比較制度分析では、制度を繰り返し行われるゲームの「均衡」と定義している。つまり、制度を形作っているプレイヤーがそれぞれ最適な戦略・行動を行った結果生まれた安定的な戦略・行動の組み合わせを制度の定義と考えるのである。こうしたゲームは日々繰り返し行われることで同じ結果が実現し、また、プレイヤーも予めそれを予想し、また、実現するというプロセスが繰り返される。

　制度の「予想」→「実現」→「予想」→「実現」といったダイナミックなプロセスを仮定すると、制度が安定的に実現されているのは制度に関わるプレイヤーが「共有化された予想」を持っているからともいえる。つまり、制度や仕組みの根幹は人々の「予想」であり、「心」の中にあり、法律や具体的なアレンジメントはむしろそれを強化、サポートする役割と解釈できるのだ。

　例えば、終身雇用制度を考えてみよう。これは労働者同志、使用者同志、更には、労働者と使用者との間のゲーム（コーディネーション・ゲームの一例）の中で最適な戦略の結果として長期雇用が選好され、いわゆる「終身雇用制度」が定着してきたと考えられる。しかし、「終身雇用制度」を守るべきという規定が法律で決められているわけではない。明文化されていない「終身雇用制度」は労使の「共有化された予想」として存在しているのである。一方、長期雇用が定着していけば、それを補完する法制度なども形成される。「終身雇用制度」の下での退職金優遇税制もその一例だ。

　このように制度はゲームの均衡、共有化された予想のように民が自発的に形成する私的秩序（「ソフトな制度」）と官が法律・規制などで強制する公的秩序（「ハードな制度」）が入れ子型になり、相互がインタラクション、連携で現実の制度は形成されていると考えることができる。

9）比較制度分析のわかりやすい説明としては、青木［2014］、鶴［2006, 2016］を参照。

第1部　総論

　上記、コラムで解説されているように、制度を形作っているプレイヤーがそれ
ぞれ最適な戦略・行動を行った結果生まれた安定的な戦略・行動の組み合わせを
制度の定義と考えると、制度は「ゲームの均衡」といえるし、制度に関わるプレ
イヤーが共有する予想（「共有化された予想」）が大きな役割を果たす。

　正社員の「無限定性」もこれまで労使がコンセンサスの下、自生的・自発的に
形成され、双方がメリットを受け、良かれと思って築き上げた「ゲームの均衡」
としての制度であり、解雇権濫用法理、税法上優遇されている退職金制度、その
他関連する法制度はそれをなぞり、サポートするように発達してきたといえる。
したがって、無限定正社員を中心とする雇用システムの改革を進めるには制度の
根幹にある、人々の「共有化された予想」が変わることが必要不可欠である。

　「共有化された予想」は安定的な均衡であるので当然容易には変わらないと考
えるべきだ。一方、ゲームの均衡であれば逆にゲームの前提等の条件が変われば
当然変わりうる。制度そのものの安定性は制度が未来永劫変わらないということ
を意味しているわけではない。しかし、制度が「共有化された予想」として成立
している場合、ゲームの前提条件などが変化して別の制度の均衡に移るべきなの
にこれまで続けてきた制度が最適との認識を人々が持ち続け、制度が変化しない
ような場合も考えられる。

「メンバーシップ型人事」から「ジョブ型人事」への転換

　企業側にとっては、無限定正社員システムは「使い勝手の良い人事制度」とい
える。なぜなら、人事側の強い裁量権の下、個々の従業員を配置転換でどんな職
務も受け入れさせることができるためだ。つまり、人事側はいつも色のついてい
ない社員をその時々に思い通りに色分けできる人事を行うことができたのだ。

　しかし、ジョブ型正社員がデフォルトになれば、人事は自由に異動させること
は難しくなる分、どのような人材の組み合わせが企業の戦力にとって最適になる
かといういわば雇用・人材ポートフォリオを意識した人事へ転換していく必要が
あろう。このような「メンバーシップ型人事」から「ジョブ型人事」への転換は
「使い勝手が良い人事制度」から「面倒くさい人事制度」へ転換を意味する。な
ぜなら、ジョブ型ポストの場合、必然的に人事は一つ一つのポストに社内公募を
かける形に近くなるためである。「使い勝手の良い人事制度」にあまりにも慣れ
親しんだ日本の企業が「面倒くさい人事制度」へ転換するハードルはかなり高い

のは容易に想像できる。

無限定正社員システムにおけるスキルに対する考え方

　また、従業員、企業とも職務遂行能力、スキルに対する考え方が無限定性正社員システムの影響を色濃く反映していることも見逃せない。筆者らが行った研究では（久米・鶴・戸田［2017］）、ジョブ型正社員は無限定正社員よりもスキルの習熟度は低いと感じており、スキルが高まる機会の有無が本人の満足度に影響を与えることがわかった。

　こうした結果はどのように解釈すべきであろうか。まず、これまでの無限定正社員の場合、スキル形成は「螺旋階段型」で行われてきたといえる。つまり、特に、大企業の場合、様々な部門や職務を経験することがスキルや職務階級をアップさせ、昇進していく前提であったと考えられる。逆にいえば、業務の幅が広がらないとスキル・アップや昇進は難しい仕組みであったといえる。

　実際、佐野・安井・久米・鶴［2019］は、経済産業研究所（RIETI）が実施した転勤・異動・定年に関するウェブアンケート調査（従業員が300人以上の大企業の大卒正社員対象）を使って、様々な属性をコントロールしても異動・転勤経験が職務上のスキル習熟度、職務遂行能力、ひいては、昇進確率も有意なプラス効果を持つことを示している。

　様々な部門、職務の経験がスキル、ひいては、職務遂行能力を引き上げ、それとのリンクを想定されてきた賃金も経験年数とともに上昇し続けるという認識が後払い型賃金システムの背景ともなっていることを考えると、ジョブ型正社員は従業員の立場からみても、様々なメリットがあるにもかかわらず、スキルが伸ばせない、結果として昇進や賃金増に結び付いていかないという認識が形成されやすく、ジョブ型正社員を無限定正社員よりも一段レベルの低い雇用形態と感じてしまう傾向があったことも否定できない。しかし、イノベーションなどの大きな環境変化の中で、新たなテクノロジーの利用など個々の職において求められる専門性はより高まってきていることは間違いない。多くの部門、職務の経験重視に偏りすぎたスキル観も修正が必要になってきているのである。この点については、第6節で再度論じてみたい。

第1部　総論

無限定正社員システムを変えるためのビッグ・プッシュ・アプローチ

　以上をまとめると、大きな環境変化でシステムの転換が求められているにもかかわらず、従業員、企業ともに、無限定正社員システムが良いシステムであり、それを維持したいという「共有化された予想が」が変わらない状況であると考える。このため、労使の自発的変化を待っていたとしても一朝一夕には変わらず、相当時間がかかることも予想される。その場合、労使の「共有化された予想」を大きく変える手段として「ビッグ・プッシュ」を提案したい。

　「ビッグ・プッシュ」とはここでは、現在ある制度＝「ゲームの均衡」から別の望ましい制度＝「ゲームの均衡」に移行させるために加える外生的な大きなショックを意味している。無限定正社員システムを変革するためには大きな衝撃が必要であり、特に、時代遅れの「共有化された予想」が「岩盤」になっている場合は、有効な戦略といえる。また、「ビッグ・プッシュ」においては、政府の関与も必要になってくる。ここでは、無限定正社員を全廃すべきというようなラディカルな提案を行うことを想定しているのではない。ある一定の層で無限定正社員が残ることは問題ないが、一方で、無限定正社員がデフォルト化されている現状は変えるべきである。

　以下では、職務、勤務地、労働時間の無限定性に分けて、それぞれに対しどのようなビッグ・プッシュ・アプローチを施すべきかを考えてみたい。

「労働時間の無限定性」の是正

　2017年3月にまとめられた「働き方改革実行計画」、それが法律として2018年6月に成立した働き方改革関連法案に盛り込まれた「時間外労働の上限規制の導入」は労働時間の無限定性の是正に向けた政府による「ビック・プッシュ」と解釈することが可能である。

　90年代から長時間労働是正が大きな課題であったにもかかわらず、その是正が進まなかった理由は労使ともに長時間労働を選好する理由があったからだ。新卒一括採用・長期雇用を前提としたとしたメンバーシップ型の雇用システムにおいては、自己犠牲を伴う長時間労働は企業への忠誠心やコミットメントの証と認識されてきたことは否めない。長時間労働が高い人事評価につながるとの見方が共有されてきたといえる。また、労働側に長時間労働を黙認せざるを得ない要因があったことも忘れてはならないであろう。残業代が恒常的な生計費へ組み入れら

第1章　日本の雇用システムの再構築－総論

れていたり、長時間労働が常態化で不況期でも労働時間を減らす余地を作ってきたことは、解雇回避に寄与してきたと考えられる。

　その意味で、「時間外労働の上限規制の導入」は歴史的、画期的な改革といっても過言ではないであろう。ここで着目すべきは、2018年に上記の法律が制定される前に、2016年頃から働き方改革が注目されるようになってから、企業も実態的に長時間労働抑制に動き出していたことである。つまり、労使も長時間労働を黙認していた「共有化された予想」に変化が生じ始めたことである。この流れはその後、年々と勢いを増し、民間企業の中でかなり浸透が進んできている。既に、「ビッグ・プッシュ」が実施され、具体的な効果が出てきた一例と考えられる。したがって、残りの「勤務地の無限定性」、「職務の無限定性」に「ビッグ・プッシュ」アプローチをどう組み込んでいくかが重要となろう。

「勤務地の無限定性」の是正

　次に、勤務地の無限定性の是正について考えてみよう。転勤制度は、前述の通り、転勤制度は、無限定正社員制度の一角を形成し、日本の通常の正社員は、勤務地が事前に限定されていない、転勤を命令されればそれを拒否することが難しい、という特徴があった。このため、転勤により、子供の転校・進学への支障、配偶者の失職、介護への支障、単身赴任など家族や家庭生活が犠牲になる側面があったことは否めない。

　経済産業研究所（RIETI）が実施した転勤・異動・定年に関するウェブアンケート調査（従業員が300人以上の大企業の大卒正社員対象）で、転勤のマイナス評価を尋ねると、「単身赴任などで家族との生活が犠牲になった」（32.3％）、「転勤に伴い金銭的負担・手続きなどのコスト・煩雑さが大きかった」（27.4％）、「職場環境が大きく変わり仕事内容、役割、人間関係に慣れることが難しく適応に問題が生じた」（23.4％）、「家族の生活環境が大きく変わり、適応や負担の問題が生じた」（22.8％）が上位を占め、やはり、家族との生活面で犠牲が大きいことが分かる（鶴・久米・安井・佐野［2019］本書第4章）。

　このため企業としては転勤制度について従業員やその家族に対して配慮する仕組みを構築することが必要だ。実際、上記調査を使った分析（佐野・安井・久米・鶴［2019］）は、転勤が断れない場合や従業員やその家族に配慮するような転勤関連施策がない場合は、適職感、仕事満足度、幸福度といった従業員の主観

27

第1部　総論

的指標が有意に低下することを示した。一方、こうした転勤関連施策の数が多い場合、また、「転勤可否の希望が聞かれる」、「配偶者の転勤などを理由に本人の希望による勤務地転換の制度がある」場合、適職感、仕事満足度、幸福度いずれをも高めることがわかった。また、適職感、仕事満足度に限れば、「転勤配慮を申し出る制度がある」、「転勤をしなくても昇進上不利にならないことが明示されている」が追加的にプラスに影響することがわかった。

　以上のような調査、分析結果から、転勤制度については本人の希望について申し出や聴取ができるなど労使で密接なコミュニケーション、希望の把握が行われることがなによりも重要なことがわかる。また、配偶者の転勤などに伴い転勤ができるといった家族に配慮した柔軟な転勤制度の構築も重要と言える。

　転勤制度については、厚生労働省［2017］は、研究会報告書を受けて、転勤に関する雇用管理のヒントと手法について公開している。その中で、勤務地を限定しないことを原則とする無限定正社員においても、転勤可能性の有無、地域的な範囲、時期、回数、1つの地域における赴任期間、本拠地の有無など転勤の有無や態様について原則や目安を自社の方針と定め、あらかじめ社内で共有することがポイントと指摘している。また、仕事と家庭生活の両立に関する個々の労働者の事情や意向について、毎年の定期的な自己申告書の提出や上司や人事部門における定期的な面談によって、個別に把握することが有効であると指摘している。

　上記のような厚生労働省［2017］で示された事項は、あくまで、企業が転勤に関する雇用管理のあり方の参考に供する目的として掲げられたものであるが、これが勤務地の無限定性を是正するためのビッグ・プッシュとなるためには、早い段階で企業のガイドライン、努力義務化を行うことが必要である。将来的には法制的な義務化を求めていくべきであろう。

　勤務地の無限定性を打ち崩すもう一つのアプローチは、無限定正社員と勤務地限定正社員との間の相互転換の保証を義務付ける仕組みの導入である。先にみた通り、特に、大企業において、勤務地（地域、エリア）限定正社員の導入は高まってきている。こうした中で、本人や家族の事情で無限定正社員と勤務地限定正社員の相互転換が柔軟にできる仕組みが重要である。こうした取り組みは、例えば、三菱東京 UFJ 銀行[10] や AIG 損保[11] などで既に取り組みが開始されている。

10）日本経済新聞朝刊［2018/5/13］「三菱 UFJ 銀、地域限定勤務を年単位で選択」

28

第1章　日本の雇用システムの再構築－総論

勤務地限定正社員がどちらかといえば、総合職（無限定正社員）に対する一般職のような一段低い処遇として位置付けられ、固定化されることが多かったことから考えても、正社員の中に不合理な格差を作らないためにも必須の取り組みと言える。

「職務の無限定性」の是正

　職務の無限定性を抜本的に見直すということであれば、まず、理論的には雇用システムの「入口」（新卒採用等）を変える必要ある。そのためには、大学までの教育システムの抜本改革が必要で、そこに「ビッグ・プッシュ」アプローチを適用するのも1つの考え方であろう。しかし、教育改革は雇用改革以上にハードルが高いとみられ、むしろ、長期的な課題と考えるべきだ。

　それより、いろいろな職務、仕事を経験させる無限定正社員システムと後払い型賃金システムの制度的補完性を考慮すると、第5節で詳述するように、年齢差別禁止等の視点から定年制を廃止するという「ビッグ・プッシュ」を実施すれば、生産性を超える賃金の支払いをいつまでも続けることができず、賃金は中高年においてもより生産性に見合った水準となり、後払い型賃金システムを維持することができなくなると考えられる。これにより職限定型のジョブ型正社員をより導入しやすくなることが期待できる。

4　働き方改革と生産性向上の両立

　働き方改革関連法案に盛り込まれた罰則付き時間外労働時間の上限規制の導入は前述の通り歴史的な改革であり、こうした政府の取り組みもあって、民間企業においても先取りする形で働き方改革への取り組みがかなり浸透してきているように感じられる。

　その一方で、企業の現場から戸惑いの声も聞こえてくるのも事実だ。働き方改革とは単純に残業時間を減らせば良いのかという疑問である。他の条件が変わらなければ労働時間の減少は企業のアウトプットの減少ひいては従業員の所得の減少につながってしまう。長時間労働是正も個々の働き手の時間当たり生産性向上

11）産経新聞［2018/2/12］「AIG損保　転居を伴う異動廃止へ　転勤多い金融業界で一石」

第1部　総論

とセットで行われない限り、企業ひいては経済のどこかにひずみやマイナスの影響を与えることになることは明らかである。本節では働き方改革と企業の生産性向上が両立するための条件を考えてみたい。

通常の生産性向上メニュー

企業にとって従業員の生産性（労働生産性）を高める手法としては何があるであろうか。まず、第一は、資本装備の増大である。これまで1台機械を使って製品を作っておれば、機械を2台にすれば、生産性は二倍になっても不思議はない。第二は、イノベーションの実現である。イノベーションでより性能の高い機械を利用できるようになれば1台でも生産性は飛躍的に高まるであろう。第三は従業員の能力といった人的資本の向上である。同じ機械を使っていても従業員の能力やスキルが高ければ、生産性は高まる可能性がある。第四は、やる気・モチベーションの向上である。同じ機械、同じ能力・スキルの従業員が従事していたとしても、本人のやる気や努力で生産性は当然大きく変わり得る。以上が通常の生産性向上のメニューである。

働き方改革と生産性向上の両立のための新たな視点

しかし、働き方改革を行いながら個々の従業員の生産性を向上させていくには従来とは異なった視点が重要になると考えられる。働き方改革と両立する生産性向上への取り組みは大きく分けて以下の二つの取り組みが考えられる。

第一のアプローチは、仕事の効率性を向上させることで時間当たり生産性を高めることである。働き方改革により長時間労働を抑制する中で企業として成長を続けるためには、一人一人の従業員の時間当たりの生産性を引き上げていくことがどうしても必要となる。

第二のアプローチは、イノベーション、新たなアイディアの発現といった創造性を高めることである。働き方改革でできることとは、まず、職場からの干渉を最小限に、場所・時間にとらわれない働き方で集中力を高めることだ。後述するように、テレワークや高度プロフェッショナル制度等の労働時間規制の適用除外制度の導入が選択肢となってくる。

また、休息・休暇をしっかりとって心身ともにリフレッシュすることも重要だ。そのためには、時間外労働の補償は割増賃金による金銭補償から休日代替へ転換

第1章　日本の雇用システムの再構築−総論

させていく必要がある。つまり、EU 諸国のように健康確保を目的とした労働解放時間への規制を重視することである。具体的には、ドイツを始めいくつかの大陸ヨーロッパ諸国で導入されている、残業時間を貯蓄し休暇に充てるような労働時間貯蓄制度の導入が望まれる。

　また、今回成立した働き方改革関連法では10日以上年次休暇が付与される労働者に対し5日については毎年使用者が時季を指定することが義務付けられたが、更なる年休の消化促進のためには、年休時季指定権の使用者への付与の拡大が必要である。また、勤務終了から勤務開始までの一定の休息時間を確保する勤務間インターバル制度の普及促進が努力義務となったが更なる推進が求められている。

　以下では、①時間当たりの生産性向上の具体策、②創造性・生産性を高めるための場所・時間を選ばない働き方として特にテレワークの意義・役割について検討したい。

ICT を徹底活用した時間当たり生産性向上

　それでは、時間当たり生産性を向上させるような改革はどのように行えばよいのだろうか。まず、第一は、ICT の徹底活用である。近年、日本の職場の風景が大きく変わりつつある。例えば、机の上に書類はなく、パソコンのみ。仕事をする机も毎回変わるというようなフリーアドレスを導入しているような職場も珍しくなくなってきた。こうした職場では、大きなスペースをとっていた書類のファイルを格納する戸棚などもなくなっている。

　また、情報が個々の従業員のファイルやパソコンの中に分散しているのではなく、クラウドで情報を集権化してしまえば、情報の共有化やコーディネーションは格段に容易になり、生産性が高まることは容易に想像できる。それは、従来型の雇用システムを変化させる大きな推進力にもなると考えられる。

　また、ICT の活用で従来よりも従業員の仕事ぶり（努力）のモニタリングや成果の計測が容易になり、インセンティブの付与が容易になったことを見逃せない。在宅ワークの場合でも、従業員の仕事ぶりを直接観察できないため、従来は成果が計りやすい業務に限られる傾向にあったが、モニタリングや成果が観察しやすくなれば業務の幅は広がる。

31

第1部　総論

ICT活用によるインプット、アウトプットの把握

このようにICTの活用には様々な生産性向上のルートが考えられるが、ここでは、特に、ICTにより、インプット（労働時間）、アウトプットの計測が容易になり、その結果、アウトプットをインプットで除した時間当たり生産性を把握しやすくなることで、時間当たり生産性を意識した働き方が可能になることを明らかにしたい。

生産労働者の場合、ラインの生産工程で単位時間においてそれぞれのアウトプットを計るのは比較的容易である。一方、管理・事務・技術労働者（ホワイトカラー）は、アウトプット（成果）そのものが必ずしも明確ではなく、また、それに費やしたインプット（労働時間）を正確に測ることも難しい。これが、ホワイトカラー労働者が時間当たり生産性を意識することを難しくしてきたと考えられる。

一方、ICTの活用で従業員の努力や労働時間といったインプットや成果の計測が容易になってきていることは大きな変化である。例えば、従業員の使用しているパソコンの使用状況（オン、オフ）で労働時間や仕事内容を把握することは簡単な例ではあるが、最近ではウェアラブルデバイス（身体に着けることのできる小型の機器・センサー）により、従業員の行動に関する様々なデータを活用することが可能になっている。

例えば、日立製作所では名刺型ウェアラブル・センサーを使い、個々の従業員の行動データを取得し、従業員のコミュニケーション等を定量的に把握している。また、メガネのJINSは一日のうち、いつ、どれだけ集中できたかを可視化できるメガネ型ウェアラブルを開発、商品化している。こうしたウェアラブル機器が従業員のインプットの可視化で大きな効果をあげつつあるのだ。

また、一方、従業員のアウトプットもICTの徹底活用で可視化していくことが可能である。ホワイトカラー従業員のアウトプットはともすれば最終的な成果がでてくるまでは個人レベルの「ブラックボックス」の中に埋没しがちであった。しかし、書類やメールなど仕事のアウトプットがすべてデジタル化され、クラウドなどで中央集権的に管理され、どこからもアクセスが可能になれば、従業員の間での完全な共有が可能になり、中間的な成果物やチームワーク業務における個々の貢献など測りにくかったホワイトカラー従業員の成果の可視化が可能になってきている。

こうして、これまでで計測しにくかった個々のホワイトカラー従業員のインプットとアウトプットが可視化され、時間当たりの生産性を定量的に把握することが可能になれば、業務の棚卸を行い、無駄な業務内容・プロセスを特定化し、見直していくというプロセスも容易になると考えられる。また、個々の従業員でブラックボックス化されていた仕事のやり方は書類等のテンプレートの活用、マニュアルの作成も含めた仕事の標準化も重要であり、ICT の利用によってより効果的に実施できるであろう。

QC サークル、リーンシステム、カンバン方式など製造業の生産現場では当たり前であった生産性、品質向上への飽くなき努力は、生産ラインでは生産性がまさしく可視化できることがその前提にあった。ホワイトカラーの業務でも ICT の活用で業務の流れがあたかも工場の生産性ラインのように可視化できれば時間当たりの生産性向上に向けた取り組みは大きく前進すると考えられる。このように ICT の活用でまずは「紙」をなくし、すべての情報をデジタル化して従業員が共有できる状況にすることが ICT を活用した働き方の第一歩といえる。

時間・場所を選ばない働き方―テレワークによる時間当たり創造性・生産性向上

次に、創造性・生産性を高める時間・場所を選ばない働き方の導入を検討してみよう。職場があるのは従業員が同じ時間、同じ場所で共有しなければならない情報や知識があるからである。一方、ICT によりどこにいても職場と同じように情報の共有・伝達ができるようにその制約を解き放せば、従業員が同じ時間、同じ場所にいる必要はない。その意味で、時間・場所を選ばない働き方の導入はやはり、ITC の徹底活用が大前提となっているし、ICT の発達があるからこそ、そうした働き方が広がりをみせているといえる。

以下では、時間・場所を選ばない働き方の代表例であるテレワーク（ここでは、在宅勤務のみならず、モバイルワーク（営業活動などで外出中に作業する勤務）、サテライトオフィス勤務（本来の勤務地とは別の場所のオフィス等で作業する勤務）も含めるものと定義する）がなぜ時間当たり生産性を向上させるのかについてみてみよう。

通常、テレワークの必要性については、オフィスや通勤に要するコストを削減し、働き手にとってライフスタイル・ライフステージに合わせた勤務が可能になることが強調されることが多い。一方、テレワークの潜在的な問題点としては、

第1部　総論

同じ場所・同じ時間で働くことから得られる交流、情報の共有、チームワークといったシナジー効果が発揮できないこと、上司が監視できないことが働き手のモチベーションに影響を与える可能性があることが指摘されてきた。

上記の問題点を考慮すると、テレワークに適した仕事とは、モニタリングが難しいため、成果を計りやすい仕事、他の従業員とのコーディネーションをあまり必要とせず、モジュール化できる仕事に限定されると理解されてきた。

しかし、ICTの更なる進化により、上記のような制約・問題点を克服し、ネット上で従来の職場と変わらないような仮想的なオフィスを実現している企業が出てきていることが注目される。在宅勤務のコンサルティングなどを手掛ける（株）テレワークマネジメントはその一例だ。同社ではネット上の仮想オフィスで机を並べる従業員の場所をクリックして呼び出し、顔を見ながら打ち合わせをしたり、複数で会議をしたりすることが可能となっている。他の従業員との情報の共有、コーディネーション、上司のモニタリングも通常の職場と比べても遜色のない働き方が近年のICTの進化で可能になっているのだ。

このようなテレワークを巡る環境の変化の中で、再度、テレワークのメリットと課題を考える必要がある。テレワークのメリットについて、まず、テレワークを行っている従業員へのアンケート調査である労働政策研究・研修機構［2015］をみてみよう。

通勤による負担が少ないと回答したのは17％程度、育児・介護や家事の時間が増えるとの答えは5〜8％程度となっている。これまでテレワークのメリットと考えられてきた通勤時間負担軽減や育児・介護・家事との両立が必ずしも大きな割合を占めているわけではないことがわかる。むしろ、仕事の生産性や効率性が向上するとの回答が50％を超えており、従業員の立場からみても生産性の向上が重要な位置を占めていることがわかる。

一方、同調査では4割程度の人が仕事と仕事以外の切り分けが難しいと答え、2割程度が長時間労働になりやすいといったデメリットを認識していることにも留意が必要だ。育児・介護の時間を柔軟にとれる一方、それがかえって仕事への集中を難しくしている場合があったり、職場よりも仕事に集中できるような環境においても、むしろ知らぬ間に長時間労働になる可能性があることを示唆しているといえよう。

第1章　日本の雇用システムの再構築－総論

テレワークの光と影—生産性向上と長時間労働の可能性

　テレワークのもたらす影響については、欧米では1980年代からすでに学際的に多くの研究が積み重ねられてきている。2000年代初めまでの研究を調査したBailey and Kurland［2002］は、やはり通勤コストの低下はテレワークの主要な動機ではない一方、多くの研究がテレワークによる生産性向上の効果を確認してきたことを紹介している。

　しかしながら、生産性向上に関する研究はテレワーカーの自己申告に基づくものであり、彼らにはテレワークが成功していると考えるバイアス（偏り）があることを指摘している。実際、テレワーカーの67％が生産性向上を報告したが、そのうち40％が自分は働き過ぎであると答え、生産性向上が労働時間の増加で水増しされた可能性を示す調査例を紹介している。自己申告データに基づいた分析では生産性向上という実証結果に確信を持って支持することはできないと主張した。

　近年では、前記の問題点を克服するような実証分析もいくつか出てきている。例えば、Bloom et. al.［2014］は、中国の旅行会社、シートリップのコールセンターの従業員が9か月間、在宅勤務とオフィス勤務にランダムに割り当てられるという実験を活用し、生産性（通話量）を定量的に把握した上で在宅勤務の従業員はパフォーマンスが13％上昇したことを示した。このうち4％分はより静かで居心地の良い環境下で生産性が増加したことによるものだが、9％分は休憩時間や病気休暇の減少による労働時間の増加に起因するものであり、見かけの生産性向上の中には労働時間増も含まれていることには注意が必要だ。

　一方、テレワークの生産性を高める上で、労働時間とともに重要な要因が仕事の内容である。Dutcher［2012］は、大学生を実験室内と外にランダムに分けた上で、タイピングのような単調な作業とより創造性の必要な作業をさせるという実験を行った。実験室の外、つまりテレワークに近い状況では、単調な仕事は室内に比べて生産性が6〜10％低下する一方、創造性を要する仕事の場合は11〜20％増加することを示した。

　テレワークが真の生産性、すなわち時間当たりの生産性を高める働き方になるためには何が必要だろうか。まず、自律的で集中力を生むことが可能なテレワークの利点を最大限生かせるようなより創造的な仕事を割り当てることが重要であるし、職場からの干渉や雑音の遮断により自律的な働き方を実現すべきだ。また、テレワークは柔軟で自律的な働き方が高い満足度を生む一方、無意識のうちに長

時間労働に結びつく可能性が高く、真の生産性を高めるには従来の働き方よりも労働時間が増加しないような取り組みが必要だ。

アメリカ企業のテレワーク禁止の評価

　日本では今後、テレワークを更に推進することが、生産性を向上させる働き方改革につながると考えられるが、米ヤフー（2013年）、米IBM（2017年）など以前から在宅勤務を推進してきた海外の大手企業が同制度を廃止する動きもあり、日本がアメリカの「周回遅れ」になるのではという懸念の声もあるのは事実だ。

　米企業での撤退の理由を探ると、①チームワーク、一体感、コミュニケーションの不足、②社員の仕事ぶりを把握できないことによる仕事の質とスピードの低下、③期待したオフィス・不動産コストの節約失敗、などが指摘されている。また、グーグルなどのスーパースター企業では、新しいアイディアやイノベーションは、社員同士が顔を合わせることによって生まれると考える傾向が強いのも事実である。

　「大部屋型」ではなく、「個室型」の職場が通常の欧米企業ではテレワークもその延長でむしろ導入しやすかったことが普及の大きな要因になっていたと考えられる。一方、「大部屋型」の職場の日本はテレワークの導入にはむしろ大きな壁があったといえる。そうした中で、欧米の先進的な企業は日本的な「大部屋型」の利点を取り込むことでコミュニケーション、コーディネーションを高め、さらにイノベーションにつなげようと努めており、テレワークの廃止などもそうした一連の流れの中で捉えるべきであろう。一方、日本はこれまで「大部屋型」であっただけに、「個室型」のテレワークを採用することで従業員の創造性を伸ばす余地は大きいと考えられる。したがって、こうした動きは、むしろ日本企業と欧米企業のある種のコンバージェンスを示しており、「隣の芝生が青くみえる」現象を表していると考えることもできよう。

テレワークの残された課題

　以上みてきたように、テレワークへの取り組みは生産性向上を目指すという意味においても働き方改革の大きな柱と考えるべきだ。しかしながら、日本全体でみれば、テレワークの普及状況は発展途上であり、依然として企業規模間格差が大きい。例えば、総務省「平成29年通信利用動向調査」では、常用雇用者規模

100人以上の企業の中で制度としてテレワークを導入している企業の割合は13.9％であるが、資本金50億以上の企業：40.2％、従業者数2000人以上の企業：38.7％、従業者数300人以上の企業：23.0％、従業者数300人未満の企業：10.2％となっており、従業員の規模別で大きな取り組みの差異があることがわかる。テレワーク普及のすそ野をいかに広げていくかが課題であろう。

こうした中で大企業は足元でテレワークの取り組みを加速していることも伺える。上場企業を主な調査対象にしている、日経「スマートワーク経営」調査（2017、2018年）によれば、場所に関する多様な働き方を実現する制度のある企業の割合は、2017年から2018年にかけて、在宅勤務：35.4％→44.2％、サテライトオフィス：13.6％→23.4％、モバイルワーク：20.6％→36.3％、と制度としては急速に普及していることがわかる。

また、同調査（2018年）で、テレワークに関して行っている取り組み（複数回答）については、利用者の自律的な働き方を尊重：43.0％、時間外労働や休日勤務の制限を設置：35.6％、ICT等を使って適切な労働時間の管理：35.0％、生産性が高まるような業務、人材を選んで適用：29.4％、などが上位を占めている。つまり、テレワークを活用している企業は、従業員の自律性尊重、生産性向上を目指す一方、テレワークの課題である長時間労働の問題にも配慮してきていることがわかる。

しかし、テレワークを制度として導入している企業においても実際のテレワーク利用者割合は、同調査（2018年）では、5％以下が調査企業の3分の2（66.9％）を占めている状況である。生産性向上を主眼とするならば、利用条件を問わず、なるべく広範囲の従業員がテレワークを利用できる仕組みを作ることが求められている。

生産性を高める具体的な働き方改革事例

時間当たり生産性を向上させる働き方改革をより具体的に考えるために、厚生労働省の「働き方・休み方改善ポータルサイト」で各企業の働き方改善の仕組みや取り組み状況の事例を分析・比較してみたい。このサイトの各事例は、①Vision（方針・目標の明確化）、②System（改善推進の体制づくり、改善推進の制度化、改善推進のルール化）、③Action（意識改善、情報提供・相談、仕事の進め方）、④Check（実態把握・管理）に分けて記載されている。

第1部　総論

　上記のサイトに登録されている、各社の事例をみると、上記の項目の中で、System、つまり、時間外労働を減らすための制度化やルール化に熱心に取り組んでいる企業は比較的多いものの、Action の中の「仕事の進め方」で改善を行っている企業は必ずしも多くない。冒頭述べたように、企業として働き方改革にしっかり取り組んでいることを強調し、アピールするためにどうしても働き方改革の「かたち」を作ることが先行していると考えられる。しかし、これが働き方改革が「画一的」、「一律的」と批判を受ける背景となっている。まさに、「仏作って魂入れず」である。以下では、「仕事の進め方」で生産性向上につながる企業例を取り上げてみたい。

　まず、第一は、ICT の活用である。例えば、味の素は、WEB カメラ・スケジューラーの活用等 ICT を活用した業務効率化の推進を行っている。また、三菱UFJ 銀行は労使が一緒になって生産性の高い働き方、効率的な働き方を探求、出退勤は PC のログイン、ログアウトを参考に正確に管理、実態把握に取り組んでいる。さらに、LIXIL は、勤怠管理システム等により、部門や部下の日々の勤務実績がみえる環境の整備を行っている。

　第二は、仕事の標準化である。例えば、筑邦銀行は書式の見直しによる業務効率化を行っている。また、ヒューマンシステムは業務効率化や生産性向上のため情報を共有してマニュアル化することにより自分にしかわからない仕事を持たないことを推奨している。

　第三は、仕事の内容やプロセスの徹底的な見直しである。特定の仕事にかかわらず、大きな視点から取り組んでいる例としては、西部ガスが常識や前例にとらわれることなく業務の「断・捨・離」を実行していることが挙げられる。

　また、どこに無駄が潜んでいるかを明らかにするためには職場単位の意思疎通が重要である。日本特殊陶業は業務を棚卸し、生産性向上を阻害している要因について話し合い、業務の優先度、必要性を検討し、ムダ取り・業務フローの改善を行っている。北陸銀行は QC 活動による職場単位の改善のための議論、業務改革タスクフォースによる業務改善を行っている。横浜銀行は支店業務見直しによる業務量の削減、各支店の職務別の実態把握及び原因と課題の共有を図っている。

　従業員間の意思疎通という点では、職場単位の好事例を企業全体に広げていく取り組みも重要である。例えば、テルモ株式会社は生産性向上に向けた取り組みとして各事業所における好事例の発表や、新たなアイディア提案を募集する「働

き方改革コンテスト」を実施している。コネクシオ株式会社は各ショップの代表者が日々の業務の中で取り組んでいる改善事例を発表し、優れた好事例については社長や役員から表彰を受ける「働き方改善大会」を開催している。

　業務の中でやはり問題になりやすいのは内部での説明資料が過剰になりやすい点である。静岡銀行はフリーアドレス、ペーパーレス、無駄な資料をなくすといったワークスタイル改革を実施している。また、富士ゼロックスは会議資料の削減、会議時間の切り上げ、トップも簡素な資料で意思決定することを徹底している。本田技研工業も報告業務縮小のため、資料15枚、報告15分、決済15分の「Lmit15」に取り組んでいる。

　長時間労働を抑制できたとしても仕事内容・プロセスを見直し、改善しなければ時間当たり生産性は決して向上しない。他の業種の事例も学びながら、トップ自らのリーダーシップの下、働き方改革の「やっている感」を全面に出すのではなく、仕事の中身・やり方を地道に根本的に変えていくことが大きな課題といえそうだ。

「スマートワーク経営」調査からみた高生産性企業の人材活用力

　これまで働き方改革と企業の生産性の関係について論じてきたが、企業の個別の取り組みと生産性の直接的な関係には触れてこなかった。第4節の最後に、日経「スマートワーク経営」調査の結果を使い、同調査に参加した上場企業等（602社）の多岐にわたる人材活用の取り組みと生産性との関係に関する分析を紹介したい（鶴・滝澤［2018］）。

　同調査では人材活用力に関する設問・回答を用い、調査企業の時間当たり生産性の値の中位置を基準に高生産性企業と低生産企業のグループに分けて、2つのグループで明確に異なる特徴、取り組みを取り上げた。高生産性企業では以下の特徴がみられた：

(1) 正社員の中で女性の割合が高い。一方、ダイバーシティの推進のための具体的な施策については高生産性企業と低生産性企業との間には必ずしも有意な違いがみられなかった。

(2) 短時間正社員やフレックス・タイム利用者の比率が高く、副業兼業を柔軟に認めるなど多様で柔軟な働き方をしている。

(3) 人事考課の開示が高く、従業員もアンケート調査により積極的に応えるな

第1部　総論

ど密接なコミュニケーション、信頼関係を高めることでエンゲージメントや
モチベーションを向上させている。一方、正社員の基本給における業績・成
果部分の割合はむしろ低く、成果主義的な賃金体系の色彩は弱い。

（4）新人の定着率が高い一方で、中途入社の比率も高く、雇用の定着と流動性
のバランスをとっている。

上記の高生産性企業の中でも更に生産性の高い企業グループに着目すると（上
位25％、下位25％の比較）、より生産性の高い企業では年間総労働時間が低く、
年間有給取得率が高い。これらの結果は、休息・休暇を十分確保することで創造
性をより発揮できる環境にある、また、無駄な業務、プロセスを見直し、時間当
たり生産性を意識、高める取り組みが行われている可能性を示唆するものといえ
る。

その一方で、人材活用に関するテクノロジー（ICT、RPA、AI など）の導入・
活用、具体的なダイバーシティ推進策、テレワークについては、高生産性企業と
低生産性企業で有意な差はみられなかった。新たなテクノロジーや施策は導入し
てから現実に企業のパフォーマンスに影響を与えるまでには時間がかかることが
影響しているかもしれない。

また、上記の分析は、一時点（2016年度）における企業の特徴・取り組みとパ
フォーマンスの関係を検討しているため、ある特徴・取り組みが原因となって生
産性を高めているかどうかという両者の因果関係までは特定できていないことに
留意が必要だ。今後、同調査への参加企業が更に増加し、因果関係の分析が可能
になるパネル・データの構築が期待される。

5　きしむ雇用システムの「入口」と「出口」

新卒一括採用—キャリアの「入口」のきしみ

日本の採用システムをみると、新卒者を4月に一括まとめて採用し、中途採用
はあまり行わないという、新卒一括採用という特徴がある。このため、就職活動
は卒業までに行われ、企業の採用選考活動も大企業を中心にある期間に集中して
行われてきた。

まず、リクルートワークス（2013）により、卒業後の進路を決めた時期を国際

第1章　日本の雇用システムの再構築－総論

比較してみると、大学卒業前に進路を決めた割合は、日本82.2％、アメリカ79.2％、韓国77.2％と大きな違いがあるわけではない。しかし、大学後期に決めた割合をみると、日本は66.3％とアメリカ同21.1％、韓国43.5％と比べ圧倒的に高い。アメリカではむしろ大学前期に進路が決まる方が33.1％とむしろ高い。また、大学卒業後すぐ就職をするかどうかをみた即就職率は日本が85.0％と、アメリカ45.9％、韓国48.4％と比べやはりかなり高いことがわかる。つまり、アメリカや韓国では就活・就職時期の分散化が図られているといえる、

　こうした新卒一括採用システムはこれまで論じてきた無限定正社員システムと密接な補完関係（制度的補完性）を持つ。特に、大企業、大卒文系の場合は、入社時に特定のスキルが要求されるわけではなく、入社後、様々な仕事や部署を経験することでスキル・アップする。このため、採用に当たっては、特定のスキルを持っているかより、その企業のメンバーシップを得て、その企業のカラーにどっぷりつかることができるかが重要になるし、潜在的能力の高い、つまり、地頭の良く、適応能力の高い人材をいかに採用するかがポイントになってくる。したがって、その企業の色に染めやすいように新卒で採用するといえる。

新卒一括採用制度の評価

　それでは、新卒一括採用のメリットはなんであろうか。第一は、就職活動が同時期に集中的に行われる、つまり、同期化が学生、企業双方にとって、入手・活用できる情報の質・量を拡大させ、双方のサーチ・コストを低下させるとともに、マッチングの効率性を高めているといえる。効率性が高まることである。新卒者のスキルよりも企業との「相性」が重視されるのであれば、双方ができるだけ多くの候補を同時に検討する機会を得ることが必要であり、その意味からも新卒一括採用はマッチングの効率性向上に資すると考えられる。

　第二は、無限定正社員の採用は、特定のジョブ・スキルを仮定しないため、新卒者が職を見つける、得るための壁が低くなっていることである。日本が欧米に比して若年の失業率が低いことは新卒一括採用が大きく貢献していると評価できよう。このように現在の正社員システムが無限定正社員を前提としていることを考えれば、新卒一括採用制度は補完性の高い制度ということができる。

　この新卒一括採用で重要な役割を担ってきたのが採用選考活動の開始時期を定めた経団連の憲章・指針であった。対象企業の範囲が限られ、また、拘束力が必

第1部　総論

ずしも強いものではないが、就職・採用活動の同期化のために必要ななんらかの
「号令」、「目安」といった役割を果たしてきたといえる。

　こうした採用活動の開始時期を揃えることは表向きには学業に影響の出るような「青田買い」を避けることがその目的としてしばしば強調されてきた。しかし、この種の取決めはある種、秩序を重んじ、競争を回避するための大企業同士のカルテルという面は否めない。

　また、実態は必ずしも十分遵守されておらず、チェックが行われたり、守らなかった企業がペナルティを受けることもなかった。そもそもなぜ経団連加盟企業だけが対象になるのかを説得的に説明することも難しい。選考が解禁になる前に「面談」と称して実質的な選考が進んでいるケースも多いといわれる。就活生に対し、職業人生の入り口で「嘘」を教えるといっても過言ではない矛盾に満ちた制度であったといえる。その意味で経団連が打ち出した「指針」の廃止は歓迎すべきものであり、採用活動はインターンシップを含め自由な企業活動が尊重されることが重要である。

目安の必要性

　ただ、無限定正社員システムがまだデフォルトである状況の中で、新卒一括採用制度はそれなりのメリットを持つため、廃止は不可能であるし、継続していくことが予想される。その場合、マッチング・プロセスの同期化、シンクロ化のために、就活時期に関してなんらかの「目安」は必要となる。企業にとって同期化へのインセンティブは強く、企業間でコーディネーションを図っていくことは十分可能である。逆に、正社員がすべてジョブ型になれば、新卒一括採用の必要性は非常に低くなることにも留意する必要があろう。

　経団連に変わって「目安」を提示する役割を担うのは政府である。ただし、広報開始や選考開始時期はこれまでの経団連の「指針」を踏襲することになっている。政府の場合でも、こうした時期の設定に対して、強制やペナルティをかけることが難しいことは同様である。あくまでもアナウンスメント効果という役割を中心に考えるべきであり、企業がお互いに監視、牽制し合うようなピア効果が発揮されるような工夫が必要だ。政府が「目安」の提示を行う中で、これまで自由に採用活動を行ってきた中小企業や外資系企業への規制を強めるのは論外であることを付言しておきたい。

第1章　日本の雇用システムの再構築－総論

目安の考え方

　それでは、「目安」の時期はどう決めればよいであろうか。経団連が「目安」を提示するかどうかにかかわらず、経団連加盟企業のような大手企業を軸に就活戦線に序列ができる構造は変わらないと考えられる。したがって、「目安」も従来通りそこに設定することが適当である。ここで重要なポイントとしては、(1) 就活期間の学業への影響を最小化する、(2) 大学3年次の取り組み・成績が選考に反映される、(3) 従来より中小企業の選考が早まるようにして、就職活動全体として終了を早くする、ことである。

目安の具体的な置き方

　現在の「目安」は「3月広報開始、6月選考活動開始」であるが、結論を先に言えば、かつてのルール、「12月広報開始、4月選考活動開始」が学業への影響が最も少ないと考えられる。6月選考開始であれば、4年次の春学期はかなり就活活動に割かれてしまうからだ。「広報開始」は本格的な就職活動の「号砲」、「接触開始」であり、「選考開始」は軸となる第一次企業群（大手企業）の「選考決着開始」と捉えるのがわかりやすい。したがって、両者の間の期間は基本的に春休みに集中させることが学業への影響を最小化することにつながる。「12月広報開始、4月選考活動開始」であれば、5月連休後には順次大学での勉強に集中できる環境を作ることができるためだ。

　また、「選考開始」の時期をどのように縛ったとしても、「広報開始」と「選考開始」の期間内で実際に内々定を出すという企業の行動をコントロールすることは難しい。むしろ、「目安」の運用としては、「選考開始」よりも「広報開始」の時期が遵守されるように考えるべきであろう。なぜなら、外部からのチェックもより容易であり、ピア効果が働きやすいと考えられるからである。

　「広報開始」は学業への影響の最小化を徹底するのであれば、2月広報開始（短期決戦集中型）という選択肢があろう。また、中小企業や外資系企業をできるだけ巻き込むのであれば12月広報開始が適当である。それ以上早く広報開始すると学業への影響が懸念され、3年次の10月、11月はなるべく学業に集中できる環境が望ましいためだ。

　以上みてきてわかるように、新卒一括採用システムは無限定正社員システム、日本の教育システムと密接な制度補完性を持つだけに一気に変えることは難しい。

43

第1部　総論

また、これまで果たしてきた若年雇用への好影響も忘れてはいけない。

　したがって、上記で議論したように、就活期間の「目安」に配慮しながら、多様な働き方改革の一部として新卒採用システムの見直しを図っていくことが必要だ。具体的には、採用ルートの多様化である。これまで採用ルートの多様化は春季一括採用を逃した学生への救済措置という趣旨が強かったが、働き方の多様化という視点から、通年採用、秋季採用の積極的導入を図るべきであろう。また、ジョブ型正社員が更に普及していく中で、中途採用やジョブ型採用の割合も上昇していくことが期待される。

雇用システムの「出口」―高齢者雇用、特に、継続雇用制度の是非

　次に、キャリアの「出口」である定年制を軸に高齢者雇用のあり方を考えてみよう。

日本の定年制の歴史的変遷

　日本の定年制が制度的に確立したといわれるのは1936年に制定された退職積立金及退職手当法の制定である。退職金の支払いが義務化されるとともに定年退職が自己都合退職ではないとされた。終戦直後は過剰雇用を解雇という形をとらずに解消するために定年制が使用者側にとって必要とされた経緯もある。

　こうした中で、1944年に設立された厚生年金は1954年に改正され、支給開始年齢が55歳から60歳に段階的に引き上げられることになった。1974年に支給開始年齢が60歳になる中で民間大企業を中心に55歳定年制から60歳定年制に移行していった。こうした中で定年制を法制度として86年に立法化したのが高年齢者雇用安定法である。ここで、60歳以上の定年の努力義務が規定され、94年改正で60歳未満定年禁止が定められ、98年4月から全面施行となり、60歳定年制が完全に法制化されることになった。つまり、年金支給年齢引上げに定年制が完全に対応するために四半世紀を要しているのである。

　一方、年金は1994年改正で被用者の基礎年金の支給開始年齢を男性2001年から2013年まで（女性2006〜2018年）段階的に65歳まで引き上げるとともに、2000年改正では厚生年金の報酬比例部分を男性2013〜2025年（女性2018〜2030年）まで段階的に65歳まで引き上げられることが決まった。

　そのため、65歳まで働けることを制度化する必要がでてきた。しかし、ここで

第1章　日本の雇用システムの再構築－総論

一貫してとられてきた政策は定年制を65歳まで延長するのではなく、定年制の存在を前提としつつ、それを超えて高齢者の継続雇用を促していく方策、つまり65歳までの継続雇用制度の導入であった。継続雇用とは、通常、定年を機会に新たに期間の定めのある継続雇用契約を結び、これまでとは異なる職務と・配置となり、処遇も大きく引き下げられるケースも多い（定年前の4割程度）。

　高年齢者雇用安定法の94年改正では、65歳までの継続雇用制度の努力義務と行政措置が設けられ、2000年改正では（65歳への）定年年齢引上げ、定年制廃止を含む65歳までの雇用確保措置の努力義務化、2004年改正、2012年改正ではこうした雇用確保措置の義務化が図られた。つまり、定年年齢の引上げ、継続雇用制度の導入、定年制廃止のいずれかを選択せねばならなくなったのである。特に、2012年の改正では、継続雇用制度の対象者を労使協定で定める基準で限定できる制度を廃止し、継続雇用を希望する労働者全員を継続雇用することを義務付けるとともに、企業グループ内（50％以上議決権を持つ子会社、20％以上の議決権を持つ関連会社等）で広く継続雇用を制度化することを可能にした（2013年4月施行）。

日本の定年制の特徴

　このようにみると、日本の定年制の仕組みは、①法制度により明確に定められていること、②年金制度の変化、つまり、支給開始年齢の引上げに密接に対応しながら制度が変化してきたこと、③年金の支給開始年齢引上げに対しては定年制の延長・廃止ではなく、継続雇用という手法がとられていること、が挙げられる。

　なぜ、このような特徴が見いだされるのか。それは定年制がやはりこれまでみてきた無限定正社員システム、後払い式賃金システムとの制度補完性を持っていることが大きい。後払い傾向の強い賃金システムの場合、どこかで雇用関係に区切りをつけないと企業は採算がとれなくなるため、企業側から定年制度が要請されることになる。定年制は定年を超えて同一企業に嘱託などとして勤め続けることがあったとしても、これまでの無限定正社員システム、メンバーシップ制からは排除されることを意味する。また、定年で雇用が終了することが事前に合意されていることは裏を返せば、定年まではよほどのことのない限り解雇はしないという暗黙の了解を生み、長期雇用を支えていたといえる。このように従来の日本的な雇用システムを維持していくためのいわば必須の仕組みであったといえよう。

第1部　総論

　しかし、65歳までの継続雇用制度は従来型の雇用システムの「矛盾の縮図」であり、将来に向けて維持可能な制度とは考えにくい。定年前の職務内容が変わらないのに、基本給に大きな差異を設けることは不合理な労働条件の相違として違法・無効になる可能性があるため、これまでとは異なる職務内容で高齢者を配置することが求められる。しかし、そうなればこれまでの職務やキャリアで養ってきた能力や経験を活かすことが逆に難しくなってしまう。こうした状況が従業員のモチベーション低下につながれば、労使双方にとってデメリットになりかねない。

　そこで、継続雇用利用者の実態を分析するため、筆者らは経済産業研究所（RIETI）が行った「平成29年度「転勤・異動・定年に関するインターネット調査」を使い、大卒、60歳未満で大企業勤務であった60歳代を対象に定年後継続雇用を選択した人と定年前後で他の企業へ移った人など他の選択をした人々の比較を行い、以下の点が明らかになった（久米・鶴・佐野・安井［2019］）。

　まず、継続雇用利用者はそれ以外の人々と比べ同じ会社で培ったスキル、経験、人脈が生かせる、雇用が安定している、職探しをしなくないので良いという点で継続雇用を評価していることがわかった。また、自分の仕事が自分に合っているかを示す適職感も両グループで有意な差はない。

　しかしながら、働き方、仕事内容、雇用形態、業種・職種、個人属性などの要因を幅広くコントロールしてもなお、継続雇用利用者はそれ以外と比べ定年後の賃金低下が大きく、時間当たりの賃金も低い。また、上記の変数に加え、賃金をコントロールしても、継続雇用者の仕事満足度は低いことがわかった。さらに、65歳以上の就業意欲についても、同様な手法を適用すると、継続雇用利用者はそれ以外と比べ低くなっている。そして、継続雇用利用者は65歳への定年延長を希望する傾向が強い。

　こうした状況を考慮すると、継続雇用利用者は雇用の継続や安定によるメリットは享受しているものの、必ずしも満足感を持って働けているのか、継続雇用が年金支給までの「食いつなぎの場」にしかなっていないのではという疑問もわいてくる。

　それでは今後、高齢者の雇用の在り方をどう見直していくべきであろうか。第一は、65歳以上の就業促進のためには、定年後、継続雇用ではない働き方がより選択、促進されることが必要だ。年金支給開始年齢を含め現行制度が変わらない

第1章　日本の雇用システムの再構築－総論

中で、65歳から更に継続雇用年齢を引き上げたとしても、継続雇用者の就業意欲が低いことを考慮すると、実際に65歳以上の就業が促進されるかは不透明であるためだ。久米・鶴・佐野・安井［2019］では、継続雇用以外を選ぶ人の方が継続雇用利用者よりも転職経験がある割合は高くなっている。このため、中途採用市場を拡大することは、高齢者雇用促進と補完的な政策と考えられる。また、自由業・フリーランス・個人請負は65歳以上の就業意欲が高く、こうした雇用類似の働き方を促進することも課題だ。

　第二は、現在の継続雇用利用者の満足度の引き上げである。上記分析では、60歳時までに携わっていた業務に関する後進や若手の教育係や専門職の場合、むしろ、継続雇用利用者の方がそれ以外よりも仕事満足度が高くなっている。このため、定年後も継続雇用を目指す場合においては、定年後も所属企業から必要とされるようなスキル、能力、専門性を磨いていくことが求められる。

　第三は、後払い型賃金システムの抜本的な見直しである。中高年層の賃金カーブをなだらかにすることにより60歳定年よりも以前に賃金と生産性が概ね釣り合うような調整を終えていれば、採算がとれ、高齢者の意欲さえあれば、同じ職場で働き続けることは企業の立場からも許容できることになる。こうなれば、そもそも定年制を法的な義務として維持しなければならない理由もなくなってくる。

　しかし、こうした賃金システムは労使が長年、双方がメリットを受ける形で培ってきたシステムだけに日本の雇用システムの中で最も難しい改革といっても過言ではない。むしろ、定年制が禁止されている米、英国、豪州、NZといった英語圏諸国と同様に日本も年齢差別禁止という「錦の御旗」を立て、定年制を廃止することが、賃金システムを抜本的に改革するための「奇策」となりうるかもしれない。

　上記のいくつかの高齢者雇用のあり方の見直しは、ジョブ型正社員の普及・デフォルト化とも密接に関係し、それが大きな推進力になりうることもわかるであろう。高齢者雇用促進に当たっては前述したように雇用システムの様々な構成要素との制度補完性を考慮した検討を行っていくことは重要である。

解雇ルールをどう考えるか―解決金制度の導入

　定年制が定年時における強制解雇と考えれば、上記で提言したような定年制を廃止した場合、雇用終了、解雇ルールのあり方も再検討が必要だ。解雇ルールに

第1部　総論

ついては、経済成長を高めるためには、労働市場の流動性を高め、解雇ルールの見直しを行うべきという議論はしばしば耳にするところである。

　しかし、鶴［2016］でも詳述したように、解雇規制緩和が決定打になるような考え方は筆者自身かなり違和感を持っている。なぜなら、正社員の雇用保護法制の強さを国際的に比較しても、日本はOECD諸国の平均からやや弱い部類に入り、また、中小企業では大企業に比べてかなり解雇が行われやすいという事実があるからだ。

　それでも、現行の解雇ルールが厳しいと感じる向きがあるとすれば、それは解雇権濫用法理が日本特有の無限定正社員に対する解雇ルールとして発展してきたことと関係があると考えるべきである。例えば、裁判において経済的な理由による解雇に対する判断基準となってきた「整理解雇の四要件（要素）」の一つに解雇回避努力義務がある。つまり、企業は解雇の前に配転、出向、希望退職募集などできる限りのことをやる必要があり、それが裁判で問われることになる。配転によって勤務地や職務を変更してでも雇用を守るべきという趣旨である。

　これはとりも直さず、無限定型正社員として雇っていることを前提とした考え方だ。また、経済的理由による解雇でない場合も、日本の場合、一般に、労働者の能力や適格性を理由とする解雇が難しいという不満が聞かれる。これも、無限定型正社員で雇ったのだから特定の仕事ができないからといって解雇はできないと解釈すれば理解可能であり、無限定型正社員だからこそ、裁判例では会社の中で従事可能な職務がそれ以外にないかまで問われることが多いのだ。したがって、鶴［2016］でも詳述しているように、ここでも無限定正社員システムを見直し、ジョブ型正社員をデフォルト化していくことで解雇ルールそのものを変えなくても、そのパーセプションや適用結果は変わってくることを指摘しておきたい。

　雇用終了の問題で解雇ルールへの対応とともに重要であるのが紛争解決システムの整備である。解雇は労働紛争案件において大きな位置を占める。マッチングを向上させるための必要かつ円滑な雇用終了を行うためには、まず、未然に紛争を防止するととともに、万が一、紛争が起こった場合でも、労使双方の利益になるような迅速かつ有益な解決が図られることが重要である。

　日本の場合、解雇が有効であるかどうかは、法律で客観的な合理性と社会的な相当性を問うという原則が示される中で個々のケースは裁判で争われるという仕組みは基本的に欧州などとも変わりがないが、大きく異なる点は、不当解雇の場

合、法律で定められた一定額の解決金を使用者から労働者に払い、雇用関係を解消する仕組み、解雇の金銭解決制度がないことである。

解雇無効時の金銭救済制度については、政府が2015年にまとめた成長戦略［日本再興戦略改訂 2015］では、主要先進国では判決による金銭救済ができる仕組みが整備されていることを踏まえ、透明で客観的な労働紛争解決システムの構築に向け、2015年中に幅広く検討を進めることが決められた。このため、透明かつ公正・客観的でグローバルにも通用する紛争解決システム等の構築に向けた議論を行うことを目的として、厚労省において「透明かつ公正な労働紛争解決システム等の在り方に関する検討会」（以下、同検討会）が設置され、2015年10月末から議論が開始された。

筆者も委員として参加し、2017年5月に報告書（以下、報告書と呼ぶ）が公表され、その後、「解雇無効時の金銭救済制度に係る法技術的論点に関する検討会」が設置、開催されたが、残念ながら議論は遅々として進んでいない。ここでは、同検討会の議論を紹介しながら、解雇無効時の金銭救済制度の導入に向けた課題を整理してみたい。

現行制度の問題点と金銭救済制度の必要性

2000年代に入ってから、都道府県労働局や労働委員会におけるあっせん、裁判所における労働審判手続き（調停）などの制度が整備され、裁判所における訴訟とともに目的や事情に応じた解決手段を選択できるようになっている。また、それぞれの解決手段において金銭的な解決が既に図られている。しかしながら、現実には解決までに要する時間的・金銭的なコストをどこまで負担できるかで選択できる手段が限られてしまうことが多い。

また、あっせんや労働審判では、解決金を得るという金銭的な解決が多数を占めている。また、裁判所の訴訟においても、現実には原職復帰は多くなく、最終的には金銭補償による和解で解決することが多い。しかし、労働局のあっせんは利用しやすいが解決率が低いため、不当な解雇でも解決金すら得られず、「泣き寝入り」も珍しくないことが指摘されている 。一方、訴訟での長期にわたる係争が可能な場合には、有利な和解金を期待して、あえて解雇無効（労働契約の継続）を求めて争うこともあるといわれている。解決手段によって解決までの期間、解決金額の水準に差が大きいことが指摘されている。

第1部　総論

　さらに、裁判で解雇を争う場合、現行制度では解雇無効判決によって労働契約関係の継続が確認されるだけである（地位確認）。しかし、始めから復職が困難である、希望されない場合であっても、労働者が解雇無効を争う場合があるのも事実である。解雇無効が認められれば、解雇期間中の賃金の支払い（バックペイ）を求めることができ、受取額を大きくするため、訴えた側は裁判を長引かせるインセンティブがあるなどの弊害も指摘されている。

　したがって、金銭救済制度が導入され、解雇無効の場合での解決金水準の目安ができれば、裁判の和解、労働審判、労働局のあっせんにおける適切な目安形成に波及するという効果が期待でき、裁判を長期化させ、和解における「青天井」の解決金やバックペイを狙うことも難しくなる。個別労働関係紛争解決システム全体としての金銭的予見可能性向上と紛争解決迅速化、目的に合った紛争解決制度の選択、に資することこそ解決金制度導入の目的と考えるべきだ。

解決金申立の権利の問題

　以下では、制度導入に向けたいくつかの論点・課題について考えてみたい。筆者が最も重要な論点と考えているのが、解雇無効になった場合、どちらから解決金による解決の申立の権利を労働者側に与えるか、もしくは、使用者側に与えるかという問題である。なるべく、金銭的な解決を図りたい使用者側は申立の権利を持ちたいが、労働者側は一方的に原職復帰の機会が閉ざされないようにそれに対しては反対するといった利害対立があるのが普通だ。

　こうした利害対立を乗り越え、解決金制度のスムーズな導入を図るためには、紛争について決着が図られた際にもその解決の仕方を労使双方の利益に適う方向で訴訟における救済選択肢を多様化するという目標を明示することが挙げられる。具体的には、申立の権利を労働者のみに明示的に付与し、選択肢の多様化を図るという考え方である。

　労働者側にとっては新たな選択肢が与えられるだけであり、従来の選択肢がなくなるわけではないのでそれに対し反対することは難しくなる。また、個別労働関係紛争解決制度全般における、適切な紛争解決制度の選択、各種紛争解決制度における時間的予見可能性、紛争解決の迅速化を主眼とするならば、たとえ申立の権利が労働者に限られたとしても使用者側もメリットを十分享受できるはずである。

筆者が規制改革会議雇用 WG 座長として取りまとめ、2015年 3 月に公表した解決金制度に関する規制改革会議意見の大きなポイントは、「この制度は、労働者側からの申し立てのみを認めることを前提とすべきである」と明言したことであり、同検討会の初回に説明を行った。もちろん、これは政府のコンセンサスではないが、そうした意見が三者構成ではなくむしろ企業寄りと目されてきた規制改革会議で提言されたことは、検討会委員が金銭救済について有益な議論を展開するための重要な出発点となったと考えられる。金銭救済制度に反対する委員が検討会で制度設計の細かい部分までも議論に参加できたのは、「労働申立制度に限ることも一つの有力な選択肢である」という認識を委員間でそれなりに共有できたことが大きかったと思われる。

一方、今回、金銭救済制度創設が同検討会でコンセンサスができなかった最も大きな理由が、検討会が労働者申立制度で意見統一を図れなかったことにあると考えられる。使用者側〔弁護士も含む〕はやはり、どうしても、使用者申立制度の可能性を残したいことにこだわった余り、労働側は「金さえ払えば首切り」の可能性を感じて、それ以上のコンセンサスを作ることを放棄したように思えてならない。労働者申立制度で意見がまとまっておれば、同検討会の結論もまったく異なるものになっていたかもしれない。

不当解雇は無効という法律体系

金銭救済制度の導入の際の論点・問題点としては、現行の不当解雇は無効という法律体系（労働契約法16条）も重要である。ここで注意しなければならないのは、無効であることに対する帰結は、地位確認でしかなく、そもそも金銭救済を解雇無効の自然な帰結として考えることはできないことだ。一方、欧州諸国では基本的に不当解雇は違法とされているので、違法に対する救済のバリエーションを考えることが可能である。

不当解雇は無効という法律体系ながら、解決金制度を持つ国としてはドイツが挙げられ、裁判所が解雇を無効と判断したことを前提条件に、使用者が労働者に対して解決金を支払うことを引き換えに、労働契約を解消する権利が労働者、使用者双方に認められている。日本においても、金銭解決の仕組みについては、厚労省の労働政策審議会の分科会で2001年秋から2002年末まで検討が進められ、労働政策審議会の建議として、基本的にはドイツをモデルにした金銭解決制度が提

第1部　総論

案された。しかしながら、その建議を踏まえた法律案は最終的には労使双方の反対にあって法制化にはいたらなかった。

その理由の中でも本質的なものは、金銭解決を行うには新たな裁判をやらなければならないことが明確になったことだ。新たな裁判をやることになれば担当する裁判官や事実判定も変わり、解決が遅れてしまう懸念もある。どのような仕組みを考えれば「一回的解決」を行えるかが解決金制度導入の理論上の最大の難所となっていたといえる。

その意味で、この検討会の大きな貢献の1つは、事務局から上記「一回的解決」を行うために、労働者申立制度を前提に、労働者が一定の要件を満たす場合に金銭の支払いを請求できる権利を実体法に置いた仕組みが提案されたことだ。そうした仕組みを前提とした場合、制度設計のあり方や想定される問題点などについて検討会でかなり詳細に議論ができた。

具体的なイメージとしては、労働契約法第16条に、金銭救済請求権（使用者が金銭（＝労働契約解消金を支払うことで労働契約は終了）の支払いを請求できる権利）、及び、その発生要件（例えば、①解雇がなされていること、②当該解雇が客観的合理的な理由を欠き、社会通念上相当と認められないこと、③労働者から労働契約解消金の支払いを求めていること）を明記することである。

解雇された場合、まず、労働者が職場復帰ではなく金銭救済を希望する場合は、金銭救済を請求することになる。支払者が金銭を支払えば、労働契約の終了になるが、労使が紛争になった場合は、訴訟が提起されることになる。解雇が客観的合理的理由・社会的相当性を欠くような場合は、一定の金銭支払いが命じられ、使用者が金銭を支払った上で、労働契約が終了するという流れが想定されている。この仕組みは具体的な制度設計において、もちろんいくつかの課題はあるものの、「一回的解決」をクリアできた意義は大きい。

解決金水準の設定

理想的な解決金制度ができたとしても、最後に問題になるのは解決金（検討会の用語でいえば労働契約解消金）の具体的な水準設定である。OECD 諸国の解決金の水準を比較すると、勤続年数20年の場合で大陸欧州諸国が賃金の1～2年分、雇用保護の弱い英語圏諸国などでは半年前後となっており、ばらつきが多いことがわかる。

第1章　日本の雇用システムの再構築－総論

　日本において、解決金の適切な水準を探るためには、現実の解決金の水準はそのような要因に影響を受けているかを分析する必要がある。同検討会の委員であった大阪大学の大竹文雄氏と筆者で労働政策研究・研修研機構が行った調査で使われた個別事例のデータの利用について特別の許可を受け、解決金の決定要因に関する分析を行い、検討会で報告を行った。

　使用できるデータは、解決金の水準、賃金水準、性別、勤続年数、雇用形態などに限られ、解雇有効・無効の心証などの重要な変数が得られないので精度の高い分析にはなっていないが、労働審判制度の解決金月収倍率については、正社員では勤続年数×0.3程度という結果が得られた。

　上記の分析でさらに解決金月収倍率の大きいグループと小さいグループで分けてみると、勤続年数の影響が大きく異なった。解決金月収倍率の小さいグループでは、解決金月収倍率は2.3程度で勤続年数とは無関係であったが、大きいグループでは、解決金月収倍率は勤続年数×0.84程度という結果になった。

　解決金月収倍率の小さいグループは解雇有効の可能性が高い、また、解決金月収倍率の大きいグループは解雇無効の可能性が高いと仮定すると、上記の結果は解雇有効・無効の心証や確度の違う場合、勤続年数の解決金への影響は異なることを示唆していると考えられる。こうした分析結果は、解雇有効の可能性が高い場合には2～3か月の解決金のみで、解雇無効の可能性が高い場合にはより大きな金額になるという大まかな相場観とも整合的である。

　同検討会の貢献は「一回的解決」を行えるような仕組みを提案したこととともに、これまでの政府関係の会議で初めて、解決金の水準について詳細な議論が行われたことである。報告書では様々な意見を斟酌する必要があるとしながら、労働契約の解消金の解消対応部分については、一定の考慮要素（例、年齢、勤続年数、解雇の不当性の程度、精神的損害、再就職に要する期間等）も含め、具体的な金銭水準の基準（上限、下限等）を設定することが適当と踏込んだ。

　また、具体的な水準についてもいくつかの提案意見が報告書に盛り込まれた。さらに、法律等で考慮要素を定めた場合でも、別途、労使合意等によって労働契約解消金の水準に関するルールを定めることについても引き続き議論を深めることになっている。以上、同検討会での議論を紹介しながら、金銭救済制度導入のポイントを述べてきたが、論点は既に幅広く提示されている。導入に向けての政治的な決断を期待したい。

第1部　総論

6　AI 時代の雇用システムの再構築

　第4節でもみたように、ICT を始めとして新たなテクノロジーをいかに使いこなしていくか、働き方改革の成功を大きく左右するし、雇用システムの将来を占う上での試金石になることは間違いない。ICT のみならず AI（人口知能）を中心とした新たなテクノロジーは雇用システムを大きく変革する推進力となっていくと考えられる。本節ではその中で雇用システムをどう再構築するべきか考えてみたい。

新たなテクノロジー役割の整理

　新たなテクノロジーの役割を考えるに当たって注意しなければいけないのは、新たなテクノロジーといっても、その種類によって雇用システムに与えるインプリケーションは異なることである。ここでは、ICT、ロボット、RPA（robotic process automation）、AI について分けて考えてみよう。

　ICT はデジタル化された情報の処理・伝達・共有に関するテクノロジーであり、上記のすべてのテクノロジーの基礎になっていることはいうまでもない。情報の処理・伝達・共有の効率性を高めることで、仕事の内容・進め方、働き方、組織の形態や意思決定に革命的な影響を及ぼしてきた。ICT は大変汎用的な技術であるだけにその使い方の可能性は想像以上に広範であると考えられる。新たなテクノロジーというと AI ばかり強調されることが多いが ICT の活用でできることはまだまだあると考えられる。

　働き方の観点から ICT の重要な役割は、必要な情報はすべてデジタル化して、「紙」を職場からなくすことである。これは時間・場所を選ばない働き方の導入やホワイトカラーの仕事のインプット、アウトプットの「見える化」などは第4節でもみたように、様々な働き方改革につながる大きな第一歩である。また、ICT 活用の試金石は、いかに様々な情報をデジタル化するかである。位置情報をデジタル化する GPS や人間の様々な行動等を記録するセンサーの発達も ICT の活用の点からみると見逃せない重要な進歩である。

　ICT と並んで新たなテクノロジーの重要な柱はオートメーション（自動化）である。自動化とはこれまで人間が行っていた作業を代わりに行うことを意味する。物理的な作業を行うハードウエアがロボットであり、コンピューター上で行

う作業を代わりに行うソフトウエアが RPA である。この場合、通常は定型的な業務を受け持つことが想定されている。

それでは、AI はどう評価されるであろうか。AI というと人間並みの知能を持った機械が人間の行っていた仕事をかなり奪い取ってしまうという、自動化の観点がこれまでも強調され過ぎていたようにみえる。それよりも後述するように、機械学習（ディープラーニングを含む）[12] を中心に据えて理解すべきであろう。つまり、AI の本質は、様々な情報をデジタル化し、ビッグデータを構築し、「予測」するという機能にあるといえる（Agrawal et. al.［2018］）。莫大なデータを使って人間よりも効率的に予測する部分は人間を代替し、自動化する部分はもちろんあるが、「予測」という役割を理解すれば、人間行動をすべて代替するわけではないことが納得できるであろう。加えて言えば、後述するように、こうした機械学習がパターン認識などの画像処理・判断を可能にすることで、「眼を持つ予測マシン」となったことも大きな革新だ。

新たなテクノロジーで代替される仕事、代替されない仕事

新たな技術が職を奪うという懸念は歴史上幾度となく繰り返されてきた。確かに、過去200年間を振り返ってみれば、特定の職は技術革新で消滅してきている。しかし、その一方で労働生産性の向上が所得水準の向上につながったため、新たな需要を顕在化させる企業・産業が登場してきた。これにより、これまで想像できなかったような魅力的な商品やサービスが提供され、それらへの需要が拡大することで新規雇用も創出されてきた。雇用全体としてみれば長期的には増加してきたといえる。それでは、新たなテクノロジーの導入でどのような職が失われるのであろうか。

今世紀に入ってから上記の問に対しての基本的な答えは、Autor et.al.［2003］を嚆矢としたこれまでの研究は、以下のようにまとめることができる[13]。

---

12) 本章ではディープ・ラーニングも機械学習の一種として捉えている。機械学習は様々の多くの変数を使った関数で予測するのであるが、関数の変数に簡単な関数を入れるなど関数の階層をより深くすることで表現力のより高い関数で予測するのがディープ・ラーニングである。

13) Autor, Levy, and Murnane［2003］, Autor and Price［2013］, Goos, Manning, and Salomons［2014］

第1部　総論

　職務（ジョブ）を「ルール・手順を明示化できる定型的職務（現金出納、単純製造等）」と「明示化しにくく、やり方を暗黙的に理解している非定型的職務」に分けると、前者は中スキル・中賃金職務を形成してきたが、新たなテクノロジーの影響を受けやすいこともあって米国、欧州、日本を含めその割合がこれまでも低下している。

　さらに、非定型的職務を知識労働と肉体労働に分けると、非定型的知識労働（プロフェッショナルなど）は高スキル・高賃金職務を形成する一方、非定型的肉体労働（清掃など）は低スキル・低賃金職務を形成し、両者の割合がおおむね増加するという職務の二極化が先進国で起きている。こうした分析によれば、新たなテクノロジーの悪影響を受けるのはもっぱら定型的職務に限られることになる。

　新たなテクノロジーの影響が定型的な業務の自動化という側面のみであればこうした見立ては正しいであろう。しかし、AIの技術革新のスピードはかなり速く、人間しか扱えないとされてきた暗黙知の領域まで機械が侵食してきているという認識が重要である。

　例えば、自動車の運転手は非定型的肉体労働の典型とされ、自動運転は数年前までは実用には程遠かったが、米グーグルが開発中の自動運転の精度は驚くほど高くなっている。また、暗黙知が活用されるパターン認識（例えば、写真をみてそれが椅子であると判断する力）も機械学習による予測の精度は驚くほど上がってきている。

　パターン認識、画像処理といった暗黙知までの領域に機械が侵入してきた背景は機械が「目」を持てるようになったことが大きな要因だ。これは「カンブリア爆発」の再来とも呼ばれている。「カンブリア爆発」とは古生代カンブリア紀、およそ5億4200万年前から5億3000万年前の間に突如として今日見られる動物の「門」が出そろった現象である。カンブリア爆発が起こった背景は初めて眼を持つ生物が生まれた、つまり、「眼の誕生」が原因であったという説がある。したがって、「眼を持つ機械」が誕生したことは、機械の世界でカンブリア爆発が起こったのと匹敵するくらい大きなインパクトを生む可能性があるといえるのだ。

　こうして新たなテクノロジーが及ばないといわれてきた暗黙知を要する非定型的な業務にまで自動化が進んできていることがこれまでの技術革新とは異なり、人々が将来の雇用に対して強い不安感を覚える背景になっていると考えられる。

第1章　日本の雇用システムの再構築－総論

表1-1　機械学習システムの例

インプット	アウトプット	応用例
音声録音	文字起こし	音声認識
歴史的市場データ	将来の市場データ	市場取引用ボット
写真	キャプション（短い説明）	画像タグ付け
医薬品の化学成分	治療の効能	医薬分野のR&D
店舗取引情報詳細	不正取引有無	不正検出
料理のレシピ内容	顧客レビュー	料理の推奨
購買履歴	将来の購買行動	顧客囲い込み
自動車の位置とスピード	交通の流れ	信号機
顔	名前	顔認証

出所）Brynjolfsson, E. and A. McAffe, "The Business of AI," *Harvard Business Review*, July, 2017.

AIの本質は機械学習

　AIの本質は先にも述べたようにセンサー、画像、ビデオ、文字情報などの多量のデータから学ぶ機械学習（ディープラーニングを含む）にある。Agrawal et.al.［2018］は機械学習がより適合する仕事はなんらかの予測、これは機械学習で安価になったわけだが、それを補ったり、自動化したりする仕事だとしている。これはかなり広範な仕事、職種、産業をカバーすることになる。例えば、自動車運転（ハンドルを切るべき正しい方向を予測）、病気の診断（原因を予測）、商品の推奨（顧客の好みを予測）などである。

　また、機械学習は時間の経過とともに自分自身で改善していくように設計されている。例えば、機械学習のアルゴリズム（情報処理の手順）は、かなり大きなサンプルを前提に、あるインプットの集合とあるアウトプットの集合の間を結びつける関数を自分でみつけることができる。例えば、録音音声を文字化する音声認識もその一例である（表1-1）。このように膨大なデータを使って予測精度が高まるように進化していくのが機械学習の特徴といえる。

AI・機械学習のリスク

　機械学習の本質を予測と捉えると、そのリスクもみえてくる。Brynjolfsson and McAfee［2017］は、機械学習が出した結果を説明することは難しいと指摘

第1部　総論

する。AIはなぜそのような結論に到達したのかという理由は教えてくれないのだ。

　これはさらに以下のリスクも生むことになるという。第一は、機械学習には隠されたバイアスが存在することだ。人間の意思決定を反映したデータを学ばせればそこに人間のバイアスが入り込む余地がある。第二は、ある結論が完全にどのような場合でも成立することをAIは立証することはできないことである。したがって、生か死かといったクリティカルな判断には使えない。第三は、機械学習システムは当然、間違うこともあり、それを避けたり、問題点をピンポイントで修正したりすることはできないことである。

　最後に、予測と意思決定にはギャップが存在することを忘れてはならない。例えば、Agrawal et.al.［2018］が紹介しているように、医学の世界ではAIが放射線科医の仕事を代替し始めている。IBMのAI「ワトソン」は機械学習により肺結節や骨折ばかりでなく、肺塞栓も発見できるようになってきている。いくつかの原因の可能性を確率的に示すという意味で予測が行われているのだ。

　その予測の精度が高まれば、負担の大きい生体検査を減らすことができる一方、やはり、そうした検査をすべきかどうかという判断は放射線科医が依然として担っている。予測を最大限活用するとしても、因果関係・論理を考え、最終的に判断を下すのは人間であることに変わりはないことに留意すべきである。

AIと人間との補完的な関係の構築とAIで生まれる新たなタスク・職種

　上記を踏まえると、AIが我々の雇用のほとんどを奪ってしまうという議論には大きな問題があることがわかる。第一は、AIの労働代替効果について過大評価されていることである。確かに人間がこれまで行ってきた予測機能をビッグデータの使用により、効率的に行うという意味で非定型的な仕事でもAIにとって代わられる仕事も出てくるであろう。その一方で、AIと強い補完性を持つ仕事、労働も出現してくることになる。そうなれば、AIと労働の補完性が生産性、所得の上昇、さらには、労働需要の拡大を生むことになる。こうしたAIと補完的になるような仕事・労働の出現はむしろこれまで過小評価されてきたといえる。したがって、AIと人間がウイン・ウインの関係で共存していくためには、働き手がいかにAIと補完的な関係を築けるかどうかにかかっているのである。言い換えれば、AIに代替されない補完的なスキルをいかに身に着けるかが重要となるのである。

第1章　日本の雇用システムの再構築－総論

　Acemoglu and Restrepo［2018］は、歴史的にみても、19世紀の英国で新産業が勃興した時に、技術者、機械工、修理工、管理人、間接部門従事者、経営者などの新たな職種が生み出されたことを踏まえ、AIについても、現在、AIを活用する企業にまったく新たなカテゴリーの職務が生まれてきていることを紹介している。具体的にはAIを教育する職務、AIの出した結論を顧客に説明する職務、AIのパフォーマンスを監視する職務などである。

AIが生む「パーソナライゼーション」という大潮流

　また、AIによってビジネスの在り方が根本的に変わることが予感されるのは、その予測能力である。つまり、顧客の様々な属性、嗜好などのビックデータが入手できれば、それぞれの個人がどのような財・サービスを選好、評価しているか（他の顧客よりも高い価格を払っても良いと考えている）かがかなりの正確さで予測できるようになる。既に、オンラインマーケットでは顧客への宣伝にそのような手法が用いられていることは承知の通りだ。アマゾンにおける「あなたにおすすめの商品」はその一例である。

　従来型のビジネスモデルは多くの大衆が喜ぶような標準的な財・サービスを同一価格で供給するというビジネスモデルであったが、今後は消費者の選好・嗜好に合わせて差別化された多様な財・サービスを提供するビジネスのプレゼンスが高まる方向へ進むであろう。こうしたビジネスの根本的な変化をここでは「パーソナライゼーション」（個別化）と呼びことにしよう。

　Acemoglu and Restrepo［2018］は、AIが教育や医療・介護にも新たな職を生み出す可能性があることを強調しているが、これも上記で指摘した「パーソナライゼーション」の一例と考えるとわかりやすい。例えば、AIを教育に使えば、通常では大変コストのかかる生徒の事情に応じた個別教育が可能になる。彼らはそうした個別教育プログラムの開発、実施などを行う職務が新たに出現することを予想している。大教室に生徒を集め、同じ時間、同じ場所で画一的な授業を行うことは意味がなくなり、生徒はそれぞれの事情、進捗水準に合わせて最適な教育プログラムが適用されてここがビデオなどを通じて学んでいくことが予想される。また、医療・介護の分野でも、個々の患者のDNAを含む身体的情報が分析されることで、個々の患者に合わせて最適な医療や介護の在り方が提案されることになるであろう。

59

第1部　総論

「パーソナリゼーション」で変わる企業組織、働き方

　また、日立製作所が実践しているように、ウェアラブル・センサーなどを利用し、従業員の行動等に関するビッグデータを収集していけば、どのような組織形態や働き方が授業員のやりがいやパフォーマンスを向上させるかが、分析できることになる。重要なのは個々の企業毎に、更には個々の部署、従業員単位までにおいて最適な組織や働き方が明らかになることだ。結果的に企業のパフォーマンス全体へのより良い効果が期待できることになる。

　第4節でも強調した働き方改革と生産性向上の両立がこのような手法を使っていけばかなり効果的に実現できるのは容易に想像できる。従業員のデータをセンサーなどでより包括に入手できればできるほどその効果はさらに高まると考えられるが一方で、個人のプライバシーの問題にも底触していく可能性があることには十分留意が必要だ。企業が従業員の行動のどこまで把握することを認めるかについては労使の対話、理解促進、納得感の形成が重要であるし、AI時代の働き方、雇用システムの重要な課題になるであろう。

AI時代に必要なスキル・能力

　今後、AIと共存、補完的な関係になれるようなスキルを労働者が遅れることなく、適切に身に着けていくことができれば良いが、必要とされる労働者のスキルの間のミスマッチが生じれば、労働需要の調整が遅れ、労働者間の格差が拡大し、生産性向上が抑制されるというリスクも生まれることになる。その意味からも新たな技術と補完的なスキルをいかにタイムリーかつ着実に身に着けるかが重要となり、その意味でも教育システムの役割は大きいと考えられる。

　また、AIなどの機械の自動化ではできない仕事、そのためのスキルや能力の価値はこれまで以上に高まると予想される。第一は、Brynjolfsson and McAfee［2014］が指摘するように人とつながりたいという人間の根源的な欲望を満たすような仕事、スキルである。人間の持つ芸術性（演劇、音楽）、身体能力（スポーツ）、思いやり（セラピー）、もてなし（レストラン）などである。機械は人間よりも速く走ったり、より正確に音楽を演奏したりすることができるかもしれない。しかし、人が感動、興奮しお金を払っても良いと感じるのはやはり生身の人間によるパフォーマンスである。

　第二は、Brynjolfsson and McAfee［2014］が強調しているように、変貌自在、

融通むげな発想によりこれまでにない新しいアイディアやコンセプトを思いつく
スキルを養うことである。機械は答えを出すことはできても、問いを発する能力
はいまだ備わっていない。「好奇心の赴くままに学ぶ」「どうして世界はこうなっ
ているかを問う」など、イタリアの医師が20世紀初めに考案した、自由な環境で
の自発的学習を重視するモンテッソーリ教育法が米国で著名な起業家を生んでい
ると彼らは指摘する。日本の教育のあり方にも大きな示唆を与える。

AIは「先生」

　また、人間が自分のスキルを伸ばす、また、スキルの習得期間を短縮するため
にAIを利用するという発想も重要だ。AIは「経験」豊かなベテランの「先生」
のような存在とも位置付けることができるのだ

　この最も良い例が、将棋の世界である。藤井聡太七段の異次元の強さが将棋界
に旋風を巻き起こしているが、藤井氏の場合、若い棋士にありがちな粗削りなと
ころがなく完成されているという評が良く聞かれる。そんな強さの要因の1つに
AI将棋がありそうだ。

　現代の将棋には、進化するAI将棋が欠かせず、将棋ソフトで常に研究してい
るのは藤井氏も例外ではない。AI将棋では様々な手の有効性を検証することが
できるので、1人で練習しているのにまるで師匠がいつもそばにいてアドバイス
してくれているかのような密度の濃い練習が可能になっていることが飛躍的な成
長のカギになっているようだ。

　こうした将棋界の状況は今後のAIの影響を考える上で多くの示唆を与えてい
る。将棋の世界においても碁と同じように棋士がAIに勝つのは難しくなってい
る。つまり、AIが人間を代替する状況にあるのだ。しかし、そうした状況であ
るからといって将棋界が低迷しているどころか、藤井七段の存在でむしろ活況を
呈し、棋士志望の子供たちも増えていると聞く。藤井七段のようなスーパースタ
ーを生んだのもAIのおかげだし、人々はやはり生身の人間の勝負やパフォーマ
ンスをみたいと思う気持ちはAI時代でも変わらないといえる。

　以上、まとめると今後、機械学習などの活用で予想以上のことが可能となるだ
ろう。しかし、どこまでも人間しかできないことが必ず残るはずであるし、人間
しかできないことをより評価することも人間であることを忘れてはならない。そ
の一方で、人とAIとの協働が重要になってくるし、それこそがAIを上回り、

第1部　総論

AIに支配されない唯一の道であると考える。

AI時代の雇用システムのあり方

　AI時代においてもこれまで述べてきた無限定正社員システムからジョブ型正社員システムの普及・デフォルト化を目指し、多様な働き方改革を推進していくといった基本的な方向性は変わらないと考えらえる。

　一方、AI時代では、むしろ、従来型の無限定正社員システムの方が望ましいのではないかという議論もある。無限定正社員システムであれば特定のジョブが技術革新で消滅しても、配置転換により企業内での調整・対応が可能となるが、ジョブ型正社員の場合はその雇用は喪失される。AIなどへの新たなテクノロジーに対応するためには、無限定正社員システムの方が柔軟的に対応できるのではないかというのがその理由である。

　しかし、無限定正社員システムにおける配転・異動は消極的な対応、特定のスキル、プロ型のスキルを育成することを意図していない。AI時代に求められる「AIと補完的になれるようなスキル」はこれまでの無限定正社員システムの中で育った「なんでも屋」では取得困難である。むしろ、プロ型のジョブ型正社員がそうしたスキルを自らも成長させながら、取得できると考えられる。

7　まとめ―人生100年時代に向けて

　平成の30年を振り返れば、90年代初のバブル崩壊以降、経済成長鈍化、不確実性の増大、少子高齢化の急速な進展の中で、日本の雇用システムにも大きな変革が求められたが、実際には、中高年の雇用を守るために、非正規雇用を増加させたり、賃金上昇を抑制するという対応がとられた。このため、労働市場の二極化・処遇格差、正社員の労働環境問題、将来への期待喪失・低温経済の継続という弊害を生んできた。

　こうした問題を含め、日本の雇用システムの巡る多くの問題のルーツにあるのは、日本独特の特徴である正社員の「無限定性」であり、問題の解決にはジョブ型正社員のデフォルト化が有効である。しかし、労使が慣れ親しんだ「無限定正社員システム」を変えていくことは必ずしも容易ではなく、今回の時間外労働の上限規制の導入のように、大きな強制的・外的圧力を加えるという、ビッグ・プ

ッシュ・アプローチが有効である。例えば、正社員における勤務地限定あり・なしの相互転換が可能な人事制度の導入や高齢者雇用促進の弊害になっている定年制と継続雇用制度、ひいては、後払い賃金体系の見直しが必要である。

　無限定正社員システムという単線的な人事制度からジョブ型正社員を含め多様な働き方や人材を認める複線的な人事制度へ移行していくことは、人材の量・質を高めることにつながるし、ひいては、企業におけるイノベーション、生産性向上につながることが期待される。そうした働き方を促進していくためにはICTなどの新たなテクノロジーの活用が大きなカギを握っている。

　人生100年時代において、少なくとも70歳までの就業を想定すると、同じ企業で継続して働くことは難しいであろう。そうなれば、ますます、ジェネラリスト型の無限定正社員からプロ型、スペシャリスト型のジョブ型正社員への転換が重要となるといえる。ジョブ型正社員の普及なくしては中途採用の活発化を含めた労働移動・再配分を促進していくことは難しいからだ。定年制が見直されるならば、当然、雇用終了の在り方なども再検討が必要だ。

　AIの本質を高性能な「予測マシン」（Agrawal et.al.［2018］）と考えれば、AIによって人間の仕事がほとんど失われてしまうのは誇張であるし、いかに人間がメリットを享受できるようにAIを利用していくかが重要であることがわかる。人間にしかできないことの価値は更に高まるであろう。また、「パーソナリゼーション」をキーワードに「予測マシン」が個々の企業パフォーマンスを高める働き方、組織を明らかにするとともに、個々の顧客に寄り添った新たなビジネス、職務が大きな広がりみせるであろう。その場合でも、AIと補完的なスキルをどのように身に着けていくかが最も大切であり、ジョブ型正社員の役割は大きいといえる。

参考文献

青木昌彦［2014］『青木昌彦の経済学入門』ちくま新書。

今田幸子・平田周一［1995］『ホワイトカラーの昇進構造』日本労働研究機構。

大湾秀雄・佐藤香織［2017］「日本的人事の変容と内部労働市場」、川口大司編『日本の労働市場—経済学者の視点』有斐閣。

大橋勇雄・中村二朗［2004］『労働市場の経済学：働き方の未来を考えるために』、有斐閣。

第1部　総論

加藤隆夫・神林龍［2016］「1980 年代以降の長期雇用慣行の動向」Discussion Paper Series A No. 644. Institute of Economic Research Hitotsubashi University。

川口大司［2011］「ミンサー型賃金関数の日本の労働市場への適用」阿部顕三・大垣昌夫・小川一夫・田渕隆俊編『現代経済学の潮流2011』東洋経済新報社（2011年8月）67－98頁。

久米功一・鶴光太郎・佐野晋平・安井健悟［2019］「定年後の雇用パターンとその評価―継続雇用者に注目して」RIETI DP 19-J-002。

小池和男［1991］『仕事の経済学』（第1版）、東洋経済新報社。

小池和男［2001］『仕事の経済学』（第2版）、東洋経済新報社。

小池和男［2005］『仕事の経済学』（第3版）、東洋経済新報社。

小池和男・猪木武徳［2002］『ホワイトカラーの人材形成―日米英独の比較』東洋経済新報社。

厚生労働省［2003］『平成15年版労働経済の分析』厚生労働省。

厚生労働省［2005］『平成17年版労働経済の分析』厚生労働省。

厚生労働省［2014］『平成26年版労働経済の分析』厚生労働省。

厚生労働省［2017］「転勤に関する雇用管理のヒントと手法」。

佐野晋平・安井健悟・久米功一・鶴光太郎［2019］「転勤・異動と従業員のパフォーマンスの実証分析」RIETI DP 19-J-020。

竹内洋［1995］『日本のメリトクラシー―構造と心性―』第5章、東京大学出版会。

中馬宏之［1997］「経済環境の変化と中高年層の長勤続化」、中馬・駿河編『雇用慣行の変化と女性労働』東京大学出版会。

鶴光太郎［1994］『日本的市場経済システム：強みと弱みの検証』講談社現代新書。

鶴光太郎［2006］『日本の経済システム改革―失われた「15年」を超えて』日本経済新聞社。

鶴光太郎［2016］『人材覚醒経済』日本経済新聞出版社。

鶴光太郎［2017a］「テレワーク、成功の条件は？」『日本経済新聞』経済教室エコノミクストレンド2017年5月15日。

鶴光太郎［2017b］「働き方改革とICT・テレワークの徹底活用」『オムニ・マネジメント』2017年12月号。

鶴光太郎［2017c］「経済学の観点から見た解雇の金銭解決制度をめぐる議論」『季刊労働法』2017冬（259号）。

鶴光太郎［2018］「経済学でみるAIの実力―「予測」活用のリスク認識を」『日本経済新聞』経済教室エコノミクストレンド、2018年5月8日。

鶴光太郎［2019］「『70歳雇用』に定年制の壁―賃金・中途など広く改革を」『日本経済

新聞』経済教室エコノミクストレンド2019年1月16日。

鶴光太郎・久米功一［2018］「夫の家事・育児参加と妻の就業決定—夫の働き方と役割分業意識を考慮した実証分析」『経済分析』第198号、pp. 50-70。

鶴光太郎・久米功一・戸田淳仁［2016］「多様な正社員の働き方の実態—RIETI「平成26年度正社員・非正社員の多様な働き方と意識に関するWeb調査」の分析結果より」RIETI PDP 16-P-001。

鶴光太郎・久米功一・安井健悟・佐野晋平［2019］「転勤・異動・定年後雇用の実態」、本書第4章。

鶴光太郎・滝澤美帆［2018］「生産性向上と両立する働き方改革を目指して」、日経「スマートワーク経営研究会」中間報告、「働き方改革と生産性、両立の条件」第1章（2018年6月公表）

都留康・阿部正浩・久保克行［2003］「日本企業の報酬構造—企業内人事データによる資格，査定，賃金の実証分析」『経済研究』54［3］, pp. 264-285。

都留康・久保克行・阿部正浩［2005］『日本企業の人事改革—人事データによる成果主義の検証』東洋経済新報社。

服部良太・前田栄治［2000］「日本の雇用システムについて」、『日本銀行調査月報』2000年1月号。

三菱UFJリサーチ＆コンサルティング［2014］『諸外国の働き方に関する調査報告書』（平成26年度厚生労働省委託「多元的で安心できる働き方」の導入促進事業）

リクルートワークス研究所［2013］『Global Career Survey』

村田啓子・堀雅博［2019］「賃金プロファイルのフラット化と若年労働者の早期離職」、本書第6章

労働政策研究・研修機構［2015］「情報通信機器を利用した多様な働き方の実態に関する調査」2014年調査。

労働政策研究・研修機構［2017］「「改正労働契約法とその特例への対応状況及び多様な正社員の活用状況に関する調査」結果」JILPT調査シリーズ、No.171。

労働政策研究・研修機構［2018］「多様な働き方の進展と人材マネジメントの在り方に関する調査［企業調査・労働者調査］」JILPT調査シリーズ、No.184。

労働政策研究・研修機構［2018］『データブック国際労働比較2018』

Acemoglu, Daron. and Pascual Restrepo［2018］"Artificial Intelligence, Automation, and Work," mimeo.

Agrawal, A., J. Gans and A. Goldfarb［2018］*Prediction Machines: The Simple Economics of Artificial Intelligence*, Ore Core Music Publishing［邦訳『予測マシ

第 1 部　総論

ンの世紀―AI が稼働する新たな経済』早川書房、2019年〕

Autor, D. and B. Price [2013] "The Changing Task Composition of the US Labor Market：An Update of Autor, Levy, and Murnane [2003]," mimeo.

Autor, D., F. Levy, and R. Murnane [2003] "The Skill Content of Recent Technological Change：An Empirical Exploration," *Quarterly Journal of Economics*, 118（4）, pp. 1279-1333.

Bailey, D. and N. Kurland [2002] "A Review of Telework Research：Findings, New Directions and Lessons for the Study of Modern Work," *Journal of Organizational Behavior*, 23, pp. 383-400.

Bloom, N., J. Liang, J. Roberts and Z. J. Ying [2014] "Does Working from Home Work? Evidence from a Chinese Experiment," *Quarterly Journal of Economics* 130（1）, pp. 165-218.

Brynjolfsson, E. and A. McAfee [2014] *The Second Machine Age: Work, Progress, and Prosperity in a Time of Brilliant Technologies*, W.W. Norton & Company〔邦訳『ザ・セカンド・マシン・エイジ』日経BP社、2015年〕

Brynjolfsson, E. and A. McAffe [2017] "The Business of Artificial Intelligence," *Harvard Business Review*, July, 2017.

Chuma, H. [1998] "Is Japan's Long-term Employment System Changing?," *In Internal labour markets, incentives and employment*（pp. 225-268）Palgrave Macmillan UK.

Clark, R. L. and N. Ogawa [1992] "Employment Tenure and Earnings Profiles in Japan and the United States：Comment," *The American Economic Review*, 82（1）, pp. 336-345.

Dutcher, E. Glenn [2012] "The Effects of Telecommuting on Productivity：An Experimental Examination, The Role of Dull and Creative Tasks," *Journal of Economic Behavior & Organization*, 84, pp. 355-363.

Goos,M., A. Manning, and A. Salomons [2014] "Explaining Job Polarization：Routine-Biased Technological Change and Offshoring," *American Economic Review* 104（8）, pp. 2509-2526.

Hamaaki, J., Hori, M., Maeda, S., and K. Murata [2012] "Changes in the Japanese Employment system in the Two Lost Decades," *ILR Review*, 65（4）, pp. 810-846.

Hashimoto, M. and J. Raisian [1985] "Employment Tenure and Earnings Profiles in Japan and the United States," *The American Economic Review*, 75（4）, pp. 721-735.

Hashimoto, M. and J. Raisian [1992] "Employment Tenure and Earnings Profiles in

Japan and the United States : Reply," *The American Economic Review*, 82 (1), pp. 346-354.

Kato, T. [2001] "The End of Lifetime Employment in Japan? : Evidence from National Surveys and Field Research," *Journal of the Japanese and International Economies*, 15 (4), pp. 489-514.

Kawaguchi, D. and Y. Ueno [2013] "Declining Long-term Employment in Japan," *Journal of the Japanese and International Economies*, 28, pp. 19-36.

Mincer, J. and Y. Higuchi [1988] "Wage Structures and Labor Turnover in the United States and Japan," *Journal of the Japanese and International Economies*, 2 (2), pp. 97-133.

OECD [1993] *Employment Outlook*, Paris : OECD.

Ono, H. [2010] "Lifetime Employment in Japan : Concepts and Measurements," *Journal of the Japanese and international economies*, 24 (1), pp. 1-27.

Rosenbaum, J. [1984] *Career Mobility in a Corporate Hierarchy*, Orland, FL. : Academic Press.

【第 2 部】歴史

第 2 章　日本の雇用システムの歴史的変遷

内部労働市場の形成と拡大と縮小[*]

中林真幸・森本真世

要旨

　本章は、産業革命期から現在に至る長期の経済発展のなかに雇用システムを位置づけることを目的とする。過去 1 世紀あまりの経済成長に対する労働投入の貢献は、農業部門から非農業部門への労働移動、教育の普及と向上による一般的な技能の蓄積、そして産業特殊的もしくは企業特殊的な技能の蓄積に分解することができる。また、欧米に比べて極めて早い時期に1889年大日本帝国憲法と1896年民法によって「移動の自由」を確立した日本においては、大陸ヨーロッパ的な、労働者の移動の自由を制限することによって、雇用者に産業特殊的な技能への投資を促す法制度は存在せず、非常に高い流動性が1920年代までにおける労働市場の共通の特徴であった。そこでは、技能蓄積の制度は二通りあった。ひとつは、製糸業に見られた雇用者の私的なカルテルであり、もうひとつは鉱山業に見られた間接管理である。いずれも1920年代に解体に向かい、技能蓄積の場は、特定企業が長期勤続を促す制度、すなわち内部労働市場に収束し、1980年代には現業労働者にも新卒一斉採用が普及した。こうした日本的な雇用システムは雇用創出の均霑を妨げる桎梏ともなる。急激な技術変化に対応するには、数年間かけて自らが没入する内部労働市場を選択する制度に戻る方が望ましいかもしれない。

第2部　歴史

1　はじめに

　本章は、明治維新期から構造改革期1990-2000年代の構造改革に至る1世紀あまりにおける労働市場と労使関係の歴史を概観する。従来、雇用システムについては、存在する技能の構成要素を所与としてその合理性が検討されてきた。つまり、日本企業においては、企業特殊的な熟練が、ドイツにおいては、産業特殊的な熟練が求められたため、それぞれに特有な雇用システムが形成された、と考えられてきた。しかし、本稿においては、人権の強さに依存して人的資本の誘因を雇用者もしくは被用者に持たせるための雇用制度が選択された、と考える。労働者の職業選択と離職の実質的自由については、アメリカやドイツよりも日本の方が強い。したがって、日本においては、個々の雇用者に人的資本投資を促す制度を作ることしかできず、その人的資本は企業特殊的なものとなった。同時に、労働者に自由が認められているために、労働者が移動してしまうことを避けるべく、勤続年数と勤務査定を組み合わせた賃金や内部昇進制などに代表される日本的雇用システムが構築されたのである。各時期における一般的な人的資本の投資と特殊的な人的資本の投資を促した制度と組織を検討する。

2　数量的概観

2.1　所得

　まず、過去1世紀あまりの所得の伸びを振り返ってみよう。1880年代に産業革命が始まるとともに、1人当たり国内総生産の成長率が上がる。1920年代後半から1930年代にかけて、成長率はさらに上向き、戦中の急落と戦後の回復を除いて均せば、1970年代につながる長期的な成長軌道に乗る（図2-1、右軸）。製造業賃金の推移が示すように、その間の生産性の動向を決めてきたのは製造業であった（図2-1、左軸）。そのことは、所得の伸びが停滞する1990年代以降においても変わらない。1990年代以降、製造業の生産性上昇が鈍化する一方、他産業の生産性は引き続き停滞しており、製造業の生産性上昇鈍化がマクロ経済の生産性を

＊鶴光太郎氏をはじめ、独立行政法人経済産業研究所（RIETI）におけるディスカッションペーパー検討会参加者諸氏の助言に感謝したい。本章は日本学術振興会科学研究費補助金（JSPS科研費　JP26285077, JP18K12824）による成果の一部である。

第2章　日本の雇用システムの歴史的変遷

図2-1　所得の伸び

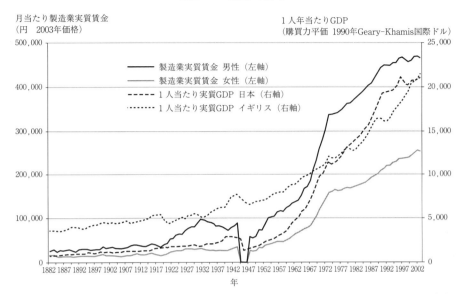

出典）賃金：大川・野田・高松・山田・熊崎・塩野谷・南亮［1967］243、246頁；日本統計協会［2006］150, 152頁．消費者物価指数：大川・野田・高松・山田三郎・熊崎・塩野谷・南［1967］135-136頁；日本統計協会［1988］348-351頁；日本統計協会［2006］501頁．1人当たりGDP日本：深尾・摂津・中林［2017］；深尾・摂津［2017］；深尾・摂津［2018］；深尾［2018］。1人当たりGDPイギリス：Angus Maddison（http://www.ggdc.net/maddison/oriindex.htm 最終接続日：2015年4月14日）。

引き下げる結果となっている（深尾［2018b］）。

2.2　軽工業から重工業へ

　1880年代には製造業賃金の成長において、男女の間に差は見られないが、1920年代以降、男性の賃金が女性のそれを大きく引き離していく（図2-1）。これは産業革命期において主要産業として生産性上昇を先導したのが、若年女性労働者に依存する製糸業や紡績業であったのに対して、1920年代後半以降、男性熟練労働者を使用する重工業の本格的な成長が始まり、生産性が大きく上昇したことに起因する。

第2部　歴史

2.3　生産性上昇の要因分解

　産業革命期から高度成長期に至る生産性上昇の要因を、深尾京司らの推定に基づいて回顧しておこう（表2-1）。1885-1899年に非一次産業の労働生産性は年率で平均1.74％の成長を続けた。これを労働者1人当たり資本装備とTFPに分解すると、資本装備の成長率は年率平均0.27％、TFPの上昇率は1.46％となる。1899-1913年には労働生産性が年率平均1.58％の成長を遂げ、うち資本装備の上昇率は0.79％、TFPの上昇率も0.79％であった。1913-1926年には労働生産性の上昇率が年平均2.53％に達し、うちTFP上昇率が1.97％を占めた。1926-1940年には、労働生産性上昇率が年平均2.67％、うちTFP上昇率が1.97％に達した。

　戦中戦後の落ち込みを経て、1950-1955年には労働生産性上昇率は2.85％、うちTFP上昇率は2.35％に達した。その後、成長は加速し、1955-1960年は労働生産性上昇率4.48％の成長、うちTFP上昇率3.27％、1960-1965年は労働生産性上昇率6.01％、うちTFP上昇率3.07％、1965-1970年には労働生産性上昇率9.29％、うちTFP上昇率6.11％に達した。

　すなわち、産業革命期に1％台後半から始まった非一次産業の労働生産性上昇率は戦前期に2％台に、戦後復興期には2％台から4％台へ、高度成長期には6％台から9％台に達し、その過半は、技術移転と労働の質の改善に起因するTFP上昇によっていた。

　一方、一次産業部門の労働生産性上昇率は、1950-1965年の時期に4〜5％を示したほかは低位に推移した。非一次産業部門との間における労働生産性上昇率の乖離は両部門の間の賃金格差をもたらし、それが一次産業部門から非一次産業部門への労働移動を促した。この労働移動もマクロ経済の成長率を押し上げた。1885-1899年のマクロ経済におけるTFP上昇率年平均1.75％のうち、部門間の労働移動によるTFP上昇率は0.27％であり、TFP上昇率の18％が部門間労働移動によって説明される。この水準は戦後復興期から高度成長期に高まり、1950-1955年にはマクロ経済におけるTFP成長率の21％、1955-1960年には26％、1960-1965年には25％が部門間労働移動によってもたらされた。高度成長期の集団就職に象徴される地方の農業部門から、都市部への製造業・サービス業部門への労働移動そのものがマクロ経済の生産性を押し上げたのである。その動きは1960年代には落ち着き、1965-1970年におけるマクロ経済のTFP成長率における部門間労働移動の寄与は10％に落ちた（表2-1）。産業革命期から高度成長期

第2章　日本の雇用システムの歴史的変遷

表2-1　労働生産性の変化と要因、1885-1970年

(年率%)

	期間	1885-99	1899-1913	1913-26	1926-40	1940-45	1945-50	1950-55	1955-60	1960-65	1965-70
第一次産業	労働生産性の上昇率 a	0.82	1.62	1.47	0.50	-7.52	0.97	5.54	5.26	4.16	0.49
	資本装備率上昇の寄与	0.07	0.14	0.32	0.24	-0.13	-0.12	0.45	0.81	1.47	2.26
	労働力1人当たり耕地面積拡大の寄与	0.15	0.17	0.29	0.06	-0.22	-0.10	0.03	0.72	0.94	0.44
	TFP上昇	0.60	1.30	0.86	0.21	-7.17	1.18	5.07	3.73	1.75	-2.22
	労働者数の増加 b				0.08	0.80	3.11	-0.51	-2.34	-3.83	-2.78
	実質付加価値の増加 a+b				0.58	-6.71	4.08	5.02	2.91	0.33	-2.29
非第一次産業	労働生産性の上昇率 c	1.74	1.58	2.53	2.67	0.48	-5.87	2.85	4.48	6.01	9.29
	資本装備率上昇の寄与	0.27	0.79	0.59	0.70	0.03	-1.33	0.50	1.22	2.94	3.18
	TFP上昇	1.46	0.79	1.94	1.97	0.51	-4.53	2.35	3.27	3.07	6.11
	労働者数の増加 d				1.82	-4.79	5.34	4.26	4.86	4.04	3.19
	実質付加価値の増加 c+d				4.49	-4.31	-0.53	7.11	9.34	10.05	12.48
マクロ経済	労働生産性の上昇率 e	1.75	1.80	3.02	2.82	-2.46	-3.93	4.52	6.14	7.20	9.46
	資本装備率上昇の寄与	0.29	0.62	0.84	0.81	-0.76	-0.74	0.80	1.51	3.10	3.33
	労働力1人当たり耕地面積拡大の寄与	0.00	0.03	-0.03	-0.04	0.01	-0.04	-0.04	-0.08	-0.06	-0.05
	TFP上昇	1.47	1.15	2.21	2.05	-1.71	-3.15	3.76	4.71	4.16	6.18
	各産業内で生じたTFP上昇による上昇の寄与	1.19	1.02	1.72	1.69	-0.60	-3.46	2.87	3.33	2.92	5.47
	労働の産業間配分効率化によるTFP上昇	0.27	0.12	0.46	0.32	-0.78	0.33	0.80	1.22	1.03	0.63
	資本の産業間配分効率化によるTFP上昇	0.00	0.02	0.02	0.04	-0.33	-0.01	0.09	0.17	0.21	0.08
	労働者数の増加 f				1.02	-2.19	4.26	2.15	2.19	1.78	1.86
	実質GDP成長率 e+f				3.84	-4.65	0.33	6.67	8.33	8.98	11.32
	就業者・人口比率の増加率 g				-0.19	-0.51	1.36	0.74	1.28	0.76	0.78
	人口1人当たり実質GDPの増加率 e				2.63	-2.97	-2.56	5.26	7.43	7.97	10.24

出典）深尾・攝津・中林 [2017]、深尾・攝津 [2017]、深尾・攝津 [2018]。

第2部　歴史

は、人が低生産性部門から高生産性部門へと動くことによって成長率が押し上げられた時代でもあった。

　一方、製造業の労働生産性低下がマクロ経済の生産性低下をもたらした1970年代以降の時代についても見てみよう（表2-2）。マクロ経済における労働生産性の上昇率は、1970-1975年の年率平均4.52％から、1975-1980年3.76％、1980-1985年3.86％、1990-1995年1.71％、1995-2000年2.07％、2000-2005年2.40％、2005-2012年0.74％と趨勢的に下落し続けている。この時期については、労働属性間の差による賃金の差によって計る労働の質と、TFPとを分離し、労働生産性の上昇を、資本装備率、労働の質、TFPに分離することができる。

　資本装備率の上昇は1965-1970年3.33％（表2-1）から1970-1975年1.57％に急減速した後、0％台と1％台の間を推移し、上昇傾向に転ずることなく今日に至り、投資の減速が労働生産性低下の大きな要因である。アメリカからの技術移転による労働生産性の上昇の余地が狭まった背景を捉えていよう。しかし、この時期についてより注目すべきは、労働の質の上昇が1970年代に、TFPの上昇が1980年代に、それぞれ急減速し、以後、低落傾向にあることである（表2-2）。

　労働の質の上昇とTFPの上昇を製造業と非製造業に分解すると、製造業の場合、労働の質の上昇の減速が1970年代に始まり、TFPは1980年代より、さらに1990年代に減速する。一方、TFPについては、製造業が1990年代に急減速するのに対して、非製造業は1980年代に既に顕著に落ち込んでいる（表2-2）。

　中卒から高卒へと質を上昇させた労働者が大企業正社員として雇われ、資本装備率の上昇とともにアメリカから移転された技術が組み合わされ、それと同時に、企業内訓練を受けることによって労働生産性上昇の仕組みが1950-1960年代に形成された（Ueshima.［2003］；Ueshima et al.［2006］；上島・猪木［2018］）。しかし、移転技術の限界収益、すなわち設備投資の限界収益が低下し、また、高校教育の普及とともにその限界収益も低下する安定成長期には、日本の製造業は、高度成長のそれに変わる仕組みを作り出せず、徐々に生産性を低下させてきたことを、これらの事実は物語る。

　高度成長の仕組みは相対的に高学歴の労働者を内部労働市場に囲い込み、訓練を施し、想定的に優れた移転技術に組み合わせるもので、その外側には、大企業の非正規労働者や、中小企業の労働者など、その仕組みから取り残された人々がいた（上島・猪木［2018］）。

第2章　日本の雇用システムの歴史的変遷

表2-2　労働生産性の変化と要因、1970-2012年

(年率 %)

	期間	1970-75	1975-80	1980-85	1985-90	1990-95	1995-2000	2000-05	2005-12
マクロ経済	労働生産性の上昇率	4.52	3.76	3.63	3.86	1.71	2.07	2.40	0.74
	資本装備率上昇の寄与	1.57	0.91	1.35	1.63	1.36	0.91	0.43	0.09
	労働の質向上率	1.44	1.04	1.35	0.50	0.70	0.87	0.96	0.52
	TFP上昇率	1.51	1.81	0.93	1.74	-0.35	0.29	1.01	0.13
製造業	労働生産性の上昇	5.08	6.83	6.08	4.52	3.28	3.20	4.77	1.88
	資本装備率上昇の寄与	1.47	0.06	1.09	1.60	1.92	0.98	0.79	0.68
	労働の質向上率	1.22	0.71	0.91	0.43	0.79	0.75	1.12	0.65
	TFP上昇率	2.39	6.06	4.08	2.49	0.57	1.47	2.86	0.55
非製造業	労働生産性の上昇	4.39	0.71	2.60	3.85	1.00	1.75	1.91	0.31
	資本装備率上昇の寄与	1.05	6.06	1.41	1.59	1.08	0.79	0.34	-0.01
	労働の質向上率	1.60	0.71	1.48	0.52	0.69	0.91	0.94	0.51
	TFP上昇率	2.39	6.06	-0.29	1.74	-0.76	0.05	0.63	-0.19

出典）深尾 [2018c]。

第2部　歴史

　それが高度成長に成果を回収した後、日本の製造業が新たな生産性上昇の仕組みを十分に作り出せておらず、かつ、従来の技術と労使関係の組み合わせによって高い生産性を実現していた製造業大企業事業所の海外移転が製造業全体の生産性低下をもたらしたことを示唆している（深尾［2018b］）。

　それが、非製造業におけるより急速な労働生産性の低下と合わせて、マクロ経済の長期にわたる減速を結果していることを示している。高度成長期に変わる生産性上昇の仕組みを作り出せていない労働の現場とは、たとえば、端的には、既存の設備と既存の定型業務に、訓練を積まない非正規労働者を組み合わせる労使関係の拡大を反映している。非正規労働者の賃金が労働生産性と乖離しているわけではないので、ここにおける問題の本質は、生産性を高めるための設備と人的資本への投資が減速していることに求められよう（深尾［2018a］；深尾［2018b］）。

3　産業革命期：自由な労働市場と人的資本投資

3.1　移動の自由

　豊臣政権は人身売買を禁止し、江戸幕府もこれを継承した。したがって、近世の日本人は誰もが自由人であった。しかし、そのことは、潜在的に、基幹産業であった農業における人的資本投資を抑制しうる。たとえば、息子が逃走する可能性がある場合、小農の家長は彼に十分に投資をする誘因を持たないかもしれない。その問題を解決したのが人別 改 制度であった。近世期に合法に移住し、移住先において自由民として保護されるには、移動元の住民登録台帳である人別 改 帳から移動先の人別改帳に住民登録を移す必要があり、その移動には、移動元と移動先の保証人の承認が必要であった。すなわち、移動先の雇用主が身元保証人となるだけでなく、移動元の身元保証人である家長が移動を承認しなければ、農家の子弟は合法的に都市の非一次産業部門に異動することはできなかったのである。この制度を前提として、所有地における農業生産を柱として、家計収入の最大化に資する限りにおいて、農家部門の余剰労働が都市に放出される仕組みができあがった（中林［2017］）。

　その一つの帰結として、近世期を通じた生産性の上昇は、農業部門と、18世紀以降に農村部に広がった農村工業部門において起こり、都市サービス業の労働生産性は全く上昇しなかった。近世期を通じて、大都市の非熟練労働者の生存水準

倍率賃金はほぼ2倍付近に張り付き、上昇傾向を示さなかったのである。生存水準2倍とは、1人の所得によって生存可能な家族数が2名までであること、つまり、平均的な都市労働者にとって、人口を再生産することは不可能であった。農村からの流入無くして人口を維持できない、いわゆる「都市蟻地獄」状況は、都市非農業部門の低生産性の別表現である（斎藤・高島［2017］）。

　明治維新後、こうした移動制限は撤廃される。戸籍制度の導入とともに人別改制度は廃止され、家長が家族の移動を制限する法的根拠は失われた。旅行の許可制（手形制度）も1880年代半ばまでに撤廃され、人々の移動を制限する法令はなくなった。1889年大日本帝国憲法において、移動の自由と、それからただちに波及する職業選択の自由は臣民個々人の権利として保障されることになった。加えて、1896年民法は雇用契約の上限を5年とし、雇用者が5年を越えて労働者を拘束する余地を排除した。労働市場における自由競争の結果として労働者が移動する場合、移動元の雇用者は移動先の雇用者が雇用契約によって持つ当該労働者に対する債権を侵害することになるが、この場合の債権侵害は、自由競争を促すために、不法行為とはしない民法解釈が通説となった（中林［2017］）。こうした法改正と法運用は、幕藩体制下における都市部非農業部門への労働移動制限の撤廃を意味し、産業革命期における部門間労働移動によるTFP上昇の制度的な基礎となった（表2-1）。

　しかし、農村から遠隔地の工場に移動するには旅費が必要である。機械に合わせて、あるいは同僚に合わせて働いたことのない農家の子女に対しては、初歩的な段階からの職業訓練も必要であった。そうした、移動の費用を含めた人的資本投資を労働者自身がまかなえず、また金融市場も不完全である場合、明治維新によって実現された移動の自由は、雇用者間のモラルハザードを惹起する。他の雇用者が移動費用を負担して連れてきた後、他の雇用者が訓練を施した後の即戦力労働者を引き抜けば、移動費用と訓練費用を節約できる。しかし、すべての雇用者がそのように行動すれば、労働者の供給は過小となる。

　そうした雇用者の懸念に対して、農商務省は、当初、同業組合準則、輸出品同業組合法、同業組合法によって、地方公共団体を単位として組織される同業組合が雇用規制を設ける可能性を探った。しかし、1910年代初めにはそうした規制が違憲であることを認め、放棄する（藤田［1995］60頁）。

　移動に対する法規制が完全に取り除かれた後、人的資本の過小投資を防ぐため

第2部　歴史

の自制的な制度が形成されることになった。自生的な雇用者カルテル、間接雇用、内部労働市場である。

3.2　雇用者のカルテル

　人的資本投資の収益が高い産業においては、その収益を雇用者間において分け合い、また、労働者とも分け合うことによって、雇用者が相互の請求権を保護し合うカルテルを結び、かつ、労働者がそのカルテルの内部規制に従う均衡を維持する余地が大きくなる。産業全体としてそうした持続的な制度を作ることができたほぼ唯一の例が製糸業であった。長野県諏訪郡の製糸企業は1900年に諏訪製糸同盟を結成し、1903年から工女登録制度の運用を始める。諏訪郡の製糸企業が雇用する労働者はすべて、それぞれの企業の「権利工女」として諏訪製糸同盟事務所に登録され、労働者の移動もすべて捕捉される仕組みを作り、引き抜かれた雇用者の不服申し立てを同盟事務所が受け付け、引き抜いた雇用者との交渉を仲介し、記録したのである。この仕組みによって、引き抜きを「借権利」、引き抜かれを「貸権利」として記録して双方向を裁定の上、純移動に非対称がある場合には引き抜き側が労働者を戻す交渉が行われた。このカルテルができる前は、引き抜き1件ごとに交渉がなされ、かつ、交渉不調の際には引き抜かれ側が移動労働者を相手取って雇用契約不履行損害賠償請求訴訟を起こし、これを引き抜き側に対する交渉材料として使っていた。製糸同盟は裁定精算によって労働者引き戻しの可能性に至る取引数を絞り、さらに、加盟企業に対して、他の加盟企業が雇用した労働者を相手取って雇用契約不履行損害賠償請求訴訟を提起することを禁じ、労働市場の取引費用を節約した（東條［1990］15-123頁；中林［2003］289-330頁；Nakabayashi［2018］）。

　このように、あたかも労働者に物権を設定しているかのような雇用者間の取引を、帝国臣民に対して憲法の下に移動の自由を認めている裁判所が統治することはできない。言い換えれば、こうした私的な雇用者カルテルは、労働者の個人合理性制約を満たさなければ成り立たない。すなわち、取引される労働者がその仕組み内側にいることを自ら望む、つまり、内側にいることによって期待される賃金から得られる効用が、その仕組みの外に出て、あるいは、その仕組みの非人間性を社会に訴えることによって得られる効用よりも大きくないと成り立たない。諏訪製糸同盟の労働者取引は現代における野球選手やサッカー選手の取引と同じ

であるが、野球選手やサッカー選手がそのような取引統治に甘んじているのは、彼、彼女たちが受け取る賃金から得られる効用が、その仕組みに反旗を翻して得られる効用よりも大きいからである。

　それゆえ、諏訪製糸同盟は、工業化の進展にともない、諏訪郡製糸業の他地域、他産業に対する相対賃金が下がってくると、社会的に批判を浴びるようになる。また、労働市場規模の拡大も、この制度の維持を困難にした。そのため、工女登録制度は1926年に廃止される（東條［1990］321-362頁）。

　この仕組みは、雇用者の請求権を保護することによって、雇用者、他地域から新たな労働者を雇い入れ、彼女たちの訓練費用を負担する誘因を与えることを目的としていた。一方、諏訪郡内の工場間移動を抑制する効果はなく、移動にともなう権利の貸借の裁定を主たる機能としていた。実際、製糸業における雇用契約の期間はほとんどが1年未満であり、労働者の工場間移動は活発であった。しかし、労働者は、個々の工場において製糸業に必要な技能を身につけつつ、雇用者とのより良い組み合わせ、より高い賃金を求めて活発に移動したのであって、病気等によって実家の農業に戻るほかは、製糸業内において高技能、高賃金への階段を上っていった。すなわち、諏訪製糸同盟の工女登録制度は、特定企業に特殊な人的資本ではなく、産業特殊的な人的資本の投資を促す制度であった（中林［2017］）。

3.3　間接雇用

　鉱山業においては、労働者の移動の自由と、雇用者による人的資本投資との間の誘因整合性に加えて、熟練労働者の選別と監視が困難であるという事情があった。20世紀初めまでの炭鉱業の場合、労働者の作業が、残柱式採炭法と呼ばれた、採炭と天井崩落などを防ぐ坑道維持を手作業によって行う伝統的な方法に依存していた。そうした伝統的な技術を使う熟練の形成、あるいは熟練労働者の選別には、自らもその熟練を身につけている労働者に利がある。そのため、炭鉱業においては、20世紀初めまで、労働者の選別と管理を、労働者の宿舎である納屋の管理人、すなわち、納屋頭に委ねる制度が用いられてきた。企業は、出炭高に応じた賃金総額を納屋頭に渡し、納屋頭が個々の労働者に賃金を支払う。これを差し引いた分が納屋頭の受け取るレントとなり、所属鉱夫の稼ぎ高のおよそ1割程度であったという（荻野［1993］）。納屋頭の選別と訓練、監視が優れていれば、納

第 2 部　歴史

屋頭はレントを受け取ることができるため、それが納屋頭の誘因となる。労働者の移動率は製糸業以上に高く、1900年代においては、1ヶ月の間に過半の労働者が入れ替わってしまう。納屋頭も、特定の企業と長期的な取引関係にあるとはいえず、たとえば、新たに優れた炭層が発見されれば、その新しい事業機会を目当てに納屋頭も移動した。20世紀初めまでの炭鉱業における労働市場の制度も、産業特殊的な人的資本投資を促す制度であった（森本［2013a］；森本［2015]）。

3.4　内部労働市場

　製糸業と同様に雇用者カルテルを結成しつつあったものの、最有力企業が、労働者の移動の自由の原則を譲らなかったために挫折した例が紡績業である。大阪を中心に急激な成長を遂げつつあった紡績業においても、他地域からの雇い入れや訓練の費用が増加するにともない、そうした費用の節約を目的とした引き抜きが活発に行われた。そのため、関西の紡績企業が引き抜き抑制のためのカルテルを結成しようとしたが、東京から進出した鐘淵紡績がこれに応じず、カルテルの結成は阻まれた（Hunter［2003］229-234；千本［2016]）。

　鐘淵紡績が対外的に表明したカルテル不参加の理由は、労働者の移動の自由であったが、技能育成について独自の方針があったことも重要である。工場の新設のほか、合併を繰り返した鐘淵紡績は日本最大の紡績企業となったが、複数の工場を効率的に管理するために、それぞれの工場の生産費用と生産物を同一基準で算出させ、工場間相対評価を明確にするとともに、全工場に配布される報告書（『回章』）によってその情報を共有した。それぞれの工場現場で発見された工程改善の提案も『回章』によって共有された。そして、新たに合併された工場に対しては、一定期間、鐘淵紡績の母工場の役割を果たしていた尼崎工場の労働者を派遣し、定型業務を統合した。すなわち、既に複数事業所企業となっていた鐘淵紡績は、紡績業全体として産業特殊的な人的資本投資の制度を作るよりも、自社内の定型業務を磨き、それを労働者に習得させること、すなわち、企業特殊的な技能の形成と企業特殊的な人的資本を投資することを優先した（中林［2010］；結城［2013]）。

　労働者に勤続の誘因を与え、さらに鐘紡特殊的な技能を獲得する誘因を与えるために、鐘紡は常に他の紡績企業を上回る福利厚生を提供した。さらに、労働者と工場長との間の意思疎通の失敗が離職につながる可能性を引き下げるために、

一般労働者から社長への通報制度を整備した。こうして、鐘淵紡績は、その後の内部労働市場につながる制度を1900年代から整備し始めた（結城［2013］）。

　また、製糸業大企業のなかで、長野県ではなく京都府に本社工場を持つ郡是（現グンゼ）も、自社における勤続を通じて企業特殊的な熟練を形成させる雇用関係を形成した。長野県諏訪郡の製糸企業よりもやや高い水準の品質を目標に、自社内の定型業務を改善した。労働者の共感を高めるために、キリスト教を元にした独特の企業文化の構築に努めた。さらに、長野県の製糸企業や、あるいは紡績企業において、現場監督には一般に男性労働者が充てられていたなか、郡是は優秀な熟練繰糸工女を「教婦」、「助教婦」と呼ばれる技術指導職に採用し、工女の監督に当たらせた。さらに1917年には小学校卒業者を対象に、技術指導と座学を施す群是女学校を設立し、基幹労働者の内部養成体制を完成した。訓練費用を企業側が負担し、昇進を柱とした長期勤続への誘因を与え、さらに独自の企業文化を注入する郡是は、日本において最も早く自己完結的な内部労働市場を形成した企業のひとつとなった（榎［2008］39-92頁）。

　産業特殊的な人的資本への雇用者の投資を促すカルテルの外側にいた製糸業の郡是や紡績業の鐘紡が先駆的に内部労働市場を形成した。この制度変化は、移動と職業選択の自由が早い段階で保障された日本の法制度を所与として、産業特殊的な制度形成が、雇用者と被用者の個人合理性制約を満たすために、高い生産性とそれによるレントの配分を必要とするがゆえに、ドイツのようには一般化しにくい状況を背景としていた。その意味では、制度的な経路依存による内部労働市場の形成であった。一方、重工業や工業においては、技術移転が内部労働市場の形成を惹起することになる。

4　両大戦間期から高度成長期：内部労働市場と外部労働市場

4.1　技術変化への対応としての内部労働市場

　造船業や製鉄業といった移植産業の場合、日本の在来産業との技術的な断絶が大きく、特定の事業所に移転された技術と補完的な技能は、その事業所において習得されざるをえなかった。したがって、たとえば、20世紀初等における日本の造船技術は、世界的には先進的なものではなく、したがって特殊的ではないのだが、日本の労働市場においては、その技術を使いこなす技能は特殊的であった。

第 2 部　歴史

移転された技術ゆえに企業特殊的な人的資本を投資し、また、労働者に投資を促さなければならない造船企業は、したがって、早くから内部労働市場の形成に務めた。三菱造船所の場合、20世紀初頭には現業労働者から、旧士族待遇の管理職に至る昇進階梯が早くも20世紀初頭に整備される（中林［2017b］）。そうした動きは、戦間期の製造業大企業に普及していく（菅山［2017］）。

　また、炭鉱業においても、20世紀初めから、長壁式採炭法、さらには機械採炭といった近代技術の移転が進み、残柱式採炭法に依存していた時代とは必要とされる熟練の質が大きく変わってきた。先進的な技術移転を積極的に行っていた三井鉱山等の大規模鉱山は、間接管理制度である納屋制度を廃止し、労働者の直接採用と直接管理を強化する一方、企業内研修を充実させるとともに、福利厚生の充実や炭鉱内の小学校設立など、勤続を促す施策を積極的に導入した。大規模鉱山においてさえ毎月移動する鉱夫が多かった20世紀初頭の状況は大きく変わり、大規模鉱山の基幹労働者はその鉱山において技能を形成した勤続者に置き換えられていった（森本［2013b］）。一方、その外側には、好況期の採用と不況期の解雇を繰り返す中小鉱山群があり、それら中小鉱山群を渡り歩いて産業特殊的な熟練を形成する市場も併存していた（長廣［2009］）。

4.2　「日本的」な何かの形成

　20世紀初頭のアメリカにおいても、大量生産方式が確立され、個々の企業内における定型業務習得の収益、すなわち企業特殊的な人的資本の収益が増し、内部労働市場の形成が進んでいた。その意味で、両大戦間期まで、日米の優良大企業の雇用関係の間には、本質的には大きな違いはなかったといってよい。日米優良大企業の労使関係に大きな断絶が生じるのは世界恐慌期である。高橋財政と満州事変、日中戦争によっていち早く恐慌から回復した日本の製造業の場合、恐慌の打撃はアメリカのそれに比べて軽微であった。加えて大陸進出は重工業の需要を拡大し、1930年代後半には労働市場は逼迫する状況に至った。それゆえ、日本企業は、熟練労働者の離職を抑制し、企業特殊的な熟練の形成を促すために内部労働市場を維持したのである。これに対して、第二次世界大戦参戦まで長く深刻な不況に見舞われたアメリカの製造業大企業は、長期雇用の暗黙の契約を維持することができず、基幹労働者の大量解雇に踏み切った。労使関係の極度の対立は政府をも巻き込み、ワグナー法の成立をもたらした。その結果として、従来、内部

82

労働市場を支えてきた企業別労使交渉の枠組みは解体され、ヨーロッパ的な産業別労働組合が雇用者団体と雇用保障と労働条件を交渉する仕組みが形成されることになった（森口［2018］）。

ドイツ等とは異なり、産業特殊的な技能を形成する制度が体系的に導入されたわけではない。しかし、企業特殊的な技能形成と補完的とは言えない労使関係が制度化されたことは、それまで、日本と相似的であったアメリカの内部労働市場の誘因を相対的に弱めることになった。

4.3 企業特殊的な熟練形成と産業特殊的な熟練形成の併存

したがって、恐慌の断絶を経験しなかった日本の製造業大企業においては、両大戦間期から高度成長期まで、内部労働市場の拡大が連続的に進むことになった。もっとも、それは、中途採用市場の消滅を意味したわけではない。1920年代から1950年代まで、産業間労働移動、すなわち、地方の農業部門から都市の非農業部門への労働移動は、TFP上昇の重要な要因であり続けた（表2-1）。

地方農業部門から都市に移動した人々はただちに大企業の内部労働市場に包摂されたわけではなく、非農業部門のなかで転職を繰り返しながら技能を形成した。その主たる経路は、同一もしくは関連する産業の企業を渡り歩くもので、拡大しつつある内部労働市場の外側には、産業特殊的な熟練を形成するための中途採用市場も拡大を続けていた（中林［2017a］）。

その構造は高度成長期にも変わっていなかった。たとえば、高度成長期が終わり、大規模な雇用調整を経験することになった1970年代初め、大企業の雇用調整の柱は依然として中途採用の抑制であり、新卒採用の抑制は限定的であった。それは、1970年代の大企業の採用が依然として中途採用にも大きな比重を置いていたことを意味する。このことは、2000年代の雇用調整がほぼ新卒採用の抑制に限ること、すなわち、中途採用がもはや重要ではなくなっていることと対照的である（中林［2017a］）。高度成長期に、現業労働者の新卒一斉採用が広がったことは事実であるとしても（菅山［2011］）、それが支配的となったとは言えないのである。

こうした大量観察の事実は、個別優良企業の事例研究とも整合的である。1960年代まで、製鉄業は生産性の伸びの大きい基幹産業の一つであったが、その主要事業所のひとつである釜石製鉄所の場合、1960年代末に至るまで、中途採用は基

幹労働者採用において重要な位置を占めており、新卒採用が支配的となったことはない。従業員台帳に示された個別労働者の履歴によれば、中途採用された人々は、製鉄製鋼企業や機械工業企業を前職とする人々であった。高度成長期まで、産業特殊的な熟練を形成する流動性の高い労働市場は確かに存在し、大企業の内部労働市場において企業特殊的な熟練を形成する人々は、そうした外部市場と、新規学卒市場の両方から採用されていたのである（中林［2014]）。

5　おわりに

中近世の徒弟制度が製造業大企業のカルテルと近代的な職業教育に接合、拡張されたドイツの場合、労働者の移動の自由を法的に制約することによって、雇用者に対して産業特殊的な人的資本投資の誘因を与える制度を近代化し、今日に至る。これに対して、明治維新後に労働者の移動の自由を保障した日本や、同じく南北戦争後に労働者の移動の自由を保障したアメリカの場合、製糸業や炭鉱業など、一部の産業に自生的な雇用者のカルテルや間接雇用制度が形成されたものの、雇用者や間接雇用者の請求権の法的裏付けを欠いたそれらの制度は、製糸業の相対賃金の低下や炭鉱の技術変化といったショックを生き延びることはできず、1920年代以降、製造業においては、個々の企業の内部労働市場によって特殊的な技能を身につけさせる制度が支配的となった。

1990年代以降にも、現に内部労働市場を維持しえている優良企業に限るなら、特殊的な技能を育成する主たる場が個々の企業の内部労働市場にあることは変わりない（小野［2015]）。同時に、TFP上昇率が伸び悩み、人的資本投資の収益がそれに応じて低下し続けているため、日本の労働市場全体を見るならば、内部労働市場に入って労働の質を改善し続けることのできる人々の比率は、1990年代以降、下がっている（川口・室賀［2018]）。

同様の傾向が進むアメリカにおいても、興味深い結果が報告されている。伝統的な内部労働市場が縮小し、伝統的な中間層が崩壊しつつあるアメリカにおいて、長期勤続を勝ち得た人々、すなわち、内部労働市場に残り得た人々の勤続の収益は趨勢的に上昇し続けている（Altonji and Williams［2005]）。

中堅企業の内部労働市場が縮小ないし崩壊しつつあるがゆえにこそ、内部労働市場を維持し得ている一部の優良企業への就職熱はむしろ高まる。日本的雇用が

縮小しつつある中において強まる学生の「安定志向」は、学生の心性や根性の問題ではなく、個々の学生の判断としては、「日本的雇用」縮小ゆえに強まる日本的雇用維持企業の相対的優位性に対する最適反応であり、一定の安定性を持つ均衡である可能性が高い。

　しかし、大陸ヨーロッパと異なり、労働者の移動の自由を制限する雇用者カルテルを認めてこなかった我が国が、大陸ヨーロッパ的、特にドイツ的な、企業特殊的熟練形成の制度を導入することは非現実的であるし、おそらく望ましくもない。アメリカにおいても、営利目的型の職業教育に向けた規制緩和や[1]、さらに踏み込んで、ドイツ的な無償職業学校と徒弟制度の接合が議論されているが[2]、雇用者に投資の誘因を与える雇用者カルテルが認められておらず、したがって、産業特殊的な人的資本投資の担い手が労働者自身もしくは政府に限られる限り、おそらく実現の可能性は高くない。日本やアメリカにおいて、特殊的技能形成の場の中心が優良企業の内部労働市場であることは変えにくいであろう。

　一方、高度成長期までは存在してその後に失われた労働市場が、大企業内部労働市場の外側にあった、関連産業中小企業が構成する中途採用市場である。1960年代末に至るまで、現業労働者の場合、超優良企業においてさえ新卒一斉採用は支配的ではなく、関連産業において数年間の経験を持つ者を内部労働市場において育成する期間労働者候補として採用していた（中林［2013]）。大企業の内部労働市場に入りえなかった労働者の生涯賃金は、入りえた者のそれに及ばなかったかもしれないが、産業特殊的な技能を身につけ、労働生産性を高めるとともに、所得も増えたはずである。高度成長期から1970年代までのマクロ経済に見られた労働生産性の上昇は、そうした個々の労働者の営みの積み上げであった。それは、技能形成を伴わないまま関連のない産業を渡り歩く派遣労働者の世界とは異なる。

　現存する大企業の将来が技術的なショックに脆弱かもしれない現状において、現実的な改革の方向性としては、1970年代までに存在した、産業特殊的な技能を育む中途採用市場の復活を支援するものであろう。たとえば、年金制度の透明性と搬送性の向上は必須であろうと思われる。

---

1) Rana Foroohar, "Young Americans need to be taught skills, not handed credentials," *Financial Times*, November 12, 2018.

2) Edward Luce, "US higher education crisis : Lessons from Chicago schools," *Financial Times*, March 17.

第2部　歴史

　一方、日本が経験した巨大産業の消滅の一つである炭鉱業の瓦解が労働市場に
与えた影響を検討した上島・猪木［2018］が示すように、中途採用市場が活発で
あった1960年代においてさえ、異産業間の移動は困難であった。産業横断的な雇
用破壊と雇用創出をもたらす技術ショックがあった場合、それが敗者を生まない
パレート改善である可能性は極めて小さい。それが、最善においても、カルドア
＝ヒックス的な改善であることを直視し、職を失う人々に対して然るべき公的支
援がなされるべきであろう。

参考文献

上島康弘・猪木武徳［2018］「戦後の労働経済―1945-1973」、深尾京司・中村尚史・中
　　林真幸編『岩波講座　日本経済の歴史　第5巻　現代1　日中戦争期から高度成長
　　期（1937-1972）』岩波書店。

榎一江［2008］『近代製糸業の雇用と経営』吉川弘文館。

大川一司・野田孜・高松信清・山田三郎・熊崎実・塩野谷祐一・南亮進［1967］『長期
　　経済統計8　物価』東洋経済新報社。

荻野喜弘［1993］『筑豊炭鉱労使関係史』九州大学出版会。

小野浩［2015］「1990年代以降の日本型雇用」、田中亘・中林真幸編『企業統治の法と経
　　済―比較制度分析の視点で見るガバナンス―』有斐閣、281-297頁。

川口大司・室賀貴穂［2018］「労働市場の変化―安定成長期・低成長期・人口減少期」、
　　深尾京司・中村尚史・中林真幸編『岩波講座　日本経済の歴史　第6巻　安定成長
　　期から構造改革期（1973-2010）』岩波書店、69-108頁。

斎藤修・高島正憲［2017］「人口と都市化、移動と就業」、深尾京司・中村尚史・中林真
　　幸編『岩波講座　日本経済の歴史　第2巻　16世紀末から19世紀前半』岩波書店、
　　61-104頁。

菅山真次［2011］『「就社」社会の誕生―ホワイトカラーからブルーカラーへ―』名古屋
　　大学出版会。

菅山真次［2017］「社員の世界・職工の世界―雇用関係の日本的展開」、深尾京司・中村
　　尚史・中林真幸編『岩波講座　日本経済の歴史　第4巻　第一次世界大戦期から日
　　中戦争前（1934-1936）』岩波書店、79-98頁。

千本暁子［2016］「紡績業における雇用関係の転換点―鐘紡と中央同盟会との紛議事件
　　を通して―」、『社会経済史学』第82巻2号、175-197頁。

東條由紀彦［1990］『製糸同盟の女工登録制度―日本近代の変容と女工の「人格」―』
　　東京大学出版会。

長廣敏崇［2009］『戦間期日本石炭鉱業の再編と産業組織：カルテルの歴史分析』日本経済評論社。

中林真幸［2003］『近代資本主義の組織―製糸業における取引の統治と生産の構造―』東京大学出版会。

中林真幸［2010］「綿紡績業の生産組織―鐘淵紡績に見る先端企業の事例―」、佐々木聡・中林真幸編著『講座・日本経営史　第3巻　組織と戦略の時代―1914～1937―』ミネルヴァ書房、87-103頁。

中林真幸［2013］「内部労働市場の深化と外部労働市場の変化―製鉄業における教育と経験と賃金―」、中林真幸編著『日本経済の長い近代化　統治と市場、そして組織1600-1970』、303-332頁。

中林真幸［2017a］「雇用の長期的な趨勢―歴史的な視点から―」、『日本労働研究雑誌』683号、53-64頁。

中林真幸［2017b］「自由労働市場の確立と内部労働市場の形成―工業」、深尾京司・中村尚史・中林真幸編『岩波講座　日本経済の歴史　第3巻　近代1　19世紀後半から第一次世界大戦前（1913）』岩波書店、66-78頁。

日本統計協会編、総務庁統計局監修［1988］『日本長期統計総覧』第4巻、日本統計協会。

日本統計協会編、総務省統計局監修［2006］『新版　日本長期統計総覧』第4巻、日本統計協会。

深尾京司［2018a］「生産・物価・所得の推定」、深尾京司・中村尚史・中林真幸編『岩波口座　日本経済の歴史　第6巻　現代2　安定成長期から構造改革期（1973-2010）』岩波書店、289-311頁。

深尾京司［2018b］「1990年代以降のTFP上昇減速の原因」、深尾京司・中村尚史・中林真幸編『岩波講座　日本経済の歴史　第6巻　現代2　安定成長期から構造改革期（1973-2010）』岩波書店、214-222頁。

深尾京司［2018c］「生産・物価・所得の推定」、深尾京司・中村尚史・中林真幸編『岩波講座　日本経済の歴史　第6巻　現代2　安定成長期から構造改革期（1973-2010）』岩波書店、289-311頁。

深尾京司・攝津斉彦・中林真幸［2017］「成長とマクロ経済」、深尾京司・中村尚史・中林真幸編『岩波講座　日本経済の歴史　第3巻　近代1　19世紀後半から第一次世界大戦前（1913）』岩波書店、2-22頁。

深尾京司・攝津斉彦［2017］「成長とマクロ経済」、深尾京司・中村尚史・中林真幸編『岩波講座　日本経済の歴史　第4巻　近代2　第一次世界大戦前から日中戦争前（1914-1936）』岩波書店、2-25頁。

第2部　歴史

深尾京司・攝津斉彦［2018］「成長とマクロ経済」、深尾京司・中村尚史・中林真幸編
　　『岩波講座　日本経済の歴史　第5巻　現代1　日中戦争期から高度成長期（1937-
　　1972）』岩波書店、2 -28頁。

藤田貞一郎［1995］『近代日本同業組合史論』清文堂出版。

森口千晶［2018］「日米比較に見る日本型人事管理制度の史的発展」、深尾京司・中村尚
　　史・中林真幸編『岩波講座　日本経済の歴史　第5巻　現代1　日中戦争期から高
　　度成長期（1937-1972）』岩波書店、76-87頁。

森本真世［2013a］「労働市場と労働組織—筑豊炭鉱業における直接雇用の成立」、中林
　　真幸編著『日本経済の長い近代化—統治と市場、そして組織　1600-1970』名古屋
　　大学出版会、217-258頁。

森本真世［2013b］「内部労働市場の形成—筑豊炭鉱業における熟練形成」、中林真幸編
　　著『日本経済の長い近代化—統治と市場、そして組織　1600-1970』名古屋大学出
　　版会、259-302頁。

森本（酒井）真世［2015］「過渡期炭鉱業の労働市場と労働組織—筑豊麻生炭鉱におけ
　　る鉱夫の募集と管理—」、『社会経済史学』第81巻3号、425-447頁。

結城武延［2013］「企業組織内の資源配分—紡績業における中間管理職」、中林真幸編著
　　『日本経済の長い近代化—統治と市場、そして組織　1600-1970』名古屋大学出版会、
　　190-216頁。

Altonji, and Nicolas Williams [2005] "Do wages rise with job seniority? A
　　reassessment," *Industrial and Labor Relations Review*, 58 (3), 370-397.

Nakabayashi, Masaki [2018] "From the substance to the shadow : The role of the
　　court in Japanese Labour Markets," *The Economic History Review*, 71 (1), pp.
　　267-289.

Ueshima, Yasuhiro [2003] "Why wages equalized in the high-speed growth era :
　　Japanese manufacturing, 1961-1969," *Journal of the Japanese and International
　　Economies*, 17 (1), pp. 33-54.

Ueshima, Yasuhiro, Takuji Funaba and Takenori Inoki [2006] "New technology and
　　demand for educated workers : The experience of Japanese manufacturing in the
　　era of high-speed growth," *Journal of the Japanese and International Economies*,
　　20 (1), pp. 50-76.

【第2部】歴史

| 第3章 | 「新時代の日本的経営」の何が新しかったのか？ |

人事方針（HR Policy）変化の分析

梅崎　修・八代充史

要旨

　本章では、主に日経連の報告書と日経連事務局を中心としたオーラルヒストリーを使って、1995年に発表された『新時代の「日本的経営」─挑戦すべき方向とその具体策』を取り上げ、日本企業の人事方針（HR policy）の変遷を分析した。

　第一に、1970〜80年代の「能力主義」の時代における人事課題はポスト不足であり、その対処として企業内専門職制度が導入された。第二に、「新時代の日本的経営」は、「雇用ポートフォリオ」の起源として総人件費削減や雇用不安と関連付けられてきたが、「雇用ポートフォリオ」はバブル経済期の1980年代後半にフロー人材とストック人材の2分類として提示された。つまり、業績悪化が「雇用ポートフォリオ」を生み出したわけではない。第三に、「新時代の日本的経営」は、1970〜80年年代の人事方針である「長期的な視野」と「人間尊重（＝人材育成側面の重視）」を継承していた。第四に、「新時代の日本的経営」の新規性は、2分類であった「雇用ポートフォリオ」を3分類にした点であった。この新しい人材像は、高付加価値人材は企業内キャリアだけで育成されないという主張を含んでおり、そのために職能主義から職務主義への移行が目指された。ただし、3分類か2分類かについては意見対立があり、2000年代前半時点では「高度専門能力活用型グループ」の拡大は確認できない。

　要するに、「新時代の日本的経営」は、「雇用ポートフォリオ」を継承しているが、「高度専門能力活用型グループ」という理想も提示した。ただし、その理想は早すぎた理想論であったのかもしれない。2000年以降も、「新時代の日本的経営」は形を変えて議論され続けている。

第2部　歴史

1　問題の所在

1995年は、日本型雇用システムの歴史的変遷を考える上で見逃すことができない年であると言われている。

日本経営者団体連盟（以下では、日経連）が、1993年に「新・日本的経営等研究プロジェクト」を立ち上げ、委員会での議論の末に1995年に『新時代の「日本的経営」—挑戦すべき方向とその具体策』（以下では、「新時代の日本的経営」と記す）を刊行した。人的資源管理（Human Resource Management）の代表的テキストである今野・佐藤［2009］、佐藤・藤村・八代［2015］、奥林・上林・平野［2010］などによれば、「新時代の「日本的経営」」が提示した雇用ポートフォリオ（正確には、自社型雇用ポートフォリオ）は、それまでの日本的雇用慣行の基本方針を変えたと説明されている。雇用ポートフォリオとは、企業が与えられた経営環境の中で選択した事業戦略の下で、業務の効率を測るために雇用する人材、仕事を組み合わせる人事施策群、およびそれらの基礎となる人事方針（HR Policy）を意味する。具体的には、人材を雇用区分で分けて、個々の適正な割合を探りつつ、それぞれ異なる人材施策（HR Practices）を実施していくことである。

なお、雇用ポートフォリオへの着目は、日本企業に限定される変化ではなく、時期や形態は少しずつ異なるが、世界の先進国において共通する現象であった。例えば、イギリスの研究者であるAtkinson（1985）によって提示された「柔軟な企業モデル」は、企業の労働力需要の量的変動と質的変動への対応能力の向上、さらには企業の支払い能力を適切に反映した労働費用の実現を目指した雇用ポートフォリオを提示している（今野・佐藤［2009］参照）。具体的には、労働需要の量的変動への対応能力を数量的柔軟性（numerical flexibility）、質的変動への対応能力を機能的柔軟性（functional flexibility）、支払い能力と労働費用への連動強化を金銭的柔軟性（financial flexibility）と定義し、それぞれの柔軟性を高める雇用システムとして「柔軟な企業モデル」が提示された。

ただし、これらの雇用ポートフォリオは、人材グループ別管理のメカニズムを説明する理論枠組みというよりも、実務上の必要性から提示された分類軸であり、雇用区分の境界を決める原理とは言えない。雇用の境界と人材間の協力のあり方を理論枠組みとして構想したのは、Lepak and Snell［1999, 2002, 2003］の研究

である。この研究では、「取引費用の経済学」（Transaction Cost Economics）と「経営資源に基づく企業観」（Resource Based View of the Firm）を基にして、「人的資産の企業特殊性」（uniqueness of human capital）と「人的資産の価値」（value of human capital）の2軸の分類図を構築している。その選択課題は、良好な経営業績を生み出すために人材を「Make」（長期雇用で内部育成する正規）するか、もしくは「Buy」（短期雇用で市場から適宜スポット調達する非正規）するかという雇用の境界設計である[1]。

　ここで「自社型雇用ポートフォリオ」がどのような提案であったのかを確認したい。図3-1に示したように、自社型雇用ポートフォリオは、社内の人材を3グループに分類する点に特徴がある。この中でも長期蓄積能力活用型グループは、従来の日本的雇用慣行の中で育成された人材である。主に新卒入社でキャリア形成しながら企業特殊的熟練を獲得するという内部労働市場型人材が想定されている。表3-1と図3-2からも、ライン管理職への昇進がキャリアの目標になっており、処遇も査定を伴う定期昇給で決まっていることがわかる。管理職は業績（成果）が評価されるが、管理職以前の処遇は職能基準の賃金制度（職能資格制度と職能給）である。

　「雇用柔軟型グループ」も、その名称自体は新しいが、パート労働者、契約社員、派遣労働者という期間の定めがある雇用契約による人材であり、職務基準の時間給が中心であることも、これまで通りと言える。仁田［2008］が指摘するように、期間の定めのない正規と期間の定めがある非正規という区分があり、この割合を調整するという人事施策であれば、戦後日本企業も雇用ポートフォリオを採用していたことになる。また、期間工や臨時工という制度を考えれば、高度経済成長期の方が「雇用柔軟型グループ」は多かったとも言える[2]。

　ところで、自社型雇用ポートフォリオとその中でも特に「雇用柔軟型グループ」の存在は、総人件費の削減や非正規労働者の拡大による雇用不安の拡大をも

1）平野［2009］では、Lepak and Snell のモデルは、Transaction Cost Economics と Resource Based View of the Firm という異なるアプローチをアドホックに組み入れている点を批判し、Transaction Cost Economics とインセンティブ理論の知見を応用した雇用の境界とそれらの間の転換のあり方を「人材ポートフォリオ・システム」（Human Resource Portfolio System）として提示している。

2）例えば、トヨタ自動車の人事担当者のオーラルヒストリーである山本・田中［1982］では、トヨタ自動車において1970年代前半まで多くの期間工が採用されていたことが確認できる。

第 2 部　歴史

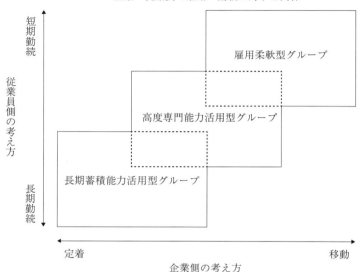

図 3-1　自社型雇用ポートフォリオ

注 1) 雇用形態の典型的な分類。
　 2) 各グループ間の移動は可。
出典)『新時代の「日本的経営」』。

たらすものとして批判されてきたという歴史がある。1995年は、行政改革推進本部の規制緩和検討委員会意見報告として、労働者派遣法の適応対象業務の原則自由化、非対象業務のネガティブリスト化が打ち出された年であり、翌年には「労働者派遣法施工例の一部を改正する政令」が公布・施行されている。「新時代の日本的経営」と派遣労働の規制緩和を結び付けて批判する言説は、「新時代の日本的経営」の発表直後というよりも、労働者派遣法の規制緩和の流れの中で生まれてきたと考えられる[3]。この批判言説は、派遣労働が不景気によって雇用問題が注目を集めるたびに繰り返されており、「新時代の日本的経営」は"再発見"され続けていたと言える[4]。ただし、この再発見は、後述するようにストック人

---

3)「労働分野の規制緩和は慎重に　雇用・賃金破壊の恐れ　現行法是正先決」『朝日新聞』（1996年 1 月15日、朝刊）。

第3章　「新時代の日本的経営」の何が新しかったのか？

表3-1　グループ別人事制度①

	雇用形態	対象	賃金	賞与	退職金・年金	昇進・昇格	福祉施策
長期蓄積能力活用型グループ	期間の定めのない雇用契約	管理職・総合職・技能部門の基幹職	月給制か年俸制 職能給 昇給制度	定率＋業績スライド	ポイント制	役職昇進 職能資格昇格	生涯総合施策
高度専門能力活用型グループ	有期雇用契約	専門部門（企画、営業、研究開発）	年俸制 業績給 昇給なし	成果配分	なし	業績評価	生活援護施策
雇用柔軟型グループ	有期雇用契約	一般職 技能部門 販売部門	時間給制 職務給 昇給なし	定率	なし	上位職務への転換	生活援護施策

出典）『新時代の「日本的経営」』。

材に対するフロー人材としての「雇用柔軟型グループ」に焦点を当てたもので、自社型ポートフォリオを正確に反映したものとは言えない。

　自社型雇用ポートフォリオの新しさとは、まず、「高度専門能力活用型グループ」という新しい人材像を提示したことである。この人材像は、自社型雇用ポートフォリオの図の中央に位置し、大きな位置づけになっている。有期雇用で転職を通じてキャリアを形成した高い専門能力を持った人材が想定されており、処遇も職務や職能でもなく、成果（業績）を評価する年俸制や業績給である。この人材像に注目していることと、3分類の割合を管理する戦略を明確に打ち出した点が新しいと言えよう。

　もちろん、これらの提案は、将来の方向性を指し示す人事方針の理念型として提示されたものである。人事施策の実態を反映しているわけではない。本稿では、日経連が刊行してきた報告書と「新・日本的経営等研究プロジェクト」の事務局を中心としたオーラルヒストリーを使って、日本では1990年代に登場した新しい人事方針と人事施策を分析したい。なお、既に八代・牛島・南雲［2015］では、このオーラルヒストリーの解題を執筆している。この解題内容を踏まえながら、新たに「新時代の日本的経営」の歴史的な位置づけを分析する。

4）例えば、「（2013岐路）雇用政策　流動化よりも安定だ」『東京新聞』（2013年7月13日、朝刊）。

図3-2 雇用グループ別人事制度②

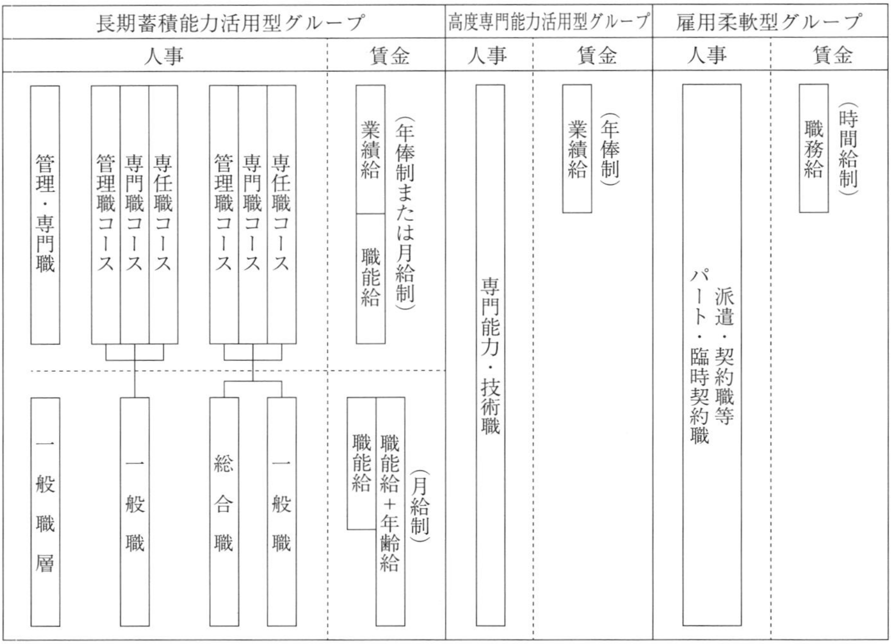

長期蓄積能力活用型グループ		高度専門能力活用型グループ		雇用柔軟型グループ	
人事	賃金	人事	賃金	人事	賃金
管理・専門職／専任職コース・専門職コース・管理職コース／専任職コース・専門職コース・管理職コース	業績給—職能給（年俸制または月給制）	専門能力・技術職	業績給（年俸制）	派遣・契約職等／パート・臨時契約職	職務給（時間給制）
一般職層／一般職／総合職／一般職	職能給／職能給＋年齢給（月給制）				

出典)『新時代の「日本的経営」』（一部変更）。

2 人事方針（HR Policy）の位置

本稿が分析対象としている HR Policy（人事方針）は、戦略的人的資源管理（Strategic Human Resource Management）の中では、上位概念として HR Philosophy（人事思想）や Personnel concept（人事概念）と一緒に位置づけられている。その下位概念として HR Practices（人事施策）、HR Process（人事プロセス）、もしくは HR Program（人事プログラム）がある。岩出［2002］の整理を参照すれば、図3-3のような関係性になる。すなわち、企業戦略に合わせて企業内で HR Policy が形成され、その HR Policy を参照しながら実際の HR Practices の立案が決められていると考えられる。

多くの HRM 研究は、主に HR Practices の実態について実証研究を積み重ね

図3-3 戦略的人的資源管理における位置づけ

資料）岩出［2002］

ている。賃金制度、評価制度、および資格制度などの人事施策を記述し、その制度設計や運営方法について分析する方法である。ただし、このような人事施策が人事担当者のどのようなPolicy（Philosophy, Concept）の下で行われたのかについて分析されることは少なかった。戦後日本の人事施策の歴史を展望する場合、時代ごとの経済・社会環境の変化に伴い、どのようなHR Policyが形成され、どのようなHR Practicesが実施されたのかを把握することは重要である。

ただし、HR Policyは、「制度」という具体的な実体がないので、その分析には困難を伴う。当時の人事担当者たちの「考え」をどのように分析するのか、そして分析に利用できる資料とは何かについて検討しなければならない。思想史の研究であるならば、思想家が書いた「書物」などを分析すればよいが、多くの人事担当者が書物という形で自分の考えを残しているわけではない。本稿では、人事担当者の思想史を検討するために、狭義の書籍に限定せずに、彼らが「書いたもの」や「語ったもの」を利用したい。

3　歴史資料

本節では、日本企業における人事方針の変遷を分析するために本章が主に利用する日経連に関わる歴史資料を説明する。

3.1　日経連の出版物

日経連は、多くの報告書やテキストを刊行している。代表的な報告書やテキストだけでも年代別に整理すると表3-2のようになる。一般向けに書かれたテキストもあるが、この中では日経連の会員企業に配布することを目的としている報告書が、特に重要な歴史資料である。なお、書名だけを時代順に並べるだけでも、人事方針の変化を読み取ることができる。

第2部　歴史

表3-2　日経連の代表的刊行物

時期区分	編者	報告書名	刊行年
能率給 職務給	日本経営者団体連盟	職務評価と職階給制度	1952
	日本経営者団体連盟	職務給の研究―職務給の本質とその実践	1955
	日本経営者団体連盟	能率給の現代的考察―能率給近代化のために	1956
	日本経営者団体連盟	賃金管理の諸問題―署の基本課題と合理化の方向	1958
	日本経営者団体連盟	賃金体系の近代化と職務分析	1960
	日本経営者団体連盟・職務分析委員会	職務分析必携（アメリカ職務分析・評価関係資料の翻訳）	1960
	日本経営者団体連盟	賃金管理近代化の基本方向―年功賃金から職務給	1962
	エリザベス・ランハイム	職務評価	1963
	日本経営者団体連盟	賃金近代化への道―職務給への方向	1964
	日本経営者団体連盟	日本における職務評価と職務給	1964
	アメリカ職務給視察チーム報告書	アメリカの職務給	1965
	職務分析センター	主要企業の職務給制度化の傾向と特色	1965
	欧州賃金調査団報告書	ヨーロッパの賃金	1966
	日経連職務分析センター編	ホワイトカラーの職務給	1966
	日経連職務分析センター編	経営近代化のための要員管理	1967
	日経連職務分析センター編	管理職の職務給	1967
	欧米定員管理研究チーム報告書	間接部門の定員管理	1968
	日経連職務分析センター編	主要企業の職務給制度化の傾向と特色人事考課の実態	1968
職能資格・ 職能給	日経連能力主義管理研究会報告	能力主義管理―その理論と実践	1969
	日経連職務分析センター編	能力主義時代の人事考課	1969
	日経連職務分析センター編	セールスマンの賃金管理	1969
	日経連職務分析センター編	間接部門の効率化	1969
	日経連職務分析センター編	主要企業の職務分析・評価の実態	1971
	日経連職務分析センター編	人を活かす組織戦略	1972
	日経連職務分析センター編	新能力管理論	1972
	日経連職務分析センター編	人事情報システムとシミュレーション	1973
	日経連職務分析センター編	職務・職能管理の方向と実際	1973
	欧米WO研究チーム報告書	全員経営への挑戦	1974
	日経連職務分析センター編	管理職―活用と処遇	1977
	日経連職務分析センター編	新職能資格制度―設計と運用	1980
	日経連職務分析センター編	職務分析・調査入門	1981
	日経連職務分析センター編	職能資格基準のつくり方	1982
	日経連職務分析センター編	職能給の導入と運用―賃金体系改善のポイントと実際	1983
	日経連職務分析センター編	主要企業の人事考課制度の実際	1986
	日経連職務分析センター編	職能資格制度と職務調査	1989
	日経連職務分析センター編	新人事考課制度の設計と活用	1989
	日経連職務分析センター編	主要企業の人事情報システム	1989
	日経連・高齢化問題研究委員会	活力ある豊かな高齢化社会の構築をめざして	1990
新時代の 日本的経営	日経連（河毛二郎委員長）	これからの経営と労働を考える	1992
	日経連職務分析センター編	新時代の管理職処遇―その考え方と実際	1994
	新・日本的経営システム等研究プロジェクト	新時代の「日本的経営」―挑戦すべき方向とその具体策	1995
	日経連職務分析センター編	日本型年俸制の設計と運用	1996
	日経連職務分析センター編	これからの一般職賃金―職務区分別賃金の考え方	1999
	日経連人事賃金センター編	職務区分別人事考課の考え方と実際	2002

出典）筆者作成。

第3章 「新時代の日本的経営」の何が新しかったのか？

　人的資源管理の標準的なテキストにおける日本の人事施策の歴史区分としては、日経連の代表的な報告書から1969年前後と1995年前後をあげるものが多い。梅崎［2018］では、人事方針について以下のような時期区分を提示した。混乱期は、まだ人事施策と結びついた人事方針が不明確であるが、続く、能率給・職務給、職能資格・職能給、新時代の日本的経営という三つの人事方針を確認できる。

　㈠　労使関係の混乱期（1945-1950年）
　㈡　職務を軸とした「職務主義」の時代（1950年代前半 -1960年代）
　㈢　職能を軸とした「能力主義」の時代（1970～80年代）
　㈣　バブル経済崩壊後の「成果主義＝新時代の日本的経営」の時代（1990年代以降）

　日経連の報告書の一つの特徴は、研究者や著述家のような普段から論文や著書を書いている人たちが執筆するのではなく、日経連の事務局職員や人事担当者（実務家）たちが執筆していることである。学術的な厳密性や体系性よりも経営現場の情報を踏まえて人事の実務家たちの実践知やメッセージが述べられている。
　標準的な日経連の報告書は、はじめに委員会が設置され、参加者の会議を経た後にその内容が執筆され、各会員企業に発表される。報告書の代表的な構成は、人事方針の新しい提言を行い、その後に各社の先進的な人事施策として紹介する形である。委員会には、先進的な人事施策を行っている企業（主に大企業）が参加するので、ここで議論や事例紹介が、会員企業の人事担当者に向けた啓蒙の役割を持っていると言えよう。時には、人事担当者の座談会が巻末に付けられていることもあり[5]、貴重な歴史資料となっている。
　日経連の報告書は、人事方針の時期区分の目安となるものである。1955年に職務主義の象徴と言える『職務給の研究－職務給の本質とその実践』が出版され、1969年には職務主義から能力主義への転機となった『能力主義管理―その理論と実践』が刊行されている。職能資格制度と職能給は、日本的雇用システムの基盤として海外企業からも評価されるが、1990年以降、日本国内では、その限界が主

---

5 ）日本企業の能力主義を分析した石田［1990］は、『能力主義管理―その理論と実践』の巻
末座談会から人事担当者の思想を読み解いた画期的な実証研究である。

97

第2部　歴史

張され、成果主義への移行が模索されるようになる。成果主義への移行は、その後も試行錯誤を続け現在に至るが、本章が取り扱う1995年に『新時代の「日本的経営」─挑戦すべき方向とその具体策』が刊行されたことは一つの転機であった。

　なお、『能力主義管理─その理論と実践』は、一般書籍として刊行されているが、『新時代の「日本的経営」─挑戦すべき方向とその具体策』は報告書であった。ただし、報告書であってもその反響は大きく、事務局もその反響に驚いていた。例えば、当時、賃金部課長代理であった樋渡智子氏は、当初5000部を刷って地方の経営者協会に配ったが、その後企業の中で管理職に配布したいという要望があり、最終的に2万3000部くらいを刷ったと発言している[6]。

　ところで、この報告書を読むと、それまでの報告書の内容が重なる部分が多いことに気づく。おそらく執筆者たちは、前時代の日経連の報告書を読んでいるので、内容的に引用できると思った部分は引用していると考えられる。つまり、人事方針は継承されつつ、新しい方針が追加されていると考えられる。

　最後に、新・日本的経営等研究プロジェクトの事務局一覧と参加企業一覧を表3-3と表3-4に示した。報告書によれば、体制は、「新・日本的経営システム等研究プロジェクト」、「アドバイザー」、「ワーキンググループ」の三層構造になっており、一番上の層は、日経連の役員・部長クラス、二層目は日経連参加の主要企業の人事担当の部長クラス、三層目はアドバイザーとして参加した企業で現場実務を担っている課長クラスである。

3.2　日経連オーラルヒストリー

　第1節でも述べたように、我々は、日経連の事務局と委員会に参加した人事担当者のオーラルヒストリーを続けてきた。オーラルヒストリーとは、聴き手と語り手の共同作業によって、語り手が経験した過去の出来事を語り（narrative）の形で記録に残すこと、又そうして保存された口述資料のことである[7]。

　以下に挙げたのは、既に公開されているオーラルヒストリーである。㈠は、『能力主義管理─その理論と実践』の委員と日経連の事務局へのインタビュー、

6）p.164。また、樋渡氏は、「こういう報告書の中で、こんなに刷ったのは異例ですね。」p.164と発言している。

7）オーラルヒストリーについては御厨［2002］等参照。労働分野におけるオーラルヒストリーについては、梅崎［2007, 2012］を参照。

第3章 「新時代の日本的経営」の何が新しかったのか？

表3-3　日経連事務局体制

会長	永野　健
副会長	河毛二郎
副会長	諸井　虔
労務管理特別委員会副委員長	茂木賢三郎
顧問	勝村担郎
専務理事	福岡道生
常務理事	成瀬健生
常務理事	斎藤　詢
労務管理部長	荒川　春
法政部長	稲庭正信
研修部長	牛巳隆志
組織協力部長	大久保力
賃金部長	小柳勝二郎
労政部長	金子詔二
環境社会部長	高梨昇三
教育部長	前田洋二
職務分析センター所長	吉田純一
経済調査部次長	紀陸　孝
環境社会部次長	島崎　攻
賃金部課長	秀野政雄
組織協力部課長	新村一雄
環境社会部課長	平井康行
研修部課長	和田幸郎

事務局（賃金部）
部長　　小柳勝次郎
課長　　秀野政雄
課長代理　　樋渡智子
〃　　　久保木昇司
〃　　　小中康子

注）下線はインタビュー対象者。
出典）『新時代の「日本的経営」』（一部変更）。

99

第2部　歴史

表3-4　参加企業一覧

会社名	アドバイザー	ワーキンググループ委員
旭硝子（株）	○	○
石井鐵工所（株）		○
石川島播磨重工業（株）	○	○
（株）伊勢丹	○	○
共同広告（株）		○
キリンビール（株）	○	○
ジョンソン（株）		○
新王子製紙（株）	○	○
新日本製鐵（株）	○	○
（株）第一勧業銀行	○	○
帝人（株）	○	○
東京海上火災保険（株）	○	○
東京ガス（株）	○	○
東京電力（株）	○	○
凸版印刷（株）	○	○
トヨタ自動車（株）	○	○
日本アイ・ビー・エム（株）	○	○
日本石油（株）	○	○
日本タンデムコンピューターズ（株）		○
日本通運（株）	○	○
日本電信電話（株）	○	○
野村證券（株）	○	○
（株）長谷工コーポレーション	○	○
東日本旅客鉄道（株）	○	○
（株）日立製作所	○	○
（株）ベルカン		○
（株）前川製作所		○
（株）マルマン		○
三菱化学（株）	○	○
三菱商事（株）	○	○
三菱マテリアル	○	○

出典）『新時代の「日本的経営」』。

㈡㈢は日経連事務局を中心に、㈣は『新時代の「日本的経営」―挑戦すべき方向とその具体策』の事務局を中心に実施された。なお、㈠は八代・島西・南雲・梅崎・牛島編集（2010）、㈡は八代・島西・南雲・梅崎・牛島編集（2015）に再編集されている。これらのオーラルヒストリーは、報告書を前提に、なぜこのような文章が書かれたのか、委員の中の誰の考えが反映されているか、モデルとなった企業はあるのか、委員会の中の対立点などはあるかなどを質問した。人事の実務家の考えを語りという形で採取できた。このような口述の一次資料と文書資料を組み合わせて人事方針の形成史を読み解きたい。

㈠ 『日経連「能力主義管理」オーラルヒストリー』慶應義塾大学産業研究所（2007年）
㈡ 『戦後賃金制度オーラルヒストリー』科研費報告書（2008年）
㈢ 『日本経営者団体連盟と戦後の労務管理（1）―日経連50年と職務分析センターを中心に』慶應義塾大学産業研究所（2011年）
㈣ 『日本経営者団体連盟と戦後の労務管理（2）―新時代の「日本的経営」』慶應義塾大学産業研究所（2013年）

4　人事方針と人事施策の歴史分析

　本節では、時間軸に沿って人事方針と人事施策の変化を読み解いていく。第一に、1970〜80年代に定着した能力主義が1995年に至るまでにどのような問題を抱えていたのかについて考察する。第二に、1995年の「新時代の日本的経営」の人事方針の歴史的起源を探る。第三に、1995年以降に「新時代の日本的経営」の人事方針が人事施策として定着したかどうかについて確認する。

4.1　1969〜95年間の問題群（能力主義の課題）

　1970〜80年代の能力主義管理は、長期雇用を前提に人材育成に力を入れたものであった。職能資格という能力序列の中で長期競争を設計することは、従業員の能力開発へのインセンティブ設計として機能したと言えよう。つまり、職能資格制度と職能給とは、人材側の序列を基準に人材マネジメントを行うので、供給主導、又は Resource-Based View（RBV）であったのである。日本の能力主義の

第2部　歴史

問題点を指摘した今野［1998］は、日本の能力主義の固定的要素を「労働力の需要サイドを形成する「仕事」を重視する欧米型に比べ、日本型の人事・賃金制度は、労働力を供給する従業員の「能力」「労働意欲」を重視する供給サイド重視型であり、この点にこそ最も重要な特徴がある。(p.86)」と整理した。

　しかし、役職（ポスト）から乖離した能力主義は、企業内の職務序列と年齢構成の間にある程度の対応関係があれば、問題は生まれないが、年齢構成が高齢化すれば、資格は上がれどもそれに見合った職務・職位に就くことができないという問題が生まれる。人事施策上は、この問題を解決するために、職務・職位重視に変更することが検討される。ところが、このような職務・職位重視は、制度上は可能であるが、競争自体の公平性が失われるという新しい問題を生む。つまり、同期が多くてポストが少なくて昇進できないならば、そもそも自ら能力を向上させようとする意欲が薄れてしまう。

　多くの日本企業は、ポストに紐づけられない「資格上の管理職層＝部下なし管理職」を増加させた（八代［2002］参照）。さらに、能力主義を維持するために、管理職になれない人たちの能力開発の目標として企業内専門職制度（専任職・スタッフ管理職）を導入し、その能力基準を作ろうとした。日経連が1977年に刊行した『管理職―活用と処遇』では、企業内の専門職は次のように定義されている。

（一）　経営の一定分野における高度の専門的知識、技能、経験を有する職位
（二）　管理職位体系とは別個の職位体系の理念にもとづき確立された職位
（三）　管理職と同等に処遇される職位

　しかし、実際、企業内専門職を希望する従業員は少なく、結果的に「部下あり管理職」に昇進できなかった人たちの受け皿になっていたと言える（八代［2002］や梅崎［2005］の企業事例を参照）。

　日経連の人事方針も変化していることも確認できる（例えば、梅崎［2008］参照）。1980年に日経連によって刊行された『新職能資格制度』を1969年の『能力主義管理』と読み比べると、『能力主義管理』で推奨されていた昇級定員数の確定制度も『新職能資格制度』には従業員の昇級・昇進圧力に応じて消失させる方向に変化していることがわかる。しかし、その後1989年に日経連が刊行した『職能資格制度と職務調査』では、『新職能資格制度』において新職能資格制度の基

本的な考え方の一つとされていた「昇進の頭打ちを避けるための役職と資格の分離（p.224）」が否定的に捉えられており、「役職と資格とは本来完全に分離すべきものではなく、あくまでも役職との関係を基本におき、役職と資格との間には一定の対応関係をもたせていくべき（p.51）」であると主張されている。要するに、1989年時点で、供給主導の能力主義の問題点は共有され、部分的な変更の必要性が指摘されていたと言える。

4.2 雇用ポートフォリオの起源（95年前後）

　「新時代の日本的経営」におけるもっとも新しい人事方針は、先述した通り、「自社型雇用ポートフォリオ」というモデルの提示であった。それゆえ、2008年のリーマンショック後に派遣切りなどの非正規労働者の雇用不安が拡大した時に、「新時代の日本的経営」は批判された。なお、「雇用ポートフォリオ」という概念も、この報告書で初めて登場したわけではない。そのアイデアの歴史的起源を探り、どのように「自社型雇用ポートフォリオ」にたどり着いたのかを確認する。

(1) 成瀬健生 [1987]『人事トータルシステムの設計と運用』（中央経済社）

　企業内の人材（男性のみ）をできる限り内部労働市場内の長期育成の人材として吸収するという人材方針の変化がみられるのは、当時、日経連の常務理事であった成瀬健生氏が1987年に刊行した『人事トータルシステムの設計と運用』である。成瀬氏の考えは、日経連の中でも大きな影響力を持ったと考えられる。この本では、まず「情報システム関係の技能労働力は、必ずしも年功序列、終身雇用になじまないケースも多い。こうした部門を中心に技能を切り売りする派遣労働者の増加も見られる。pp.85-86.」という現状認識が述べられつつ、人材分類の図3-4が提示されている。

　さらに、成瀬 [1987, p.117] では、「長期勤続の可能性が高く、将来会社の中核となって大きな貢献が期待でき、教育投資とその回収を長期的な判断でやれるグループ」「短期の雇用になる可能性が高く、あるいは将来会社の中核となることは困難で、大きな育成投資をしても回収の可能性が見込めないグループ」という2分類が提示され、ポートフォリオという言葉も使われている[8]。

---

8) 成瀬 [1987, p.110]

第2部 歴史

図3-4 人材分類図

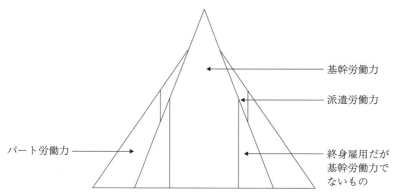

出典）成瀬［1987］（一部変更）。

　もちろん、成瀬［1987］も、上記のような雇用分類が入社後も変わることがないと考えているわけではなく、人事施策としては転換制度の導入についても触れている[9]（図3-5参照）。基幹職は従来型のライン管理職、専任職は企業内専門職制度を意味し、補助職が非正規雇用を意味していると言えるが、ここではこの区分は転換できることが前提となっている。

(2) 『春季労使交渉の手引き』（1988、89年）（日経連）

　続けて、日経連が毎年刊行していた『春季労使交渉の手引き』があげられる。この手引きは、成瀬氏も主管として参加している、成瀬（1987）の人事方針が色濃く反映されていると言えよう。まず、1988年の手引きでは、以下のように記されており、「雇用ポートフォリオ」という言葉が登場している。

　「ポートフォリオとは、一般に、有価証券目録や資産内容をさす言葉であるが、「雇用ポートフォリオ」とは、業務効率の向上および人件費管理の適正化という観点から、個別企業がどのような労働力をどれくらい雇用したらよいかを検討する材料、言い換えれば、雇用目録と理解してよいであろう。（88年、p.109）」

9）成瀬［1987, p.122］

第 3 章 「新時代の日本的経営」の何が新しかったのか？

図 3-5　転換制度

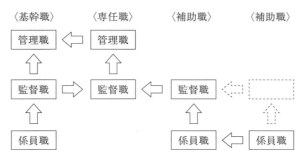

出典）成瀬［1987, p.122］を基に筆者作成。

　次に、1989年の手引きでは、以下のようにフロー型人材とストック型人材という２分類が提示されている。成瀬氏によれば、1988年の手引きにおけるポートフォリオという言葉はわかりにくかったという判断があり、フローとストックという言葉に戻して以下のように記述されている。

　「就業機会が多様化する中で、企業は効率的な業務の遂行と人件費管理の適正化のため、ストック型人材（正社員）をスリム化し、フロー型人材（パート・派遣・契約社員）の活用をはかりつつある。(89年、p.105)」

　この時点で成瀬（1987）の２分類が継承されているが、一方、専門職に関して企業内育成ではなく、中途採用の可能性も指摘されている点に注目すべきであろう。つまり、この時点で企業内の専門職の意味が変容している。具体的には、1980年代の企業内専門職制度が、企業間を横断する人材となっている。「新時代の日本的経営」の「高度専門能力活用型グループ」と近い人材像が提示されていると解釈できる。

　「また専門職を、管理職になれなかった者に対する受け皿的な処遇とみる発想（管理職至上主義）を逆転し、任用を厳しくプロフェッショナル意識をもたせるべきである。また企業グループで、専門性の高い職種別に人材を採用したり、社内公募するケースもふえている。(89年、p.111)」

第2部　歴史

(3) 『職能資格制度と職務調査』(1989)

　フロー型人材の中に高度な専門性を持った人たちもいることは、先述した1989年刊行の『職能資格制度と職務調査』の中でも「高度専門契約職」として図示されている（図3-6参照）。派遣契約社員、パート・臨時契約職、再雇用契約職とは別に描かれ、入社の矢印も別に描かれている。さらに、ストック型人材の中には専門職掌や専任職掌が位置づけされているので、それら企業内専門職とは区別された形で、高度専門契約職が存在すると言える。加えて、フロー型人材は、職能資格制度に位置づけされていないが、高度専門契約職は管理専門職能資格層と同じ高さにある。さらに、『新時代の管理職処遇—その考え方と実際』(1994) にも同じ図がある。日経連の中で、この図の概念は1994年まで引き継がれていたと言えよう。

　要するに、フロー人材が図の上では上下に分かれた結果、「新時代の日本的経営」と同じような三分類になったと言える。ただし、「新時代の日本的経営」自社型雇用ポートフォリオの図と比較すれば、その位置付けは小さく、本文中にも高度専門契約職について具体的記述は少ない。「新時代の日本的経営」においてはじめて焦点が当たった概念であると解釈できる。

(4) 『これからの経営と労働を考える特別委員会報告』(河毛委員会)(1992)

　「新時代の日本的経営」が直接的に人事方針を継承しているのが、当時王子製紙会長だった河毛二郎氏による『これからの経営と労働を考える特別委員会報告（通称、河毛委員会報告）』である。河毛委員会が刊行された翌年（1993年）に「新時代の日本的経営」のプロジェクトは開始しており、人間関係的には強い連続性を持っている。ただし、ここでも以下に記されているように成瀬 [1987] 以降のストックとフローの2分類が継承されていることは留意すべきであろう。つまり、直前の1992年まで2分類が主要な考え方であったと言える。

　「先ず、ストック型従業員とフロー型従業員への分化が起こる。ストック型従業員は雇用期間については生涯少なくとも相当期間に亘ることを前提として企業に入り、従業員の中核になるものを指す。しかし、採用源としては、中途採用者、女子などを含めて新規学卒者に限定されない。その資質もこれからの企業ニーズを考慮して協調参加型だけでなく、個性と創意に秀でた研究開発型とでもいうべ

第 3 章 「新時代の日本的経営」の何が新しかったのか？

図 3-6　高度専門契約職の位置づけ

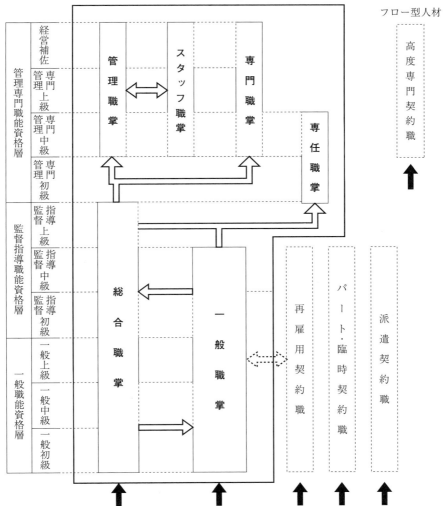

注：1　□　枠内はストック型人材　　3　⬆　印は雇い入れ経路
　　2　⌐⌐⌐　枠内はフロー型人材　　4　⇧　印は職掌転換経路

出典）『職能資格制度と職務調査』（1989）（一部変更）。

第2部　歴史

きタイプが新たに求められる。フロー型従業員は、働く意思はあるが、フルタイムの勤務は難しい労働力を雇用期間や勤務に弾力性を持たせて活用するもので、女子特に家庭の主婦、高齢者、外国人労働者などが対象となる。pp.14-15」

　以上のように、日経連の人事方針における雇用ポートフォリオの起源を探ると、フローとストックを分ける2分類の雇用ポートフォリオは、「新時代の日本的経営」に始まるというよりもそれ以前の1980年代末に起源があることがわかる。「景気が悪くなってきたので、フロー人材である非正規雇用を増やした。増やすために「新時代の日本的経営」の雇用ポートフォリオが提案した」という言説は、事実関係を踏まえると正しくないと言える。バブル経済の時期に、既にフローを強調した雇用ポートフォリオが提案されていたことを踏まえると、雇用ポートフォリオの人事方針は、不況とは別の文脈で登場し、その後の不景気における言説として再度注目される（社会的に構築された）と言えよう。

4.3 「新時代の日本的経営」における継承と革新

　続いて、それでは、「新時代の日本的経営」が、それまでの日経連の人事方針の何を継承し、何が新しかったのかを確認する。まず、「新時代の日本的経営」では、以下のように「長期的な視野」と「人間尊重」が、日本の雇用慣行の基本的な考え方（＝人事方針）であることを確認できる。

　「わが国の雇用慣行は、時代の諸環境の変化に柔軟に対応して今日にいたっているが、長期的な視点に立って、人間中心（尊重）の下、従業員を大切にしていくという基本的な考え方は変わらないが、意識の多様化、産業構造の変化にも柔軟に対応するシステムをあわせて検討する必要がある。」（『新時代の「日本的経営」』（1995）p.3）

　この二つの考え方は、「新時代の日本的経営」の開始直前に発表された『これからの経営と労働を考える特別委員会報告』（河毛委員会、1992）でも述べられている。日経連専務理事として「新時代の日本的経営」を主導した福岡氏も、この二つの考え方に関しては次のように語っており、河毛委員会のこれらの人事方針を継承したことがわかる。

第3章 「新時代の日本的経営」の何が新しかったのか？

八代「新日本的経営というのは、さっきいった人間尊重と長期経営、これは変わっていませんか？」

福岡「それは変わらない。単に変わらないというだけでなく、これを深化、新展開させるべきだということ。それはどういう意味かというと、要するにこの2つは日本の大原則であると同時に、広く海外にも普遍性のある理念だと。」

　「長期的な視野」と「人間尊重」は、実務の中での言葉なので、学術の言葉とは異なる。しかし、青木昌彦氏や小池和男氏に代表される同時代の日本企業システムの経済合理性を分析した研究者たちの主張と対応関係にあるといってよい（Aoki［1988］や小池［2005］等）。まず、「長期的な視野」という言葉は、企業統治に関してはメインバンクシステム等に代表される長期継続的な取引関係であり、雇用システムに関しては、長期雇用を前提としたインセンティブ設計であると言い換えられる。

　一方、「人間尊重」は、わかりにくい言葉であるが、従業員の人間的側面の重視と解釈することができる。この言葉は、以下に示したように1969年の『能力主義管理』の中にも登場している。つまり、「能力主義管理」が、能力開発や人材育成に着目し、仕事が人材を求めるのではなく、人材が新しい仕事を作ることを重視したならば、この言葉は具体的には「人材育成」を意味し、そしてその HR Policy が継承され続けてきたと言えよう。

　「企業のもとに集まったすべての人が、着実に自己完成への道を歩み続けているという姿にもって行くことが人事管理の理想であり、理念と呼ぶに値するものである。われわれは、この理念を人間尊重ということができる。（中略）その意味においては企業の求める能力主義管理と目指す方向は同一である。」（『能力主義管理』（1969、p.66））

　では、上記の2つの人事の思想を継承したとして、「新時代の日本的経営」の何が新しかったのであろうか。リーダーの福岡氏は、「最後に職能資格制度という問題が出てくるんですが、議論次第ではこれをなくしてしまおうという気持ちが私にはありましたからね。p.85」と発言している。つまり、氏は、反・職能資格制度という立場である。福岡氏は、1950年代から職務給導入の先進企業であっ

109

第2部　歴史

た八幡製鉄所出身の人事担当者であり、その人事方針を引き継いでいるとも言える（福岡氏の人事担当者としての仕事史や人事思想については、福岡［2002］を参照）。氏は、日本企業の中でも「海外勤務の経験のある課長クラス」をあえて集めて議論させており、従来とは異なる人事方針を生み出そうとしている[10]。もちろん、福岡氏も育成を支持する能力主義者ではあるが、その能力とは職能資格ではない。氏の以下の発言によれば、結果的には職能資格制度は残さざるを得ないという結論になっているが、ここでは「顕在能力主義」という言葉を使っているように、のちにコンピテンシーと呼ばれる成果主義人事制度の基盤となる概念を採用している。氏は、職能資格制は潜在能力主義に移行し易く、年齢や勤続に流れやすいと考えていたと言える。

福岡「職能資格制度を残すべきか・残さざるべきかというような議論は、むしろワーキンググループの人たちと議論をして、そこで結果的には半々ぐらいだったんですけれども、やっぱり残すべきだという意見を……。半々ぐらいということは、これは残さざるを得ないなと。（中略）ただし、大前提として、<u>もちろん顕在能力主義というか</u>、職能ベースの制度だということなんですけどね。p.85」

　次に、新しい考えと言えるのが、「高度専門能力活用型」を中心に置いた人材の3分類図である。河毛委員会までがフローとストックの2分類を発展したものかという質問に対して、福岡氏は「いや、違うと思いますね。まったく違うと思います。p.80」と答えている。さらに、「これは非常に大事なことなんですけれども、このなかで「長期蓄積能力活用グループ」と「雇用柔軟型」という発想はあるとしても、「高度専門能力活用型」というのを非常に大きくクローズアップしなければならないという意思は、前の河毛委員会の報告の発想のなかには、全然ないんです。p.80」と発言している。福岡氏は、日経連の中の担当部署も異なっており、「前の河毛委員会というのは労政部が担当しているんですね。多分、雇用部の荒川部隊は全然参画していないと思うんです[11]。p.80」と発言している。

10）p.85。
11）福岡氏が言う「雇用部」というのは、「労務管理部」を指していると思われる。主管部は賃金部であるが、労務管理部の荒川氏は、福岡氏と一緒に合宿をしながら「自社型雇用ポートフォリオ」というアイデアを出した（p.125）。

第 3 章　「新時代の日本的経営」の何が新しかったのか？

　労務管理部長の荒川春氏は、「とくに期待していたのは、あの図の中にもありますように、第２グループですね。専門能力活用型グループというのですかね。要するに、専門能力で中期的な課題解決をする人たちが市場性を持ってほしいと。p.124」と発言している。福岡氏も「高度専門能力活用型グループというのは、私は「蓄積型よりも賃金が高くていい」と言っていますけれども、それは既に対応可能な能力を持っていますから、初めからポーンと高いところにつくのはあたりまえですね。p.95」と発言している。

　福岡氏や荒川氏が語る「専門能力活用型」は、1980年代までの内部育成される企業内専門職制度とは異なる人材像である。先述した通り、『職能資格制度と職務調査』（1989年）の中では「高度専門契約職」として図示されているが、それが端に小さく書かれていたのに対して、「新時代の日本的経営」では３グループの大きさは均等であり、なおかつ高度専門能力活用型は人材像を示す図の真ん中に位置づけられたのである。福岡氏や荒川氏は、次のようにも発言しており、この高度専門能力活用型に対する高い期待をうかがい知ることができる。

福岡「例えばアメリカの労働市場を考えますと、私の印象は、むしろこれ（＝高度専門能力活用型グループ）が一番多くて、「長期蓄積能力活用グループ」というのが、むしろ少ないんじゃないかと私は思うんです。むしろ、これが中心だと。（カッコ内は引用者）p.81」

荒川「私としては契約関係の中身の前提にあるものというのはなるべく中立的な基準というか概念で欲しかった。それが雇用期間です。これにより「第１グループ」「第２グループ」「第３グループ」と仕分けるときのキーにしたものなのです。雇用期間以外は、あとは条件づけだというくらいに割り切らないと整理ができない。（中略）少なくとも企業内で雇用形態を巡り差別意識が生まれないような提起をしたかった。これが私のこの章のポイントの１つでもあります。これまであった臨時工とか正社員の区分けにはしたくなかったのです。（中略）とくに期待していたのは、あの図の中にもありますように、第２のグループですね。専門能力活用グループというのですかね。要するに、専門能力で中期的な課題解決をする人たちが市場性をもってほしいと。（中略）実をいうと第１グループの長期勤続グループは、ここは例の終身雇用問題で言われたところなのですけれども、僕

111

第2部　歴史

は絶対的な評価をしないようにしたのです。（pp.123-124）」

　加えて、この図は、それぞれのグループが重なっており、重なっている部分は点線になっている。この点線に関して小柳氏は、次のように発言している。つまり、点線には、移動できるというメッセージが込められていたことがわかる。同じような主張は樋渡氏も発言している[12]。

小柳「この高度専門能力活用型グループというのは、企業の中で、ある一定期間参画して、それで能力を発揮して、終わったら終わりよという形のクラスが出てくるだろうと。あるいはもう、一部出てきているのですね。（中略）真ん中に入れて、この点線というのがミソで、これはどちらへ行ってもよいという話なのですね。それで、この点線を引くか、引かないかとか、どこを点線にするかということに、大切な点で福岡さんや関係部とも話し合った。p.54」

　他方、高度専門能力活用型は、福岡氏や荒川氏を中心に一つの理想像としては強く押し出されたが、このグループに対する評価は事務局内でも異なる。例えば成瀬氏は、「いや、我々は、高度専門能力活用型はそんなに増えないと思っていました。（中略）ですから、正社員でそういう方を育てるのは、もちろん専門職は結構だけれども、本当に使い勝手がいいからといって、その道の専門職でいろんな会社に行くという方がそんなに増えるのは、多分ないだろうなと。（p.187）」とも語っており[13]、事務局内でも意見が異なる。
　先述した通り、成瀬氏は、1980年代後半に2分類の雇用ポートフォリオを提案し、主導した人物であり、日経連の内部昇進組である。つまり、1980年代後半以降、河毛委員会までの日経連の人事方針を代表していると考えられる。
　一方、福岡氏は、民間企業から日経連に移動してきた人物である。先述した通

---

12) 樋渡氏も次のように語っている。「有期の方でも期間の定めのない雇用に移ることはありうるわけですし、高度専門の方が期間の定めのないところに行かれる方もいるし、それから、高度専門なのだけれども、ちょっと短期的な働き方をしたいというような人が出てくるはずなので、そこの重なりは絶対につくらなければいけない。（p.156）」
13) 樋渡氏は、企業からも高度専門能力活用型についてどのような人たちを想定しているかについて問い合わせがあったと発言している（p.164）。

り、氏は、日本を代表する大企業である八幡製鐵所（後の新日本製鐵、現在の新日鐵住金）の人事を長く経験されたが、八幡製鐵所は、日本企業の中では珍しい職務給推進の企業であった。『新時代の「日本的経営」のオーラルヒストリー』や福岡［2002］などでも、一貫して職務を軸とした「職務主義」であったことが確認できる。さらに、河毛委員会に参加していなかった荒川氏に参画を依頼し、3分類図は二人で考えているので、成瀬氏を中心とした事務局との方針の違いを推測できる。

　加えて、「新時代の日本的経営」は、「雇用柔軟型」に対しても慎重な態度をとっていたことにも留意すべきであろう。荒川氏も、「第3グループはどんなに多くても3割以上にはするべきではない等という結果も出ていました。p.126」と発言している。また、小柳氏も、「「まあ、日本の雇用柔軟型といわれるのは、そうですねえ、2割5分か、3割いくとちょっと大変でしょうね」という話はした記憶があります。「限度は3割じゃないですかね」と言った記憶はあります。p.57」と発言している。

4.4　反応

　「新時代の日本的経営」は、現在、90年代以降のHRMを代表する人事方針であると考えられているが、報告書が発表された当時の反応はどうであったのだろうか。

　まず、報告書が発表された翌日、1995年5月17日に毎日、読売、朝日の三紙が記事として取り上げている。毎日と読売の記事は、ともに賃金制度改革に焦点が当てられている。「賃金体系のモノ差しを従来の「年齢・勤続」から「職能・業績の伸び」に変えることを基本に、定期昇給の呼び方を廃止したり、賃金内の賞与のウェイトを高めることを提案（毎日）」に代表されるように、格差をつける賃金制度への改革が強調されている。一方、朝日の記事は、他二紙とは方向性が異なり、「従業員を三グループに分離、終身雇用は、一部にしか適応しない」と指摘しており、雇用ポートフォリオに注目し批判している。

　日本経済新聞において「新時代の日本的経営」が取り上げられるのは、管見の限り、5月23日の社説である[14]。この社説では、「雇用ポートフォリオや年功賃

14）「日経連報告に欠けている人間的側面（社説）」『日本経済新聞』1995年5月23日（朝刊）。

第2部　歴史

金制度の改革姿勢を「もっともな指摘が多い」と評価している。ただし、全体として総人件費抑制の意図があまりにも強いことを批判している。

　この総人件費抑制を意図しているという批判は、その後労働組合側からも行われる。1995年6月8日に開催された第20回中央委員会で芦田甚之助連合会長（当時）は、冒頭の「連合会長のあいさつ」において「日本的経営の基本理念である人間中心の経営、長期的視野に立った経営を今後とも堅持することを掲げており、この点につきましては私も同意できる」と評価をしつつ、「総人件費管理の徹底」と「能力、業績重視の処遇、目標管理など、個別人事管理の徹底」が提唱されていることには疑問を呈している。

　さらに、1995年10月の第4回定期大会において「日経連の『新時代の「日本的経営」』論に対する連合の考え方」を確認している。雇用ポートフォリオに関しては、雇用柔軟型である派遣、パート労働者の雇用条件を改善と外部労働市場の整備が指摘され、労働者の自己責任で「高度専門能力活用型グループ」や「雇用柔軟型グループ」がキャリア形成できるという見通しは安易であると批判されている。

　このような雇用ポートフォリオに対して、総人件費の削減を批判し、非正規労働者の拡大による雇用不安の拡大を危惧するという労働組合の見方は、その後も繰り返し、提示されている。1996年の労働者派遣法の規制緩和も、2008年のリーマンショック直後の派遣切りの時にも、雇用不安が拡大すると、「新時代の日本的経営」は雇用ポートフォリオの起源として再発見され、批判された。本稿の分析で明らかになったように、総人件費の削減と雇用柔軟型の非正規雇用の拡大に絞れば、「新時代の日本的経営」以前の1980年代後半の日経連の人事方針の方が起源と言えるが、「新時代の日本的経営」の影響力は大きく、批判言説の構築に組み込まれたと言える。

　一方、労働組合から見ても交渉の困難が認識されていたことも事実である。例えば、当時、公益財団法人連合総合生活開発研究所（以下では、連合総研）の研究員であった鈴木不二一氏は、次のように振り返っている。つまり、交渉相手は、従来の人事・労務の担当者ではなく、「財務の論理」と呼ばれる企業内統治構造の変化による集団的労使関係自体の地位低下を生み出していたと言える。

鈴木不二一「ええ、すぐ読みました。ぜんぜん意外な感じはしませんでした。

第3章 「新時代の日本的経営」の何が新しかったのか?

表3-5 フォローアップ調査

	現状			将来		
	長期蓄積能力活用型	高度専門能力活用型	雇用柔軟型	長期蓄積能力活用型	高度専門能力活用型	雇用柔軟型
第1回調査	81.3	7.1	11.6	70.8	11.2	18.0
第2回調査	84.0	5.9	10.1	72.7	11.4	15.9

注)調査の実施期間は、第1回が1996年5月17日から6月10日で、第2回目が98年6月2日から6月26日である。将来は、第1回目が「3〜5年位」、第2回が「3年位」である。

出所)日本経営者団体連盟・関東経営者協会政策調査局労政部人事・賃金担当(1996)『「新時代の日本的経営」についてのフォローアップ調査報告』、日本経営者団体連盟・関東経営者協会政策調査局労政部人事・賃金担当(1998)『第2回「新時代の日本的経営」についてのフォローアップ調査報告』(10月)。

(中略)ただ、これを見たときに、「労使関係が財務の論理に巻き込まれていくな」というのを漠然と感じました。それは下地がありましたからね。「雇用のポートフォリオ」という考え方そのものがそうでしょう。ポートフォリオという、これは財務の言葉でしょう。(中略)ただ、「ポートフォリオ」という財務屋が使うような言葉をパッと使ってきたことの背景には社内で労担の地位が地盤沈下していることがあるのだろうと思いました。p.218-219」

4.5 その後の「新時代の日本的経営」

「新時代の日本的経営」が発表された後、日経連では、フォローアップ調査を実施し、3グループの現在時点における割合と、将来の割合を質問している。1996年に行われた第1回と、1998年に行われた第2回の調査結果を整理すると表3-5のようになる。まず、人事担当者は、長期蓄積能力活用型が多く、将来は10%ほど減少するという認識である。さらに、この認識は2年間で変化していないことが確認できる。高度専門能力活用型も雇用柔軟型も増えると予測されているが、少なくとも90年代後半時点では、それらは大きな変化ではないと考えられている。

実際、日経連は、「新時代の日本的経営」の人事方針を引き継ぐ形で、2002年に具体的な人事施策案や事例を紹介した『職務区分別人事考課の考え方と実際』を発表しているが、ここでは、定型職務と非定型職務の2分類が提示されている。すなわち、日経連は3分類から2分類に回帰しているとも解釈できる(図3-7)。

第2部　歴史

図3-7　職務区分（2分類への回帰）

区分	職務（例）	組織役割	処遇決定の要素
定型職務	一般技能職 一般事務職 販売職	定められた手順・方法、システムによる製品・情報加工・サービスのアウトプット	職務 習熟
	監督技能職 高度技能職	構築された諸システムの円滑運営のための調整・保守、習得困難な所定手順・方法、システムによる製品・情報加工、サービスのアウトプット	職能 役割 成果
非定型職務	企画調査職 研究開発職 営業職 管理職	新たな利益につながるシステムの創造 既存システムの更新とシステム化	

出典）『職務区分別人事考課の考え方と実際』（2002）。

先述した通り、「新時代の日本的経営」に関わった実務家は、企業間を横断する「高度専門能力活用型」に着目していたが、2002年の時点までこのグループの活用は広がっていないと言えよう。

5　考察と結論

　本章では、主に日経連の報告書と日経連事務局を中心としたオーラルヒストリーを使って、日経連が主導した日本企業の人事方針の変遷を分析した。特に人事方針が大きく転換したと言われる1995年に発表された『新時代の「日本的経営」──挑戦すべき方向とその具体策』を取り上げて、その人事方針の継続性と新規性を把握した。分析から確認された歴史的事実は、以下の4点である。

（1）1970～80年代の「能力主義」という人事方針の時代、職能資格制度と職能給が抱えていた課題は、従業員の高齢化が生み出すポスト不足であった。その結果としてライン管理職昇進以外のキャリア展望として企業内専門職制度が導入された。つまり、「能力主義」時代の専門職は、新卒採用の企業内キャリアの中に位置づけられていた。

第3章 「新時代の日本的経営」の何が新しかったのか？

(2)「新時代の日本的経営」は、「雇用ポートフォリオ」の起源として総人件費削減や雇用不安と関連付けられて繰り返し批判されてきた。しかし、日経連による「雇用ポートフォリオ」は、バブル経済期の1980年代後半にフロー人材とストック人材の2分類として提示されている。つまり、経営悪化によって「雇用柔軟型グループ」が拡大したことが事実であっても、少なくとも人事方針の次元では、経営業績が悪化によって雇用ポートフォリオが生まれるという歴史的流れではないと解釈できる。

(3)「新時代の日本的経営」では、「雇用ポートフォリオ」が注目されたが、1970〜80年代の人事方針である「長期的な視野」と「人間尊重（＝人材育成側面の重視)」という日経連の人事方針に関しては、継承すべきという立場を明確に打ち出している。

(4)「新時代の日本的経営」の人事方針としての新規性は、2分類であった「雇用ポートフォリオ」を3分類にした点であった。「高度専門能力活用型グループ」は、短期勤続を前提としている点で、1980年代までの企業専門職とも異なる。この新しい人材像は、高付加価値人材は企業内のキャリア形成だけで育成されないという主張を含んでおり、そのためにも事務局の意図としては職能主義から職務主義への移行が推進された。ただし、3分類か2分類かについては事務局内の意見の違いも推測される。加えて、その後、2000年代前半時点では「高度専門能力活用型グループ」の拡大は確認できない。すなわち、人事方針として提示されても人事施策としては機能してないと言えよう。

　上記の分析結果を確認すると、「新時代の日本的経営は」は、フローとストックという「雇用ポートフォリオ」の考え方などの人事方針を継承しつつ、新しい人事方針である「高度専門能力活用型グループ」を提示したと言えよう。

　前者は、継承されつつ、現在も人事施策として実行され、労使関係で扱われるべき対象であり続けている。後者の新しい人事方針は、そのまま実務の現場に定着したわけではなく、理想論であったと言える。しかし、人事施策（HR Practices）としての「新時代の日本的経営」は、「実現不可能な理想論」ではなく「早すぎた理想論」であったと言えるかもしれない。人事方針（HR Policy）としての「新時代の日本的経営」は、2000年以後の日本企業の人事を考えると、常に形を変えて、現在も繰り返し議論されているとも言える。

第2部　歴史

　たとえば守島［2001、2002］は、知的創造型人材はどのように育成されるかというという問いかけを行い、内部育成以外の可能性を指摘している。現代日本でも伝統的な組織内キャリア（organizational career）に対するアンチテーゼとした転職を含めたバウンダリーレス・キャリア（boundaryless career）という新しいキャリア形成が注目されている（Arthur & Rousseau［1996］）。すなわち、昨今の企業間の移動を含んだキャリア形成が、企業内特殊熟練とは違う高度な能力を獲得できるならば、『新時代の「日本的経営」』は消えていった人事方針ではなく、再評価されるべきである。具体的には HRM of Knowledge workers の人事方針（Alvesson［2004］）として再検討されるべきであり、その議論は現在の方が活発であると言えよう。

参考文献

石田光男［1990］『賃金の社会科学』中央経済社。

今野浩一郎［1998］『勝ち抜く賃金改革』日本経済新聞社。

今野浩一郎・佐藤博樹［2009］『人事管理入門〈第2版〉』日本経済新聞社。

岩出博［2002］『戦略的人的資源管理の実相―アメリカ SHRM 論研究ノート』泉文堂。

梅崎修［2005］「第3章　職能資格制度の運用変化―昇級・昇進管理の「二重の運用」」松繁寿和・梅崎修・中嶋哲夫編著『人事の経済分析―人事制度改革と人材マネジメント』ミネルヴァ書房、pp.56-83。

梅崎修［2007］「労働研究とオーラルヒストリー」『大原社会問題研究雑誌』第589号、pp.17-32。

梅崎修［2008］「第2章　賃金制度」仁田道夫・久本憲夫『日本的雇用システム』ナカニシヤ書店、pp.73-106。

梅崎修［2012］「オーラルヒストリーによって何を分析するのか―労働史における〈オーラリティー〉の可能性」『社会政策』第4巻第1号、pp.32-44。

梅崎修［2018］「日本的雇用慣行の人事方針形成史―オーラルヒストリーによる探索」『三色旗（慶應義塾大學通信教育部）』No.817、pp.10-17。

奥林康司・上林憲雄・平野光俊［2010］『入門　人的資源管理』中央経済社。

小池和男［2005］『仕事の経済学〈第3版〉』東洋経済新報社。

佐藤博樹［1999］「雇用システムの変化から見た人事管理の課題」『日本労働研究雑誌』第470号、pp.48-65。

佐藤博樹・藤村博之・八代充史［2015］『新しい人事労務管理』有斐閣。

成瀬健生［1987］『人事トータルシステムの設計と運用』中央経済社。

仁田道夫［2008］「第1章 雇用の量的管理」仁田道夫・久本憲夫編著『日本的雇用システム』ナカニシヤ出版、pp.27-71。

平野光俊［2009］「内部労働市場における雇用区分の多様化と転換の合理性—人材ポートフォリオ・システムからの考察—」『日本労働研究雑誌』No.586、pp.5-19。

福岡道生［2002］『人を活かす！—現場からの経営労務史』日本経団連出版。

御厨貴［2002］『オーラル・ヒストリー——現代史のための口述記録』中央公論新社。

守島基博［2001］「内部労働市場論に基づく21世紀型人材マネジメントモデルの概要」『組織科学』34（4）、pp. 39-52。

守島基博［2002］「知的創造と人材マネジメント」『組織科学』36（1）、pp. 41-50。

八代充史［2002］『管理職層の人的資源管理—労働市場論的アプローチ』有斐閣。

八代充史・島西智輝・南雲智映・梅崎修・牛島利明（編集）［2010］『能力主義管理研究会・オーラルヒストリー——日本の人事管理の基盤形成』慶應義塾大学出版会。

八代充史［2014］『人的資源管理論〈第2版〉』中央経済社。

八代充史・島西智輝・南雲智映・梅崎修・牛島利明編集［2015］『新時代の「日本的経営」オーラルヒストリー——雇用多様化論の起源』慶應義塾大学出版会。

八代充史・牛島利明・南雲智映［2015］「解題—本書の概要とその意義」八代充史・島西智輝・南雲智映・梅崎修・牛島利明編集『新時代の「日本的経営」オーラルヒストリー——雇用多様化論の起源』慶應義塾大学出版会。

山本恵明・田中博秀［1982］「日本的雇用慣行を築いた人達—その二：山本恵明氏にきく（2）」『日本労働協会雑誌』No.281、pp. 64-81。

Alvesson, M.［2004］*Knowledge Work and Knowledge-Intensive Firm*, Oxford University Press.

Aoki, M.［1988］*Information, Incentives, and Bargaining in the Japanese Economy*, Cambridge University Press（永易浩一訳［1992］『日本経済の制度分析—情報・インセンティブ・交渉ゲーム』筑摩書房）。

Arthur, M. B. and Rousseau, D. M.［1996］*The Boundaryless career: A new employment principle for a new organizational era*, Oxford University Press.

Atkinson, J.［1985］"Flexibility, Uncertainty, and Manpower Management," *IMSREPORT*, No.89, Institure of Manpower Staudies.

Studies. Cappelli, P.［1999］*The New Deal at Work: Managing the Market-Based Employment Relationship*, Harvard Business School Press.

Lepak, David P. and Snell, Scott A.［1999］"The Human Resource Architecture：Toward a Theory of Human Capital Allocation and Development," *Academy of*

第2部　歴史

Management Review, Vol. 24, No. 1, pp. 31-48.

Lepak, David P. and Snell, Scott A. [2002] "Examining the Human Resource Architecture : The Relationships among Human Capital, Employment, and Human Resource Configurations," *Journal of Management*, Vol. 28, No. 4, pp. 517-543.

Lepak, David P. and Snell, Scott A. [2003] "Managing the Human Resource Architecture for Knowledge-Based Competition," in *Managing Knowledge for Sustained Competitive Advantage*, San Francisco : Jossey-Bass, pp. 127-154.

【第3部】人事管理システム

第4章

転勤・異動・定年後雇用の実態*

鶴光太郎・久米功一
安井健悟・佐野晋平

要旨

　日本経済の中長期的な成長に向けて、女性や高齢者等の活躍が期待されている。その一方で、転勤や定年など、彼らの活躍の妨げとなりうる雇用制度も存在する。今後の雇用制度のあり方を議論する上で、転勤や定年の実態把握とその評価が欠かせない。そこで、経済産業研究所（RIETI）では、現役世代の正社員や退職経験者に対して、転勤・異動、定年退職や継続雇用に関する実態等を質問する総合的なウェブアンケート調査を実施した。

　本章では、その結果の概要をまとめた。それによると、転勤経験者は、転勤非経験者と比べて、時間当たり年収が高い、適職感が高いなど、転勤のメリットがみられた。また、定年後の継続雇用制度については、継続雇用制度利用者からの評価は必ずしも高くなく、賃金低下に対する許容度も低かった。継続雇用者は、雇用の安定を重視するものの、65歳以降の就業意欲が高くないこともわかった。

　これらの結果は、女性や高齢者が能力を発揮するためには、転勤によらない人材育成や継続雇用後の就業意欲を高める処遇などの人事制度を再設計する必要があることを示唆している。

第3部　人事管理システム

1　はじめに

　日本経済の中長期的な経済成長に向けて、柔軟な働き方を実現し、女性や高齢者の活躍を促すことによって、社会にイノベーションをもたらすことが期待されている。その一方で、その実現を阻みうる雇用制度・慣習もある。一つは、転勤や異動である。これまでは、人材育成の観点から転勤や異動が実施されてきた[1]。しかし、家事・育児・介護のために、転勤や異動の難しい社員も増えている。転勤や異動が人材育成にもたらす効果を明らかにすることが急がれている。もう一つは、定年制と継続雇用である。一定の年齢に到達すると退職を余儀なくされる定年制は、年齢にかかわりなく活躍できる社会の実現という観点からみれば問題含みである。高齢者が仕事能力を発揮し続けられる道筋として、継続雇用が最適であるか否かも議論の余地がある。中長期的な労働力不足が見込まれる中、定年制や継続雇用が高齢者の能力発揮に与える効果を把握して、高齢者が活躍し続けられる環境を整備する必要に迫られている。

　こうした状況に鑑みて、経済産業研究所（RIETI）では、現役世代の正社員や退職経験者に対して、転勤・異動、定年退職や継続雇用に関する実態、効果、満足度等を質問する総合的なウェブアンケート「平成29年度「転勤・異動・定年に関するインターネット調査」」（以下、RIETI転勤・異動・定年調査）を実施した。具体的には、転勤の経験、転勤時の仕事の変化、現在のスキルレベル、転勤制度の賛否、定年退職後の就業形態、定年制の支持等を調査してその実態を把握した。

　この調査は、転勤・異動・定年に着目するという観点から、①30歳以上に限定、②30〜60歳の現役世代については、従業員300人以上の大企業（転勤制度あり）

＊本章は、独立行政法人経済産業研究所におけるプロジェクト「労働市場制度改革」の成果の一部であり、「転勤・異動・定年の実態とそのインプリケーション—RIETI「平成29年度転勤・異動・定年に関するインターネット調査」報告」RIETI Policy Discussion Paper Series 18-P-006を加筆修正して作成したものである。経済産業研究所ディスカッション・ペーパー検討会では、矢野誠所長、森川正之副所長を始めとする出席者から多くの有益なコメントをいただいた。記して感謝申し上げたい。

1 ）労働政策研究・研修機構［2017, 図表 2 - 2 - 2 ］によると、転勤の目的（複数回答）は、「社員の人材育成」が66.4％ともっとも多く、次いで、「社員の処遇・適材適所」（57.1％）、「組織運営上の人事ローテーションの結果」（53.4％）、「組織の活性化・社員への刺激」（50.6％）、「事業拡大・新規拠点立ち上げに伴う欠員補充」（42.9％）、「幹部の選抜・育成」（41.2％）などとなっている。

第4章　転勤・異動・定年後雇用の実態

に勤務する大卒以上の正社員、③61〜69歳の高齢者については、60歳以下で従業員300人以上の大企業に大卒以上正社員として勤務していた人、を対象としている。つまり、大卒以上に絞り、現役時代に大企業で正社員として働いている、または働いていた人を対象とした調査である。

　本章の目的は、「RIETI転勤・異動・定年調査」の調査結果の概要を説明して、そこから導かれる政策的なインプリケーションを議論することにある。なお、RIETI転勤・異動・定年調査の企画・分析は、RIETIの労働市場制度改革プロジェクトのメンバーである、鶴光太郎（慶應義塾大学）、久米功一（東洋大学）、安井健悟（青山学院大学）、佐野晋平（千葉大学）が担当した。

2　先行調査との違い

　転勤や異動はなぜ必要であるのか。転勤や異動は、配置転換、ジョブ・ローテーションの一環として、管理職昇進のための手段、コーディネーションコストの節約、労働保蔵を目的とすると考えられる（Sato et al.［2017］、橋本・佐藤［2014］、Eriksson and Ortega［2006］、Ariga［2006］、Lazear［2012］、Frederiksen and Kato［2018］、樋口［2001］）。具体的には、管理職昇進のための手段とは、配置転換を通して管理職としての能力の有無を識別する手段、あるいは管理職・経営者として必要とされる幅広い人的資本の形成の手段を指す（Gibbons and Waldman［2004］、Lazear［2012］、Frederiksen and Kato［2018］）。コーディネーションコストの節約とは、配置転換で異なる部署を経験することで部門間の情報をシェア、人的ネットワークを構築して、不正を回避することである。労働保蔵とは、不採算部門の縮小時に解雇ではなく異動で対応することである。このように、転勤や異動には、経済理論的にポジティブな意味があるが、注意すべき点として、転勤は、転居を伴う異動であり、転居に伴う生活の変化や家族の負担を強いるため、いわゆる異動とは質的な差異があることが挙げられる。

　転勤に着目した調査として、労働政策研究・研修機構［2017］『企業の転勤の実態に関する調査』がある。この調査は、現在の勤め先で転勤経験がある人を調査対象として、全国の常用労働者300人以上の企業1,852件とその従業員5,827件から回答を得ている。従業員調査については、企業を通じた調査票の配付であることから、企業を超えた全般的な状況を捕捉するためには一定の限界が伴うとし

第3部　人事管理システム

て、転勤経験者に対する個人 web アンケート調査「転勤に関する個人 web 調査」を別途実施している。スクリーニング調査で国内外の転勤経験者を抽出して、本調査では転勤経験者に限定して調査している。このため、転勤の効果について、転勤未経験者と比較考量することができないという難点が残る。これに対して、「RIETI 転勤・異動・定年調査」は、転勤未経験者も調査対象としており、また、過去の転勤経験や異動など、現在の職場での転勤経験以外に、職務能力の形成に影響する経験についても質問している点で新規性がある。

　一方、高齢者雇用に関しては、在職老齢年金や健康との関係で分析されることが多かった（小川 [2009]、梶谷 [2011]、佐藤 [2018]、山本他 [2018]、内閣府 [2018] など）[2]。これらの研究は、高齢者は、一定水準の所得を保障された下で、過度な負担にならない程度に働きたいことを示唆している。また、高齢者の就業希望に応える仕事環境の設計[3] や60歳代前半層の活用課題[4] について分析した研究もあり、高齢者の活用においては、現役時の経験を活かしつつ、期待役割を変えた仕事の設計が求められることを示唆している。しかし、高齢者の雇用形態

2）小川 [2009] は、年金給付額が留保賃金を引き上げるため、労働供給に対して抑制的に働く可能性を指摘して、勤労報酬に対して年金給付額が屈曲しているという構造に着目して分析している。梶谷 [2011] は、期待在職老齢年金額は高いほど就業が高まる、在職老齢年金の増加は賃金減少を伴うが、それでも就業促進のプラスの効果がある、と指摘している。佐藤 [2018] は、定年退職経験がメンタルヘルスを改善させること、山本他 [2018] は、高年齢者の失業と健康について、59歳以下の失業はメンタルヘルスを悪化させるが、60歳以上では、失業経験はメンタルヘルスに影響しないことを明らかにしている。内閣府 [2018] は、厚生労働省「中高年者縦断調査」の個票を分析して、60代の就業行動に影響を及ぼす要因として、収入要因（在職老齢年金）と企業側の要因（継続雇用制度）を挙げている。60代前半では、在職老齢年金制度によりフルタイム就業意欲が一定程度阻害され、代わりにパートタイム就業や非就業が選択されていることを示唆している。

3）高木 [2009] では、短時間勤務を実施している企業では、短時間勤務にありがちな単純作業や縁辺的な仕事での就業ではなく、60歳前の本来の業務に結びつけるかたちで、短時間勤務が実現されている可能性を示し、短時間勤務によるワークシェアリングが高年齢者の雇用機会を創出するとしている。

4）鹿生他 [2016] は、企業調査の結果にもとづき、60歳代前半層の活用課題として、「本人（高齢社員）のモチベーションの維持・向上、指摘率67.8％」「本人の健康、同55.5％」「担当する仕事の確保、同45.7％」を挙げている。また、A社の事例紹介では、高齢社員はスキルを保有し、かつ、帰属意識も高いため、経験やスキル不足から正社員では補えない領域の仕事を担当するとして、高齢社員の活用に向けては、期待役割の設計が重要であることを提示している。

の違い、とりわけ継続雇用制度とその影響については、十分に分析されてこなかった。

　高齢者の雇用形態の違いと定年到達後の処遇の変化に着目した調査としては、労働政策研究・研修機構［2016］「中高年齢者の転職・再就職調査」がある[5]。45～74歳までを男女別に年齢5歳区切りで各500人を割り付けた郵送調査で5,548票を回収している。転職経験率や転職前後の就業実態の変化等、継続雇用の義務化以降の離転職を行う中高年齢者の実態を把握している。また、労働政策研究・研修機構［2015］「60代の雇用・生活調査」は、60～69歳の5,000人を調査（3,244人から回答）して、定年に到達した直後の賃金額や仕事内容の変化を質問している。不就業者（収入になる仕事をしなかった者）も調査対象に含み、企業規模を限定せず、女性も割り付けて回収する等、60歳以降の労働力に対する包括的な調査となっている。これらの調査は、定年前後の変化や将来の就業意向を概観するものであるため、定年前の就業状態で制御していない。これに対して、「RIETI転勤・異動・定年調査」は、先にも述べたように、現役時に従業員数300人以上の企業で正社員として勤めた経験のある、大卒以上の学歴を有する61～69歳の就業者を調査対象とすることによって、現役時の就業条件を揃えた上で定年後の雇用状態の比較をできることや65歳以降の就業意欲についても把握している点に長所がある。

3　調査対象の抽出

　調査対象の抽出にあたっては、特定の分布を仮定せず、現在の勤め先で転勤経験がある人と転勤経験がない人のサンプルを十分に確保するために、属性別に回収数を割り付けることとした。具体的には、楽天リサーチ株式会社（現楽天インサイト株式会社）が保有するアンケートモニターを対象として、スクリーニング調査によって、以下の条件を満たす2つのグループを割付回収した。

調査対象：現在働いている人（30～60歳は正社員、61～69歳は就業者）

5）企業調査としては労働政策研究・研修機構［2016］「高年齢者の雇用に関する調査（企業調査）」がある。

第3部　人事管理システム

サンプル1：30代、40代、50〜60歳、各1,500人、合計4,500人

・従業員300人以上の企業に勤めている

・現在の勤め先に転勤制度がある

・大卒以上

・正社員

・30〜60歳

・各年代の50%を転勤経験者とする

※転勤とは転居を伴う異動を指し、遠方（転居を伴う距離）の支社や事業所への転勤などと表現する

サンプル2：61〜69歳、計1,500人

・61〜69歳

・60歳以下の時点で従業員300人以上の企業に正社員として勤めていた人

・大卒以上

　スクリーニング調査では、配信数189,476、回収数50,005サンプル、回収率は26.4%であった。引き続いて、本調査を行い、サンプル1：4,500人、サンプル2：1,500人を回収したタイミングで調査を打ち切った。この調査は、平成30年1月16日（火）〜1月19日（金）の期間にインターネット上でのアンケートによる個人調査の形式で実施された[6]。

　抽出されたサンプルは、表4-1の通りである。年齢別、転勤経験有無別に割付通りの回収数となっている。全体として、女性が529人（8.8%）含まれている。総務省「就業構造基本調査　平成24年」で従業員300人以上の企業に勤める大卒以上の正社員に占める女性比率をみると、30〜39歳8.8%、40〜49歳2.8%、50〜59歳1.9%であるが、本調査では、それぞれ23.7%、8.3%、2.2%と女性の割合がやや高くなっている。

　また、都道府県別の分布では、東京21.1%、神奈川13.4%、埼玉6.7%、千葉6.5%と首都圏の割合が高かった。勤め先の転勤制度の有無で条件づけられない

6）なお、登録モニターは、総数227万人（2017年4月時点）、うち男性52.1%、女性47.9%であり、東京13.6%（総務省「労働力調査」11.6%）、大阪8.6%（同6.6%）、愛知県6.8%（同6.1%）とやや大都市圏が多い。

第4章　転勤・異動・定年後雇用の実態

表4-1　サンプルの性別・年齢・転勤経験の有無

		n %	男性	女性
全体		6000 100.0	5471 91.2	529 8.8
性別	男性	5471 100.0	5471 100.0	0 0.0
	女性	529 100.0	0 0.0	529 100.0
年代	30代	1500 100.0	1145 76.3	355 23.7
	40代	1500 100.0	1376 91.7	124 8.3
	50代	1500 100.0	1467 97.8	33 2.2
	60代	1500 100.0	1483 98.9	17 1.1
割付	転勤あり	2250 100.0	2096 93.2	154 6.8
	転勤なし	2250 100.0	1892 84.1	358 15.9
	30代（転勤あり）	750 100.0	629 83.9	121 16.1
	30代（転勤なし）	750 100.0	516 68.8	234 31.2
	40代（転勤あり）	750 100.0	725 96.7	25 3.3
	40代（転勤なし）	750 100.0	651 86.8	99 13.2
	50代（転勤あり）	750 100.0	742 98.9	8 1.1
	50代（転勤なし）	750 100.0	725 96.7	25 3.3

注）上段は人数、下段は％を表す。

　ため、母集団の分布はわからないが、本調査のサンプルは、首都圏に多く、30歳代の女性比率がやや高い可能性があることに注意する必要がある。

　業種をみると、総務省「平成24年　就業構造基本調査」から従業者規模300人

第3部　人事管理システム

以上の会社勤務の業種分布（男女計）をみると、製造業27.4%、卸売業・小売業20.8%、運輸業・郵便業8.7%、金融業・保険業6.7%、サービス業（他に分類）6.7%の順で多いが、今回の調査では、それぞれ39.6%、9.0%、3.6%、10.0%、7.3%であり、製造業が多く、卸売業・小売業、運輸業・郵便業が少なくなっている。今回の調査では、正社員および転勤制度の有無なども抽出条件となっており、製造業や金融業のように全国規模での転勤があり得る業種と、卸売業・小売業、運輸業・郵便業などのように従業員規模は大きいものの、地域経済圏での仕事に従事する業種との違いによると考えられる。

　なお、本章の分析では、母集団を復元するためのウェイトバック集計は行わず、サンプル平均を算出している点にご留意いただきたい。

4　転勤

4.1　職場における転勤経験者の特徴
　転勤に関する基本情報と転勤する人と転勤しない人の属性の違いについて整理する。

4.1.1　転勤回数、期間、時期
　表4-2をみると、転勤回数は、平均的には、国内2.94回、海外0.27回（ただし異常値を考慮する必要あり）、3年程度の期間が最も多い。5年程度を超える赴任期間も全体の3割を占めており、転勤がもたらす仕事と生活の大きな変化が想像される。年齢階層別にみると、30代の転勤は赴任期間が比較的にみて短く、2年程度以下が34.6%を占める。また、国内外でのビジネスの展開が速くなっているためか、20代で転勤する割合は高まっている。

4.1.2　ジョブ・ローテーション
　現在の勤め先でのジョブ・ローテーション（定期的な人事異動）の有無別にみると（表4-3）、ジョブ・ローテーションがある企業に勤めている人のほうが転勤ありの比率が高い。ジョブ・ローテーション制度と転勤との制度補完的な関係は、労働政策研究・研修機構［2017］でも確認されている[7]。

第4章　転勤・異動・定年後雇用の実態

表4-2　転勤回数、期間、時期

(1) 国内・海外への転勤

	n	平均値	最小値	最大値
国内（回数）	2250	2.94	0.00	27.00
海外（回数）	2250	0.27	0.00	60.00

(2) 1回の転勤における（平均的な）赴任期間

	n %	半年 程度	1年 程度	2年 程度	3年 程度	4年 程度	5年 程度	6年以 上～10 年未満	10年 以上
全体	2927 100.0	55 1.9	181 6.2	517 17.7	948 32.4	301 10.3	443 15.1	297 10.1	185 6.3
30代（転勤あり）	750 100.0	22 2.9	78 10.4	160 21.3	235 31.3	62 8.3	107 14.3	51 6.8	35 4.7
40代（転勤あり）	750 100.0	18 2.4	45 6.0	127 16.9	227 30.3	83 11.1	121 16.1	78 10.4	51 6.8
50代（転勤あり）	750 100.0	3 0.4	26 3.5	120 16.0	257 34.3	87 11.6	114 15.2	88 11.7	55 7.3
60代	677 100.0	12 1.8	32 4.7	110 16.2	229 33.8	69 10.2	101 14.9	80 11.8	44 6.5

(3) 時期

	n %	20歳 代	30歳 代	40歳 代	50歳 代	60歳 代
全体	2927 100.0	1599 54.6	1819 62.1	1304 44.6	646 22.1	103 3.5
30代（転勤あり）	750 100.0	571 76.1	425 56.7	0 0.0	0 0.0	0 0.0
40代（転勤あり）	750 100.0	424 56.5	540 72.0	374 49.9	0 0.0	0 0.0
50代（転勤あり）	750 100.0	344 45.9	465 62.0	506 67.5	269 35.9	0 0.0
60代	677 100.0	260 38.4	389 57.5	424 62.6	377 55.7	103 15.2

第3部　人事管理システム

表4-3　転勤経験の有無別：ジョブ・ローテーション

	n %	ある	ない
全体	4500 100.0	2738 60.8	1762 39.2
転勤あり	2250 100.0	1495 66.4	755 33.6
転勤なし	2250 100.0	1243 55.2	1007 44.8

表4-4　転勤経験の有無別：職種

	n %	管理的職業従事者	専門的・技術的職業従事者	事務従事者	販売従事者	サービス職業従事者	保安職業従事者	農林漁業従事者	生産工程従事者	輸送・機械運転従事者	建設・採掘従事者	運搬・清掃・包装等従事者	その他　具体的に‥
全体	4500 100.0	1396 31.0	1272 28.3	909 20.2	453 10.1	190 4.2	20 0.4	1 0.0	99 2.2	27 0.6	19 0.4	12 0.3	102 2.3
転勤あり	2250 100.0	818 36.4	560 24.9	374 16.6	283 12.6	88 3.9	7 0.3	0 0.0	40 1.8	8 0.4	12 0.5	8 0.4	52 2.3
転勤なし	2250 100.0	578 25.7	712 31.6	535 23.8	170 7.6	102 4.5	13 0.6	1 0.0	59 2.6	19 0.8	7 0.3	4 0.2	50 2.2

4.1.3　職種

　転勤しやすい職種はあるのだろうか。表4-4の通り、各年齢階層において、転勤ありでは、管理的職業従事者、販売従事者の割合が、転勤なしに比べて高い。

7）ただし労働政策研究・研修機構［2017］では、不必要な転勤に対する認識の一つとして、ジョブ・ローテーションや欠員補充での計画的でない転勤が挙げられており、「「ジョブ・ローテーションの一環であることは理解できるが、キャリアプランに沿わない転勤が多い」（男性、30代）、「ジョブ・ローテーションの名のもと、先に異動ありきの風潮が見られるため」（男性、40代）などの意見である。ジョブ・ローテーションがキャリア形成等の手段ではなく、目的化しているとの認識と考えられる」と指摘している。

第4章　転勤・異動・定年後雇用の実態

表4-5　転勤経験の有無別：登用コース

	n %	基幹的で幹部候補生の仕事・コース（いわゆる「総合職」など）	定型的・補助的な業務を担当する仕事・コース（いわゆる「一般職」など）	上記2つの中間の仕事・コース	専門職・スペシャリスト・エキスパートコース	いずれにもあてはまらない
全体	4500 100.0	2594 57.6	448 10.0	326 7.2	655 14.6	477 10.6
転勤あり	2250 100.0	1463 65.0	172 7.6	150 6.7	267 11.9	198 8.8
転勤なし	2250 100.0	1131 50.3	276 12.3	176 7.8	388 17.2	279 12.4

管理職のマネジメント能力の汎用性の高さの表れといえる。また、転勤が選抜手段の一つであるならば、管理職の空きポストを有望な転勤者で充足する、あるいは、転勤先で成果を上げた社員を管理職に昇進させる可能性もある。販売従事者は、新店舗の立ち上げと運営のために赴任するなど、ノウハウをもつ人が各地に派遣されていると推察される。

4.1.4　登用コース

　調査対象は大卒以上であり、基本的にはみな基幹社員であるが、転勤ありの人の65.0%が「幹部候補生」であると答えている（表4-5）。一方、転勤なしの人は、「定型的・補助的な業務を担当する仕事」「専門職・スペシャリスト・エキスパートコース」と答えている割合が比較的高い。転勤の対象は、幹部候補生が主であることが確認された。

4.2　転勤経験者の職業パフォーマンス

　転勤経験の有無は、時間当たり収入や昇進などのパフォーマンスの違いをもたらしているのだろうか。

第3部　人事管理システム

表4-6　転勤経験の有無別：時間当たり年収

	n %	1000円 未満	1000～ 2000円 未満	2000～ 3000円 未満	3000～ 4000円 未満	4000～ 5000円 未満	5000円 以上	平均時 間当た り年収	転勤あり－ 転勤なし （差）
全体	4287 100.0	55 1.3	487 11.4	1479 34.5	1088 25.4	579 13.5	599 14.0	4287 3424.7	
転勤あり	2166 100.0	26 1.2	203 9.4	681 31.4	546 25.2	333 15.4	377 17.4	2166 3599.4	353.3*** （45.8）
転勤なし	2121 100.0	29 1.4	284 13.4	798 37.6	542 25.6	246 11.6	222 10.5	2121 3246.2	

4.2.1　時間当たり年収

　時間当たりの年収[8]をみると、転勤ありの時間当たり年収が転勤なしのそれよりも統計的に有意に高い（表4-6）。「RIETI転勤・異動・定年調査」を詳細分析した佐野他［2019］は、個人属性や勤続年数などを考慮しても、転勤による賃金プレミアムが生じていることを確認している。

4.2.2　昇進（課長以上の割合）

　表4-7は転勤経験の有無のそれぞれについての課長以上の割合を示している。具体的には、回答者が課長クラス以上である場合に1とし、課長クラス未満であれば0である変数の平均値を示している。転勤未経験者は33.2％が課長クラス以上であるのに対して、転勤経験者の47.1％が課長クラス以上であり、この差は統計的に有意である。

4.2.3　昇進スピード

　同期と比べた自分の昇進スピードの評価をみると（表4-8、同期とは、新卒一括採用で同じ枠組み（総合職など）で採用されたグループの人たちを指す）、転勤経験者は、トップクラス8.9％と上位1／3以内24.8％であり、転勤なしに比べて昇進スピードが速い。

8）時間当たり年収は、回答した年収帯の中位数／（1日の労働時間×1週間の労働日数×52週）で算出し、標準偏差の3倍＝11245.27以上は欠損値とした。

第4章 転勤・異動・定年後雇用の実態

表4-7 転勤経験の有無別：課長以上の割合

	n	課長以上の割合平均	転勤あり－転勤なし（差）
転勤あり	2250	0.471	0.139***
転勤なし	2250	0.332	(0.014)

注）括弧内は標準誤差、***は1％、**は5％、*は10％で有意を表す。

表4-8 転勤経験の有無別：昇進スピード

	n %	同期の中で トップクラスである	同期の中で 上の方だ （上位1／3 以内）	同期の中では平均程度	同期の中で はどちらか といえば平 均よりも下	わからない
全体	4500 100.0	341 7.6	1009 22.4	1705 37.9	1017 22.6	428 9.5
転勤あり	2250 100.0	200 8.9	557 24.8	869 38.6	500 22.2	124 5.5
転勤なし	2250 100.0	141 6.3	452 20.1	836 37.2	517 23.0	304 13.5

表4-9 転勤経験の有無別：適職感、仕事満足度

	n	適職感 平均	転勤あり－転勤なし （差）	仕事満足度 平均	転勤あり－転勤なし （差）
転勤あり	2250	3.747	0.157***	6.027	0.348***
転勤なし	2250	3.590	(0.031)	5.679	(0.067)

注）括弧内は標準誤差、***は1％、**は5％、*は10％で有意を表す。

4.3 転勤経験者の適職感、仕事満足度

表4-9は転勤経験の有無のそれぞれについての適職感の平均値を示している。「現在の自分の仕事が、自分にあっている」かについての5段階での回答を指標として用いている。転勤未経験者の平均値は3.590であり、転勤経験者のそれは3.747で、転勤経験者の適職感の方が統計的に有意に高い。また、仕事満足度（0非常に不満〜10非常に満足の11段階の回答）についても、転勤経験者の平均値は6.027であり、転勤未経験者5.679に比べて、0.348だけ有意に高い。

第3部　人事管理システム

表4-10　転勤と転居を伴わない異動（直近）：職業能力の変化

	n %	職業能力が上がった/5	やや職業能力が上がった/4	あまり変わらない/3	やや職業能力が下がった/2	職業能力が下がった/1	平均	転勤あり−転勤なし（差）
全体（転勤あり）	2570 100.0	481 18.7	895 34.8	1019 39.6	94 3.7	81 3.2	2570 3.62	0.063*** (0.024)
全体（異動あり）	3462 100.0	603 17.4	1070 30.9	1551 44.8	139 4.0	99 2.9	3462 3.56	

注）括弧内は標準誤差、***は1％、**は5％、*は10％で有意を表す。

表4-11　転勤と転居を伴わない異動（直近）：役職の変化

	n %	役職が上がった/3	役職は変わらない/2	役職が下がった/1	平均	転勤あり−転勤なし（差）
全体（転勤あり）	2570 100.0	697 27.1	1764 68.6	109 4.2	2570 2.23	0.010 (0.013)
全体（異動あり）	3462 100.0	907 26.2	2404 69.4	151 4.4	3462 2.22	

4.4　転勤と転居を伴わない異動の比較

　転勤の主たる目的が人材育成にあるならば、家事・育児・介護などの理由で転勤が困難な人の育成はどうすればよいか。転勤でなければ育成されない能力やスキルはあるのだろうか。そのヒントとなるのが、転居を伴わない部署・職種への異動（以下、転居を伴わない異動）との比較である[9]。

　表4-10に、直近の転勤や直近の転居を伴わない異動によって、職業能力が上がったか否かを質問した結果を示す。転勤や転居を伴わない異動で「職業能力が上がった」と考える人は5割前後いる。ただし、転勤と転居を伴わない異動で「職業能力が上がった」割合をみると、転勤者の職業能力が上がった割合が統計的に有意に高い。一方、転勤と転居を伴わない異動による役職の変化の差はみられなかった（表4-11）。

9）なお、直近の転勤（転居を伴う異動）と直近の異動（転居を伴わない）は、排他的であるが、両方を経験している人は存在する。

第4章　転勤・異動・定年後雇用の実態

表4-12　転勤と転居を伴わない異動（直近）：仕事内容の変化

	n %	仕事内容は転勤前と同じ仕事 /3	仕事内容は転勤前と一部異なる仕事 /2	仕事内容は転勤前と全く異なる仕事 /1	平均	転勤あり－転勤なし（差）
全体 （転勤あり）	2570 100.0	870 33.9	1010 39.3	690 26.8	2570 2.07	0.088*** (0.020)
全体 （異動あり）	3462 100.0	930 26.9	1539 44.5	993 28.7	3462 1.98	

表4-13　転勤と転居を伴わない異動（直近）：仕事の難易度の変化

	n %	仕事の難易度が上がった /3	仕事の難易度は変わらない /2	仕事の難易度が下がった /1	平均	転勤あり－転勤なし（差）
全体 （転勤あり）	2570 100.0	1161 45.2	1268 49.3	141 5.5	2570 2.40	0.057*** (0.015)
全体 （異動あり）	3462 100.0	1368 39.5	1901 54.9	193 5.6	3462 2.34	

　転勤や転居を伴わない異動の前後での仕事内容の変化をみると（表4-12）、転勤した人は転勤前と「同じ」仕事の割合が33.9％と相対的にみて高く、転居を伴わない異動した人は異動前と比べて仕事内容の一部が「異なる」44.5％、全く異なる28.7％と「異なる」割合が高い。平均的には、転居を伴わない異動では、転勤後の仕事内容が転勤前と異なっていることがわかる。

　転勤や転居を伴わない異動をしても、5割程度は、仕事の難易度が変わらないが（表4-13）、仕事の難易度が上がっている比率は、転勤の方が転居を伴わない異動に比べて、5％ほど高い。平均的にも、転勤ありの人の難易度が上がった傾向が統計的に有意な差としてみられた。

　以上をまとめると、転勤と転居を伴わない異動を比較すると、転勤や異動の前後での役職の変化は、両者で大きな違いはみられない。しかし、転居を伴わない異動では、以前と異なる仕事に従事するようになる一方、転勤では、職業能力と仕事の難易度が上がっている。つまり、転居を伴わない異動は、これまでとは異なる仕事に対して、同じ事業所や同じ職場内のネットワークやノウハウを活かしながら取り組めるのに対して、転勤の場合は、たとえ同じ仕事内容であっても、

第3部　人事管理システム

表4-14　転勤制度・ルールの有無と転勤の評価

	n %	メリットが上回る	どちらかといえば、メリットが上回る	どちらかといえば、デメリットが上回る	デメリットが上回る	メリットが上回る（計）	デメリットが上回る（計）
全体	2927 100.0	458 15.6	1457 49.8	743 25.4	269 9.2	1915 65.4	1012 34.6
転勤の要請があれば基本的に断ることができない	1611 100.0	253 15.7	783 48.6	422 26.2	153 9.5	1036 64.3	575 35.7
転勤可否の希望が聞かれる	1196 100.0	217 18.1	657 54.9	259 21.7	63 5.3	874 73.1	322 26.9
転勤配慮を申し出る制度がある	733 100.0	132 18.0	414 56.5	153 20.9	34 4.6	546 74.5	187 25.5
家庭的事情等（育児介護等）がある場合はあらかじめ転勤対象から免除される	518 100.0	94 18.1	316 61.0	90 17.4	18 3.5	410 79.2	108 20.8
勤務地限定正社員制度がある	658 100.0	113 17.2	358 54.4	155 23.6	32 4.9	471 71.6	187 28.4
転勤期間の上限に関するルールがある	145 100.0	30 20.7	81 55.9	28 19.3	6 4.1	111 76.6	34 23.4
転勤する地域・ブロックの範囲のルールがある、など	212 100.0	35 16.5	118 55.7	42 19.8	17 8.0	153 72.2	59 27.8
転勤をしなくても昇進上不利にならないことが明示されている	118 100.0	36 30.5	68 57.6	12 10.2	2 1.7	104 88.1	14 11.9
配偶者の転勤などを理由に本人の希望による勤務地転換の制度がある	205 100.0	28 13.7	111 54.1	61 29.8	5 2.4	139 67.8	66 32.2
転勤に関する制度・ルールはない	332 100.0	33 9.9	131 39.5	102 30.7	66 19.9	164 49.4	168 50.6

赴任先のビジネス環境や利用可能な経営資源が異なるため、それに適応するために職業能力を伸ばし、また、仕事の難易度も同様に上がると推察される。

4.5　転勤経験者の転勤に対する評価

転勤経験者は転勤をどう評価しているのだろうか。転勤経験者によると、「メ

リットが上回る」65.4%、「デメリットが上回る」34.6%であり、総じてメリットが認められている（表4-14）。これは勤務する企業の転勤制度の違いでどのように変わるのであろうか。「転勤に関する制度・ルールがない」がない人については、「メリットが上回る」49.4%とデメリットとほぼ拮抗している。「転勤をしなくても昇進上不利にならないことが明示されている」「家庭的事情（育児介護等）がある場合はあらかじめ転勤対象から免除される」「転勤期間の上限に関するルールがある」は、「メリットが上回る」がそれぞれ88.1%、79.2%、76.6%と高い。ルールの明確化、転勤対象者の選定、転勤者と非転勤者の公平な処遇などが、転勤経験を肯定的なものにしている。

　続いて、転勤による具体的なプラス評価とマイナス評価をみてみよう。転勤によるメリット（複数回答、表4-15）の第一は、「新たな人脈作りで役に立った（56.9%）」、次いで、「職業能力全般が向上した（49.0%）」「他部署、部門、従業員との連携を強化することができた（43.1%）」「転勤により、多様で幅広い視点・考え方が養われた（41.3%）」が挙げられている。

　一方、マイナス評価としては（表4-16）、「単身赴任などで家族との生活が犠牲になった（32.3%）」「職場環境が大きく変わり仕事内容、役割、人間関係に慣れることが難しく適応に問題が生じた（23.4%）」「家族の生活環境が大きく変わり、適応や負担の問題が生じた（22.8%）」「転勤に伴い金銭的負担・手続きなどのコスト・煩雑さが大きかった（27.4%）」が挙げられている。

5　定年前後の雇用パターンと年収・仕事内容・満足度などの関係

　ここからは、定年・継続雇用の状況をみていく。2006年の高年齢者雇用安定法の改正によって、2013年度までに、企業は従業員を65歳まで雇用確保することが義務付けられた[10]。具体的には、「定年制の廃止」「定年の引上げ」、「継続雇用制度の導入」のいずれかの措置（高年齢者雇用確保措置）を講じることを求めたものである。厚生労働省「平成29年「高年齢者の雇用状況」集計結果」によると、従業員31人以上の企業156,113 社のうち、雇用確保措置の実施済企業99.7%

10）近藤［2014］は、2006年施行の評価を行い、65歳までの高齢者の就業が促進されたとしている。

表4-15　現在の会社での転勤経験：プラス評価（複数回答）

	n / %	職業能力全般が向上した	新たな人脈作りに役立った	他の部署・部門・従業員との連携を強化することができた	本社にいるときよりも責任のある立場を任される、管理職に必要な能力が養成された「リーダーシップ」等	昇進に有利に働いた	転勤を機会にやる気、モティベーションが向上した	転勤による大きな環境変化の中で仕事や人間関係構築にこと困難や想定外を克服する適応力、忍耐力、柔軟性が身につく、うまく取り組んだ	転勤により仕事上の人間関係がリフレッシュされ、人間関係の悩みが解消されのび仕事ができるようになった	転勤により、多様で幅広い視点・考え方が養われた	家族や家庭生活を犠牲にすることで企業への忠誠やコミットメントが評価された	家族の生活場所として自然等よりよい生活環境の下で生活ができた	長時間労働が是正され、家族と接する時間や趣味の時間が増え、ワークライフバランスが向上した	転勤により、気持ちを新たに仕事に取り組めるようになった	その他：	あてはまるものはない
全体（転勤あり）	2927 100.0	1434 49.0	1664 56.9	1263 43.1	729 24.9	513 17.5	620 21.2	871 29.8	507 17.3	1209 41.3	106 3.6	275 9.4	181 6.2	802 27.4	7 0.2	396 13.5

表4-16　現在の会社での転勤経験：マイナス評価（複数回答）

	職場環境が大きく変わり仕事内容、役割、人間関係に慣れることが難しく適応に問題が生じた	単身赴任などで家族との生活が犠牲になった	家族の生活環境が大きく変わり、適応や負担の問題が生じた	子供の転校で問題が生じた	子供の進学で問題が生じた	家族の友人・人付き合いなどで問題が生じた	転勤に伴い金銭的負担・手続きなどのコスト・煩雑さが大きかった	持ち家を所有しているため支障がでた（持ち家を所有しにくい）	介護に支障がでた	その他‥	あてはまるものはない
全体（転勤あり） n %	2927 100.0	686 23.4	946 32.3	667 22.8	258 8.8	147 5.0	275 9.4	803 27.4	273 9.3	68 2.3	8 0.3	921 31.5

（155,638社）であり、「定年制の廃止」2.6％（4,064社）、「定年の引上げ」17.1％、「継続雇用制度の導入」80.3％（124,982社）となっている。ただし、301人以上企業に限ると、継続雇用制度の導入が90.6％、定年の引上げ8.9％、定年制の廃止0.5％となっている。そこで、「定年を迎えて、同一企業で継続雇用制度を利用」をベンチマークとして、定年後の他の雇用形態との比較を行い、「継続雇用制度」適用者の実態を明らかにする[11]。

　表4-17に、定年前後の雇用パターンを示す。61から69歳の1,500人のサンプルのうち、定年を迎えて、同一企業で継続雇用制度を利用している人が53.4％と最も多く、定年の前後で別企業に移った人は29.6％（11.8＋12.3＋3.2＋2.3）である。

5.1　定年前後の雇用パターンと年収

　定年前後の雇用パターンと年収の関係をみると（表4-18）、「定年を迎える前に、別の企業の正社員として勤務」「定年を一度も迎えていない」「定年を迎えて、

11）継続雇用制度には、勤務延長と再雇用の二通りがある。勤務延長は、定年到達者を退職させることなく、雇用し続ける制度であり、再雇用は、いったん定年退職させたのちに、再び雇用する制度である。

第3部　人事管理システム

表4-17　定年前後の雇用パターン

	n %	定年を一度も迎えていない	定年を迎えて、別の企業に正社員として勤務	定年を迎えて、別の企業で有期契約社員として勤務	定年を迎えて、同一企業で継続雇用制度を利用	定年を迎える前に、別の企業に正社員として勤務	定年を迎える前に、別の企業で有期契約社員として勤務	その他
全体	1500 100.0	140 9.3	177 11.8	184 12.3	801 53.4	48 3.2	34 2.3	116 7.7

別の企業に正社員として勤務」の順に、時間当たり年収が高い。つまり、定年の
タイミングを問わず、正社員として働いていると時間当たり年収が高い。一方、
「定年を迎えて、同一企業で継続雇用制度を利用」の時間当たり年収が他のグル
ープと比較して、統計的に有意に低い。「RIETI転勤・異動・定年調査」を詳細
分析した久米他[2018]は、個人属性や勤続年数などを考慮してもなお、継続雇
用者の賃金が他に比べて有意に低いことを明らかにしている。

　定年後の給与の変化をみると、表4-19の通り、定年を迎えていない、定年を
迎えて別の企業に正社員として勤務では、16％がほぼ同程度の給与を保っている。
有期雇用に転じた人は、定年前の4割程度の給与水準となっている。「定年を迎
えて、同一企業で継続雇用制度を利用」した人は、定年前の4～5割の給与水準
の人が36.9％おり、他の退職パターンと比べて、厳しい処遇にあるといえる。

5.2　定年前後の雇用パターンと現在の仕事内容

　継続雇用制度の利用者は「60歳時（定年前）と同様」の割合が48.1％と高い
（表4-20）。一方、定年を迎える前後に「別の企業に正社員として勤務」してい
る人は、「管理職、経営支援、アドバイス」が44.6％、52.1％と高い。

5.3　定年前後の雇用パターンと適職感、仕事満足度

　定年前後の雇用パターンと適職感、仕事満足度の関係をみると（表4-21）、

第4章　転勤・異動・定年後雇用の実態

表4-18　定年前後の雇用パターンと現在の年収

	n / %	100万円未満	100〜400万円未満	400〜600万円未満	600〜1,000万円未満	1,000〜1,400万円未満	1,400万円以上	わからない	時間当たり年収（平均・円）	当該グループー他のグループ（差）
全体	1500	16	386	397	390	132	100	79	1391	
	100.0	1.1	25.7	26.5	26.0	8.8	6.7	5.3	3415.2	
定年を一度も迎えていない	140	1	17	15	46	23	26	12	124	1222.0***
	100.0	0.7	12.1	10.7	32.9	16.4	18.6	8.6	4528.3	(192.8)
定年を迎えて、別の企業に正社員として勤務	177	1	23	34	62	27	18	12	163	946.5***
	100.0	0.6	13.0	19.2	35.0	15.3	10.2	6.8	4250.9	(171.4)
定年を迎えて、別の企業で有期契約社員として勤務	184	4	60	53	49	6	3	9	169	-197.4
	100.0	2.2	32.6	28.8	26.6	3.3	1.6	4.9	3241.8	(170.5)
定年を迎えて、同一企業で継続雇用制度を利用	801	4	248	256	190	51	21	31	768	-1165.4***
	100.0	0.5	31.0	32.0	23.7	6.4	2.6	3.9	2893.3	(107.6)
定年を迎える前に、別の企業に正社員として勤務	48	1	4	11	12	8	10	2	44	1478.6***
	100.0	2.1	8.3	22.9	25.0	16.7	20.8	4.2	4847.0	(316.0)
定年を迎える前に、別の企業で有期契約社員として勤務	34	0	10	8	9	3	1	3	28	-69.0
	100.0	0.0	29.4	23.5	26.5	8.8	2.9	8.8	3347.6	(396.8)
その他	116	5	24	20	22	14	21	10	95	1071.5***
	100.0	4.3	20.7	17.2	19.0	12.1	18.1	8.6	4413.6	(219.1)

第3部　人事管理システム

表4-19　定年前後の雇用パターンと定年後の給与水準

	n %	ほぼ 同程度	8～9割	6～7割	4～5割	3割以下
全体	1289 100.0	101 7.8	93 7.2	350 27.2	403 31.3	342 26.5
定年を一度も迎えていない	18 100.0	3 16.7	1 5.6	6 33.3	4 22.2	4 22.2
定年を迎えて、別の企業に 正社員として勤務	171 100.0	28 16.4	24 14.0	54 31.6	36 21.1	29 17.0
定年を迎えて、別の企業で 有期契約社員として勤務	180 100.0	6 3.3	8 4.4	44 24.4	45 25.0	77 42.8
定年を迎えて、同一企業で 継続雇用制度を利用	765 100.0	33 4.3	50 6.5	223 29.2	282 36.9	177 23.1
定年を迎える前に、別の企 業に正社員として勤務	36 100.0	12 33.3	2 5.6	5 13.9	8 22.2	9 25.0
定年を迎える前に、別の企業 で有期契約社員として勤務	31 100.0	4 12.9	1 3.2	6 19.4	8 25.8	12 38.7
その他	88 100.0	15 17.0	7 8.0	12 13.6	20 22.7	34 38.6

「定年を迎えて、同一企業で継続雇用制度を利用」の適職感と仕事満足度は、他と比較して、統計的に有意に低い。定年を迎えて、別の企業に正社員として勤務している人は、適職感・仕事満足度ともに有意に高い。

5.4　定年前後の雇用パターンと65歳以降の就業意欲

　65歳以降の仕事の継続意向に着目すると（表4-22）、「定年を迎えて、同一企業で継続雇用制度を利用」する人は、65歳以降の就業意欲が他と比べて低い。継続雇用制度は、65歳までの雇用維持を可能にするが、処遇が十分でなく、仕事満足度も低いため、65歳以降の就業増加につながらない可能性がある。

5.5　継続雇用制度等への評価

　現実に継続雇用制度を選んだ人ばかりでなく、定年前後で異なる選択した雇用パターンを選択した人が、継続雇用制度や高齢者雇用制度に対してどのような異なる見方を持つかをここではみてみよう。

第4章　転勤・異動・定年後雇用の実態

表4-20　定年前後の雇用パターンと現在の仕事

	n %	60歳時（定年前）と同様	60歳時（定年前）と同様だが、その一部または業務量を減らしている	管理職、経営支援、アドバイス	60歳時までに携わっていた業務に関する後進、若手の教育係	専門職	定型的な業務	60歳時までに携わっていた業務とは関係のない業務	その他 具体的に：
全体	2572 100.0	599 39.9	395 26.3	382 25.5	268 17.9	397 26.5	183 12.2	322 21.5	26 1.7
定年を一度も迎えていない	140 100.0	75 53.6	18 12.9	49 35.0	12 8.6	35 25.0	10 7.1	16 11.4	2 1.4
定年を迎えて、別の企業に正社員として勤務	177 100.0	50 28.2	24 13.6	79 44.6	22 12.4	37 20.9	8 4.5	63 35.6	5 2.8
定年を迎えて、別の企業で有期契約社員として勤務	184 100.0	34 18.5	42 22.8	36 19.6	31 16.8	61 33.2	19 10.3	66 35.9	5 2.7
定年を迎えて、同一企業で継続雇用制度を利用	801 100.0	385 48.1	278 34.7	163 20.3	182 22.7	199 24.8	127 15.9	116 14.5	3 0.4
定年を迎える前に、別の企業に正社員として勤務	48 100.0	16 33.3	10 20.8	25 52.1	4 8.3	15 31.3	3 6.3	11 22.9	2 4.2
定年を迎える前に、別の企業で有期契約社員として勤務	34 100.0	7 20.6	7 20.6	7 20.6	5 14.7	22 64.7	6 17.6	13 38.2	1 2.9
その他	116 100.0	32 27.6	16 13.8	23 19.8	12 10.3	28 24.1	10 8.6	37 31.9	8 25.0

5.5.1　継続雇用制度のプラス面とマイナス面

　表4-23は、継続雇用制度に関するプラス面、マイナス面の評価を複数回答で示している。継続雇用制度を利用している人は同じ会社で培ったものが役立つことを評価する（77.9％）、雇用の安定を評価する（58.2％）という割合が高く、他の雇用パターンと比べても高い部類に入る。職探しをせずにすむことを評価する割合（25.5％）は最も高い。その一方で、継続雇用で生じる収入低下が問題（23.1％）や収入低下と仕事変化のいずれも問題とする割合（25.0％）も最も高い部類に入っている。継続雇用制度の利点を享受しながらも、一方で、収入低下

表 4-21 定年退職・再雇用のパターンと適職感、仕事満足度

	n / %	10 非常に満足	9	8	7	6	5	4	3	2	1	0 非常に不満足	仕事満足度（平均）	他の該当グループ・ブー（差）	適職感（平均）	他の該当グループ・ブー（差）
全体	1500	93	157	325	331	201	261	47	52	17	3	13	6.77		4.00	
	100.0	6.2	10.5	21.7	22.1	13.4	17.4	3.1	3.5	1.1	0.2	0.9				
定年を一度も迎えていない	140	19	21	34	27	12	14	4	5	2	0	2	7.26	0.547***	4.09	0.091
	100.0	13.6	15.0	24.3	19.3	8.6	10.0	2.9	3.6	1.4	0.0	1.4		(0.168)		(0.081)
定年を迎えて、別の企業に正社員として勤務	177	18	25	39	41	16	28	1	6	1	2	0	7.15	0.436***	4.15	0.163**
	100.0	10.2	14.1	22.0	23.2	9.0	15.8	0.6	3.4	0.6	1.1	0.0		(0.151)		(0.073)
定年を迎えて、別の企業で有期契約社員として勤務	184	6	23	29	51	31	29	5	7	2	0	1	6.70	-0.082	3.92	-0.097
	100.0	3.3	12.5	15.8	27.7	16.8	15.8	2.7	3.8	1.1	0.0	0.5		(0.149)		(0.072)
定年を迎えて、同一企業で継続雇用制度を利用	801	32	61	164	177	124	162	31	31	11	1	7	6.51	-0.555***	3.94	-0.130***
	100.0	4.0	7.6	20.5	22.1	15.5	20.2	3.9	3.9	1.4	0.1	0.9		(0.097)		(0.047)
定年を迎える前に、別の企業に正社員として勤務	48	4	11	9	10	4	6	3	0	0	0	1	7.23	0.476*	4.02	0.018
	100.0	8.3	22.9	18.8	20.8	8.3	12.5	6.3	0.0	0.0	0.0	2.1		(0.278)		(0.134)
定年を迎える前に、別の企業で有期契約社員として勤務	34	1	3	9	5	6	7	1	2	0	0	0	6.62	-0.154	4.09	0.087
	100.0	2.9	8.8	26.5	14.7	17.6	20.6	2.9	5.9	0.0	0.0	0.0		(0.329)		(0.159)
その他	116	13	13	41	20	8	15	2	1	1	0	2	7.34	0.616***	4.21	0.221**
	100.0	11.2	11.2	35.3	17.2	6.9	12.9	1.7	0.9	0.9	0.0	1.7		(0.182)		(0.088)

第4章　転勤・異動・定年後雇用の実態

表4-22　定年退職・再雇用のパターンと65歳以降の仕事の継続意向

	n %	働き続ける	仕事から引退するつもり	まだ決めていない。わからない	n（61〜65）	働き続ける	仕事から引退するつもり	まだ決めていない。わからない
全体	1500 100.0	641 42.7	430 28.7	429 28.6	1244 100.0	432 34.7	411 33.0	401 32.2
定年を一度も迎えていない	140 100.0	61 43.6	38 27.1	41 29.3	123 100.0	49 39.8	38 30.9	36 29.3
定年を迎えて、別の企業に正社員として勤務	177 100.0	103 58.2	33 18.6	41 23.2	131 100.0	63 48.1	30 22.9	38 29.0
定年を迎えて、別の企業で有期契約社員として勤務	184 100.0	96 52.2	45 24.5	43 23.4	114 100.0	41 36.0	36 31.6	37 32.5
定年を迎えて、同一企業で継続雇用制度を利用	801 100.0	279 34.8	271 33.8	251 31.3	740 100.0	225 30.4	270 36.5	245 33.1
定年を迎える前に、別の企業に正社員として勤務	48 100.0	19 39.6	16 33.3	13 27.1	37 100.0	11 29.7	13 35.1	13 35.1
定年を迎える前に、別の企業で有期契約社員として勤務	34 100.0	21 61.8	6 17.6	7 20.6	26 100.0	13 50.0	6 23.1	7 26.9
その他	116 100.0	62 53.4	21 18.1	33 53.2	73 100.0	30 41.1	18 24.7	25 34.2

などを問題と感じている。

5.5.2　継続雇用制度における賃金低下への受け入れ態度

　継続雇用制度における賃金低下を受け入れられるかどうかをその理由別にみると（表4-24、単一解答）、継続雇用制度を利用している人は、他の雇用パターンと同様、定年前の年功賃金を考えるとやむなしと答えている割合（36.5%）が一番多いが、他の雇用パターンの中では最もその割合は低い。一方、同じ仕事の場合、賃金低下は受け入れられないとする割合（30.2%）は最も高く、いかなる理由・状況でも納得できないとする割合（9.7%）も相対的に高い。

第3部　人事管理システム

表4-23　定年退職・再雇用のパターン別：継続雇用制度の評価（複数回答）

	n %	同じ会社でこれまで培ったスキルや経験、人脈を生かすことができるので良い	雇用が安定するので良い	職探しをしたくない、職探しのコストが高いので良い	仕事が変わるのはやむを得ないが収入低下するので問題	収入低下は止むを得ないが仕事が変わることが問題	継続雇用では同じ仕事・同じ収入であるべきで、仕事が変わること、収入低下いずれも問題	その他 具体的に：
全体	1500 100.0	1131 75.4	821 54.7	328 21.9	303 20.2	207 13.8	324 21.6	16 1.1
定年を一度も迎えていない	140 100.0	107 76.4	78 55.7	31 22.1	14 10.0	16 11.4	20 14.3	2 1.4
定年を迎えて、別の企業に正社員として勤務	177 100.0	132 74.6	94 53.1	31 17.5	33 18.6	32 18.1	29 16.4	1 0.6
定年を迎えて、別の企業で有期契約社員として勤務	184 100.0	126 68.5	90 48.9	30 16.3	38 20.7	30 16.3	32 17.4	3 1.6
定年を迎えて、同一企業で継続雇用制度を利用	801 100.0	624 77.9	466 58.2	204 25.5	185 23.1	105 13.1	200 25.0	4 0.5
定年を迎える前に、別の企業に正社員として勤務	48 100.0	39 81.3	22 45.8	11 22.9	8 16.7	5 10.4	12 25.0	3 6.3
定年を迎える前に、別の企業で有期契約社員として勤務	34 100.0	24 70.6	21 61.8	5 14.7	8 23.5	5 14.7	8 23.5	0 0.0
その他	116 100.0	79 68.1	50 43.1	16 13.8	17 14.7	14 12.1	23 19.8	3 2.6

5.5.3　継続雇用制度、定年延長・廃止など様々な高齢者雇用制度に対する評価

　高齢者雇用制度に対する評価をみると（表4-25、単一回答）、継続雇用制度を利用している人では継続雇用制度は継続すべきと思っている人（37.6％）は他の雇用パターンよりも相対的に少ない一方、定年まで賃金制度は変えず定年延長をすべきという割合が相対的に最も多い（40.7％）。また、40から50歳代の賃金上昇を抑えて、定年制の延長及び廃止を望む割合は合計すると（14.6％＝6.7％

第4章　転勤・異動・定年後雇用の実態

表4-24　定年退職・再雇用のパターン別：賃金低下の受け入れ態度（単一回答）

	n %	定年前と同じ仕事をしていたとしても年功賃金で定年前の給与が高くなっているので低下はやむなし	定年前と同じ仕事をしていたとしても高齢者は健康やスキルの面で劣るので60歳以降の給与低下はやむなし	異なる仕事をしているのであれば給与低下を受け入れられるが同じ仕事であれば受け入れられない	継続雇用で賃金が下がるのはいかなる理由・状況でも納得できない	その他 具体的に‥
全体	1500 100.0	605 40.3	348 23.2	389 25.9	136 9.1	22 1.5
定年を一度も迎えていない	140 100.0	67 47.9	33 23.6	28 20.0	12 8.6	0 0.0
定年を迎えて、別の企業に正社員として勤務	177 100.0	92 52.0	41 23.2	34 19.2	8 4.5	2 1.1
定年を迎えて、別の企業で有期契約社員として勤務	184 100.0	76 41.3	52 28.3	42 22.8	10 5.4	4 2.2
定年を迎えて、同一企業で継続雇用制度を利用	801 100.0	292 36.5	181 22.6	242 30.2	78 9.7	8 1.0
定年を迎える前に、別の企業に正社員として勤務	48 100.0	21 43.8	13 27.1	8 16.7	4 8.3	2 4.2
定年を迎える前に、別の企業で有期契約社員として勤務	34 100.0	13 38.2	5 14.7	10 29.4	5 14.7	1 2.9
その他	116 100.0	44 37.9	23 19.8	25 21.6	19 16.4	5 4.3

+7.9%）最も低い部類に入る。一方、定年を迎えて他の企業に移った人は正社員、有期契約社員とも、定年後は次の職場を紹介する、年功賃金制度を改める定年延長・廃止を行うべきとする割合が高い。

6　まとめ

　ここまで、①転勤制度と②定年前後の雇用パターンに関する調査結果をみてきた。そこから導き出される論点やインプリケーションをまとめてみよう。

第3部　人事管理システム

表4-25　定年退職・再雇用のパターン別：高齢者雇用制度に対する評価（単一回答）

	n %	65歳継続雇用制度は維持すべき	定年までの賃金制度は変えず、65歳まで定年を延長すべき	継続雇用ではなく企業は働きたい人には次の職場を紹介する義務を課すべき	40から50歳代における賃金上昇を抑えても構わないので同じ職場、同じ仕事、同じ賃金で65歳まで定年を延長すべき	40から50歳代における賃金上昇を抑えても構わないので定年は廃止し、働きたい人はいつまでも働ける仕組みにするべき	その他 具体的に‥
全体	1500 100.0	611 40.7	503 33.5	116 7.7	91 6.1	155 10.3	24 1.6
定年を一度も迎えていない	140 100.0	74 52.9	35 25.0	8 5.7	5 3.6	17 12.1	1 0.7
定年を迎えて、別の企業に正社員として勤務	177 100.0	82 46.3	38 21.5	22 12.4	14 7.9	17 9.6	4 2.3
定年を迎えて、別の企業で有期契約社員として勤務	184 100.0	70 38.0	58 31.5	20 10.9	10 5.4	23 12.5	3 1.6
定年を迎えて、同一企業で継続雇用制度を利用	801 100.0	301 37.6	326 40.7	50 6.2	54 6.7	63 7.9	7 0.9
定年を迎える前に、別の企業に正社員として勤務	48 100.0	25 52.1	11 22.9	3 6.3	0 0.0	7 14.6	2 4.2
定年を迎える前に、別の企業で有期契約社員として勤務	34 100.0	10 29.4	4 11.8	4 11.8	3 8.8	11 32.4	2 5.9
その他	116 100.0	49 42.2	31 26.7	9 7.8	5 4.3	17 14.7	5 4.3

6.1　転勤制度に対する評価

　転勤制度は、無限定正社員制度の一角を形成していた。つまり、日本の通常の正社員は、勤務地が事前に限定されていない、転勤を命令されればそれを拒否することが難しい、という特徴があった。このため、転勤により、子供の転校・進学への支障、配偶者の失職、介護への支障、単身赴任など家族や家庭生活が犠牲になる側面があったことは否めず、本人の希望や同意を尊重した転勤制度の構築が求められている。こうした転勤制度の負の側面がクローズアップされる一方、ジョブ・ローテーション（定期的な人事異動）や適材適所などの通常の目的を超えて、日本の雇用システムの中でどのようなメリットやインプリケーションがあったかについてはこれまで必ずしも明らかにされてこなかった。そこで、本調査は、従業員が300人以上の大企業の大卒正社員に限り、転勤経験者と転勤非経験者の様々な属性を比較することで、転勤制度の役割を検討した。

　その結果、転勤経験者は、経験していない者と比べ、年収が高い、課長以上の割合が大きい、昇進スピードが速い、適職感が高い、仕事満足度が高いなど、といった特徴がみられ、転勤経験者が持つメリットが明らかになった。また、転勤と転居を伴わない異動を比較すると、両者とも役職の変化に明確な差はみられないが、前者は職業能力、仕事の難易度、後者は仕事の内容における変化がより明確であることがわかった。無限定正社員システムの中で、人事政策上、転居を伴わない異動は様々な職務を経験させる意図がある一方、転勤は仕事の難易度を上げ、それにチャレンジさせる意図があったと解釈できるかもしれない。こうしたことを反映して、転勤経験者は、メリットがデメリット上回ると評価している人が多い。また、転勤制度のルールなどが整備されている企業に所属する人ほどメリットを感じている割合が大きい。

　転勤経験者が転勤未経験者に比べて、年収・課長以上割合が高く、転勤のメリットを評価しているという特徴が明らかになったが、転勤が難しい社員の活用を促進するためには、さらに取り組むべき課題として以下の二つが挙げられる。第一は、転勤を経験すれば能力・スキルは必ず向上するかという点である。異動は転勤に比べて仕事内容が変わっているにもかかわらず、転勤ほどには職業能力と仕事の難易度が高まっていなかった。転勤以外の方法で、より能力・スキルを向上させる機会を与えることはできないだろうか。第二は、転勤制度に対する納得感を高めることである。転勤で充足されるポストの人材要件が明らかにされず、

第3部　人事管理システム

転勤者の人選の段階で、能力による選抜が行われているならば[12]、転勤それ自体が能力のシグナルとして働き、将来の賃金や昇進を左右する。この場合、能力があっても転勤の難しい社員にとって、転勤制度は不利に働く。転勤に応じないことで、能力を過少に見積もられるおそれがある。転勤で求められる人材要件や転勤後の処遇といった転勤ルールの明確化は、非転勤者の働くモチベーションの維持やキャリア形成においても重要である。

6.2　高齢者雇用制度に対する評価

年金支給開始年齢が65歳に延長される中で65歳までの雇用安定を確保する仕組みとして継続雇用制度が主として利用されている。定年までの後払い式、年功色の強い賃金制度を前提にすれば継続雇用制度の下での賃金の大幅な低下は合理的である。一方で、同じ職務に従事しながら賃金が大幅に低下するのは公平性に欠け、不利益変更に当たるとの見方もあり、職務内容変更と賃金低下をセットで実施されるケースも多い。しかし、これまで慣れ親しんだ職務とはまったく異なる職務に従事することは本人のスキルや経験が有効に活用されていないことを意味し、雇い主、労働者にとってマイナスである。こうした問題への対応としては、年功型賃金制度を見直し、定年前に生産性に見合った賃金レベルにした上で、定年延長・廃止を検討することが挙げられる。このような検討に資するためには、継続雇用を含め定年前後の雇用パターンに応じて高齢者労働者はどのような状況に置かれ、どのように考えているかを綿密に分析する必要がある。

本章の分析結果によれば、定年前後の雇用パターンとして、継続雇用制度の利用が半分程度と最も高いが、定年後他の企業で勤務している人と比較して、時間当たり年収は低く、賃金減少幅も大きい、仕事満足度や65歳以降の就業意欲も最も低いなど厳しい状況がみてとれた。その結果として、継続雇用制度利用者の同制度に対する評価は必ずしも高くなく、賃金低下への不満は大きいといえる。また、雇用の安定、同じ職場での継続的な就業メリットなどを重視するという消極的な対応も目立ち、自ら職探しをする、あるいは、企業に次の職場を紹介する義務を

---

12)　例えば、佐野他［2019］では、就業前の状況との関連で、転勤経験を決定する要因として、中3成績の高さ、高校時代の遅刻欠席の少なさ、運動系・文化系のクラブを熱心に行っていた個人は、男女共に転勤を経験する確率が高いことを示している。これらの就業前の状況は転勤経験からの賃金へのプレミアムの一部を捉えている可能性がある。

課すべきといった積極的な対応は支持されていない。さらには、年功色の強い賃金制度の見直しなどを通じた抜本的な高齢者雇用制度見直しに対しても消極的であり、現在の賃金制度をそのままに同じ賃金で定年延長を求めるような制度設計上の観点からは合理性を欠いた機会主義的な考え方も強いことが明らかとなった。

　継続雇用制度は、65歳までの雇用維持には一定の役割を果たしているものの、賃金減少の幅が大きく、同じ仕事の業務量の調整や後進指導に従事するだけでは、仕事からの満足度が十分に得られていないことがみてとれた。こうした分析結果に鑑みて、今後、高齢者の能力発揮を促す方策としては、以下の二つが考えられる。第一には、継続雇用者であっても、65歳以降の就業意欲を引き出すような中長期的なキャリアを60歳前後から開発することである。別会社への転身も含めた幅広い選択肢をもつことが、高齢者の就業継続・能力発揮の観点からみて望ましい。第二は、働くモチベーションの低下を引き起こすような定年後の大幅な賃金低下を抑えることである。そのためには、現役世代、定年後継続雇用を問わず、職務を再設計して、職務に見合った賃金を設定するという賃金プロファイルの見直しが必要である。

参考文献

小川浩［2009］「高齢者の労働供給」『高齢者の働きかた』清家篤編、叢書『働くということ』第8巻第4章、ミネルヴァ書房。

梶谷真也［2011］「在職老齢年金と定年退職者の再就職行動—定年退職前後の職種変化に注目して」『日本経済研究』NO.64、pp.56-76。

鹿生治行・大木栄一・藤波美帆［2016］「60歳以降の社員（高齢社員）の人事管理の整備状況と現役社員の人事管理への影響—平成24年改正高年齢者雇用安定法以降の状況」『日本労働研究雑誌』No.674、pp.55-65。

久米功一・鶴光太郎・佐野晋平・安井健悟［2019］「定年後の雇用パターンとその評価—継続雇用者に注目して」RIETI Discussion Paper Series 19-J-002。

近藤絢子［2014］「雇用確保措置の義務化によって高齢者の雇用は増えたのか—高年齢者雇用安定法改正の政策評価」『日本労働研究雑誌』pp.13-22、No.642。

佐藤一磨［2018］「定年退職は健康にどのような影響を及ぼすのか」阿部正浩・山本勲編著『多様化する日本人の働き方—非正規・女性・高齢者の活躍の場を探る』第10章、慶應義塾大学出版会、pp.229-246。

佐野晋平・安井健悟・久米功一・鶴光太郎［2019］「転勤・異動と従業員のパフォーマ

第3部　人事管理システム

ンスの実証分析」RIETI Discussion Paper Series 19-J-020。

高木朋代［2009］「高齢者の多様な働きかた―短時間勤務によるワークシェアリングへの展望」清家篤編、叢書『働くということ』第8巻第7章、ミネルヴァ書房。

内閣府政策統括官（経済財政分析担当）［2018］「60代の労働供給はどのように決まるのか？―公的年金・継続雇用制度等の影響を中心に―」『政策課題分析シリーズ16』

山本勲・佐藤一磨・小林徹［2018］「高齢者の失業が健康に及ぼす影響」阿部正浩・山本勲編著『多様化する日本人の働き方―非正規・女性・高齢者の活躍の場を探る』第11章、慶應義塾大学出版会、pp.247-262。

橋本由紀・佐藤香織［2014］「性別職域分離と女性の賃金・昇進」『経済分析』、65（3）：221-237。

樋口美雄［2001］『人事経済学』生産性出版。

労働政策研究・研修機構［2015］「60代の雇用・生活調査」調査シリーズ No.135，労働政策研究・研修機構。

労働政策研究・研修機構［2016］『中高年齢者の転職・再就職調査』調査シリーズ No.149、労働政策研究・研修機構。

労働政策研究・研修機構［2016］『高年齢者の雇用に関する調査（企業調査)』調査シリーズ No.156、労働政策研究・研修機構。

労働政策研究・研修機構［2017］『企業の転勤の実態に関する調査』調査シリーズ No.174、労働政策研究・研修機構。

Ariga, Kenn [2006] "Horizontal transfer, vertical promotion, and evolution of firm organization," *Journal of Japanese and International Economies*, 20, pp.29-40.

Eriksson, Tor and Jaime Ortega [2006] "The Adoption of Job Rotation：Testing the Theories," *Industrial and Labor and Relations Review*, Vol. 59, No. 4, pp. 653-666.

Frederiksen, Anders and Takao Kato [2018] "Human Capital and Career Success：Evidence from Linked Employer-Employee Data," *The Economic Journal*, 128, pp.1952-1982.

Gibbons, Robert and Michael Waldman [2006] "Enriching a Theory of Wage and Promotion Dynamics inside Firms," *Journal of Labor Economics*, vol. 24, no. 1, pp.59-107.

Lazear, Edward [2012] "Leadership：A personnel economics approach," *Labour Economics*, 19, pp.92-101.

Sato, Kaori., Yuki Hashimoto and Hideo Owan [2017] "Gender Differences in Careers," RIETI Discussion Paper, 17-E-051.

【第3部】人事管理システム

第5章 ダイバーシティ経営と人事マネジメントの課題

人事制度改革と働き方の柔軟化

佐藤博樹

要旨

　日本企業は、人材マネジメントとして、多様な人材を受け入れるだけでなく、多様な人材が活躍できる機会を用意し、それを経営成果に結びつけるダイバーシティ経営を定着させることが不可欠な社会経済環境に直面している。日本企業がダイバーシティ経営を推進するためには、人材マネジメント面において解決すべき2つの課題がある。第1は働き方改革であり、第2は人事制度改革である。

　第1の働き方改革の目的は、単なる長時間労働の解消ではない。例えば、従来の残業付きのフルタイム勤務や転勤に対応できない社員であっても、能力を発揮できる働き方へ改革することである。第2の人事制度改革は、ダイバーシティ経営との関係で議論されることが少ない。しかし、ダイバーシティ経営を実現するためには、従来の同質的な人材を想定した人事制度の根本的な改革が不可避となる。

　本章では、上記の問題意識を踏まえて、働き方改革と人事制度改革の現状と課題を分析する。具体的には、ダイバーシティ経営を企業内に定着させ、その目的である多様な人材の活躍を実現するためには、働き方改革と人事制度の改革が必要となることを、独自に実施した個人アンケート調査に基づいて分析する。

第3部　人事管理システム

1　はじめに

　日本企業は、人材マネジメントとして、多様な人材を受け入れるだけでなく、多様な人材が活躍できる機会を用意し、それを経営成果に結びつけるダイバーシティ経営を定着させることが不可欠な社会経済環境に直面している。その理由は、労働力の供給構造と企業が直面している市場環境の両者の変化にある。

　前者の労働供給構造の変化では、日本企業が、これまで無期労働契約の中核人材（いわゆる正社員）として活用してきた「日本人男性で残業付きフルタイム勤務や転勤を可能とする」いわゆる「ワークワーク社員」[1]に該当する人材が減少してきたことがある。今後は「ワークワーク社員」だけでなく、多様な人材を受け入れ、多様な人材が活躍できるようにする人材マネジメントが日本企業に求められている。後者の企業の市場環境の変化では、新しい価値の創造が企業の競争力の維持・向上に不可欠になってきたことがある。新しい市場環境に対応するためには、多様なスキルや経験に加えて、多様な価値観を持った人材を受け入れ、新しい価値の創造に繋げることが企業に求められるようになっている。

　日本企業がダイバーシティ経営を導入、定着していくためには、人材マネジメント面において解決すべき2つの課題がある。第1は働き方改革であり、第2は人事制度改革である。それぞれを説明しよう。

　第1の働き方改革で必要なのは、単なる長時間労働の解消ではない。例えば、従来の残業付きのフルタイム勤務や転勤に対応できない社員であっても、能力を発揮できる働き方へ転換することである。したがって、残業が少ない職場や残業のない職場でも働き方改革が必要となる。ワーク・ワーク社員だけでなく、ワーク・ライフ社員など多様な人材が活躍できる働き方を実現するためには、働き方の改革だけでなく、同時に時間をかけた働き方を評価する職場風土の解消や管理職の職場マネジメントの変革、さらには、働く人々の生活改革が鍵となる。後者の生活改革が求められているのは、社員の中に、とりわけ男性の中高年層では依然としてワーク・ワーク社員が多く、働き方改革の必要性を感じていない者が少

1）「ワーク・ワーク社員」の典型は、男性は仕事・女性は家事育児という男女役割分業による「男性片働きモデル」に該当する仕事中心の価値観を望ましいとしている人材を指す。他方、「ワーク・ライフ社員」は、仕事だけでなく、仕事以外の生活も大事にする価値観を持つ人材を意味する。

第5章　ダイバーシティ経営と人事マネジメントの課題

なくないことによる。こうした社員は、時間意識が高い働き方をしているとは限らないだけでなく、親の介護の課題などに直面する可能性などを考えれば、現在の働き方を今後も続けることができるとは限らないことがある。こうした意味で、働き方改革と同時に、仕事だけでなく仕事以外の生活も大事にすることに繋がる社員の生活改革を推進する必要がある。しかし、社員の生活改革の推進は、企業にとって取り組みが難しい課題である。社員自身が生活改革の必要性を自覚することが改革の出発点となることによる。生活改革が伴わない働き方改革は、ワーク・ワーク社員の仕事満足度を低下させることになるリスクがある。さらに、働き方改革では、労働時間の長さという「量」だけでなく、働く時間帯や働く場所の柔軟化など働き方の「質」の変革が不可欠となる。働き方の「質」に関しては、後述する。

　第2の人事制度改革は、ダイバーシティ経営との関係で議論されることが少ない。もちろん、女性活躍支援の観点から人事制度の見直しが行われつつある。具体的には、育児休業を取得した社員や短時間勤務を利用している社員のキャリア管理や人事評価の在り方、さらに社員や社員の配偶者の転勤への対応などである。いずれの課題も、現状の人事管理システムが、同質的な社員を前提に構築されていることから生じている。具体的には、残業付きのフルタイム勤務や転勤が可能で、同一のキャリア志向（管理職昇進）を持ち、定年まで休業などせずに継続して勤務する男性社員（これが望ましい「社員像」でもある）を想定した人事管理システムによる。しかし、女性だけでなく、男性の中にも、こうした「社員像」に当てはまらない者が増えつつあることが、前述した人事制度上の様々な課題を企業にもたらしている。さらにいえば、ダイバーシティ経営を実現するためには、こうした従来の同質的な人材像を想定した人事制度の根本的な改革が不可欠なのである。

　以上の問題意識を踏まえ、本章の以下の前半では、ダイバーシティ経営を導入、定着を前提として、働き方改革と人事制度改革の現状と課題を分析する。後半では、ダイバーシティ経営を企業内に定着させ、その目的である多様な人材の活躍を実現するためには、働き方と人事制度の改革が必要となることを、個人アンケート調査に基づいて分析する。具体的には、ダイバーシティ経営の目的である多様な人材の活躍の実現度と、人事制度の在り方及び長時間労働の解消や働き方の柔軟化など働き方改革の関係を取り上げる。

第3部　人事管理システム

2　ダイバーシティ経営と働き方改革

2.1　ダイバーシティ経営と働き方改革：女性の活躍支援と両立支援を事例に

　ダイバーシティ経営の一例として女性活躍支援を取り上げて、働き方改革の必要性を説明しよう。

　女性の就業継続のためには、育児休業など法定の両立支援制度を導入するだけでなく、法定水準を上回る手厚い両立支援制度を整備することが望ましいと考えてきた企業も少なくない。例えば、育児休業の取得可能期間は、法定では子が1歳までだが（保育園等に入園できない場合は最長2歳まで延長可能）、企業独自にこれを小学校入学以降まで延長することなどである。しかし、女性を含めて多様な人材が活躍できる職場の要件は、①両立支援制度が円滑に利用できることだけでなく、それに加えて②通常のフルタイムの勤務の働き方（仕事管理・時間管理）と③職場風土のあり方が重要である。そのため、両立支援制度だけでなく、働き方と職場風土の改革のいずれを欠いても、またそれぞれの取り組みの連携が不十分でも、多様な人材が活躍できる職場の構築が難しく、さらには女性の活躍にマイナスの影響が生じることになる。この点を具体的に説明しよう。

　両立支援制度が充実していても、長時間残業が恒常的な職場では、育児休業や短時間勤務を利用しなくては仕事と子育ての両立が難しく、両立支援制度の利用が長期化しがちで、制度利用者のスキル獲得やキャリア形成にマイナスとなる。つまり、両立支援制度の長期間の活用が、女性活躍を阻害することになる。仕事と子育ての両立のために短時間勤務を利用している女性社員へのヒアリング調査によると、フルタイム勤務に戻ると上司や同僚から残業できることを期待されるようになることを危惧し、短時間勤務を利用可能期間の上限まで利用し、他方で必要な場合はフルタイムに近い働き方を自主的に行っている者も少なくない[2]。

　育児・介護休業法の改正によって、短時間勤務が事業主の措置義務とされたため、多くの企業で短時間勤務の利用者が増加し、その結果、職場の管理職からは、短時間勤務者への業務の割り当てや、短時間勤務者の働きぶりの評価などが難しく、職場マネジメントに支障が生じているとの意見も出されている。そうした職

2）短時間勤務利用者やその上司へのヒアリングの結果に関しては、中央大学大学院戦略経営研究科・ワーク・ライフ・バランス＆多様性推進・研究プロジェクト［2013］を参照されたい。

場では、短時間勤務の制度利用者とフルタイム勤務の非制度利用者の間に軋轢が生じ、両者がそれぞれの働き方に不満を抱く状況も生まれている。職場にこのような軋轢が生じている真の原因は、短時間勤務制度自体や制度利用者の側にあるのでなく、非制度利用者であるフルタイム勤務の働き方にあることが少なくない。こうした課題を解消するためには、フルタイム勤務の働き方を改革し、短時間勤務者がフルタイム勤務へ円滑に移行できるようにすることが必要となる（佐藤・武石編［2014］の topic2）。先進的な企業では、女性の活躍の場の拡大のために、両立支援から活躍支援へと取り組みの重点を移行させてきているのは、こうした課題の解消を目指したものと評価できる（石塚［2016］など）。

さらに、職場風土に関して説明すると、両立支援制度が整備されていても、残業することを当然視する価値観が根強い職場風土があったり、また制度利用に関して「お互い様」意識が定着していなかったりすると、制度利用者は、同僚から制度利用に関する理解や支援を得られず、制度を利用しにくくなる。社員の間にお互い様意識を醸成するためには、両立支援の対象範囲を広げることも有効である。法定の両立支援制度は、現状では子育てと介護に支援の対象が限定されているが、夜間大学院への通学など自己啓発や社会貢献活動への長期の参加など両立支援の利用目的を広くしている企業もある。このように制度的にも両立支援の利用可能範囲を広げることは、社員の間のお互い様意識を醸成することに有効となる。他方で、両立支援制度の対象が子育てに限定されていると、職場成員間にお互い様意識を醸成することが難しいことになる。なぜなら職場成員のすべてが結婚したり、子供を持ったりするわけでないことによる（佐藤・武石［2010］）。職場における「お互い様」意識を、後述するデータ分析では多様性尊重風土として含めている。

2.2　働き方改革を通じた長時間労働の解消を

ダイバーシティ経営の事例として、女性活躍支援を取り上げて、働き方改革を欠いた両立支援制度の充実は女性活躍を阻害することを指摘した。それを踏まえてダイバーシティ経営に不可欠な働き方改革の内容を取り上げよう。

ダイバーシティ経営の土台作りとしての働き方改革は、長時間労働の解消のみでは不十分となる。もちろん長時間労働は、ダイバーシティ経営の実現を阻害するが、長時間労働が解消できれば、ダイバーシティ経営が実現できるわけではな

い。その意味では、働き方改革は、長時間労働の解消と同義ではない。言い換えれば、長時間労働がない職場あるいは残業のない職場でも、ダイバーシティ経営のために不可欠な働き方改革があるのである。つまり、働き方改革の主たる目的は、「時間意識」の高い働き方へ転換することを通じて時間生産性や付加価値生産性の向上を実現し、その結果として残業が減少するのである。残業などがない職場でも働き方改革が必要となる（佐藤・武石［2017］の序章）。

　ダイバーシティ経営の実現のために働き方改革が目指すべき方向は、管理職だけでなく職場成員の一人一人が、「時間」を有限な経営資源と考えること、つまり高い「時間意識」を持って仕事に取り組むようにすることである。ワーク・ワーク社員を前提とした仕事管理・時間管理を、ワーク・ライフ社員を前提とした仕事管理・時間管理へと改革することである。これは、仕事が終わらなければ残業すればよいとする安易な残業依存体質を解消することでもある（佐藤・武石［2010］、佐藤・武石編［2011］、企業活力研究所人材研究会［2016］）。

　ワーク・ワーク社員が多い時代の仕事管理・時間管理は、安易なものとなりがちであった。無駄な業務の削減、仕事の優先付け、過剰品質の解消などを考慮せずに、仕事総量を所与としてすべての業務が完了するまで労働時間を投入し続けるような働き方が行われていた。時間を「有限」な経営資源と考える意識を欠いたことで、時間を効率的に活用する考えが希薄となっていたのである。質の高い仕事が生み出されていても、無駄な仕事や過剰品質も多く、その結果として全体としては時間あたり生産性が低くなった。

　他方、ワーク・ライフ社員を前提とした仕事管理・時間管理とするためには、時間総量を所与として、その時間内で最大の付加価値を生み出すことが大事になる。時間を「有限」な経営資源と捉えて、時間資源を効率的に利用する高い時間意識を職場成員の間に定着させるのである。仕事管理・時間管理として、無駄な業務の削減、優先順位付けをしたうえでの業務遂行、過剰品質の解消、情報共有や仕事の見える化などの取り組みが不可欠となる。時間を「有限」な経営資源と考えることで、無駄な業務の削減や過剰品質の解消、さらには業務の優先順位付けなどの取り組みが意識化される。これが時間意識の高い働き方への転換である。

　さらに、時間意識の高い働き方への転換を促進するためには、企業が、望ましいと考える新しい働き方を社員に提示するために、働きぶりの評価基準の改革が必要となる。人事考課を含めて評価基準は、企業が社員に求める望ましい働き方

第 5 章　ダイバーシティ経営と人事マネジメントの課題

に関するメッセージであることによる。その際、人事考課の評価基準だけでなく、部下を人事評価する管理職による、残業など部下の働き方に関する既存意識の変革が求められる。

2.3　長時間労働だけでなく、多様な労働時間の側面に着目を

　ダイバーシティ経営の土台作りとしての働き方改革では、恒常的な長時間労働の解消は重要であるが、労働時間の多様な次元、とりわけ労働時間の「質」の面に着目する必要がある。とりわけ日本では、長時間労働の解消だけでなく、働き方の柔軟性の向上など労働時間の質の改善が求められていることがある。例えば、国際社会調査プログラムの仕事志向（Work Orientation）に関する調査（ISSP[3]の2005年調査と2015調査）で、働き方の柔軟性に関係する 3 つの設問について、日本を含めた 9 カ国に関して比較すると、図 5 - 1 から図 5 - 3 のようになる。分析対象は、年齢層を18歳から64歳で、かつ週35時間以上就業する雇用者である。他国と比較して日本の働き方は、仕事の進め方[4] や出退勤時間の裁量度[5] が低く、仕事中における私用時間の利用可能性[6] も低い結果となっている[7]。2015年調査と2005年調査を比較すると、上記の課題は2005年からほとんど改善されていないことが分かる。

---

3) 国際社会調査プログラム（International Social Survey Programme；ISSP；http://w.issp.org/menu-top/home/）は、国際比較を目的として、毎年共通のテーマを決め、同一の調査票（英語版の共通調査票を各国版に翻訳）を用いて、参加国の調査機関が調査を実施するものである。1985年から調査が始まり、その後参加国が増加し、2018年時点で43カ国が参加している。日本の参加機関は、NHK 放送文化研究所である。共通テーマは、政府の役割、社会的不平等、宗教、環境、女性とジェンダー、仕事志向などで、繰り返し実施されているテーマもある。今回の分析に利用した仕事志向は、これまでに1989年、1997年、2005年、2015年の 4 回実施されている。調査のマイクロデータは、ドイツのデータアーカイブ（GESIS）から提供されている。

4) 仕事の進め方を自分でどの程度決めることができるかに関して、3 点 =「自分で自由に決められる」、2 点 =「ある程度、自分で決められる」、1 点 =「自分で決めることはできない」として計算。2015年調査には「わからない」という選択肢があるが、得点化では除いている。

5) 出退勤時間をどの程度自分で変更できるかに関して、3 点 =「はじめと終わりの時刻を好きなように決めることができる」、2 点 =「一定の枠内であれば、はじめと終わりの時刻を自分で変えることができる」、1 点 =「はじめと終わりの時刻が決められており、勝手に変えられない」として計算。

第3部　人事管理システム

　働く人のワーク・ライフ・バランス（WLB）と労働時間の関係に関する先行研究を見ると、労働時間の多様な次元の重要性が指摘されている[8]。具体的には、①労働時間の長さに加えて、②働く就業時間帯、③労働時間と労働時間の間の休息時間、④労働時間配分に関する働く人の裁量度などである。つまり、WLBの向上には、働く時間の量を削減すると同時に、時間の使い方つまり働き方の「質」を変えることが重要となる。ちなみに2018年に成立した働き方改革関連法における残業時間の上限規制は上記の①に、勤務間インターバルは上記の③に、フレックスタイムの精算期間を1カ月から3カ月に延長できるようにしたことは上記の④に該当する取り組みと評価できる。

　以下では、労働時間の長さ以外の要因を取り上げて、WLBに関係する労働時間の多様な次元について詳しく見ていこう。働く時間帯に関しては、週当たりでみれば同じ労働時間数であっても、就業する時間帯によって労働者のWLBの実現には差が生じることが知られている（高見［2012］など）。平日昼間に就業することを前提とした社会生活が一般的であることから、夜間や深夜の労働の頻度が高かったり、土曜や日曜の労働の頻度が高くなったりすることは、社員が家族と過ごす時間を制限する可能性が高く、社員のWLBの実現を難しくする（非社会的な労働）。例えば、サービス業や小売業では、土曜や日曜など週末の勤務も多く、子どもがいる社員にとっては、土曜や日曜に子どもと一緒の時間を確保することが容易でない。

　労働時間と労働時間の間の休息時間も労働者のWLBを左右する。勤務間インターバルは、労働時間と労働時間の間の休息時間の設定に該当し、勤務間インターバル制度の意義は、睡眠時間など生活必要時間の確保を通じて健康を維持したり、仕事と仕事以外の時間を区別したりすることで、WLBの改善に貢献することにある。しかし、勤務間インターバルを11時間確保したとしても、1日の所定労働時間を8時間とすると、毎日4時間の残業が可能となる。つまり、勤務間イ

6）仕事中に、家の用事や個人的な理由で、仕事を1、2時間離れることがどのくらい難しいかに関して、4点＝「まったく難しくない」、3点＝「それほど難しくない」、2点＝「やや難しい」、1点＝「非常に難しい」として計算。別に「わからない」という選択肢があるが、得点化では除いている。

7）仕事の裁量度と仕事中の私用時間では、このほかに「わからない」の選択肢がある。

8）佐藤［2012］や島貫・佐藤［2017］及びその参考文献などを参照されたい。

第5章　ダイバーシティ経営と人事マネジメントの課題

図5-1　仕事の進め方の裁量度

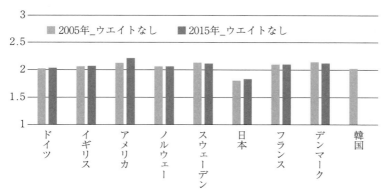

資料）International Social Survey Programme：Work Orientation Ⅲ（2005）とⅣ（2015）のデータを再集計した。

図5-2　出退勤時間の自由度

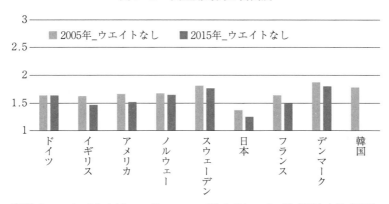

資料）International Social Survey Programme：Work Orientation Ⅲ（2005）とⅣ（2015）のデータを再集計した。

ンターバルは、WLBに貢献する労働時間の一つの要素でしかないことに注意が必要である。

　労働時間の長さが同じでも、労働時間配分の裁量度はWLBを左右する要因として重要である。労働時間配分の裁量度とは、社員が自分で始業・終業時刻を決定できたり、休憩時間を設定できたりするものである。例えば、フレックスタイ

図 5-3 仕事中の私用時間の利用可能性

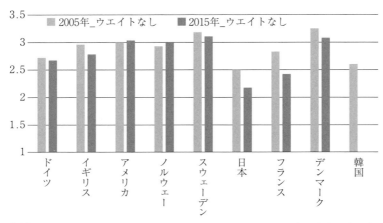

資料）International Social Survey Programme：Work Orientation Ⅲ（2005）とⅣ（2015）のデータを再集計した。

ム制は、仕事の進捗や生活にあわせて社員に始業・終業時刻の選択可能性を付与し、裁量労働制は労働時間だけでなく、仕事の進捗管理などに関しても社員に選択可能性を与える仕組みである。フレックスタイム制は、社員に始業・就業の選択可能性を与える制度であるが、その選択可能性はコアタイムやフレキシブルタイムの設定、さらには精算期間に規定される。さらに、労働時間配分の裁量度、つまり労働時間や仕事に関する選択可能性を、社員が実際に活用できるかどうかは、上司のマネジメントや社員の自己管理能力（仕事と時間）に依存する。労働時間配分の裁量度を高めることに貢献する制度、例えばフレックスタイム制などを導入しても、そのことが自動的に社員のWLB向上に繋がるわけではない。制度がその趣旨に即して活用できてはじめてWLBの向上が実現することになる。

　例えば、裁量労働制が、その制度の趣旨に即して運用されるための条件として、以下の点が明らかにされている。それは、①仕事の適正な質・量と納期、②仕事の明確な目標、③仕事の進捗管理や遂行手段の選択権の付与、④成果による評価と評価基準の明確化、⑤労働者の自己管理能力などである（佐藤［1997, 2001］、佐藤厚［2008］）。つまり、裁量労働制が、その趣旨通りに運用されるためには、管理職による適切な業務マネジメントと社員自身の自己管理能力が鍵となる。自

己管理能力を欠いた社員が、裁量労働制を適用されると、長時間労働になる可能性が高くなるのである。この点は、いわゆる「高度プロフェッショナル制度」にも該当しよう。なお、ここでは取り上げないが、個人的な事情から勤務時間中に仕事を離れられるといった「勤務中断」の自由度も労働時間配分の裁量に含まれる。

労働時間の多様な次元が、労働者のWLB向上にどのように寄与するかを分析した研究を紹介すると、つぎのようになる（島貫・佐藤［2017］[9]）。すなわち、①実労働時間を一定範囲内におさめること、②長時間労働が常態化しないこと、③勤務時間中に個人的事情によって短時間でも仕事を離れられる自由度があること、④夜間労働の頻度が少ないこと、⑤勤務間インターバルが一定の頻度で確保できていることなどの重要性が明らかにされている。つまり、社員のWLBを改善するには、残業時間の上限規制など長時間労働の解消だけでなく、労働時間の多様な次元を総合的に見直すことが必要と言える。労働時間ではないが、同分析によると、通勤時間は社員にとっては拘束時間となることから、通勤時間が長くなるとWLBが低下することも明らかにされている。

2.4 働き方改革としての在宅勤務やモバイルワーク

既に指摘したように通勤時間は拘束時間となるため、通勤時間が長い都市部では、労働時間に加えて、通勤時間もWLBを左右する。そのため、通勤を通信に代替できる在宅勤務は、通勤時間の削減に貢献し、社員のWLB向上に貢献する可能性がある。

在宅勤務やモバイルワークは、通勤時間を通信で代替できたり、移動中の隙間時間を仕事に活用できたりするなど、効率的な仕事の遂行に貢献する可能性がある。他方で、仕事時間と仕事以外の時間を物理的に区別する壁がなくなるため、仕事と仕事以外の時間の区分が曖昧になり、長時間労働に繋がる可能性も指摘されている。いつでもどこでも仕事ができる環境が出現する中、職場の上司による部下マネジメントの在り方に加えて、社員1人1人が仕事と仕事以外の境界を自己管理することが、益々重要になると言えよう。例えば、終業時間後や週末には

9）この部分は、島貫・佐藤［2017］による。同稿では、分析対象者を週の実労働時間が45時間以上に限定していたが、40時間以上に分析対象を拡張した分析でも、同様の結果が得られており、拡張した分析結果に関しては佐藤［2018］を見られたい。

第3部　人事管理システム

部下にメールを送らないようにしたり、社員が週末はメールを読まないようにしたりするなどシステム的な対応を含めた企業によるルール作りも、こうした自己管理を制度的に担保するものと言える。仕事と仕事以外の自己管理として、仕事をするときと仕事をしないときの「けじめ」をつけることができているかどうかに関する大卒ホワイトカラーを対象とした個人調査によると、つぎのようになる。「けじめ」の有無によって、勤務時間外でのメールや資料の確認の頻度、さらに残業時間や働き方に関する考え方が異なり、「けじめ」ができていない人は、職場で長く働くことになるだけでなく、勤務時間外でもメールを読んだり、資料を作成したりすることが多くなることが確認できる（松浦［2018]）。

2.5　働き方改革の担い手としての管理職

　働き方改革は、企業など人事部門の取り組みだけでなく、職場の管理職のマネジメントの在り方に依存する部分が大きい（中央大学大学院戦略経営研究科・ワーク・ライフ・バランス&多様性推進・研究プロジェクト［2014]）。管理職が、職場における働き方や職場マネジメントの改革を担えるように、企業として管理職を支援することも重要である。しかし、管理職自身の働き方をみると、長時間労働などで働き方改革などに時間を割けない状況にある。例えば、企業活力研究所・人材研究会［2017］が実施した大卒以上の営業職（販売を除く）の管理職に対する調査によると以下の点が明らかにされている。

　管理職は、コンプライアンス対応や付加価値の高い仕事が求められるなど担うべき業務が増加し、実労働時間が増加している。こうした長時間労働の背景には、管理職が担うべき業務の増加だけでなく、部下が担当すると同じ仕事、いわゆるプレイング業務の割合の増加がある。プレイング業務が多くなる理由として管理職自身が指摘しているのは、業務量が多いことと部下の力量不足で、これが2大理由となる。メンバーの力量不足が上位に指摘されているのは、部下育成に管理職が時間を割けていないことが背景にあるとも言える。

　管理職の役割は、組織目標を達成するために、①計画する（目標を定め、戦略を策定し、活動を協調するための計画を作成）、②組織化する（どの業務を、誰が、いつまでに行うかを決める）、③リーダーシップを発揮する（部下に業務を割り振り、行動を指示し、動機づけをし、意思疎通を円滑化し、トラブルを解消するなど）、④コントロールする（計画通りに業務が遂行されるように管理・監

督する）の４つにあると言われる。働き方改革のために求められる仕事管理や部下に関わるマネジメントは、①から④に含まれるが、管理職はその業務に時間を割けていないのである。企業活力研究所調査では、管理職として担うべき業務を12項目（例えば「部下の将来のキャリアを見据えて指導・育成する」等）をあげ、それぞれの取り組み状況を４段階（「取り組んでいる」（＋２点）、「まあ取り組んでいる」（＋１点）、「あまり取り組んでいない」（－１点）、「取り組んでいない」（－２点））で尋ねている。回答を得点化（12の選択肢の合計得点は＋24点から－24点）し、合計得点の分布から17点以上を「管理職の役割が担えている者」と定義すると、回答者の中で「管理職の役割を担えている者」は全体の３分の１程度に留まった。

　上記の分類に基づいて管理職の役割を担えている者と管理職の役割を担えていない者を比較すると、プレイング業務の割合が多い管理職では、管理職として担うべき役割が遂行できていないことが確認できる。管理職が働き方改革を担うためには、管理職の業務や働き方を見直し、管理職としての役割を担えるようにする必要があることがわかる。

　管理職自身が、管理職としての役割を担えるようになるためには、企業の支援も必要となるが、その支援が十分でないことも確認できる。同上調査によると、管理職自身が、管理職としての役割を遂行するために会社に求めていることのなかで、企業が実際に行っている支援がきわめて少ない現実がある。例えば、「不要な管理業務の見直し」、「無駄な会議・打合せの廃止等による業務の見直し」、「経営トップ主導による全社的な組織・業務の見直し」、「管理職に対し、仕事上の判断に対する権限を十分に付与する」、「管理職の部下育成を適切に評価」するなどが、管理職が求めている支援内容であるが、企業による支援の実施率は低い。このほか、「シニア層の活用等、管理職の管理業務を支援する仕組みを整備する」、「管理職登用前にマネジメント経験を積む機会を設ける」、「在宅勤務などIT を活用した業務効率化を推進する」なども管理職による支援の要望と企業の実施率の差が大きい。企業としては、働き方改革の役割を担うことを管理職に求めるのであれば、その役割を担えるように支援することが課題となっている。

第3部　人事管理システム

3　ダイバーシティ経営と人事制度改革

3.1　典型的な従来の人事制度

　ダイバーシティ経営を導入、定着させるためには、とりわけ大企業では、人事制度の改革が必要となることを指摘した。具体的には、同質的な人材像を前提に構築されているいわゆる「日本型雇用処遇制度」の改革である。日本型雇用処遇制度を理念型として説明すると、企業は、①配属業務や配属部署を限定せずに新卒を採用し、②OJTで内部育成し、③昇進昇格では、学歴別年次管理を基本とする「遅い選抜方式」（小池［2015］）で、長期の昇進競争による仕事への動機づけを重視し、④労働時間では残業付きのフルタイム勤務で、⑤定年まで継続的に勤務することを基本とするものとなる。①の背景には、会社が配属に関する人事権を持っていることがある。担当する仕事や勤務場所が限定されておらず、それに加えて労働時間も残業前提という意味で限定されていないことなどから、日本の働き方を「無限雇用」と特徴づけることもできる（佐藤［2014］）。

　現実の企業の人材活用を見ると、いわゆる「日本型雇用処遇制度」が前提としていた人材、つまり、前述したワーク・ワーク社員に該当しない人材が増えてきていると同時に、企業は、従来とは異なる人材に活躍の場を提供できない事態も生じつつある。育児などで休業を取得し、キャリアを中断する者、育児や介護などで転勤が難しい者、ワーク・ライフ社員など残業前提の働き方を望まない者、経験者の即戦力として中途採用者、外国人など「遅い選抜方式」に馴染めない者が増加したり、年次管理など年齢基準による雇用管理、報酬管理が高齢者雇用を阻害したりする事態もある。

　もちろん企業は、こうした問題を解消するための取り組みを行っている。例えば、転勤問題に関しては勤務地限定制度の導入、仕事と子育ての両立に関しては育児休業制度や短時間勤務制度の法定以上への延長、育休取得者の昇格基準に関して休業期間中は人事考課を行わず、取得前の評価を利用するなどをあげることができる。しかしいずれの取り組みも「日本型雇用処遇制度」を維持しつつ、それを受け入れることが難しい人材には別の制度を用意するものである。今野［2012］が主張する「1国2制度」である。こうした場合、2つの異なる制度を導入している企業では、従来の「日本型雇用処遇制度」を適用されている人材が本流で、それ以外の制度の適用者は傍流とされていることが多い。こうした現状

第5章　ダイバーシティ経営と人事マネジメントの課題

表5-1　人事管理システムに関する理念型

○日本型雇用処遇制度＝同質人材を前提とした人事管理システム
　雇用処遇制度は学歴別年次管理による一括管理；働き方はフルタイム勤務が
基本（画一的働き方）で、育児・介護の課題がある社員に限定して両立支援制
度を提供（1国2制度）；職務でなく職務遂行能力に基づく賃金制度；キャリア
段階に基づいた能力開発機会を提供；配置・異動の人事権は会社が保有して担
当職務や勤務地を決定（会社主導型キャリア管理）
○ダイバーシティ経営に適合した人事管理システム
　雇用処遇制度は個別管理；労働時間や働く場所等に関して多様で柔軟な働き
方を全社員に提供し社員が選択；担当職務・貢献による賃金制度；能力開発で
は育成プランを個別に作成；職務や勤務地の変更は従業員本人の同意が必要（自
己選択型キャリア管理）

注）佐藤・武石編著［2017］の序章の表0-1による。

を改革するためには、「日本型雇用処遇制度」自体を改革し、2つの制度を統合
した制度とすることが必要となる。

3.2　ダイバーシティ経営適合的な人事制度の在り方

　以上の議論を踏まえると、日本の大企業においてダイバーシティ経営を導入し、
定着していくためには、人事管理制度の改革が必要とされることが理解できよう。
例えば、その方向性として、表5-1などが考えられる。日本型雇用処遇制度の
特徴を一括管理、画一的な働き方、会社主導型キャリア管理とすると、ダイバー
シティ経営と適合的な人事制度の特徴は、個別管理、多様で柔軟な働き方、自己
選択型キャリア管理となる（海老原［2013］も参照）。

　後者のダイバーシティ経営と適合的な人事制度の特徴は、ジョブ型雇用や限定
型雇用の特徴と重なる部分が多い。そのため、前者から後者への移行における最
大の課題に関して、ジョブ型への移行ができるかにあるとの議論がある（濱口
［2011, 2013］）。つまり、日本企業では、従業員が担当する業務の範囲が曖昧であ
ることを解消し、職務を明確にし、ジョブを基本とした雇用処遇制度にできるか
を鍵とする議論である。しかし、佐藤［2014］などの国際比較研究によると、欧
米企業においても大卒のホワイトカラーの職務は、大括りでその内容は柔軟に変
更可能なものとなっていることが多く、その結果、職務等級（ジョブグレード）
の数の削減（ブロードバンディング）が行われ、同じ職務を担当していても職務

167

第3部　人事管理システム

遂行能力などにより給与水準が異なる賃金制度になっていることが明らかにされている。言い換えれば、会社主導型キャリア管理から自己選択型キャリア管理へと移行するためには、日本企業が人事権を手放すかどうかによる部分が大きいと考えられる（佐藤・武石［2017］の序章による）。

4　データ分析にみるダイバーシティ経営に適合的な人事制度の在り方

4.1　分析目的

　本節では、大企業に勤務する大学卒以上のいわゆる正社員を対象とした個人調査を用い、ダイバーシティ経営に適合的な人事制度や働き方の在り方を探索的に検討する。詳しくは後述するが、調査対象者の勤務先企業における多様な人材の活用度と、勤務先企業におけるダイバーシティ＆インクルージョン施策だけでなく、人事制度の仕組みや働き方改革などとの関係を分析する。この分析によって、多様な人材の活躍が企業経営に貢献できることを目指すダイバーシティ経営がその目的を実現するために必要となる人事制度の在り方を明らかにする。

　分析に用いる多様な人材の活躍度や人事制度の運用に関する変数などは、調査対象者の認識に基づいたものであるため、企業の人事制度の運用と個人の認識の間に乖離がある可能性もある。他方で、現場における人事制度の運用実態を反映しているとも考えられる。なお、調査対象者が、ホワイトカラー職場の大卒以上の正社員に限定しているため、ホワイトカラー職場におけるダイバーシティ経営に関する分析となる。

4.2　分析に利用するデータ

　分析データは、2017年9月に登録モニターを利用した個人を対象としたインターネット調査による。調査対象者は、①全国の正社員規模500人以上の民間企業に勤務する正社員、②非管理職（部下に対する人事考課を行う立場ではない一般職）、③最終学歴が大卒以上、④25歳～39歳の男女の条件をすべて満たす者である[10]。以上のように大卒ホワイトカラー職が多く雇用されている職場におけるダイバーシティ経営の現状を社員の視点で分析できるように調査対象と設定した。

　3093名から回答が得られたが、育休取得中と想定される者や、直属の上司（人事評価をする者）がいないと回答した者を除いた3043名を分析対象とした。

第 5 章　ダイバーシティ経営と人事マネジメントの課題

　回答者の基本属性は、男性1753名（57.6％）、女性1290名（42.4％）で、平均年齢は33.5歳である。配偶者がいる者が54.3％で、配偶者の就業状況は正規の職員・社員が68.8％、パート・アルバイト・契約社員・臨時・派遣が11.1％などとなる。子供がいる者が38.7％である。現在の勤務先に新卒として入社した者が67.7％、中途入社者が32.3％である。所属している部門[11]は、販売部門が39.1％、管理部門が26.7％、技術部門が24.9％、生産部門が9.3％などとなる。

　勤務先企業の従業員規模は500～999名が23％、1000～2999名が23.7％、3000名以上が53.3％で、業種は製造業が32.2％、非製造業が67.8％で、さらに外資系企業が5.2％で、労働組合の組織状況は組合有は、大企業が多いため70.1％であった。

4.3　分析の枠組みと分析に利用する合成変数など

　前節までの議論や経産省の新ダイバーシティ経営企業100選の選定枠組みなどを踏まえて、目的変数である「多様な人材の活躍度」の説明変数として下記を設定した。分析の枠組みは図5−4のようになる。図の1）から5）が企業の取り組みで、6）と7）は職場のマネジメントと職場風土である。後者の2つの在り方は、職場の管理職のマネジメントに依存する部分が大きい。

　各変数は以下に示す複数の設問の回答による合成変数である。各設問の回答は、いずれも5段階のリッカート尺度（5.当てはまる、4.どちらかといえば当てはまる、3.どちらともいえない、2.どちらかといえば当てはまらない、1.当てはまらない）で、合成変数を作成する際には、「5.当てはまる」に5点から、「1.当てはまらない」に1点などを割り当て、それらの合計点数とした。目的変数や説明変数などの記述統計量は表5−2となる。

10）日本学術振興会科学研究費助成事業の基盤研究（C）課題番号16K03891（研究代表者：佐藤博樹、研究者分担者：武石恵美子）「ダイバーシティ経営に適合的な企業の人事システムに関する研究」として実施した調査である。酒井之子が研究協力者として参加している。調査票や単純集計結果などは、佐藤・武石・酒井［2019］を参照されたい。

11）回答者が所属している部門は、営業・販売・サービスを販売部門、人事・総務・経理・広報・企画・調査、を管理部門、研究・開発・設計・情報処理を技術部門、生産・建設・運輸・物流を生産部門と再構成した。

第3部 人事管理システム

図5-4 分析の枠組み

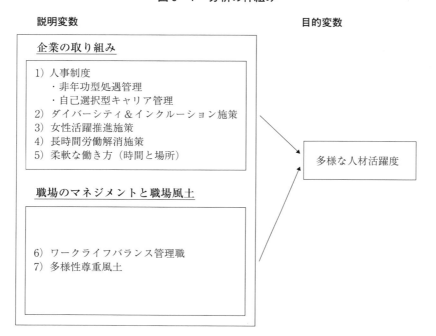

目的変数：多様な人材の活躍度

　職場で多様な人材がどの程度活躍を測定する尺度として、性別・国籍・年齢といった属性や子育てや介護中といった家庭生活の事情にかかわらず、人材が能力を発揮しているかに関わるつぎの6つの設問の合成変数を作成した。調査対象の大企業では新卒採用の社員が多いことを考慮し、中途入社の社員も多様な人材の一つとして位置づけて合成変数（1点から30点）を作成した。その信頼性（クロンバックのα）は、0.813である。

　回答者が所属する職場で、1.女性、2.中途入社、3.子育て中、4.介護中、5.外国籍、6.シニア（55歳以上）の社員が、それぞれ能力を発揮し、活躍している[12]。

---

12) 外国籍社員を雇用していない企業が多いため、その影響を取り除くため、外国籍社員を雇用していない企業に関しては外国籍社員を含めない活躍度も作成し、後述する重回帰分析を行った。分析結果は、表5-3と同様の結果が得られている。

第５章　ダイバーシティ経営と人事マネジメントの課題

表５-２　記述統計量

変数（α：信頼性）	最小値	最大値	平均値	標準偏差
多様な人材活躍度 α =0.813	6.00	30.00	18.53	4.74
非年功型処遇管理 α =0.709	4.00	20.00	13.25	3.05
自己選択型キャリア管理 α =0.708	4.00	20.00	12.13	3.30
ダイバーシティ＆インクルージョン施策 α =0.962	4.00	20.00	11.61	4.56
女性活躍推進 α =0.877	5.00	25.00	16.44	4.39
長時間労働解消の取り組み α =0.831	4.00	20.00	13.36	3.77
柔軟な時間と場所の制度 α =0.643	2.00	10.00	5.22	2.34
ワーク・ライフ・バランス管理職 α =0.903	6.00	30.00	20.25	5.11
多様性尊重風土 α =0.891	4.00	20.00	13.20	3.60
非製業ダミー（基準：製造業）	0.00	1.00	0.66	0.48
資本国籍（日系企業ダミー）	0.00	1.00	0.95	0.22
企業規模（基準：500～999人） 企業規模ダミー（3000人以上）	0.00	1.00	0.53	0.50
企業規模ダミー（1000～2999人）	0.00	1.00	0.24	0.43
労働組合(有)ダミー(基準:労働組合なし)	0.00	1.00	0.70	0.46
部門（基準：生産部門） 販売部門ダミー	0.00	1.00	0.39	0.49
管理部門ダミー	0.00	1.00	0.27	0.44
技術部門ダミー	0.00	1.00	0.25	0.43
男性ダミー	0.00	1.00	0.58	0.49

説明変数

1）人事制度

　ダイバーシティ経営に適合する人事制度として、前掲表５-１を踏まえて、非年功型処遇管理と自己選択型キャリア管理の２つの変数を作成した。前者の非年

第3部　人事管理システム

功型処遇管理は、年次管理とは異なる個別管理と職務・貢献による賃金制度の代理変数とした。

（非年功型処遇管理）

　非年功型処遇管理の合成変数（4点から20点）は、つぎの4つの設問から作成した。信頼性係数であるクロンバックの α は、0.709である。

1.昇進・昇格の基準が明確になっている、2.入社年次が下の人が、上の年次よりも先に課長に昇進・昇格することが普通にある、3.女性、外国籍社員、中途入社者などが、昇進・昇格で不利になることはない、4.賃金制度の仕組みは、職務や業績・成果を重視している。

（自己選択型キャリア管理）

　自己選択型キャリア管理の合成変数（4点から20点）は、つぎの4つの設問から作成した。クロンバックの α は0.708である。

1.今後の仕事やキャリアの希望などについて自己申告ができる、2.社内公募（会社が必要としているポストや職種の要件を社員に公開し、応募者の中から必要な人材を登用する制度）を実施している、3.職場への配置や異動は本人の同意による、4.職場への配置や異動は本人の希望や事情を優先している。

2）ダイバーシティ＆インクルーション施策

　ダイバーシティ＆インクルーション施策として、つぎの4つの取り組みから合成変数（4点から20点）を作成した。クロンバックの α は0.962である。

1.ダイバーシティ推進が経営理念・経営戦略として位置付けられている（例えば、経営理念や行動指針、経営計画などに明示されている等）、2.ダイバーシティ推進についてトップ（社長、役員）が、積極的・継続的に社内外で発信している、3.ダイバーシティ推進の意義や重要性に関して、社員の意識啓発活動（啓蒙）を積極的に実施している、4.ダイバーシティ推進について、専任組織や担当者がいるなど、組織的に取り組んでいる。

3）女性活躍推進施策

　現状では、ダイバーシティ経営の対象人材として女性を主とする企業が多いことから[13]、女性活躍推進の取り組みとして下記の5つの設問を取り上げ、女性活

13）この点は、経済産業省の（新）ダイバーシティ経営企業100選の受賞企業の取り組みでも確認できる。

躍推進の取り組みの合成変数（5点から25点）とした。クロンバックの α は0.877である。

1.女性社員の職域の拡大に取り組んでいる、2.女性管理職を増やすための数値目標を設けている、3.女性社員が仕事と子育てが両立できるように支援している、4.女性社員の能力開発に取り組んでいる、5.男女区別なく部下を育成・評価するように、管理職に対する支援に取り組んでいる。

4）長時間労働解消施策

　長時間労働の解消は、以下の4つの取り組みの合成変数（4点から20点）で、クロンバックの α は0.831である。なお、この4つの設問には「課題がないので取り組む必要がない」という選択肢がある。この選択肢を回答した場合、「当てはまる」に再割り当てし、得点を算出している。なお、この選択肢の回答率は、極めて少なかった。つまり、長時間労働などの課題がない職場は、極めて少ないと想定できる。

1.長時間労働の是正に取り組んでいる、2.有給休暇取得促進に取り組んでいる、3.時間生産性を高めるための業務改革に取り組んでいる、4.長時間労働が評価されることがないよう組織風土改革に取り組んでいる。

5）柔軟な働き方（時間と場所）

　働き方の柔軟化では、勤務場所と時間帯の柔軟化として、つぎの2つの設問から合成変数（2点から10点）を作成した。クロンバックの α は0.643と低いが、変数2つと少ないため、分析に採用した。

1.育児・介護の理由に限定されないフレックスタイム制度を社員が利用している、2.育児・介護の利用に限定されないテレワーク・在宅勤務を社員が利用している。

6）ワーク・ライフ・バランス管理職

　管理職の職場でのマネジメントに関しては、坂爪［2007］や中央大学大学院戦略経営研究科・ワーク・ライフ・バランス＆多様性推進・研究プロジェクト［2014］の「ワーク・ライフ・バランス管理職に関する条件調査」で用いられた調査票を参考にして、回答者の直属上司が部下に対してどのようなマネジメントを行っているかに関わる以下の6設問の合成変数とした。クロンバックの α は0.903である。上司は、「あなたの人事評価をする上司」とした。この合成変数をワーク・ライフ・バランス管理職と呼称する。

1.役職や属性（性別、国籍、中途採用、年齢、勤続年数等）、勤務形態にかかわらず、

第3部　人事管理システム

部下の多様で異なる意見を尊重している、2. 部下の属性（性別、国籍、中途採用、年齢、勤続年数等）にとらわれない公正な人事評価を行っている、3. 部下の残業時間の長短や短時間勤務などの勤務形態にかかわらず、その能力に見合った仕事を割り振り公正な人事評価を行っている、4. 昇進・昇格の要件を満たしていれば、部下の属性（性別、国籍、中途採用、年齢、勤続年数等）や、労働時間や勤務体系（フルタイム、短時間勤務等）にかかわらず、昇進・昇格できるようにしている、5. 仕事だけでなく自分の生活（家庭役割など）を大切にしている、6. 部下の仕事と生活のバランスを大切にしている。

7）多様性尊重職場風土

　職場の多様性尊重風土は、宍戸 [2016]、Hobman、Bordia and Gallois [2004]、McKay et al. [2007] の尺度を参考にし、多様な価値観や意見、ライフスタイルや個人的な事情をお互いに尊重しているかに関わる以下の4設問の合成変数とした。クロンバックの α は0.891である。
1. 多様な価値観や意見が尊重されている、2. お互いの仕事以外の生活を尊重する雰囲気がある、3. 会議等の場で、役職（上位役職者等）や属性にかかわらず、異なる多様な意見が言いやすい、4. 職場でお互いの個人的な事情（育児・介護・健康・学習など）を言いやすい。

統制変数

　統制変数として、回答者の勤務先企業の属性のうち、企業規模、資本国籍、業種、労働組合の有無を、回答者の個人属性では性別を投入した。性別を統制変数としたのは、女性活躍推進の施策を説明変数に含めており、男女で認識に違いがある可能性があると考えたことによる[14]。

4.4　分析結果

　分析結果は表5-3である。調整済の決定係数も0.529で、モデルの適合度が高く、F検定の結果も有意である。
　多様な人材活躍度を規定する要因に関して、有意でプラスとなる説明変数を標準化係数 β で比較すると、多様性尊重風土（$\beta=0.279$）＞、女性活躍推進（$\beta=0.234$）＞、非年功的処遇管理（$\beta=0.123$）＞、ワーク・ライフ・バランス管理職

14）回答者の実労働時間を分析に投入した分析も行ったが、分析結果は変わらなかった。

第5章　ダイバーシティ経営と人事マネジメントの課題

表5-3　多様な人材の活躍度に関する重回帰分析の結果

説明変数	標準化係数（ベータ）	有意確率
非年功型処遇管理	0.123	***
自己選択型キャリア管理	0.087	***
ダイバーシティ＆インクルージョン施策	0.033	
女性活躍推進	0.234	***
長時間労働解消の取り組み	−0.019	
柔軟な時間と場所の制度	0.082	***
ワーク・ライフ・バランス管理職	0.110	***
多様性尊重風土	0.279	***
非製造業ダミー（基準：製造業）	−0.001	
資本国籍（日系企業）ダミー （基準：外資系企業）	−0.024	
企業規模 従業員数3000人以上ダミー （基準；500 ～ 999人）	−0.040	*
企業規模 従業員数1000 ～ 2999人ダミー （基準；500 ～ 999人）	−0.018	
労働組合(有)ダミー（基準：労働組合なし）	−0.043	**
販売部門ダミー（基準：生産部門）	0.009	
管理部門ダミー（基準：生産部門）	0.022	*
技術部門ダミー（基準：生産部門）	0.033	*
男性ダミー（基準：女性）	−0.042	**
調整済み R2乗	0.529	
F 値（有意確率）	211.451 ***	

注）目的変数：多様な人材活躍度　$^*p<0.05,$ $^{**}p<0.01,$ $^{***}p<0.001$。

（$\beta =0.110$）＞、自己選択型キャリア管理（$\beta =0.087$）＞、時間・場所の柔軟性（$\beta =0.082$）の順となる。

　なお、ダイバーシティ＆インクルーション施策は、多様な人材活躍度に対して有意とならなかった。しかし、ダイバーシティ＆インクルーション施策の成果、例えば多様性尊重風土などは有意になっている。当然のこととも言えるが、ダイバーシティ＆インクルーション施策を推進しても、それらの取り組みが、多様な人材の活躍に貢献する仕組み作りとして、多様性尊重風土の醸成などに繋がらなくては、ダイバーシティ経営は実現できないことを示している。

第3部　人事管理システム

　働き方改革の一つの柱となる長時間労働の解消の取り組みは、多様な人材活用の土台となるものと考えられることから、多様な人材活躍度に対して有意となると想定した。しかし、分析結果では有意でない。回答者の実働労働時間を投入したモデルでも、長時間労働の解消は有意とならなかった。有給休暇の取得増を含めた長時間労働の解消が有意とならなかった理由として、つぎの2つが考えられよう。

　第1は、長時間労働の解消に取り組んでいる企業が増加しているものの、その多くはダイバーシティ経営の実現を目指したものでなく、法遵守を主に目的としたものである可能性が高いことがあろう。第2は、長時間労働の解消に取り組んでいる企業には、長時間労働の課題が存在し、それが多様な人材の活躍を阻害しており、その結果として有意でないものの、長時間労働の解消の取り組みの標準化係数がマイナスになっていると考えられる。長時間労働が存在する企業は、多様な人材が活躍できるようにするために、長時間労働の取り組みが必要となるが、取り組みのみでなく、当然のことではあるが、長時間労働が実際に解消されないと、多様な人材活躍に繋がらないのである。他方で、働き方改革のもう一つの柱である、時間・場所の柔軟性を高める取り組みは、多様な人材の活躍度に対して有意にプラスとなっていることが注目される。長時間労働の解消のみでなく、働く時間・場所の柔軟化の取り組みが、多様な人材の活躍には有効と言える。

　多様な人材の活躍度に貢献度の大きい取り組みとして女性活躍推進が上位に入っている。多くの企業におけるダイバーシティ経営の取り組みにおいて、女性活躍推進法の施行などもあり、女性の活躍の場の拡大の優先度が高く、その取り組みが多様な人材活躍度に貢献していると言えよう。

　また、多様な人材の活躍度に対して貢献度が高い説明変数は、多様性尊重風土や、人事管理における非年功的処遇管理と自己選択型キャリア管理、さらにワーク・ライフ・バランス管理職である。多様性尊重風土の内容は、多様な価値観やライフスタイル、さらに個人的な事情をお互いに尊重する職場である。こうした多様性尊重風土の構築が、多様な人材の活躍、つまりダイバーシティ経営の実現に極めて重要なことが分かる。ワーク・ライフ・バランス管理職は、こうした多様性尊重風土の醸成を、職場のマネジメントを通じて具現化する役割を担うと言えよう。

　以上の分析によると、これまでのダイバーシティ経営の議論では、ほとんど分

析に取り上げられることが少なかった人事制度の在り方が多様な人材の活躍には極めて重要なことが明らかにされた。具体的には、非年功的処遇管理と自己選択型キャリア管理が、多様な人材の活躍に貢献することが確認できた。言い換えると、日本企業、とりわけ大企業における学歴別年次管理という一括管理や会社主導型キャリア管理の改革が、ダイバーシティ経営の実現のためには不可欠なのである。

　調査対象者の勤務先の属性を見ると、外資系企業は、日系企業よりも多様な人材の活躍度が高く、他方で、労働組合が組織されている企業は、組織されていない企業よりも多様な人材の活躍度が低くなる。外資系企業は、本国のダイバーシティ経営の方針や取り組みを日本国内で展開していることや、そもそも多様な人材が前提の社員構成や組織風土であることが、多様な人材の活躍度に貢献しているのであろう。労働組合が組織された企業では、多様な人材の活躍度が低くなるのは、労働組合は、これまで同質的な人材を前提とした組織運営や活動が強かったことが関係しよう。労働組合自身にとっても、企業のダイバーシティ経営の推進に対してどのように対応していくのか、今後の課題となろう。

5　おわりに

　ダイバーシティ経営を企業内に定着させ、多様な人材の活躍を企業経営に結びつけるためには、多様な属性や価値観を持った人材を受け入れることができる職場マネジメント、残業を前提としたフルタイム勤務の解消や働く時間・場所の柔軟化の実現、さらに人事制度の改革が必要となることを、先行研究を踏まえて仮説として提示した。この仮説を検証するために、大卒以上のホワイトカラー職種に従事するいわゆる正社員を対象とした個人アンケート調査に基づいて、ダイバーシティ経営の目的の一つである多様な人材の活躍度を規定する要因を分析した。分析モデルは、多様な人材の活躍度を被説明変数とし、説明変数にダイバーシティ経営に適合する人事制度（非年功型処遇管理、自己選択型キャリア管理）、ダイバーシティ＆インクルーション施策、女性活躍推進、長時間労働の解消の取り組み、働き方に関する時間と場所の柔軟化、ワーク・ライフ・バランス管理職、多様性尊重職場風土を投入した。

　多様な人材活躍度を規定する要因を、標準化係数の中で有意でプラスとなる変

第3部　人事管理システム

数を比較すると、多様性尊重風土、女性活躍推進、非年功的処遇管理、ワーク・ライフ・バランス管理職、自己選択型キャリア管理、時間・場所の柔軟性の順となった。この結果によると次の3点が確認された。

　第1に、ダイバーシティ経営が多様な人材の活躍に貢献するためには、多様性尊重職場風土を構築することが極めて重要で、同時にそれを職場で具現化するワーク・ライフ・バランス管理職の育成が不可欠となる。

　第2に、企業の人事制度では、非年功的人事制度や自己選択型人事制度への転換が必要となる。言い換えれば、ダイバーシティ経営を導入、定着化するためには、従来の日本型人事制度の改革が不可避と言える。

　第3に、残業削減など長時間労働の解消を実現すると同時に、働き方における時間と場所の柔軟化が有効となる。

参考文献

石塚由起夫［2016］『資生堂インパクト：子育てを聖域にしない経営』日本経済新聞出版社。

今野浩一郎［2012］『正社員消滅時代の人事改革：制約社員を戦力化する仕組みづくり』日本経済新聞出版社。

海老原嗣生［2013］『日本で働くのは本当に損なのか：日本型キャリア VS 欧米型キャリア』PHP ビジネス新書。

企業活力研究所人材研究会［2017］『働き方改革に向けたミドルマネージャーの役割と将来像に関する調査報告書』

小池和男［2015］『仕事の経済学（第3版）』東京経済新報社。

坂爪洋美［2007］「管理職の両立支援策への理解が部門に与える影響：「役割受容」を中心に」『組織科学』、Vol 41（2）。

佐藤厚［2008］「仕事管理と労働時間」『日本労働研究雑誌』575号。

佐藤博樹［1997］「労働時間の弾力化が機能する条件」『日本労働研究雑誌』39巻9号

佐藤博樹［2001］「ホワイトカラーの働き方と裁量労働制の適用可能性」『組織科学』34巻3号。

佐藤博樹［2012］「生活時間配分：生活と仕事の調和を求めて」佐藤博樹・佐藤厚編著『仕事の社会学（改定版）』有斐閣

佐藤博樹［2014］「総論」『諸外国の働き方に関する実態調査報告書』（平成26年度　厚生労働省委託「多元的で安心できる働き方」導入促進事業）

佐藤博樹［2018］「働き方改革と管理職の役割」『都市とガバナンス』3月号。

佐藤博樹・武石恵美子［2010］『職場のワーク・ライフ・バランス』日経文庫。

佐藤博樹・武石恵美子編［2011］『ワーク・ライフ・バランスと働き方改革』勁草書房。

佐藤博樹・武石恵美子編［2014］『ワーク・ライフ・バランス支援の課題：人材多様化時代における企業の対応』東京大学出版会。

佐藤博樹・武石恵美子［2017］『ダイバーシティ経営と人材活用：多様な働き方を支援する企業の取り組み』東京大学出版会。

佐藤博樹・武石恵美子・酒井之子［2019］『日本学術振興会科学研究費助成事業の基盤研究（C）課題番号16K03891「ダイバーシティ経営に適合的な企業の人事システムに関する研究」調査報告書』

宍戸拓人［2016］「女性登用から価値を生み出すダイバーシティ・マネジメントとは」『人材教育』8月号、通巻332号。

島貫智行・佐藤博樹［2017］「勤務間インターバルが労働者のワーク・ライフ・バランスに与える影響」『季刊労働法』258号。

高見具広［2012］「出産・育児期の就業継続における就業時間帯の問題」『社会科学研究』第64巻第1号、東京大学社会科学研究所。

中央大学大学院戦略経営研究科・ワーク・ライフ・バランス＆多様性推進・研究プロジェクト［2013］『短時間勤務制度利用者の円滑なキャリア形成に関する提言～短時間勤務制度の運用に関する実態調査』

中央大学大学院戦略経営研究科・ワーク・ライフ・バランス＆多様性推進・研究プロジェクト［2014］『ワーク・ライフ・バランス管理職の重要性と育成のあり方に関する提言：WLB管理職の現状に関する調査～』

濱口桂一郎［2011］『日本の雇用と労働法』日経文庫。

濱口桂一郎［2013］『若者と労働：「入社」の仕組みから解きほぐす』中公新書ラクレ。

松浦民恵［2018］「自律的に働くホワイトカラーの特徴」電機連合総合研究企画室［2018］『ライフキャリア研究会報告』電機連合総合研究企画室。

Hobman, E.V., Bordia,P. and Gallois, C.［2004］"Perceived dissimilarity and work group involvement the moderating effects of group openness to diversity." *Group & Organization Management*, Vol 29（5）, pp.560–587.

McKay, P.F., Avery, D.R., Tonidandel, S., Morris, M.A., Hernandez, M. and Hebl, M. R.［2007］"Racial differences in employee retention：Are diversity climate perceptions the key?" *Personnel Psychology*, Vol 60（1）, pp.35–62.

【第4部】賃金システム

第6章 賃金プロファイルのフラット化と若年労働者の早期離職[*]

村田啓子・堀 雅博

要旨

　経済成長の減速や少子高齢化など、我が国の雇用を取り巻く環境は大きく変化している。年功賃金や長期雇用からなる「日本的雇用慣行」は日本の経済成長を促す重要な仕組みの一つとみなされてきたが、外部環境が変化する中でその慣行にも変化が生じている。本章では、年功賃金と長期雇用の制度的補完性に着目し、賃金プロファイルのフラット化が雇用労働者の早期離職を加速させる可能性を実証的に分析する。

　年功賃金と長期雇用の間の制度的補完性に鑑みれば、賃金プロファイルのフラット化は、被雇用者にとっての長期雇用（一企業に継続雇用されること）のメリットの低下を意味するため、フラット化の顕著な分野（業種、職業）で雇用期間の短期化がみられるはずである。ただ、その検証にはある程度長期（生涯賃金が推定できる程度）の賃金データが必要となる。本研究では「ねんきん定期便」から得られた個人の賃金履歴情報に基づいて構築されたパネルデータ（「くらしと仕事に関するインターネット調査」個票）を活用した分析を行い、賃金プロファイルのフラット化が雇用労働者の早期離職を促すことを示唆する結果を得た。その関係は日本的雇用慣行のコア部分に位置する大企業大卒雇用者に限定しても確認できる。このことは、今後、賃金プロファイルの一層のフラット化が進む場合、若年雇用労働者の早期離職率はさらに高まり、日本的雇用の下にある労働者のシェアの低下が続く可能性を示唆している。

第4部　賃金システム

1　はじめに

　経済成長の減速や少子高齢化など、日本における雇用を取り巻く環境には大きな変化がみられる。年功賃金や長期雇用からなる「日本的雇用慣行」は日本の経済成長を促す重要な仕組みの一つとみなされてきたが、環境変化が進む中で「日本的雇用慣行」にも変化が生じていることが近年指摘されるようになった。本論文は、こうした日本的雇用慣行の変化の象徴とも言える賃金プロファイルのフラット化と若年の早期離職行動に着目した分析を行う。

　日本的雇用慣行に関する先駆的な研究である Hashimoto and Raisian［1985］や Mincer and Higuchi［1988］は、日本の勤労者の賃金プロファイルは米国のそれとの相対で急こう配であると同時に、日本では長期雇用者の割合が高くなっていることを報告している。その後の研究では、年功賃金に関しては、日米比較に主眼を置いた研究（Abe［2000］）や、賃金プロファイルのフラット化の有無や賃金プロファイルの傾きをもたらす要因（景気要因等外部労働市場要因、生産性・企業内高齢化等企業内要因など）を解明しようとする研究（Clark and Ogawa［1992］, Ohkusa and Ohta［1994］, 三谷［1997］, Ariga, Brunello and Ohkusa［2000］, 都留・阿部・久保［2003］, 三谷［2005］, 赤羽・中村［2008］, 川口［2011］）の蓄積が進んだ。一方で、長期雇用については、同一企業への継続就業期間や残存率などの指標を用いた分析により、いわゆる日本的雇用の核となる中高年層に変化はなく長期雇用は安定的という結論を導くのが一般的であった（Chuma［1998］, Kato［2001］, Shimizutani and Yokoyama［2009］, Kambayashi and Kato［2011］）。

　こうした中にあって、Hamaaki et al.［2012］は、厚生労働省「賃金構造基本統計調査」の個票データ（1989年〜2008年）を用いた分析を通じ、新卒で同じ企業に継続勤務する勤労者の賃金プロファイルの傾きが、大卒大企業男性雇用者においても、特に40歳代後半以降顕著にフラット化していることを明らかにした。

＊本稿は、独立行政法人経済産業研究所（RIETI）におけるプロジェクト「労働市場制度改革」の成果の一部である。本稿の分析にあたり「くらしと仕事に関する調査」の個票データを高山憲之氏及び稲垣誠一氏から貸与頂いた。また、経済産業研究所「労働市場改革研究会」セミナーにおいて鶴光太郎氏、大竹文雄氏、大湾秀雄氏はじめ出席メンバーの方々から、経済産業研究所ディスカッション・ペーパー検討会において矢野誠所長、森川正之副所長はじめ出席者の方々から多くの有益なコメントを頂いた。ここに記して感謝の意を表したい。なお、本稿のありうべき誤りは、すべて筆者に帰属する。

第6章　賃金プロファイルのフラット化と若年労働者の早期離職

同時に、大卒大企業男性雇用者の残存率も特に若年層において低下しており、日本的雇用慣行が後退している可能性を指摘している。それ以降、より最近の研究では、Yamada and Kawaguchi［2015］が1990年代以降賃金プロファイルのフラット化を指摘している他、Kawaguchi and Ueno［2013］は、総務省「就業構造基本調査」の個票データをコホート別に分析し、最近のコホートほど在職年数は短くなってきており、その傾向は性別・業種・企業規模に関わらず生じていると論じている等、日本的雇用の変化を指摘する論文が散見されるようになっている[1]。

　Hamaaki et al.［2012］を始めとする日本的雇用の変化に関する研究は、賃金プロファイル及び長期雇用双方の長期的な変化に注目している点で興味深いが、その背景にあるメカニズムについてのフォーマルな実証分析にはなっていない。Hamaaki et al.［2012］が提示している理論モデルが想定しているように、年功賃金と長期雇用の間の制度的補完性が重要であるとすれば、賃金プロファイルのフラット化は、被雇用者側からみると、長期雇用（すなわち一旦就職した企業に継続雇用されること）のメリットの低下を意味するため、賃金プロファイルのフラット化が顕著な分野（例：業種、職業）で雇用期間の短期化がみられるはずである。ただ、その検証にはある程度長期間にわたる（長期勤続した場合に稼得できる生涯賃金が推定できる程度の）賃金データが必要となる。Hamaaki et al.［2012］では、こうしたデータの制約もあり、賃金プロファイルのフラット化と長期雇用の縮小が並行的に進んでいることを確認するに止まり、賃金プロファイルのフラット化が雇用期間の短縮（早期離職率の高まり）の要因となっているか否かについてのフォーマルな検証までは行えていなかった。

　日本的雇用慣行の変化は、年功賃金と長期雇用という、企業と個人（被雇用者）の間の長期間の契約関係の有り様に現れる現象であり、それを個人単位のデータで検証するためには、個人の生涯を通じた就労（雇用）状況、賃金情報を蓄積したデータ（長期パネルデータ）が必要になる。だが、日本では、家計を対象としたパネル調査が開始されてからの日がまだ浅く、それらの調査から個人の生涯所得を推測できるレベルの情報を入手することは出来なかった。こうした困難

1）加藤・神林［2016］は、勤続年数の減少傾向は若い世代での短期勤続者の増加によるもので、長期勤続者に着目した場合は長期雇用に依然変化が見られないとし、日本的雇用慣行は安定しているとしている。

第4部　賃金システム

の下で稲垣［2012］が、「ねんきん定期便」から得られる（行政記録）情報を調査回答者に転記させることで個人の職歴・賃金履歴の長期パネルデータを構築する方法を考案し、それが拡張されて利用可能となったのが「くらしと仕事に関する調査（LOSEF）：2011年」である（高山・稲垣・小塩［2012］）。白石・藤井・高山［2013］はこのデータセット（2011年調査）に含まれる新卒後に正規雇用された個人を対象として若年者の早期離職行動を分析し、近年若者の早期離職が増加していること、また就職前年の有効求人倍率が高い場合ほど、早期離職率は低くなること等を明らかにした[2]。ただ、彼らの分析では、日本的雇用慣行の変化という視点から最重要と考えられる賃金プロフィールのフラット化と早期離職との関係は分析されておらず、その意味で、我々の問題意識に答えるものにはなっていない。

　本論文では、以上の理解を踏まえ、Hamaaki et al.［2012］等の先行研究では十分に扱えてこなかった課題（年功賃金制と長期雇用の相互補完性の実証分析）に取り組む。具体的には、「くらしと仕事に関する調査：2011年、2012年、2013年」（以下、LOSEF データ：2011-2013年）を利用し、新卒時に正規雇用された男性を対象に分析を行った。男性雇用者に限定したのは、本論文の中心課題である日本的雇用が適用されてきたのは、専ら男性雇用者であると考えたことによる。彼らの離職行動を世代別に観察した上で、賃金プロファイル及び離職率の変化の状況（有・無）等を各種属性別（企業規模・業種・学歴）に検討し、特に賃金プロファイルのフラット化が進んでいる分野・属性で早期離職率の上昇が顕著に観察されているか否かを検討した。Hamaaki et al.［2012］他の理論モデルが示唆するように、賃金プロファイルのフラット化が長期雇用に止まるインセンティブを低下させるとすれば、早期離職は賃金プロファイルのフラット化が顕著な分野においてよりはっきり進行しているはずである。

　本稿で得られた結果をかいつまんで述べると、まず第一に、新卒男性正規雇用者の（早期）離職率は後の時代に入職した個人である程、高まっていく傾向がみられた。次に、賃金プロファイルの変化と新卒から5年残存率の変化を属性（企業規模・業種・学歴）別に見た結果、80年代半ば以降に入職した世代で両者の間

2）更に、Fujii, Shiraishi and Takayama［2018］は、早期離職が離職した個人のその後（賃金等の就業・経済状況、また健康状態）に与える影響を分析し、早期離職が個人のその後に負の影響を及ぼしていたことを報告している。

に概ね正の相関（賃金プロファイルのフラット化が大きいと残存率低下も加速する関係）がある。第三に、離職確率について、考え得る要因を説明変数としたプロビット推定を行った結果、他の属性変数をコントロールしても、賃金プロファイルのフラット化は早期離職と正の関係を有していることが分かった。このことは、今後、もし更に賃金プロファイルのフラット化が進めば、若年の早期離職率は更に高まり、我が国における日本的雇用の特徴を有する雇用下にある個人の割合は低下していくであろうことを示唆している。

　本稿の次節以下の構成は次の通り。まず、次節で、本研究の理論的背景となる年功賃金と長期雇用の制度的補完性に関する議論、及び Hamaaki［2012］のモデルを紹介する。第3節では本稿で利用するデータの概要を説明する。第4節で実証分析を行い、第5節は結語である。

2　年功賃金と長期雇用の制度的補完関係

　内部労働市場の理論研究では、しばしば、複数の雇用慣行間の相互補完性が強調されている（Milgrom and Roberts［1992］）。日本的雇用慣行の下では、年功賃金と長期雇用は互いの存在が制度の維持・存続に不可欠であると考えられている（Itoh［1994］, 青木・奥野［1996］）。Hamaaki et al.［2012］は、企業特殊的人的資本を仮定した上で、長期雇用と年功賃金の相互依存性（制度的補完性）を記述する簡単な理論モデルを提示している。これによると、まず、企業（経営者）が雇用者に対し、第一期（若年期）に技術的訓練を行い、訓練の成果で生産性が向上した場合その一部を還元することで、継続勤務した雇用者の第二期（高齢期）の賃金がその分上昇する形の契約を提示する。雇用者の受け取る第一期の賃金は訓練費用分だけ減少することになるが、来期における雇用及び生産性向上成果としての賃金上昇が保証されるメリットが勝るので、雇用者はこの契約（オファー）を受け入れる。この契約の下では、第二期まで企業に残った雇用者の賃金プロファイルは右肩上がり（年功賃金）になる。訓練を受けた雇用者は、来期に全てがその企業にとどまるとは限らず、たとえば家族の事情などにより転職する場合もありうるが、第二期に保証される賃金は転職で得られる市場賃金よりも高くなるため、転職するものは少なくなる（長期雇用）。繰り返しゲームの設定で考えれば、第一期の年功賃金コミットメントを履行しないコストが大きくなる

第4部 賃金システム

ため、企業側が雇用者を裏切ることはなく、約束された賃金は支払われる。

Hamaaki et al. [2012] のモデルからは、更に、日本の経済成長（生産性）の鈍化や人口増加率の減少が賃金プロファイルのフラット化、更には長期雇用比率の低下につながる可能性が示唆されている。経済成長率が低下する状況の下では、技術的訓練の対価として雇用者に約束した将来の賃金上昇を履行することが容易ではなくなる。賃金プロファイルがフラット化すると、雇用者が企業に継続勤務するインセンティブは低下し、離職の増加をもたらす。Hamaaki et el. [2012] では、この理論的な推論をベースに、「賃金構造基本統計調査」の個票データを用いた事実検証を行い、賃金プロファイル（年功賃金）がフラット化する一方で、卒業後就職した企業に継続勤務している勤労者の比率が若年期において低下（残存率低下）していることを明らかにした。低成長・少子高齢化の下、年功賃金の約束の履行が難しくなった企業が転職が容易ではない中高年層の賃金を抑制した結果、若い労働者は同一企業で継続勤務しても賃金上昇が期待し難いことを認識するようになり、長期雇用の下に止まるインセンティブが低下しているというわけである。

このように、Hamaaki et al. [2012] の実証分析は、理論的に予想される賃金プロファイルのフラット化と若年期における残存率の低下の同時進行を、それぞれ事実として確認することに止まっており、両制度間の相互補完性を因果関係として検証するフォーマルな分析までは踏み込めていない。次節以下では、LOSEF データ（2011-2013年）から構築された個人の職歴・賃金履歴の長期パネルデータを活用し、賃金プロファイルのフラット化と若年労働者の早期離職行動の因果関係を明らかにする実証分析を行う。

3 利用データ及び分析指標の概要

3.1 データ

稲垣［2012］は、年金加入者（被保険者）に2009年以降送付されるようになった「ねんきん定期便」を活用することにより、数十年にわたる個人の賃金履歴情報を含む長期パネルデータを構築する手法を提案した。「ねんきん定期便」は、被保険者に自身の公的年金の詳細をわかりやすい形で把握してもらうとともに年金制度の理解を深めることを意図するものであり、そこには、日本年金機構（旧

第6章　賃金プロファイルのフラット化と若年労働者の早期離職

社会保険庁）が保有する詳細な行政情報として、厚生年金加入期間における給与所得者の職歴や標準報酬月額の推移履歴などが含まれている。給与所得者に行政情報へのアクセス機会を与えることにより、「ねんきん定期便」は意図せずして個人が過去数十年にわたり自分がいくら稼得したかを正確に思い出させる機会を生み出したといえる。この稲垣［2012］の考え方を応用・拡張し、約6000人の長期パネルデータを構築したのが「くらしと仕事に関する調査（LOSEF）：2011年」である。回答者はインターネット調査会社に登録している30歳代～50歳代（1951年生まれから1981年生まれ）の公的年金加入者である。質問項目は「ねんきん定期便」から得られる行政データ（年金加入履歴、賃金履歴等）に加えて、回顧パネル調査（転職状況、結婚、出産、両親との同別居等）、及び現時点におけるくらしと仕事の状況等多岐に及んでいる。つづく2012年、2013年に対象者の年齢層を変えて同様の調査が行われたことにより、20歳代～60歳代（1941年から1992年生まれ）までの回答者をカバーするデータセットとなった[3]。

　本稿ではLOSEFデータ（2011-2013年）から構築可能な長期パネルデータを活用し、標準報酬月額の情報が得られる厚生年金の第2号保険者のうち、新卒時点において正規雇用で就職した男性に焦点をおいて分析を行った。調査会社に登録したモニターを対象としたインターネット調査であることなどから回答者の全国的な代表性は損なわれているものの、本研究の目的である日本的雇用慣行の典型的な給与所得者にみられた年功賃金及び長期雇用の変化を捉える上では問題は少ないものと考えられる[4]。回答者が最初に就職した時点から調査時点に至る迄のほぼ完全な賃金履歴情報が補捉されていることから、長期パネルデータが限られている日本において、個々の勤労者が生涯を通じて実際に受け取った賃金プロファイルを知る上では、他に例をみない理想的なデータとなっている。

　表6-1は、本研究で分析対象となった新卒で正規雇用職を得た男性標本データの基本統計量を示している。利用した「くらしと仕事に関する調査（LOSEF）」

3）高山・稲垣・小塩［2012］は2011年調査についての詳細な報告を行っている。2011～2013年調査の調査対象年齢有効標本数などは、付表6-1参照。

4）神林［2012］は、「くらしと仕事に関する調査（LOSEF）：2011年」のパネルデータから得られる離転職率を厚生労働省「雇用動向調査」と比較し、正規労働者に偏りがあることなどを考慮した上で対応する一般労働者と比較すると集計値にほとんど差がなくなる等の結果から、全体としては同調査は政府統計と類似しており、日本の転職行動をよく代表しているとしている。

187

第4部　賃金システム

表6-1　基本統計量

	平均	標準偏差	4業種		4業種（大卒のみ）	
	平均	標準偏差	平均	標準偏差	平均	標準偏差
企業規模						
99人以下	0.15	0.36	0.12	0.32	0.08	0.27
100-999人	0.30	0.46	0.27	0.44	0.26	0.44
1000-4999人	0.24	0.43	0.26	0.44	0.29	0.45
5000人以上	0.30	0.46	0.35	0.48	0.37	0.48
業種						
製造業	0.39	0.49	0.58	0.49	0.57	0.50
卸・小売	0.10	0.30	0.15	0.35	0.14	0.35
金融・保険	0.11	0.31	0.16	0.36	0.19	0.39
建設	0.08	0.27	0.12	0.33	0.10	0.30
その他非製造業	0.32	0.47				
職種：ブルーカラー	0.24	0.43	0.25	0.43	0.22	0.41
学歴：高卒以下	0.25	0.44	0.23	0.42		
初年の賃金（実質標準月額、千円）	178.3	59.6	173.3	55.5	183.5	52.6
卒業前年の有効求人倍率	0.88	0.33	0.89	0.33	0.88	0.33
3年以内に離職	0.16	0.37	0.13	0.33	0.12	0.32
うち自己都合離職	0.09	0.29	0.08	0.27	0.08	0.27
5年以内に離職	0.28	0.45	0.23	0.42	0.21	0.40
うち自己都合離職	0.15	0.35	0.14	0.34	0.12	0.33
10年以内に離職	0.47	0.50	0.41	0.49	0.39	0.49
うち自己都合離職	0.23	0.42	0.21	0.41	0.20	0.40
入職時に親と同居	0.55	0.50	0.57	0.49	0.60	0.49
就職時の居住地域						
京浜大都市圏	0.46	0.50	0.46	0.50	0.48	0.50
中京大都市圏	0.15	0.36	0.15	0.36	0.17	0.37
京阪神大都市圏	0.12	0.32	0.11	0.32	0.12	0.32
上記の3大都市以外	0.27	0.45	0.28	0.45	0.24	0.43
標本数	2975		1971		1510	

備考）新卒で正規雇用職に就いた男性の初職時点及び離職までの期間に関する情報を示している。4業種は製造・卸小売・金融保険・建設。消費者物価指数（2015年=100）は、1970年以前は持家の帰属家賃を除く総合で遡及した。

の回答者が全国平均と比べ大卒者比率が高いこともあり、対象となった者は大卒者の比率が75％と高く、初職の企業規模も1000人以上の企業が50％超と大企業比率が高くなっている。初年の賃金は、消費者物価指数で実質化した入職年4月における標準報酬月額であり、平均17万8千円である。3年以内に離職した者は16

第6章　賃金プロファイルのフラット化と若年労働者の早期離職

％（自己都合離職者は 9 ％）にとどまるが、 5 年以内で 3 割弱（同15％）、10年以内では 5 割弱（同23％）となっている[5]。

3.2　分析に用いる 2 つの指標：残存率と賃金プロファイル

　白石・藤井・高山［2013］は、LOSEF データ（2011年）から得られる30歳代及び40歳代の初職正規男性雇用者（計801サンプル）を用い、各年代を対象に初職から離職までの生存関数の Kaplan-Meier 推定値を導出し、若い世代の方が入職以降 5 年間を通して残存率が低い（早期離職率が高い）という結果を得ている[6]。そこで、まず、2012年及び2013年調査も含めた拡張データセットを用いて同様の分析を行った。ただし、より長期の世代に亘る個人の離職情報が得られることを活かし、入職年を基準に世代は 4 つに分けて分析を行い、その場合でも、最近の世代ほど早期離職率が高まるという、白石・藤井・高山［2013］と整合的な結果が確認された（図 6 - 1）。すなわち、 5 年残存率を例にとると、最も古い1961年〜1972年に入職した世代では 5 年目（60カ月目）残存率が77％であったが、1973年〜1984年入職世代では75％、1985年〜1996年入職世代では64％と低下がみられ、1997年〜2008年では56％となっている（図 6 - 1 ①）。こうした変化が高学歴者や大企業雇用者にも起こっているかをみたところ、対象者を大卒者に限定した場合、さらに大卒大企業（1000人以上）に限定した場合でも、最近の世代になるほど早期離職する傾向は同様に観察された（図 6 - 1 ②③）。

　次に、同じデータセットから得られる個人の賃金情報（標準報酬月額）を用いて、初職で継続勤務した新卒正規男性雇用者の賃金プロファイルの傾き（入職年の賃金を 1 とした場合、就職 5 年目から30年目にかけての賃金が、初年と比べ実質で平均何倍になったか）をみると、傾きは最近の世代ほど低下がみられる（図 6 - 2 ①）。例えば、1961年〜72年入職世代では、新卒正規初職で働き続けると20

5）同調査では、離職した職について離職した理由を尋ねており、倒産や解雇などによる離職者を除いた離職者についてみることができる。離職理由の選択肢は「1．倒産・整理解雇・希望退職への応募」「2．定年・出向（嘱託等として再雇用された場合を含む）」、「3．普通解雇」「4．契約期間満了」「5．結婚・出産・育児など」「6．親の介護など」「7．その他（自己都合など）」であり、ここでは自己都合離職として、7 を選択した者を用いている。

6）Kaplan-Meier 推定法は、生存分析に用いられる手法の一つであり、STATA の sts graph コードを用いて計算した。図 6 - 1 で用いた世代区分については、後述する賃金プロファイルに関する分析の先行研究である岩本・堀［2012］を参考にしている。

189

図6－1　入職年世代別初職残存率（Kaplan-Meier survival estimate）

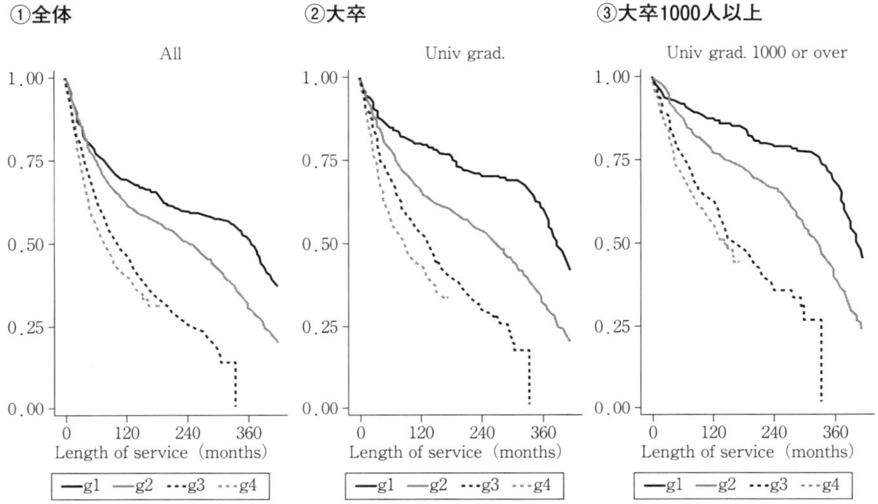
①全体
②大卒
③大卒1000人以上
All
Univ grad.
Univ grad. 1000 or over
1.00
0.75
0.50
0.25
0.00
0
120
240
360
Length of service (months)
g1 g2 g3 g4

g1：1961－72年入職　g2：1973－84年入職　g3：1985－96年入職　g4：1997－2008年入職

年目には4.3倍、30年目には5.2倍と上昇していたが、1973年～84年入職世代では同3.2倍、3.8倍と低下している。図6－2②は、参考として、これら世代別賃金プロファイルに対応する個人群から求めた入職以降の残存率であるが、図6－1で得られた結果と同様最近の世代ほど早期離職する傾向がみられる。図6－2の①及び②を比較すれば、新卒正規男性を対象とした場合、賃金プロファイルの傾きの低下と早期離職が同時進行していることがわかる。

Hamaaki et al.［2012］他の理論モデルが示唆するように、賃金プロファイルのフラット化が、被雇用者側から見た長期雇用（企業に継続雇用されること）のメリット（それを選択するインセンティブ）を薄れさせるのであれば、賃金プロファイルの傾きのフラット化が進んでいる領域で離職率が高まるはずである。そこで、賃金プロファイルと離職率の関係をさらにみるため、賃金プロファイルの傾きと5年残存率を、個人の属性（企業規模・業種・学歴）別に比較する散布図を世代別に作成した（図6－3）。横軸の賃金プロファイルの傾きは、新卒時から勤務している企業に今後も継続勤務した場合に想定される生涯賃金を考慮した賃金プロファイルの代理変数として、「今後20年間にわたりその属性に該当する勤

第6章 賃金プロファイルのフラット化と若年労働者の早期離職

図6-2　新卒正規の働き続けている者の賃金プロファイルと対応する初職残存率

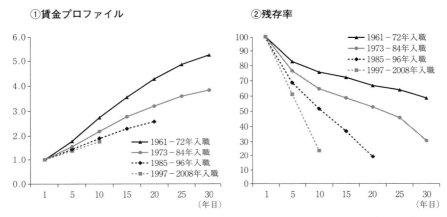

備考）LOSEF（2011, 2012, 2013）調査個票より作成。賃金プロファイルは4月時点の標準報酬月額（実質）の1年目比。新卒時正規男性雇用者。

労者が得られる標準的な賃金／5年目までの稼得賃金（それぞれ実質現在価値）」を利用している（詳細は次節及び補論参照）。とくに高卒者については対象となる標本数が限られていることもあり、ここで得られる属性別結果から一般的な結論を導くことは適切性に劣る面もあろうが、得られるデータから判断する限りにおいては、1973年入職以降の世代では、期待される賃金プロファイルの傾きが急だと残存率が高い（早期離職は低い）という右上がりの傾向（正の相関）がみられるようになっている。

　次に、賃金プロファイルのフラット化が進んでいる領域で離職率が加速化しているかをみるために、図6-3で得られた結果について、勤務先企業の業種別・規模別・学歴別に世代毎の変化（差分）をみた（図6-4）。他の条件を一定とした場合、もし賃金のフラット化が残存率の低下（離職率の上昇）をもたらしているとすれば、両者の間には正の相関がみられるであろう。図6-4では全ての属性群が第2または第3象限に位置しており、賃金プロファイルのフラット化は分析対象となった全ての属性群で進行したことがわかる。より最近の世代でみられた変化（1973年～84年に入職したグループから1985年～96年に入職したグループにみられる変化）では、右上がりの傾向（正の相関）が観察される（図6-4b）。

　ただし、新卒正規男性について3000弱の標本数が得られるとはいえ、図6-3

第4部　賃金システム

図6-3　業種別・規模別・学歴別の賃金プロファイルと5年残存率

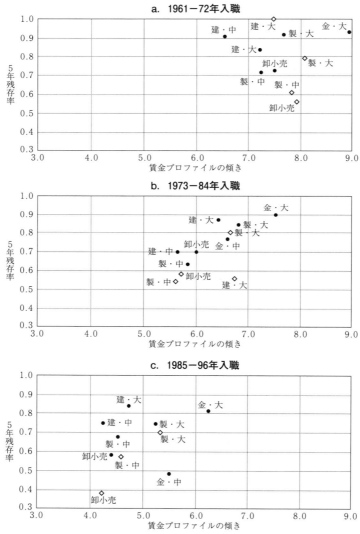

横軸：6年目〜20年目の賃金計／1〜5年目の賃金計、縦軸：5年残存率
（業種及び規模）
製・大：製造、大企業　　　製・中：製造、中堅中小企業　　　卸小売：卸小売
金・大：金融保険、大企業　金・中：金融保険、中堅中小企業
建・大：建設、大企業　　　建・中：建設、中堅中小企業
（学歴）　●大卒　◇高卒

第6章　賃金プロファイルのフラット化と若年労働者の早期離職

図6-4　業種別・規模別・学歴別の賃金プロファイルの変化と5年残存率の変化

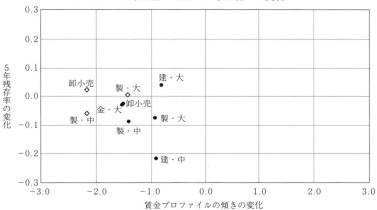

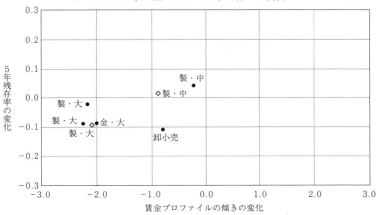

横軸：賃金プロファイルの傾きの変化（＝6年目〜20年目の賃金計／1〜5年目の賃金計の変化幅）
縦軸：5年残存率の変化幅
（業種及び規模）
製・大：製造、大企業　　　製・中：製造、中堅中小企業　　卸小売：卸小売
金・大：金融保険、大企業
建・大：建設、大企業　　　建・中：建設、中堅中小企業
（学歴）　●大卒　　◇高卒

第4部 賃金システム

及び図6-4は、これら各属性群に当てはまる世代毎の各セルの標本数が100に満たない属性グループも多く、特に図6-4のように、同じ属性とはいえ異なる個人の世代別平均値の変化（差分）により両期間における変化をみるためには3000標本数でも限界があることは否めない。そこで、次節ではこれら個人の属性による相違をコントロールし分析を行うために計量的な手法により検証する。

4 実証分析

4.1 賃金プロファイルの傾きと早期離職行動

白石・藤井・高山［2013］は、初職正規雇用者が5年以内に離職する確率を以下の比例ハザードモデルにより推定している[7]。離職するまでの期間が比例ハザードモデルで表されると仮定すると

$$h(t \mid X) = h_0(t) exp(X_{it}\beta) \tag{1}$$

ここで、$h(t \mid X)$はt時点のハザード関数であり、t時点まで初職に従事していたことを所与としたとき、次の瞬間に離職する確率を表している。ある個人が初職に従事している期間をTとすると、ハザード関数は、

$$h(t \mid X) = lim_{\Delta t \to 0} \frac{P(t \leq T < t + \Delta t \mid X \geq t, X)}{\Delta t} \tag{2}$$

となる。$X_{it}(=x_{1,it},..., x_{K,it})$は、$K$個の説明変数を含むベクトルであり、個人が学校を卒業する1年前のマクロ経済状態を表す変数X^M（卒業前年の有効求人倍率）、時間で変化しない個人属性X^I（学歴、入職時点での両親との同居等）、初職の性質を示す変数X^{FJ}（企業規模、職種等）からなる。

白石・藤井・高山［2013］は、初職正規から離職する確率に有意に影響を及ぼす変数として、企業規模（1000人以上）や職種（専門職および管理職）などがあり、それら属性をコントロールしても、卒業前年の有効求人倍率が高く、初年度

7）入職時点における雇用情勢等が日本における雇用者の早期離職（または勤続年数）に及ぼす影響に着目した実証分析としては、大竹・猪木［1997］、太田［1999］、黒澤・玄田［2001］、Genda and Kurosawa［2001］、有賀［2007］、白石・藤井・高山［2013］、小林［2016］などがある。最近の若年雇用者の離職状況についての実態調査としては、労働政策研究・研修機構［2017］がある。大湾［2017］は若年層の離職が入職時の景況に影響を受けるかについて個々の企業によりその効果が異なる例を挙げ、企業特殊的訓練等により年功賃金を高めることにより離職を抑制する考え方を平易に解説している。

の賃金が低い場合、雇用者の早期離職率は抑制されるとの結果を得ている。彼らの結果は日本の労働市場における早期離職の特徴やその要因を考察する上で示唆に富んでいるが、その関心は主として勤務先を含めた個々人の属性及び景気循環要因におかれている。

　本稿では、白石・藤井・高山 [2013] の分析を参考にしつつ、離職について以下のプロビットモデルにしたがうと仮定する[8]。

$$P(D_i^s = 1 | X) = \Phi(\gamma_0 + \gamma_1 X_i^{Wprofile} + \gamma_2 X_i^M + \gamma_3 X_i^{FJ} + \gamma_4 X_i^I + u_i)$$
$$u_i \sim N(0, 1) \tag{3}$$
$$E[u | X] = 0$$

D_i^s は、個人 i が初職から期間 s で離職する場合１、そうでない場合０となるダミー変数、$X_i^{Wprofile}$、X_i^M、X_i^{FJ}、X_i^I はそれぞれ個人 i の「賃金プロファイルの傾き」、マクロ経済変数（卒業前年の有効求人倍率）、初職の属性変数（企業規模、業種、職種、初任給）、その他個人属性変数（学歴、新卒入職時の両親との同居の有無、新卒入職時の居住地域）、u_i は誤差項である。「賃金プロファイルの傾き」は、個人 i にとって「今後期待される生涯賃金の割引現在価値／既に稼得した賃金の割引現在価値」で求めた。個人 i（被雇用者）が今後の賃金上昇をそれほど期待できないと思えば当該企業に継続勤務するインセンティブの低下を通じ離職増加をもたらすはずであり、その効果を検証するためである。賃金プロファイルの傾き指標は LOSEF データを用いて別途試算した（詳細は補論参照）。

4.2　結果

　まず最初に $X_i^{Wprofile}$（賃金プロファイルの傾き）を説明変数に含めずに（3）式を推定した（表6-2）。対象は新卒正規男性雇用者で、自発的離職者以外の離職者は除いている。企業規模ダミー（5000人以上の企業を基準）の係数は正で有意となり、勤め先の企業規模が小さいと早期離職が高くなる傾向がみられる。卒業前年の有効求人倍率は負（４年目以降では統計的に有意）の結果が得られ、卒業前年の有効求人倍率が低いと早期離職率が高まる。これらは多くの先行研究で得られた結果と同様であり、後者は雇用情勢が悪いときに就職選択したことによる

8）比例ハザード関数でなくプロビットで推定したのは、以下でみるように説明変数に賃金プロファイルの傾きを含めた分析も行ったためである。

第4部　賃金システム

表6-2　初職正規の早期離職の決定要因（1）

	2－3年目に離職	4－5年目に離職	6－10年目に離職	4業種		
				2－3年目に離職	4－5年目に離職	6－10年目に離職
	(1)	(2)	(3)	(4)	(5)	(6)
企業規模　（Re：5000人以上）						
99人以下	0.717***	0.183	0.525***	0.720***	0.310*	0.576***
	(0.111)	(0.142)	(0.137)	(0.144)	(0.179)	(0.185)
100－999人	0.406***	0.338***	0.488***	0.370***	0.235*	0.592***
	(0.093)	(0.104)	(0.103)	(0.114)	(0.126)	(0.126)
1000－4999人	0.056	−0.134	0.285***	0.011	−0.182	0.337***
	(0.104)	(0.121)	(0.103)	(0.123)	(0.141)	(0.122)
業種　（Re：製造業）						
卸・小売	−0.005	0.027	0.062	−0.021	0.031	0.051
	(0.122)	(0.145)	(0.141)	(0.125)	(0.149)	(0.144)
金融・保険	0.008	−0.213	−0.101	−0.000	−0.198	−0.103
	(0.128)	(0.156)	(0.134)	(0.130)	(0.158)	(0.137)
建設	−0.094	−0.242	0.092	−0.085	−0.301*	0.087
	(0.141)	(0.169)	(0.145)	(0.145)	(0.176)	(0.148)
その他非製造業	0.158*	−0.034	0.190**			
	(0.083)	(0.098)	(0.094)			
職種						
ブルーカラー	0.410***	0.057	0.243***	0.459***	0.030	0.270**
	(0.077)	(0.099)	(0.094)	(0.097)	(0.122)	(0.116)
学歴						
高卒以下	0.038	0.302***	0.079	−0.054	0.419***	0.011
	(0.083)	(0.098)	(0.098)	(0.114)	(0.125)	(0.131)
卒業前年の有効求人倍率	−0.141	−0.552***	−0.459***	−0.080	−0.597***	−0.416***
	(0.108)	(0.141)	(0.121)	(0.136)	(0.175)	(0.147)
初年の賃金	−0.000	0.001*	0.001*	−0.000	0.001	0.002*
	(0.001)	(0.001)	(0.001)	(0.001)	(0.001)	(0.001)
入職時に親と同居ダミー	0.082	0.003	0.012	0.085	0.076	0.063
	(0.076)	(0.089)	(0.086)	(0.097)	(0.112)	(0.108)
標本数	2764	2317	1830	1900	1625	1312

備考）プロビット推定から得られる限界効果。***は1％、**は5％、*は10％有意。4業種は建設・製造・卸小売・金融保険。自己都合以外の離職者については標本から除いている。地域ダミー、定数項は省略。

ミスマッチを示唆している。職種はブルーカラーで離職率が高い傾向がみられ、業種は「その他非製造業」が2～3年目及び6～10年目で正に有意となっている。これらの結果はLOSEF（2011年）個票を用いた白石・藤井・高山［2013］で得

第6章　賃金プロファイルのフラット化と若年労働者の早期離職

られた結果とも概ね整合的である[9]。

　表6-2の右側（4）～（6）は、説明変数に賃金プロファイルの傾きを含めた推定を次のステップで行う準備として、初職の勤務先の対象業種のうち「その他非製造業」を除いた標本（表6-2では便宜的に「4業種」と表示）を用いて、表6-2の左側（1）～（3）同様の推定を行った結果である[10]。それら標本を除くことにより標本数は減少することになるが、結果から導かれる特徴はほとんど変わらなかった。

　次に、$X_i^{Wprofile}$（賃金プロファイルの傾き）を説明変数に追加し（3）式を推定した。賃金プロファイルのフラット化は $X_i^{Wprofile}$ を小さくすることから、賃金プロファイルのフラット化により雇用者の早期離職が促されているのであれば、係数 γ_1 の符号は負となることが想定される。結果は、表6-3（1）～（3）にあるとおり、係数 γ_1 の符号は負となった。4～5年目に離職、6～10年目に離職した場合 γ_1 は統計的に有意となっており、企業規模、業種、職種、学歴などをコントロールした上でも、賃金プロファイルがフラット化すると離職が早期化する関係が見いだせる。

　さらに、対象標本を大卒者に限定した結果が表6-3（4）～（6）である。γ_1 の符号は負となり、賃金プロファイルのフラット化と離職早期化の関係が同様にみられた。さらに日本的雇用慣行の象徴的な存在でもあった大卒大企業雇用者に標本を限定した場合でも、賃金プロファイルの傾きの符号はやはり負という結果が得られた（表6-3（7）～(9)）。

5　おわりに

　本稿では、個々人の長期にわたる賃金履歴パネルデータが構築可能な「くらしと仕事に関するインターネット調査（LOSEF）：2011-2013年」個票から構築さ

9）白石・藤井・高山［2013］は、業種別には製造業ダミーのみを利用し、1971年～81年生まれの世代では製造業で早期離職率が低いという結果を得ている。

10）賃金プロファイルの傾きを LOSEF データから得られる各年の標準報酬月額を用いて試算する際には、厚生労働省「賃金構造基本統計調査」で公表されている業種別・規模別・学歴別に男性雇用者の当該年のボーナス比率を用いた調整を行っている。製造業、卸・小売業、金融・保険業、建設業以外では長期にわたる当該数値を得ることが困難であったため除外している（詳細は補論参照）。

第4部　賃金システム

表6-3　初職正規の早期離職の決定要因（2）

	大卒のみ				
	2-3年目に離職	4-5年目に離職	6-10年目に離職	2-3年目に離職	4-5年目に離職
	(1)	(2)	(3)	(4)	(5)
賃金プロファイルの傾き					
2年目における期待生涯賃金／既に受け取った賃金	-0.003 (0.002)			-0.006** (0.003)	
3年目における期待生涯賃金／既に受け取った賃金		-0.017* (0.009)			-0.016 (0.012)
5年目における期待生涯賃金／既に受け取った賃金			-0.085*** (0.021)		
企業規模　（Re：5000人以上）					
99人以下	0.641*** (0.160)	0.198 (0.189)	0.325* (0.197)	0.452** (0.198)	0.189 (0.255)
100-999人	0.337*** (0.118)	0.177 (0.130)	0.491*** (0.129)	0.314** (0.133)	0.215 (0.154)
1000-4999人	-0.012 (0.125)	-0.218 (0.143)	0.268** (0.124)	-0.133 (0.142)	-0.234 (0.165)
業種　（Re：製造業）					
卸・小売	-0.035 (0.126)	0.011 (0.150)	-0.010 (0.148)	-0.099 (0.149)	-0.046 (0.182)
金融・保険	0.026 (0.133)	-0.140 (0.161)	-0.033 (0.139)	0.094 (0.141)	-0.196 (0.179)
建設	-0.084 (0.145)	-0.300* (0.177)	0.081 (0.149)	-0.163 (0.188)	-0.573** (0.271)
職種					
ブルーカラー	0.455*** (0.098)	0.024 (0.123)	0.255** (0.118)	0.559*** (0.114)	0.131 (0.152)
学歴					
高卒以下	-0.045 (0.115)	0.444*** (0.127)	0.049 (0.134)		
卒業前年の有効求人倍率	-0.046 (0.139)	-0.522*** (0.178)	-0.289* (0.150)	0.023 (0.164)	-0.374* (0.214)
初年の賃金	-0.001 (0.001)	0.000 (0.001)	-0.001 (0.001)	-0.002 (0.001)	0.001 (0.001)
入職時に親と同居ダミー	0.098 (0.098)	0.087 (0.112)	0.085 (0.108)	-0.020 (0.111)	-0.077 (0.132)
標本数	1882	1625	1312	1449	1270

備考）プロビット推定から得られる限界効果。***は1％、**は5％、*は10％有意。賃金プロファイル符号が負ということはフラット化と離職には正の関係があることを意味している。自己都合以外一、定数項は省略。大企業は従業員5,000人以上の企業。

大卒・大企業のみ			
6 – 10年目に離職	2 – 3年目に離職	4 – 5年目に離職	6 – 10年目に離職
(6)	(7)	(8)	(9)
	−0.011**		
	(0.006)		
		−0.013	
		(0.017)	
−0.113***			−0.077*
(0.025)			(0.042)
0.166			
(0.248)			
0.488***			
(0.146)			
0.255*			
(0.138)			
−0.009	−0.065	−0.013	0.398
(0.169)	(0.320)	(0.342)	(0.351)
0.038	0.379*	−0.063	0.390
(0.149)	(0.226)	(0.255)	(0.249)
0.163	−0.137		0.809**
(0.173)	(0.505)		(0.326)
0.313**	0.612***	0.139	0.038
(0.138)	(0.222)	(0.278)	(0.304)
−0.086	0.459*	−0.026	−0.472
(0.171)	(0.270)	(0.310)	(0.339)
−0.001	−0.002	−0.000	−0.002
(0.001)	(0.003)	(0.002)	(0.003)
0.066	−0.062	−0.109	0.209
(0.120)	(0.219)	(0.238)	(0.259)
1036	551	476	423

の傾きは、傾きがフラット化すると小さくなるため、
の離職者については標本から除いている。地域ダミ

第4部　賃金システム

れた1961年以降に入職した雇用者のパネルデータを用いて、年功賃金と長期雇用の相互補完性に着目しつつ、日本的雇用慣行の変化としての若年期の離職行動を分析した。まず、第一に、日本的雇用慣行の中核に位置する新卒時に就職した大卒男性の正規雇用者においても離職が早期化する傾向がみられることが確認された。第二に、賃金プロファイルの変化と新卒から5年残存率の変化を属性（企業規模・業種・学歴）別にみると、80年代半ば以降に入職した世代では両者の間に概ね正の傾向（賃金プロファイルのフラット化が大きいと残存率低下も加速）が観察された。第三に、個人や勤務先企業の属性をコントロールしても、自らの賃金プロファイルのフラット化（現在までに獲得した賃金に対する将来にわたり獲得できると予想される賃金の比）と早期離職率には負の関係がある。対象者を日本的雇用慣行のコアとなる大卒大企業雇用者に限定してもこの傾向は同様であった。本稿の結果は、今後もし更に賃金プロファイルのフラット化が進めば、若年の早期離職率は更に高まり、我が国における日本的雇用の特徴を有する雇用下にある個人の割合は低下していくであろうことを示唆している。

　ただし、本稿の分析では、雇用者が賃金プロファイルの傾きを踏まえて業種や企業規模を選択していることから生じ得る内生性の問題を排除しきれていない点には注意が必要だろう。「くらしと仕事に関するインターネット調査（LOSEF）」には、現在の仕事の継続希望やその理由を聞く設問はあるものの、入職時点でその企業に長期的に勤続する意向を有していたか否かの質問は残念ながら設けられていない。一般に長期雇用希望者（その会社で継続勤務したいと希望する雇用者）が多いとも言われる大卒大企業男性に限定した推定は行い、その場合でも有意な結果を得ているものの、これ以上の検討は今後の課題としたい。

参考文献

青木昌彦・奥野（藤原）正寛［1996］『経済システムの比較制度分析』東京大学出版会。

赤羽亮・中村二朗［2008］「企業別パネルデータによる賃金・勤続プロファイルの実証分析」『日本労働研究雑誌』50巻11号、pp. 44-60。

有賀健「新規高卒者の労働市場」［2007］林文夫編『経済停滞の原因と制度』勁草書房、pp. 227-263。

稲垣誠一［2012］「1950年生まれの所得格差と就業行動：年金定期便の加入履歴等に関するインターネット調査の概要と分析」『日本統計学雑誌』、41（2）、pp. 285-317。

岩本光一郎・堀雅博［2012］「年功賃金制の劣化と生涯所得—年金定期便の個人履歴情報に基づく分析」、『年金と経済』、31（3）、pp. 61-70。

太田聡一［1999］「景気循環と転職行動—1965-94」中村二朗・中村恵編『日本経済の構造調整と労働市場』日本評論社、第1章、pp.13-42。

大竹文雄・猪木武徳［1997］「労働市場における世代効果」浅子和美・福田慎一・吉野直行編『現代マクロ経済分析—転換期の日本経済』第10章、東京大学出版会、pp. 297-320。

大湾秀雄［2017］『日本の人事を科学する—因果推論に基づくデータ活用』日本経済新聞出版社。

加藤隆夫・神林龍［2016］「1980年代以降の長期雇用慣行の動向」『経済研究』、67（4）、pp.307-325。

川口大司［2011］「ミンサー型賃金関数の日本の労働市場への適用」RIETI Discussion Paper 11-J-026。

神林龍［2012］「ねんきん定期便からみた日本の転職行動」『年金と経済』、31（3）、pp.71-81。

黒澤昌子・玄田有史［2001］「学校から職場へ—「七・五・三転職」の背景」、『日本労働研究雑誌』、490号、pp.4-18。

小林徹［2016］「新規学卒者の就職先特徴の変化と早期離職の職場要因」『日本労働研究雑誌』No.668、pp. 38-58。

白石浩介・藤井麻由・高山憲之［2013］「初職正規男性の早期離職をめぐる一考察」『年金と経済』, 32（2）、pp. 4 -18。

高山憲之・稲垣誠一・小塩隆士［2012］「『くらしと仕事に関する調査：2011年インターネット調査』の概要と調査客体の特徴等について」、CIS Discussion paper series；No. 551、一橋大学経済研究所。

都留康・阿部正浩・久保克行［2003］「日本企業の報酬構造—企業内人事データによる資格、査定、賃金の実証分析—」『経済研究』、54（3）、pp. 264-385。

三谷直紀［1997］『企業内賃金構造と労働市場』勁草書房。

三谷直紀［2005］「90年代の賃金構造の変化と人口要因」『国民経済雑誌』191（2）、pp. 13-27。

労働政策研究・研修機構［2017］「若年者の離職常用と離職後のキャリア形成（若年者の能力開発と職場への定着に関する調査)」JILPI 調査シリーズ　No.164。

Abe, Y.［2000］"A comparison of wage structures in the United States and Japan：Results from cell mean regressions," *Japanese Economic Review,* 51（2）,.252-267.

第4部　賃金システム

Ariga, K,. Brunello, G., Ohkusa. Y., [2000] *Internal labor markets in Japan*, Cambridge University Press.

Chuma, H. [1998] "Is Japan's long-term employment system changing?" in Ohashi, I. and Tachibanaki, T. eds. *Internal Labour Markets, Incentives and Employment*, 225-268, Palgrave Macmillan.

Clark, R. and Ogawa, N. [1992] "Employment tenure and earnings profiles in Japan and the United States : Comment," *American Economic Review*, 82 (1), 336-345.

Fujii, M., Shiraishi, K. and Takayama, N. [2018]" The effects of early job separation on later life outcomes, *Journal of the Japanese and International Economies*, 48, 68-84.

Genda, Y. and Kurosawa, M. [2001] "Transition from school to work in Japan," *Journal of the Japanese and International Economies*, 15 (4), 465-488.

Hamaaki, J., Hori, M., Maeda. S, and Murata, K. [2012] "Changes in the Japanese employment system in the two lost decades," *ILR Review*, 65 (4), 810-846.

Hashimoto, M. and Raisian, J. [1985] "Employment tenure and earning profiles in Japan and the United States," *American Economic Review*, Vol.75, 721-735.

Itoh, H. [1994] "Japanese human resource management from the viewpoint of incentive theory," in Masahiko Aoki and Ronald Dore (eds.) *The Japanese firm: The Sources of Competitive Strength*, Oxford : Oxford University Press, 233-264.

Kambayashi, R. and Kato, T. [2011] The Japanese employment system after the bubble burst : new evidence. in Hamada, Koichi, Kashyap, Anil K., Weinstein David E. (Eds) *Japan's Bubble, Deflation and Long-term Stagnation*, MIT Press, Cambridge.

Kato, T. [2001] "The end of lifetime employment in Japan? : Evidence from national surveys and field research," *Journal of the Japanese and International Economies*, 15 (4) 489-514.

Kawaguchi, D. and Ueno, Y. [2013] "Declining long-term employment in Japan," *Journal of the Japanese and International Economies*, 28, 19-36.

Milgrom, P. and Roberts, J. [1992] *Economics, Organization, and Management*, New Jersey : Prentice Hall.

Mincer, J. and Higuchi, Y. [1988] "Wage structure and labor turnover in the United States and Japan," *Journal of the Japanese and International Economies*, 2 (2), 97-133.

Ohkusa, Y. and Ohta, S. [1994] "An empirical study of the wage-tenure profile in

第6章 賃金プロファイルのフラット化と若年労働者の早期離職

Japanese manufacturing," *Journal of the Japanese and International Economies*, 8 (2), 173-203.

Shimizutani, S. and Yokoyama, I. [2009] "Japan's long-term employment practice survived? Developments since the 1990s," *Industrial and Labor Relations Review*, 62 (3), 313-326.

Yamada, K. and Kawaguchi, D. [2015] "The changing and unchanged nature of inequality and seniority in Japan," *Journal of Economic Inequality*, 13 (1), 129-153.

第4部　賃金システム

補論　賃金プロファイルの勾配の推定

　Hamaaki et al.［2012］は、長期雇用と年功賃金の制度的補完性を示唆する判断根拠として、厚生労働省「賃金構造基本統計調査」個票を用いて、日本の被雇用者は大企業大卒で学卒後同じ企業に継続勤務している男性でも中長期的に賃金プロファイルの傾きがフラット化していることを示す一方で、若年期における残存率が低下しているという観察される事実を示したものの、実際に賃金プロファイルが低下した個々の雇用者において早期離職が高まっているかについての検証はデータの制約もあり行っていない。それらの検証には、個々の雇用者の長期にわたる賃金プロファイルと職業履歴（いつ離職したか）が必要となるためである。本分析では、日本的雇用慣行のコアとなる新卒正規男性に着目し、「くらしと仕事に関するインターネット調査（LOSEF）」（付表6－1）個票から構築可能な長期にわたるパネルデータを用い、個々人の属性をコントロールしつつ賃金プロファイルの傾き（属性別・世代別）を推定することにより、個人の離職の決定に今後その企業で継続勤務することにより受け取る期待生涯賃金（賃金プロファイルの傾き）が影響するか否かを検証することを考えた。

　LOSEFデータを用いれば、標本に含まれる個々人について、その生涯における賃金履歴が測定可能となることから、特定の個人がそれを予め明確に予測できたか迄はわからないものの、自らの属性を踏まえつつ現在勤めている企業に今後継続勤務した場合に自身の賃金プロファイルが標準的なケースとしてどのような経路を描くかは、属性（勤務先の企業規模や業種、職種、自らの学歴）などからある程度予測することは妥当性があると想定できよう。岩本・堀［2012］は、このような考えにより、LOSEFデータ（2011年）個票を用いて、同一属性の個人の集団に着目し、賃金プロファイルと個人属性の関係は線形分離が可能と仮定した上で、以下の回帰式により属性集団毎の賃金プロファイルをクロスセクションデータにより男女別に推定している。

$$\left(\frac{w_n}{w_1}\right)_i = \sum \beta_{n,1,j1} DEdu(j1)_i + \sum \beta_{n,2,j2} DFsize(j2)_i + \sum \beta_{n,3,j3} DFInd(j3)_i$$

$$+ \sum \beta_{n,4,j4} DJob(j4)_i + \sum \beta_{n,5,j5} DStatus(j5)_i + \sum \beta_{n,6,j6} DChang(j6)_i$$

$$+ \sum \beta_{n,7,j7} DFJyea(j7)_i + u_{n,i}$$

$$(A1)$$

第 6 章　賃金プロファイルのフラット化と若年労働者の早期離職

付表 6-1　「くらしと仕事に関するインターネット調査（LOSEF）」の概要

	2011年調査	2012年調査	2013年調査
調査対象者の生年度	1950 − 81	1941 − 56	青年調査（1978 − 92） 解雇経験者（1941 − 92）
有効標本数	5,953	2,072	青年調査（2,914） 解雇経験者（1,436）
年金記録	ねんきん定期便	ねんきんネット	ねんきんネット
企業履歴	○	○	○
事業所履歴	×	○	○
標準報酬履歴	各年 4 月	毎月	毎月

備考）LOSEF 調査資料より抜粋。2011〜2013年調査で、一部重複サンプルがある（2011と2012年の重複サンプルは 189、同様に2011と2013年は113、2012と2013は87、2011〜2013は12）。本論文ではそれら重複サンプルは古い方を除外した。

左辺の $(w_n/w_1)_i$ は個人 i の n 年目の実質標準月額の入職年実質標準月額に対する比で、入職年の標準月額に対しその後各年の標準月額が実質何倍になったかを示す変数、右辺の DEedu（$j1$）, DFsize（$j2$）, DFind（$j3$）, Djob（$j4$）, DStatus（$j5$）, Dchange（$j6$）, DFJyear（$j7$）は、それぞれ、個人 i が属する学歴、勤務先企業規模、業種、職種、勤務状況、転職経験、及び入職年を示すダミー変数である（$j1$〜$j7$は各ダミーのカテゴリーを示し、i が属する各カテゴリーにおいて当該ダミー変数＝ 1 、それ以外＝ 0 となる）。推定にあたっては、世代によるパラメータの変化をある程度許容するとともに得られるサンプルサイズを勘案し、データを（i）入職年が1973年〜84年の世代、（ii）同1985年〜96年の世代、（iii）同1997年〜2008年の世代の 3 つに分割し男女別に最少二乗法により回帰分析している。その上で、（A1）式のパラメータから得られる属性（j）を有する個人の賃金プロファイル（賃金勾配）を用いて、属性（j）に対応する生涯所得の割引現在価値を（A2）式で求めている。

$$\text{生涯所得}_j \equiv \sum_{n=1}^{35} \frac{W_{n,j}}{(1+\rho)^{n-1}} \equiv \sum_{n=1}^{35} \frac{B_{n,j}}{(1+\rho)^{n-1}} W_{1,j} \tag{A2}$$

$B_{n,j}$ は（A1）式から得られる属性 J の n 年目の賃金勾配、ρ は割引率である。

本稿では、賃金プロファイルを求めるために以下の（A3）式を推定した。

第4部　賃金システム

$$\left(\frac{w_n}{w_1}\right)_i = \sum \beta_{n,1,j1} DEdu(j1)_i + \sum \beta_{n,2,j2} DFsize(j2)_i + \sum \beta_{n,3,j3} DFInd(j3)_i$$
$$+ \sum \beta_{n,4,j4} DJob(j4)_i + \sum \beta_{n,5,j5} DFJyea(j5)_i + u_{n,i} \tag{A3}$$

（A1）式と異なり勤務状況及び転職ダミーが含まれていないのは、本分析においては、新卒で正規雇用に就き当該企業で働き続ける男性雇用者が期待する賃金を推定することが目的であるため、正規雇用継続者に限定して推定を行ったためである。一方で、本稿では LOSEF 2012年及び2013年データも標本に含めたことから、さらに遡った世代の標本も得られる。そこで、1961年〜72年入職のグループを追加した4世代について、それぞれの群に含まれる標本の職歴の長さを踏まえ、最初の2世代については入職後35年目まで、3世代目については25年目まで、4世代目については10年目までを対象としそれぞれの個別年について回帰を行った[11]。

　（A3）式の推定結果のうち、5年目毎の結果を抜粋して示したのが付表6-2である。企業規模では大企業、業種では金融保険で傾きが高いという結果となり、先行研究や政府統計で観察された結果とも整合的である。表の下方にある定数項のパラメータは、リファレンスグループとなる大卒大企業製造業ホワイトカラーで勤務継続した雇用者の賃金勾配に相当するが、どの世代においても勤続年数が上がるにつれて増加していることがわかる一方で、それら係数の大きさは最近になるに従い低下しており、入職年がより最近になるほど賃金プロファイルがフラット化していることが確認できる。

　次に、付表6-2で得られた35年分の各属性の賃金勾配を用いて（A2）式により属性Jの生涯所得を入職年グループ別に計算した。生涯賃金の稼得期間は人によって異なり得るが、ここでは仮に、個人が35年間継続して正規社員として働いた場合を念頭に稼得額の合計を計算している。ただし、推定に用いたデータセットの構成上、（iii）及び（iv）の世代については、35年分の賃金勾配を求めることは不可能である。そこで、これら世代については、それぞれ25年目、12年目までの回帰に止め、以降については岩本・堀 [2012] にならい、世代（iii）の26年目以降については、世代（ii）の26年目以降と同率で推移し、世代（iv）の13年

11）標準報酬月額には上限値があるため標準報酬月額の上限値を回答した場合には賃金が実際にどの程度高額であったかの情報は得られないが、データの制約からその点については考慮していない。

付表6-2　個人属性賃金プロファイルを構築するための推定結果

	1961-72年入職					1973-84年入職					1985-96年入職				1997-08年入職	
	5年目	10年目	20年目	30年目	35年目	5年目	10年目	20年目	25年目	35年目	5年目	10年目	20年目	25年目	5年目	10年目
企業規模（基準：5000人以上）																
99人以下	−0.13 (0.08)	−0.19 (0.15)	−0.44 (0.29)	−0.54 (0.38)	−0.38 (0.46)	−0.27*** (0.05)	−0.50*** (0.08)	−0.81*** (0.12)	−0.74*** (0.15)	−1.19*** (0.29)	−0.16*** (0.04)	−0.34*** (0.08)	−0.92*** (0.19)	−2.00** (0.71)	−0.23*** (0.05)	−0.48*** (0.11)
100−999人	−0.09* (0.05)	−0.19** (0.09)	−0.44*** (0.16)	−0.28 (0.22)	−0.02 (0.28)	−0.20*** (0.03)	−0.42*** (0.05)	−0.45*** (0.08)	−0.36*** (0.10)	0.00 (0.19)	−0.14*** (0.03)	−0.32*** (0.06)	−0.58*** (0.14)	−0.39 (0.51)	−0.12*** (0.04)	−0.37*** (0.08)
1000−4999人	−0.03 (0.05)	−0.14* (0.08)	−0.21 (0.15)	−0.11 (0.19)	−0.16 (0.25)	−0.07** (0.03)	−0.19*** (0.05)	−0.09 (0.07)	−0.12 (0.08)	−0.31* (0.17)	−0.07** (0.03)	−0.22*** (0.06)	−0.25* (0.14)	−0.15 (0.47)	−0.08** (0.04)	−0.23*** (0.08)
業種（基準：製造業）																
卸小売	0.03 (0.07)	0.18 (0.12)	0.12 (0.24)	0.15 (0.32)	0.31 (0.50)	−0.08* (0.04)	−0.12* (0.07)	−0.30*** (0.11)	−0.39*** (0.13)	−0.29 (0.30)	−0.06 (0.04)	−0.12 (0.08)	−0.44* (0.23)	0.23 (0.70)	−0.00 (0.06)	0.12 (0.14)
金融・保険	0.15** (0.06)	0.63*** (0.11)	0.79*** (0.20)	0.56** (0.27)	−0.22 (0.39)	0.09** (0.04)	0.38*** (0.06)	0.30*** (0.08)	0.18* (0.10)	0.05 (0.21)	0.10*** (0.04)	0.43*** (0.07)	0.51*** (0.16)	0.93*** (0.44)	0.11** (0.06)	0.42*** (0.12)
建設	0.09 (0.07)	0.09 (0.12)	0.14 (0.23)	−0.03 (0.30)	0.36 (0.38)	0.02 (0.04)	−0.04 (0.07)	−0.03 (0.11)	−0.04 (0.14)	0.32 (0.27)	0.06 (0.05)	−0.04 (0.08)	−0.33 (0.25)	−0.14 (0.69)	0.03 (0.06)	0.14 (0.15)
その他非製造業	−0.02 (0.05)	−0.00 (0.08)	0.17 (0.15)	0.29 (0.19)	0.30 (0.24)	0.05 (0.04)	0.08 (0.05)	0.10 (0.08)	0.12 (0.10)	0.36* (0.19)	0.06** (0.03)	0.12** (0.05)	0.20 (0.14)	0.49 (0.50)	0.02 (0.03)	0.09 (0.07)
学歴（基準：大卒以上）																
高卒以下	0.12*** (0.04)	0.11 (0.07)	0.55*** (0.13)	1.07*** (0.18)	1.29*** (0.23)	−0.04 (0.03)	−0.11** (0.05)	0.01 (0.08)	0.18* (0.10)	0.58*** (0.16)	−0.03 (0.03)	−0.09* (0.05)	0.04 (0.14)	−0.33 (0.53)	0.07* (0.04)	0.11 (0.09)
職種																
ブルーカラー	−0.09* (0.05)	−0.11 (0.09)	−0.11 (0.17)	0.00 (0.24)	−0.18 (0.29)	0.00 (0.03)	0.03 (0.05)	−0.09 (0.08)	−0.02 (0.10)	−0.05 (0.18)	−0.01 (0.03)	−0.03 (0.05)	−0.18 (0.13)	0.10 (0.58)	−0.01 (0.04)	−0.11 (0.09)
定数項	1.70*** (0.06)	2.71*** (0.09)	4.03*** (0.17)	4.66*** (0.21)	4.80*** (0.28)	1.58*** (0.04)	2.24*** (0.07)	3.19*** (0.11)	3.57*** (0.12)	3.64*** (0.20)	1.51*** (0.04)	2.08*** (0.07)	2.76*** (0.15)	3.29*** (0.78)	1.42*** (0.04)	1.91*** (0.08)
標本数	452	394	340	302	222	855	703	563	483	142	663	471	176	32	462	200
R − sq	0.15	0.36	0.41	0.54	0.61	0.13	0.21	0.20	0.16	0.35	0.13	0.25	0.34	0.59	0.10	0.22

備考）最小二乗法による。***は1％、**は5％、*は1％有意。新卒正規雇用男性のうち各年において初職先企業で継続勤務の雇用者を対象。入職年ダミーは省略（入職年ダミーはそれぞれ70年入職、80年入職、90年入職、00年入職を基準）。金融・保険業には不動産も含んでいる。

第4部　賃金システム

目からら25年目については世代（iii）の13年目から25年目と同率で、26年目以降については世代（ii）と同率で推移すると仮定した。また、賞与比率が属性（企業規模・業種・学歴）により異なることを考慮し、賃金勾配から導かれる各属性群の平均標準報酬月額をベースに、各年の厚生労働省「賃金構造基本統計調査」から得られる「年間賞与、その他特別給与額」及び「決まって支給する給与額」の比率による調整を行った上で、割引現在価値を計算することにより年収ベースの生涯賃金を求めた。同統計では1970年代以降業種分類の組換えや変更が行われていることから、長期的に公表され入手可能となっている製造業、金融保険業、卸・小売業、建設業雇用者を対象とし、学歴別規模別に調整を行った。割引率は常識的な値に設定して計算する他ないが、ここでは岩本・堀［2012］同様割引を行わず、単純に各年の労働所得を積み上げた（$\rho = 0$ を仮定）。

　こうして得られた生涯賃金の結果は、基本的な特徴は岩本・堀［2012］と同様であるが、生涯賃金（初年度を1としたときの生涯賃金の比率）は、大企業で高く、標本を入職年で前半と後半に分けた場合、大卒者の場合1982年までに入職した人に比べ、それ以降に入職した人は平均値で概ね2〜4割程度低下しているという結果が得られた（付表6-3）。

付表 6 - 3　生涯賃金の試算結果

	入職年 1961-2008年					入職年 1961-1982年					入職年 1983-2008年				
	標本数	平均値	分散	最小値	最大値	標本数	平均値	分散	最小値	最大値	標本数	平均値	分散	最小値	最大値
製造業															
99人以下	65	76.2	24.4	47.6	157.4	26	96.2	25.2	77.6	157.4	39	62.9	11.3	47.6	82.7
100-999人	243	92.7	26.4	56.8	186.2	100	115.5	24.6	94.8	186.2	143	76.7	11.8	56.8	101.4
1000-4999人	249	104.8	31.6	61.5	216.1	129	127.7	25.9	104.3	216.1	120	80.2	13.3	61.5	109.4
5000人以上	371	115.9	34.2	69.2	249.0	198	138.9	30.5	109.8	249.0	173	89.6	11.7	69.2	114.9
卸小売															
99人以下	45	73.3	29.7	49.2	190.4	19	91.4	38.4	67.9	190.4	26	60.1	7.4	49.2	74.2
100-999人	91	84.9	25.3	59.0	193.4	33	107.0	30.1	84.5	193.4	58	72.4	7.8	59.0	90.8
1000-4999人	66	94.5	27.7	62.9	189.0	35	112.0	27.2	93.2	189.0	31	74.7	8.1	62.9	89.2
5000人以上	64	105.0	28.3	72.9	210.7	35	121.8	28.1	98.8	210.7	29	84.7	8.2	72.9	103.4
金融保険															
99人以下	6	88.0	16.2	70.6	106.1	2	106.1	0.0	106.1	106.1	4	78.9	10.4	70.6	94.1
100-999人	62	103.7	15.9	78.5	196.6	27	113.3	17.6	103.2	196.6	35	96.3	9.2	78.5	110.6
1000-4999人	116	118.8	29.0	80.2	238.0	57	136.7	31.3	112.2	238.0	59	101.5	10.2	80.2	117.5
5000人以上	134	127.5	28.1	93.8	244.5	77	140.6	30.3	117.9	244.5	57	109.9	8.8	93.8	123.2
建設															
99人以下	43	80.5	21.4	54.9	185.2	22	90.6	25.1	76.9	185.2	21	69.9	8.1	54.9	81.9
100-999人	58	96.1	25.9	70.7	197.2	23	118.5	28.3	93.5	197.2	35	81.4	7.0	70.7	96.8
1000-4999人	47	108.7	28.0	74.8	209.5	33	119.4	26.5	101.2	209.5	14	83.4	8.2	74.8	106.7
5000人以上	33	125.0	36.1	85.6	215.6	22	140.7	34.6	106.3	215.6	11	93.8	7.3	85.6	112.2

備考）初年度を1としたときの生涯賃金の比率（35年目まで）。大卒男性。

【第4部】賃金システム

第7章　雇用形態間の賃金格差*

安井健悟・佐野晋平
久米功一・鶴　光太郎

要旨

　本章の目的は、その実態が明らかではなかった雇用形態間の賃金格差についての研究である安井他［2018, 2019］の分析結果を紹介することであり、労働者属性を制御した上での賃金格差の推定値を示している点が特徴である。第1に、労働者属性を制御した上での正社員と有期雇用労働者の時間当たり賃金の格差は、男性は8.4%の差があるが、女性は3.9%で統計的に有意ではない。これらの賃金格差は、欧州の同様の分析結果と比較しても決して大きくなく、ほぼ同程度かそれ以下の水準である。第2に、無限定正社員と4種類（勤務地限定、職務限定、時間限定、残業限定）のジョブ型正社員を比較した場合、労働者の属性を制御すると無限定正社員とジョブ型正社員それぞれとの月収格差がなくなることが明らかになった。また、時間当たり賃金については、時間限定や残業限定のように労働時間に関連したジョブ型正社員の賃金が無限定正社員の賃金よりも高いことが示された。

第4部　賃金システム

1　はじめに

1.1　非正規雇用の処遇問題

　働き方改革が重要な政策イシューとなる中で、長年の懸案でありながら十分な対応がなされてこなかった非正規雇用の処遇改善は2018年6月に成立した働き方改革関連法案によって前進することとなった。こうした関連法案の元になった「ニッポン一億総活躍プラン」（2016年6月閣議決定）では、「パートタイム労働者の賃金水準は、欧州諸国においては正規労働者に比べ2割低い状況であるが、我が国では4割低くなっている」という認識を示している。

　実際、日本の正規雇用と非正規雇用の賃金水準を比べると、かなり格差がみられる。厚生労働省の『平成29年賃金構造基本統計調査　結果の概況』によれば、正社員以外の平均時間当たり賃金を正社員のそれと比較すると、30代後半は正社員の7割弱程度であるが、50代前半には半分程度となり、年齢に応じて格差が拡大することがわかる。

　しかしながら、非正規社員の平均的な賃金水準が正社員のそれよりも低かったとしても、それを「雇用形態の違いのみに起因する、合理的な理由のない取り扱い」と断定することは難しい。なぜならば、例えば、正社員と非正社員の能力・スキルが異なれば生産性も異なり、賃金格差が生じる可能性は十分あるためだ。したがって、正社員と非正規社員の賃金格差を評価する際には、両者の様々な属性の違いに起因する賃金格差を取り除いた上で、純粋に雇用形態の違いのみで生じている賃金格差に着目する必要がある。

　また、非正規社員といっても、契約社員、嘱託社員、パートタイム労働者、派遣社員などと様々な形態が存在し、どのようなタイプの非正社員を選択するかで賃金格差に対する理論的な解釈も異なってくる。例えば、パートタイム労働者の場合、勉学や家事の負担のある学生、主婦などはフルタイムよりもパートタイムを選好する分、受け入れても良いとする賃金水準（留保賃金）は低くなる。また、長い通勤を嫌うパートタイマーはなるべく地元で働きたいと思う一方、雇う側が彼らを囲い込み、独占力を発揮すれば、賃金が低くなりやすい。

　さらに、企業の立場からみれば、雇用者には一定の固定費用がかかるため、総

＊本章は安井他［2018, 2019］を改訂、加筆し、まとめたものである。

第7章　雇用形態間の賃金格差

労働コストは雇用者の労働時間に比例して増加するわけではない。労働時間の短いパートタイマーは企業にとってコスト的に割高になる分、賃金が低くなると考えられる。パートタイム労働者が通常のフルタイム労働者に比べて時間当たり賃金が低かったとしても経済学の立場から合理的に説明することは可能性である（鶴［2016]）。

　一方、契約社員、嘱託社員といったフルタイムではあるが有期契約の労働者については、補償賃金仮説のもとでは、有期雇用労働者が通常の正社員と同じ働き方をしているのであれば、雇用終了のリスクが高い分、有期雇用労働者の時間当たり賃金が高くなったとしても不思議はない。

　しかしながら、実際には後述する内外の先行研究が示すように、有期雇用労働者の賃金は正社員の賃金よりも低いことが確認されている。また、非正規という雇用形態を自ら希望しているか否かという観点からみると、契約社員・嘱託社員の方がパートタイム労働者よりも不本意型の割合が高い。さらに、非正規雇用者の幸福度を比較しても、雇用形態の違いよりも、契約年数の長さがより重要な要因であることがわかっている（鶴［2016]）。

　このようにみると、非正規雇用の処遇問題の核心は有期雇用にあるといっても過言ではない。正社員との比較という意味でも、フルタイム勤務で同じような仕事をしていながら、有期契約ということだけで異なる処遇が行われている可能性もあり、賃金格差の分析においては特に着目すべき対象といえる。

1.2　正社員の中での賃金格差

　上記では、正社員と非正規社員との賃金格差に着目したが、日本の場合、雇用形態間の賃金格差を考える際には、正社員の中における賃金格差にも着目する必要がある。まず、日本の一般的な正社員は勤務地、職務、労働時間が限定されていない、つまり、正社員の無限定性が諸外国と比較して強いといわれている（鶴［2016]）。

　そして、その無限定正社員と非正規社員の間には無限定性、賃金を含めた処遇、職業能力開発の機会などの差があり、両者の二極化が進む中で、中間的な雇用形態としてのジョブ型正社員が注目されている（厚生労働省［2012]）。

　ジョブ型正社員（もしくは限定正社員）とは、勤務地、職務、労働時間等が限定された正社員という雇用形態であることを意味し、このような雇用形態を導入

213

第4部　賃金システム

することのひとつのメリットは、労働者のワーク・ライフ・バランスを促すことができることである。このことにより、直接的に女性の労働参加を促す効果が考えられると同時に、男性労働者の働き方を限定することにより、間接的に配偶者である女性の労働参加を促す効果が考えられる（鶴・久米［2018］）。

　また、女性や高齢者などの高いスキルを持つものの、従来型の無限定正社員として働くことが困難なために労働参加できないが、無限定正社員と非正規社員の中間的な雇用形態が提示されることで労働参加が可能になる人々もいるだろう。企業にとっても、これまでは埋もれていた高スキルな人材を採用できることになるというメリットが生じることになる。

　しかしながら、厚生労働省［2014］も指摘するように、ジョブ型正社員の普及への課題の一つは、賃金を含む処遇設計である。従来型の無限定正社員とジョブ型正社員と比べてみると、無限定正社員は将来、勤務地、職務の変更や残業の要請を受け入れなければならないため、補償賃金格差の仮説によれば、同じ職務を行っていたとしても無限定正社員の賃金が高くなることは経済学的な見地からも正当化できよう。他方、その場合、どの程度の格差であれば合理的であり、容認できるかについては必ずしも明らかでなく、実際、個別企業におけるジョブ型正社員の処遇の実態把握は十分ではないのが実情である。

　本章は、以上のような問題意識に基づいて、雇用形態間の賃金格差については、無限定正社員と有期雇用労働者、さらに、無限定正社員とジョブ正社員との間の賃金格差の要因と背景について、安井他［2018, 2019］に基づき、理論、実証の両面から考えてみたい。

2　正社員と有期雇用労働者の賃金格差に関する先行研究

　本節では、有期雇用といわゆる無期雇用[1]（本論文における正社員）の賃金格差に関する既存研究を概観する。前述のように、補償賃金格差が成立している場合、有期雇用の賃金水準は、無期雇用よりも短い雇用期間、不安定な雇用を補償するため、無期雇用のそれよりも高くなっていたとしてもおかしくはない。

　しかし、日本、海外を問わず、有期雇用の平均的な賃金水準は無期雇用のそれ

1）期限の定めのない雇用のことであるが、以下では無期雇用と表記する。

と比べて低いことが観察されている（浅尾［2010］，Booth, Francesconi and Frank［2002］，OECD［2002］，Hagen［2002］など）。

例えば、OECD［2002］によれば、ヨーロッパ13カ国の正規・有期賃金格差（正規賃金－有期賃金）／正規賃金、%）をみると、格差が最も大きいのがスペインで47%、最も小さい部類がドイツ（17%）、オーストリア（19%）となっている。EU では、ベルギー（21%）、フランス（29%）、スペインなどで正規・有期間の賃金の均衡処遇を求める法制が以前から制定されているにもかかわらず（現在は EU 指令）、他のヨーロッパ諸国に比べても格差が小さいとはいえない[2]。

ただし、上記の賃金格差は労働者の年齢、教育、職種等の属性のコントロールによる調整は行われていない。いくつかの属性についてコントロールを行うと無期と有期の賃金格差は男性よりも女性の方が大きいものの、いずれも10～20%程度の中に収まる。したがって、ある程度そうした属性をコントロールした上でも、無期と有期の賃金格差は残ると考えられる。よって、以下では、諸外国を含め、無期雇用と有期雇用の賃金格差に対して観察可能な属性を制御した分析を紹介したい。

海外では有期雇用といわゆる無期雇用の賃金格差を検討した実証分析は多く存在するが、とりわけドイツとスペインを対象とした実証分析が目立っている[3]。分析方法としては、属性を制御しない平均賃金の比較や、観察可能な個人属性を制御したケースをベンチマークとした上で、パネルデータを用いる場合は固定効果モデル[4]、有期雇用のセレクションを考慮したマッチング推計やダミー内生変数モデル、平均賃金だけではなく分布を検討する分位回帰による研究が多数を占めている。

2）有期雇用の賃金格差の海外の詳細な実証分析サーベイについては、鶴［2016］、安井・佐野・久米・鶴［2019］参照。

3）有期雇用の賃金構造に関する研究は欧州で盛んである。とりわけ、スペインは欧州の中で有期雇用契約が最も利用されている国の1つであることから、有期雇用の賃金構造に関する研究が蓄積されている。ドイツも似たような傾向をもち、パネルデータを用いた分析結果が蓄積されている。その他にも、英国に関しては Booth, Francesconi, and Frank［2002］、Brown and Sessions［2005］、米国に関しては Houseman［1997］、Segal and Sullivan［1997］、モデル分析だがフランスに関して Blanchard and Landier［2002］がある。

4）ただし、観察期間中に有期雇用から無期雇用に変化したサンプルの変動を用いた分析である。

第4部　賃金システム

Hagen［2002］はドイツのパネルデータ German Socio-Economic Panel の1999年 wave を用い、有期と無期を OLS（最小二乗法）とマッチング推定、ダミー内生変数モデルにより比較している。観察可能な個人属性を調整した場合、無期雇用と有期雇用の賃金格差は6％（マッチング）から10％（OLS）であり、観察されない属性に基づくセレクションを考慮（ダミー内生変数モデル）すると賃金格差は23％に広がることを示している。

Mertens, Gash and McGinnity［2007］は、西ドイツとスペインについて、90年代後半から2000年にかけての個人パネルデータを用い、有期雇用と無期雇用の賃金格差を計測した。OLS と有期から無期への状態変化サンプルを利用した固定効果モデル、賃金分布を考慮した分位点回帰モデルを検討している。個人属性を調整しない場合、無期と有期の賃金格差はドイツ32％、スペイン49％であるが、個人属性を調整すると賃金格差はドイツ、スペイン共に約18％である。固定効果を制御した場合賃金格差はドイツで6.9％、スペインで4.4％である。分位点回帰モデルの結果によると、ドイツでは、賃金分布の高分位では有期無期の賃金格差は小さく、低分位では賃金格差は大きいことを示している。一方、スペインでは、どの賃金分布でも同じような賃金格差が観察される。

Pfeifer［2012］は、ドイツの行政データから得られた労働者使用者マッチングデータを用い、有期と無期の賃金格差を計測している。個人属性を調整しない場合、無期と有期の賃金格差は約40％である。その賃金格差は、労働者の個人属性を制御すると約19％と半減し、さらに企業固定効果を制御すると約12％にまで縮小することを示している。分位回帰により賃金分布について検討したところ、賃金分布の下位における賃金格差は大きい（5パーセンタイルで約27％）が、上位ではギャップはあるもののその差は小さくなる（95パーセンタイルで10％）ことを示している。

De la Rica and Felgueroso［1999］はスペインにおける賃金構造調査を用いて有期雇用と無期雇用の賃金格差を計測している。個人属性を調整しない場合、無期と有期の賃金格差は男性で約56％、女性で約43％である。個人属性を制御すると、賃金格差は男性で約15％、女性で7％である。Blinder-Oaxaca 分解によると、男性において、賃金格差のうち属性による差は約75％、属性の差により説明できない部分は約24％、女性において属性による差は約77％、属性の差により説明できない部分は約22％である。

第 7 章　雇用形態間の賃金格差

　Gash and McGinnity［2007］は、European Community Household Survey の
うちドイツとフランスに焦点をあて、無期雇用と有期雇用の賃金格差を検討して
いる[5]。個人属性を調整しない場合、無期と有期の賃金格差はドイツにおいては、
男性で約32%、女性で約21%、フランスにおいては、男性で約40%、女性で約38
%である。観察可能な属性によるマッチングの結果によると、ドイツの女性にお
ける差は観察されず、男性においては約13%の差があり、フランスにおいては、
男女ともに差は観察されなかった。

　以上をまとめると、ヨーロッパでは分析対象の国・データ、分析手法の違いに
より、程度は異なるが、観察可能な属性をコントロールしても、無期、有期雇用
の賃金格差は数%から20%程度は存在することがわかった[6]。

　他方、日本において、主としてパートタイムとフルタイムの賃金格差を検討し
た研究が多く（古郡［1997］、川口［2014］など）、有期雇用と無期雇用の賃金格
差を検討した研究はわずかである[7]。実証的に有期雇用と無期雇用の賃金格差を
検討した研究としては、浅尾［2010］、高橋［2016］、川口［2018］がある[8]。

　浅尾［2010］は『就業状態の多様化に関する実態調査』（2010, 厚生労働省）
を用い、契約社員、常用型派遣と観察可能な個人属性（年齢、学歴、職業）のよ
く似た正社員との賃金格差を分析している。その結果、正社員と契約社員の賃金

---

5) Stancanelli［2002］は European Community Household Panel を用いて、EU 諸国の有期
　雇用と無期雇用の賃金格差を概観している。

6) 観察可能な個人属性を制御したとしても、有期雇用と無期雇用で賃金格差が生じるのは、
　様々な理由が考えられるが、例えば、有期雇用が踏み石（あるいはスクリーニングの手段）
　となっている場合が考えられる。はじめは低い賃金の有期雇用として採用し、よければ無期
　に転換し、そうでなければレイオフされるケースである。（Wang and Weiss［1998］,
　Blanchard and Landier［2002］, Boockmann and Hagen［2008］）

7) 労働契約期間についての経済学の視点と議論の整理を通じて、無期雇用と有期雇用の処遇
　格差について考察しているものとしては佐野・勇上［2014］が挙げられる。

8) 神林［2017］は『就業構造基本調査』の個票データを用い、労働者の属性を制御した上で、
　有期雇用（1年以下の有期契約）と無期雇用の賃金格差を分析している。しかしながら、推
　定における被説明変数を時間当たり賃金とし、説明変数として労働者の属性と有期雇用ダミ
　ーを用いている点は他の研究と同様だが、さらに職場での呼称が正社員だと 0 、それ以外だ
　と 1 をとるダミー変数をコントロールしているという違いがある。つまり、多くの有期雇用
　労働者が呼称において非正社員であるなかで、神林［2017］は正規・非正規の賃金格差にお
　いて、労働契約期間と呼称のどちらが重要なのかを検証することが目的となっており、有期
　雇用と正社員の賃金差そのものを整理するという本章の目的とは異なる。

217

第4部　賃金システム

格差は約15〜18%、正社員と常用型派遣の賃金格差は約7〜10%であることを報告している。

　高橋［2016］は従業員と事業所をマッチできる『多様な就業形態に関する実態調査』（2010, 労働政策研究・研修機構）の個票データを用い、正社員とフルタイム有期社員あるいはパートタイム有期社員の賃金格差を OLS と階層線形モデルで分析している。正社員の賃金を100%としたときの賃金格差はそれぞれ、個人属性を制御しなければパートタイム有期社員は38.6%、フルタイム有期社員は35.8%だが、性別、年齢、従事している仕事などを制御するとパートタイム有期社員は19.6%、フルタイム有期社員は16.8%に低下することから、正社員と有期社員の賃金格差の多くは個人属性で説明できることを確認している。加えて、パートタイム有期社員を活用している事業所、フルタイム有期社員を活用している事業所に限定すると、上記の属性を制御した上での正社員との賃金格差はそれぞれ、パートタイム有期社員で18.2%、フルタイム有期社員で18.4%であることを報告している。

　また、川口［2018］は、『賃金構造基本統計調査』を使い、学歴、潜在経験年数、勤続年数、職種、事業所をコントロールして、無期正社員と有期非正社員の所定内時間当たり賃金格差は男女とも約18%と報告している。所定外賃金を含めても分析結果に変わりはなかったが、賞与を含めて時間当たりの賃金を計算すると賃金格差はおよそ50%に拡大することを見出した。

　以上でみてきたように、労働者の属性などの合理的な理由では説明できない賃金格差があるのはなぜであろうか。まず、有期雇用は無期雇用と明確に区別できるという意味で企業側からすれば異なる処遇をする「口実」、「象徴」として使われていることが考えられる。有期雇用であるから正規雇用と異なる処遇をするオプションを雇い主が持っているということだけであれば、先にみたように正規雇用よりも高い処遇をするというケースもあるはずだ。

　しかし、処遇が低いケースがほとんどであるのは有期雇用が暗黙的に企業のコスト削減の対象として使われている可能性がある。また、分析者には観察できない能力の差の存在が賃金格差を生じさせている可能性がある。それぞれの研究において労働者の属性を制御した上での賃金格差が推定されているが、属性として用いられる学歴や経験年数などでは計測することができない生産性の違いが有期雇用と無期雇用の労働者間に存在するとすれば、賃金格差の存在が示されること

第7章　雇用形態間の賃金格差

になる。つまり、その際の賃金格差はスキルや能力の違いを意味することになる。

3　無限定正社員とジョブ型正社員の賃金格差に関する先行研究

　無限定正社員と非正規社員の処遇の違いを明らかにする研究は日本や諸外国においても蓄積があるものの、正社員の限定性による違いについての研究は日本固有の問題であることもありわずかである。例えば、厚生労働省［2012, 2014］によれば、ジョブ型正社員の賃金水準は無限定正社員の8割から9割超とする場合が多いことが示されている。

　また、日本におけるジョブ型正社員の処遇を知ることができる数少ない貴重な研究としてまず、労働政策研究・研修機構［2013］がある。これは無限定正社員とジョブ型正社員の所定内時間当たり賃金の平均値を比較し、職種限定の場合には時間当たり賃金が低いということはないが、勤務地限定の場合には時間当たり賃金が低いことを明らかにしている。

　また、労働政策研究・研修機構［2018］は、企業アンケートで、無限定正社員の方がジョブ型正社員よりも基本給が高いとする企業が6割弱を占め、その中では、ジョブ型正社員の基本給は無限定正社員の基本給の8割超～9割以下とする割合が43.0％と最も大きくなっている。ただし、こうした調査は様々な属性を制御した分析になっていないために不十分といえる。

　一方、戸田［2015］は、首都圏を対象とした調査をもとに、無限定正社員とジョブ型正社員の賃金に差がないことを確認している。これは属性の制御は行っているものの、首都圏のみが対象になっているという難点がある。

4　データ

　日本については、これまでみてきたように雇用形態間の賃金格差を労働者の様々な属性を考慮した上で分析した研究例はまだわずかだ。その例として、本章では安井他［2018, 2019］を紹介したい。これらの論文が用いるデータは、2015年1月に経済産業研究所（RIETI）により実施されたWebアンケート調査『RIETI 多様な働き方と意識に関する調査』である。この調査は、ジョブ型正社員の実態を明らかにすることを主眼としているため、その比較対象として通常の

219

第4部　賃金システム

いわゆる正社員とともに、非正規雇用については、なるべく正社員の働き方に近い雇用形態を考えるため、フルタイム勤務であるが有期契約であるために非正規雇用に分類されている契約社員、嘱託社員に着目している。具体的には、ジョブ型正社員、いわゆる正社員、非正規社員（上記の理由でほとんどが契約社員、嘱託社員）という雇用区分別に回収数としてそれぞれ2000を割り付けて、民間調査会社の登録モニターから標本が抽出されており、従業員規模300名以上の企業に所属している者が対象である[9]。

5　正社員と有期雇用労働者の賃金格差に関する分析

安井他［2019］は『RIETI 多様な働き方と意識に関する調査』のデータを用い、正社員と有期雇用労働者の賃金格差を分析するために以下の推定を行った。個人 i に対して、(1) 式は被説明変数が時間当たり賃金の対数値であり、説明変数は有期雇用ダミーである。ε_i は誤差項である。有期雇用ダミーのベースはいわゆる正社員であり、この係数を推定することにより、いわゆる正社員と有期雇用労働者のそれぞれの平均賃金の差が計測される。推定方法は OLS である。

$$\log 時間あたり賃金_i = \beta_0 + \beta_1 有期雇用ダミー_i + \varepsilon_i \qquad (1)$$

ただし、いわゆる正社員と有期雇用労働者では属性が異なるために賃金格差が生じている部分があるだろうから、様々な属性を制御したうえでの賃金格差を明らかにする必要がある。そこで様々な属性を制御した推定式が (2) 式である。

$$\log 時間あたり賃金_i = \beta_0 + \beta_1 有期雇用ダミー_i + \beta_2 その他属性_i + \varepsilon_i \qquad (2)$$

(2) 式のその他属性には、男性ダミー、学歴ダミー、年齢、年齢2乗、勤続年数、勤続年数の2乗、産業大分類ダミー、職種ダミー、婚姻状況、居住都道府県ダミーが含まれる。推定方法は (1) 式と同様に OLS である。

有期雇用であることに正（負）の賃金プレミアムが発生していれば、係数 β_1 は正（負）になる。誤差項に観察されない能力等の要因が含まれておらず、雇用形態の違いのみに起因する賃金格差がなければ、有期雇用ダミーの係数はゼロになる。

男女計での (1) 式の推定結果をみると（表7-1の (1) 列）、有期雇用労働者

9）調査の詳細については鶴他［2016］を参照のこと。

第 7 章　雇用形態間の賃金格差

表 7 - 1　OLS による賃金格差の推定結果

時間あたり賃金	(1)男女計	(2)男性	(3)女性	(4)男女計	(5)男性	(6)女性
				属性コントロール		
有期雇用ダミー	−0.3651***	−0.3242***	−0.1663***	−0.0879***	−0.0838***	−0.0388
	(0.016)	(0.022)	(0.032)	(0.023)	(0.030)	(0.038)
定数項	−1.7606***	−1.7348***	−2.0224***	−2.6678***	−2.7464***	−2.6629***
	(0.010)	(0.011)	(0.028)	(0.186)	(0.246)	(0.322)
観測数	3,116	2,300	816	3,072	2,263	809
決定係数	0.141	0.091	0.030	0.385	0.352	0.372

注）括弧の中は標準誤差である。***、**、*はそれぞれ 1 、 5 、10％で統計的に有意であることを示す。
　　右 3 列の推定では（2）式の個人属性をコントロールしている。

の時間当たり賃金はいわゆる正社員よりも平均的に36.5％低くなっている。男性の場合（（2）列）、32.4％低く、女性の場合（（3）列）、16.6％低い。

　しかしながら、これらの賃金格差は例えば、正社員の方が学歴が高いなど正社員と有期雇用労働者の属性が異なることが影響していると考えられる。そこで、その他属性をコントロールした（2）式の推定結果（（4）〜（6）列）を見ると、男女計、男性のそれぞれで8.8％、8.4％低く、女性の場合、平均的な賃金格差はなくなる。つまり、男性の正規・有期雇用の賃金格差の 4 分の 3 程度は属性が異なることで説明できるし、女性の賃金格差のすべての部分が属性の差となっている。このため、雇用形態による賃金の差の多くは労働者の属性の違いに起因しているといえる。

　上記の結果をまとめると、上記の分析で使用したデータで見る限り、男性については、有期雇用という雇用形態のみの違いで生じている賃金格差は一般的に考えられているよりも大きくない。また、女性については雇用形態が異なることに起因する賃金格差はほとんど存在しないといえる。

5.1　Blinder-Oaxaca 分解を使った正社員と有期雇用労働者の賃金格差の説明

　また、安井他［2019］は、正社員と有期雇用労働者の平均賃金の差のうち、属性の差により説明できる部分がどの程度かを詳細に分析するために Blinder-Oaxaca 分解を用いた分析を行っている。

　まず、正社員と有期雇用労働者の賃金方程式を次のように定式化する。

221

第4部　賃金システム

$$\text{log時間あたり賃金}_g = \text{属性}_g\,\beta_g + u_g,\ g = \text{正社員、有期雇用労働者} \tag{3}$$

　説明変数の属性は（2）式のその他属性と同じ変数の組み合わせである。添え字の g は正社員と有期雇用労働者というグループの違いを示す。

　次に、Blinder-Oaxaca 分解を用いると、以下の（4）式のように、正社員と有期雇用労働者の平均賃金の差は観察される属性の差で説明される部分（第1項）と属性の差で説明されない部分（第2項）に分解することができる。属性の差で説明されない部分は雇用形態の違いに起因する賃金格差とも解釈できる。

$$\overline{\text{Log時間あたり賃金}}_{正社員} - \overline{\text{log時間あたり賃金}}_{有期雇用労働者}$$
$$= \left(\overline{\text{属性}}_{正社員} - \overline{\text{属性}}_{有期雇用労働者}\right)\widehat{\beta}_{有期雇用労働者} \tag{4}$$
$$+ \overline{\text{属性}}_{正社員}\left(\widehat{\beta}_{正社員} - \widehat{\beta}_{有期雇用労働者}\right),$$

　（4）式による Oaxaca 分解の結果を示したのが表7-2である。男女計では、賃金格差が36.4％であり、そのうち属性の差により説明される部分が27.6ポイントであり、全体の約4分の3になる。この点は、上述の OLS の結果と整合的である。また、スペインでの有期雇用と無期雇用の賃金格差を Blinder-Oaxaca 分解した結果、約4分の3が属性により説明されることを見出した De la Rica and Felgueroso［1999］と同様の結果である。

6　無限定正社員とジョブ型正社員の賃金格差に関する分析

　次に、安井他［2018］が同様に『RIETI 多様な働き方と意識に関する調査』を用いて、無限定正社員とジョブ型正社員の賃金格差に関する分析を行った結果を紹介する。まず、同調査では勤務地、職務、労働時間、残業が就業規則、労働契約で明示的に限定されている正社員をそれぞれ勤務地限定、職務限定、時間限定、残業限定の正社員と定義し、こうした限定がない通常の正社員を無限定正社員とした。

　平均値を確認すると、無限定正社員の月収は36.9万円（全サンプルの平均は36.6万円）であるのに対し、勤務地限定、職務限定の月収は、それぞれ32.7万円、34.9万円であり、無限定正社員よりも低く、時間限定、残業限定の月収は、37.5万円、40.5万円であり、無限定正社員よりも高い。一方、賃金格差をみる場合に一般的な指標である時間当たり賃金でみると、すべてのタイプのジョブ型正社員の時間あたり賃金の方が無限定正社員よりも高い。無限定正社員の時間あたり賃

第7章　雇用形態間の賃金格差

表7-2　Blinder-Oaxaca 分解の推定結果

	男女計	男性	女性
平均の差	0.3639 ***	0.3209 ***	0.1677 ***
属性による差全体	0.2760 ***	0.2371 ***	0.1289 ***
属性の差では説明できない部分	0.0879 ***	0.0838 ***	0.0388
各属性の貢献			
性別	0.0651	0.0000	0.0000
学歴	0.0359	0.0262	0.0489
年齢	0.0057	−0.0077	−0.0149
勤続年数	0.0791	0.0849	0.0218
結婚状態	0.0197	0.0240	0.0088
産業	0.0082	0.0166	−0.0149
地域	0.0028	0.0080	0.0034
職種	0.0596	0.0852	0.0758

注）括弧の中は標準誤差である。***、**、*はそれぞれ1、5、10％で統計的に有意で
　　あることを示す。

金は1899円、勤務地限定、職務限定、時間限定、残業限定の時間あたり賃金はそ
れぞれ2137円、2213円、2176円、2657円である。

　したがって、無限定正社員とジョブ型正社員の賃金格差については、正社員の
処遇を決定する際には時間あたり賃金ではなく月収であることが一般的であるこ
とを考慮し、月収に着目することにしよう。

　無限定正社員とジョブ型正社員の賃金格差をみるための推定式が（5）式であ
る。被説明変数は月収の対数値であり、説明変数は4種類のジョブ型正社員ダミ
ーのみである。

$$\log 月収_i = \beta_0 + \beta_1^g \sum_{g=1}^{4} ジョブ型正社員ダミー_i + \varepsilon_i \tag{5}$$

ε_i は誤差項である。4種類のジョブ型正社員ダミーは、それぞれ勤務地限定
ダミー、職務限定ダミー、時間限定ダミー、残業限定ダミーである。各限定ダミ
ーは、明示的に労働条件が限定されていると回答した場合に1をとり、それ以外
の理由をとる場合と無限定正社員を参照グループと定義される。すなわち、ある
限定性を持つ正社員と無限定正社員の月収差を検出するために、他の限定性を制
御したうえで回帰分析を行う。推定方法は OLS である。

　しかしながら、正社員と有期雇用労働者の場合と同様、無限定正社員とジョブ
型正社員では、例えば、スキルや仕事の内容が異なるために月収の差が生じてい

223

第4部　賃金システム

表7-3　ジョブ型正社員と無限定正社員の月収差の推定

被説明変数	対数月収	
個人制御	(5) 式 なし	(6) 式 あり
勤務地限定	-0.1274***	-0.0456
	(0.036)	(0.028)
職務限定	-0.0313	0.0068
	(0.028)	(0.025)
時間限定	0.0179	0.0283
	(0.025)	(0.020)
残業限定	0.0918	0.0599
	(0.062)	(0.058)
観測数	3,681	3,628
決定係数	0.005	0.405

注) 括弧の中は標準誤差である。***、**、*はそれ
ぞれ1、5、10%で統計的に有意であることを示
す。(5) 式は個人属性を含まない場合、(6) 式は
個人属性を制御した場合の推定結果である。

る部分があるだろう。そのため、様々な属性を制御したうえでの月収の差を明らかにする必要がある。

　そこで様々な属性を制御した推定式が (6) 式である。

$$\log 月収_i = \beta_0 + \beta_1^g \sum_{g=1}^4 ジョブ型正社員ダミー_i + \beta_2 その他属性_i + \varepsilon_i \qquad (6)$$

(6) 式のその他属性には、男性ダミー、学歴ダミー、年齢、年齢2乗、勤続年数、勤続年数の2乗、産業ダミー、職種ダミー、婚姻状況、子どもの数、居住都道府県ダミー、労働時間が含まれる。推定方法は (5) 式と同様に OLS である[10]。

　表7-3は、月収の対数を被説明変数とする (5) 式、(6) 式の推定結果を示しており、注目するジョブ型正社員ダミーの係数のみ示したものである。ジョブ型正社員ダミーとしては勤務地限定ダミー、職務限定ダミー、時間限定ダミー、残

10) 誤差項に観察されない能力等の要因が含まれ、限定正社員ダミーと相関する場合には、バイアスが生じる。一方で、限定正社員の方が無限定正社員よりも観察されない能力が低ければ、限定正社員ダミーの係数の推定値には下方バイアスが生じる。他方で、限定正社員の方が無限定正社員よりも観察されない能力差が高ければ、推定値には上方バイアスがかかる。両者の観察されない能力差がどのような関係かは自明ではないため、バイアスの方向は不明である。

224

業限定ダミーの４つのダミーを用いている。

　（5）式の結果を見ると、勤務地限定の正社員の平均的な月収は、ほかの限定性を制御したうえで、無限定正社員よりも統計的に有意に12.7％低い。職務限定の正社員も平均的には月収が無限定正社員よりも低いが、その差は統計的に有意ではない。時間限定正社員と残業限定正社員については、無限定正社員と比べ、平均月収は高いが、その差は統計的に有意ではない。

　一方、その他属性を制御した（6）式の結果を見ると、すべてのタイプのジョブ型正社員の月収は無限定正社員の月収と統計的に有意な差がない。これらのことから、勤務地限定の正社員と職務限定の正社員の月収は無限定正社員のそれよりも低いが、それはほとんどが属性の違いで生じていると考えられる。時間限定正社員と残業限定正社員の月収は無限定正社員のそれとそもそも差がない。したがって、月収でみるかぎり、ジョブ型正社員は雇用形態の違いで賃金格差が生じているとはいえないことがわかる。

7　おわりに

　近年、政府が非正規雇用の処遇改善を推進するに当たり、日本のパートタイム労働者の賃金が国際的に低いことを問題視してきた。パートタイム労働者の低い処遇については理論的に説明可能だが、有期雇用の低い処遇については合理的に説明することが難しい。しかしながら、本章で紹介した安井他［2019］による正社員と有期雇用の賃金格差の分析結果によると、属性をコントロールしても残る賃金格差の水準は欧州の同様の分析と比較しても決して大きくなく、ほぼ同程度かそれ以下の水準であることがわかった。

　また、ジョブ型正社員の普及・拡大の際にこれまで懸念されていた問題の一つが従来の無限定正社員との処遇格差であった。つまり、正規社員の中に一段、処遇の低いグループを作ることが新たな格差問題を生むのではないかという懸念である。

　しかし、本章で紹介した安井他［2018］によれば、月収における格差は様々な属性で説明可能であり、無限定正社員と比較してジョブ型正社員という雇用形態のみの違いで格差が生じている可能性は小さい。また、本章では推定結果を示さなかったが、時間限定や残業限定のように、労働時間に関連した限定正社員にお

第4部　賃金システム

いては、時間当たり賃金ではむしろジョブ型正社員の方が高い[11] ことも考え合わせると、ジョブ型正社員に対し賃金面で一様に不利益な取り扱いがされている可能性は見いだせない。日本の現状を正しく理解することがエビデンスに基づいた政策の出発点として重要といえよう。

参考文献

浅尾裕 [2010]「非正規雇用をめぐる政策的論点分析」労働政策研究・研修機構『雇用の多様化の変遷Ⅱ：2003〜2007─厚生労働省『多様化調査』の特別集計より─』労働政策研究報告書、No.115、第5章、pp.112-228。

川口大司 [2014]「改正パートタイム労働法はパートタイム労働者の処遇を改善したか？」『日本労働研究雑誌』No.642、pp.53-63。

川口大司 [2018]「雇用形態間賃金差の実証分析」『日本労働研究雑誌』No.701、pp.4-16。

神林龍 [2017]『正規の世界・非正規の世界──現代日本労働経済学の基本問題』慶應義塾大学出版会。

厚生労働省 [2012]『「多様な形態による正社員」に関する研究会報告書』

厚生労働省 [2014]『「多様な正社員」の普及・拡大のための有識者懇談会報告書』

佐野晋平・勇上和史 [2014]「経済学からみた有期労働契約」大内伸哉編『有期労働契約の法理と政策』、第3章、弘文堂、pp.246-281。

高橋康二 [2016]「有期社員と企業内賃金格差」『日本労働研究雑誌』、No.670、pp.75-89。

鶴光太郎 [2016]『人材覚醒経済』日本経済新聞出版社。

鶴光太郎・久米功一 [2018]「夫の家事・育児参加と妻の就業決定──夫の働き方と役割分担意識を考慮した実証分析」『経済分析』No.198、pp.50-71。

鶴光太郎・久米功一・戸田淳仁 [2016]「多様な正社員の働き方の実態─RIETI「平成26年度正社員・非正社員の多様な働き方と意識に関するWeb調査」の分析結果より」RIETI Policy Discussion Paper Series、16-P-001。

戸田淳仁 [2015]「限定正社員の実態─企業規模別における賃金、満足度の違い」『日本労働研究雑誌』No.655、pp.110-118。

古郡鞈子 [1997]『非正規労働の経済分析』東洋経済新報社。

安井健悟・佐野晋平・久米功一・鶴光太郎 [2018]「無限定正社員と限定正社員の賃金格差」、『日本労働研究雑誌』No.701、pp.67-81。

11）安井・佐野・久米・鶴 [2018] を参照のこと。

安井健悟・佐野晋平・久米功一・鶴光太郎［2019］「正社員と有期雇用労働者の賃金格差」、『日本経済研究』No.77、pp.45-60。

労働政策研究・研修機構［2013］『「多様な正社員」の人事管理に関する研究』労働政策研究報告書、No.15。

労働政策研究・研修機構［2018］『多様な働き方の進展と人材マネジメントの在り方に関する調査』調査シリーズ、No.184。

Blanchard, O. and A. Landier［2002］"The Perverse Effects of Partial Labour Market Reforms : Fixed-Term Contracts in France," *The Economic Journal*, Vol.122, F214-F244.

Boockmann, B and T. Hagen［2008］"Fixed-term Contracts as Sorting Mechanisms : Evidence from Job Durations in West Germany," *Labour Economics*, 15, pp.984-1005.

Booth, A. L., M. Francesconi and J. Frank［2002］"Temporary Jobs : Stepping-stones or Dead Ends? ," *The Economic Journal*, Vol.112, F189-F215.

De la Rica S. and F. Felgueroso［1999］"Wage Differentials between Permanent and Temporal Workers : Further Evidence," mimeo, Universidad del Pais Vasco and Universidad de Oviedo.

Brown, S. and J. G. Sessions［2005］"Employee Attitudes, Earnings and Fixed-Term Contracts : International Evidence," *Review of World Economics*, Vol. 141, No. 2, pp.296-317.

Gash, V. and F. McGinnity［2007］"Fixed-term Contracts—the New European Inequality? Comparing Men and Women in West Germany and France," *Socio Economic Review*, Vol.5, pp.467-496.

Hagen,T［2002］"Do Temporary Workers Receive Risk Premiums? Assessing the Wage Effects of Fixed-term Contracts in West Germany by a Matching Estimator Compared with Parametric Approaches," *Labour*, 16（4）, pp.667-705.

Houseman, S［1997］*Temporary, Part-Time and Contract Employment in the United States: New Evidence from an Employer Survey*, W.E. Upjohn Institute for Employment Research, Kalamazoo, Michigan.

Mertens, A., V. Gash and F. McGinnity［2007］"The Cost of Flexibility at the Margin. Comparing the Wage Penalty for Fixed-term Contracts in Germany and Spain using Quantile Regression," *Labour*, Vol.21, Issue 4 -5, pp.637-666.

OECD［2002］*Employment Outlook*, OECD

第4部　賃金システム

Pfeifer, C [2012] "Fixed-term Contracts and Wages Revisited using Linked Employer-Employee Data," *Journal of Labour Market Research*, Vol.45, Issue 2, pp.171-183.

Segal, L. M. and D. G. Sullivan [1997] "The Growth of Temporary Services Work," *Journal of Economic Perspectives*, Vol. 11, No.2, pp.117-136.

Stancanelli, E. G. F. [2002] "Do Temporary Jobs Pay? : Wages and Career Perspectives of Temporary Workers," mimeo.

Wang, R. and A. Weiss [1998] "Probation, Layoffs, and Wage-tenure Profiles : A Sorting Explanation," *Labour Economics*, 5 (3), pp.359-383.

【第4部】賃金システム

第8章

日本型「同一労働同一賃金」改革とは何か？

その特徴と課題*

水町勇一郎

要旨

2018年6月、「働き方改革関連法」が成立した。この「働き方改革」の柱の一つは「同一労働同一賃金」の実現である。しかしこれは、同一の労働に対し同一の賃金を支払う「職務給」制度の導入を強制しようとするものではない。日本の「同一労働同一賃金」改革とは、そもそもどのような内容のものなのか。それは何を目的としているのか。そこには日本的な特徴があるのか。この改革に伴ってどのような課題が生じる可能性があるのか。

本章では、この日本の「同一労働同一賃金」改革の内容、趣旨、特徴および課題を、労働法学の観点から明らかにし、本改革を正確な理解の下で進めていくための道筋と課題を明らかにする。

日本型「同一労働同一賃金」の最大の特徴は、正規雇用労働者と非正規雇用労働者の「均等」待遇のみならず「均衡」待遇が法的に求められている点にあり、この点は世界でも先例的な意味をもつものであることが、本章によって明らかにされる。

229

第4部　賃金システム

1　日本の「同一労働同一賃金」改革とは何か？―改革の内容

1.1　「同一労働同一賃金」と「不合理な待遇の相違の禁止」

　「働き方改革」において「労働時間の上限規制」と並ぶ柱とされる「同一労働同一賃金の実現」は、正規雇用労働者（フルタイム・無期契約・直接雇用労働者）と非正規雇用労働者（パートタイム労働者、有期契約労働者、派遣労働者）との待遇格差の改善を図るための法的ルールとして掲げられているものである。しかし、今回の法改正（2018年6月29日に成立した働き方改革関連法）において、法律上、正規雇用労働者と非正規雇用労働者との間で「労働」が「同一」であれば「同一」の「賃金」を支払ういわゆる「職務給」制度をとることが義務づけられたわけではない。法律上義務づけられたのは、正規雇用労働者（「通常の労働者」）とパートタイム労働者・有期契約労働者・派遣労働者との間の「不合理な待遇の相違の禁止」である（パートタイム・有期雇用労働法8条、労働者派遣法30条の3第1項）。この「不合理な待遇の相違の禁止」は、法的ルールとしては「同一労働同一賃金」よりも射程の広いルールということができる。この「不合理な待遇の相違の禁止」と「同一労働同一賃金」との関係を明らかにするために、まず、欧州の法的ルールをみてみよう。

1.2　欧州の法的ルール―「客観的理由のない不利益取扱いの禁止」

　欧州連合（EU）では、表8-1にあるように、EU指令によって、パートタイム労働者、有期契約労働者、派遣労働者への不利益取扱いを原則として禁止する法規制を定めている。EU加盟国は、これらの指令に従って、国内法等の整備を行う義務を負う。EUの代表的な加盟国であり、EU指令制定以前からこの問題について議論をリードしてきたフランスとドイツの法律規定は、表8-1の通りである。そこからわかるように、フランスやドイツなどEU諸国では、基本的に、非正規雇用労働者（パートタイム労働者、有期契約労働者、派遣労働者）について、客観的な理由がない限り、正規雇用労働者（フルタイム・無期契約・直接雇用労働者）より不利益な取扱いをしてはならないとの法原則（「客観的理由のな

＊本章は、独立行政法人経済産業研究所（RIETI）におけるプロジェクト「労働市場制度改革」の成果の一部である。

第8章　日本型「同一労働同一賃金」改革とは何か？

い不利益取扱いの禁止」原則）が定められている。

　この欧州の「客観的理由のない不利益取扱いの禁止」原則については、3つの重要なポイントがある。

　第1に、パートタイム労働、有期契約労働、派遣労働という3つの雇用形態が基本的に同様の法原則の下に置かれていることである。これは、パートタイム労働者、有期契約労働者、派遣労働者など労働市場のなかで同様の状況（「非正規労働者」的な地位）に置かれている者には、基本的に同様のルールを適用することが必要であることを示すものである。例えば、パートタイム・有期契約労働者などその一部のみを対象とすると、残された者（派遣労働者）に格差問題がシフトするといういわゆる「もぐら叩き」現象が発生し、問題の根本的な解決には至らない。EUではこのような問題意識から、パートタイム労働者、有期契約労働者、派遣労働者に対して、基本的に同様の法原則が適用されている[1]。

　第2に、この法原則と「同一労働同一賃金」との関係である。「同一労働同一賃金」とは、労働の内容が同一（または同等）であれば同一の賃金を支払うべきであるという考え方である。これはもともと、男女間の賃金差別を是正する法原則として導入されたものであるが、男女間を超えたより一般的な法原則として用いられることもある[2]。この「同一労働同一賃金」原則を正規・非正規雇用労働者間の待遇格差問題にあてはめる場合、「同一労働同一賃金」そのものが法律上定められるのではなく、「客観的な理由のない不利益取扱いの禁止」という形で制度化されることが多い。その理由は、①格差が問題となっているのは「賃金」だけでなく広く待遇一般に及んでいること、また、②「同一労働」を条件とすると労働（職務内容）と関連性のない給付（例えば通勤手当、食事手当など）についても労働が同一でないことで格差が容認されてしまうこと、にある。これらの点を踏まえ、賃金以外の給付（①）も、職務内容と関連していない給付（②）も

1）ただし、派遣労働者については、労働者派遣という契約形態の特殊性を考慮し、この法原則（均等待遇原則）に対し労働協約による例外設定という特別の調整が認められている場合（EU指令、ドイツ等）がある。

2）例えばフランスでは、1996年10月23日の破毀院判決（いわゆる *Ponsolle* 判決。Cass. soc. 29 octobre 1996, n° 92-43680, *Bull. Civ.* V, n° 359, p.255 et s.）およびその後の判例の展開により、「同一労働同一賃金」原則が男女間を超えた一般的な法原則として位置づけられている（水町勇一郎「『格差』と『合理性』―非正規労働者の不利益取扱いを正当化する『合理的理由』に関する研究」社会科学研究62巻3・4号135頁以下（2011）など参照）。

231

表8-1　欧州の法制度（EU、ドイツ、フランス）

	EU	フランス（*）	ドイツ
パートタイム	○パートタイム労働指令（1997/81/EC） ・パートタイム労働者は、雇用条件について、客観的な理由によって正当化されない限り、パートタイム労働であることを理由に、比較可能なフルタイム労働者より不利益に取り扱われてはならない。（4条1項）	○労働法典 ・パートタイムで雇用される労働者は、法律、企業または事業場の労働協約によってフルタイム労働者に認められた権利を享受する。ただし、労働協約が特別の定められた権利につき、労働協約が特別の適用様式を定めている場合にはこの限りでない。（L.3123-11条） ・パートタイム労働者の報酬は、当該事業場または企業において同じ格付けで同等の職務に就く労働者の報酬に対して、その労働時間および当該企業における在職期間を考慮して、比例的なものとする。（L.3123-10条）	○パートタイム労働・有期労働契約法 ・パートタイム労働者は、客観的な理由によって正当化されない限り、パートタイム労働を理由として、比較可能なフルタイム労働者より不利に取り扱われてはならない。（4条1項1文） ・労働報酬その他の分割可能な金銭的価値を有する給付は、パートタイム労働者に対しては、少なくとも、比較可能なフルタイム労働者の労働時間に対するパートタイム労働者の労働時間の割合に応じて、支給されなければならない。（同項2文）
有期契約労働者	○有期契約労働指令（1999/70/EC） ・有期契約労働者は、雇用条件について、客観的な理由によって正当化されない限り、有期労働契約であるとの関係であることを理由に、比較可能な常用労働者より不利益に取り扱われてはならない。（4条1項）	○労働法典 ・期間の定めのない労働契約を締結している労働者に適用される法律および労働協約の諸規定、ならびに、慣行から生じる諸慣定は、労働契約の終了に関する諸規定を除き、期間の定めのある労働契約を締結している労働者にも平等に適用される。（L.1242-14条） ・期間の定めのある労働契約を締結している労働者が受け取る、L.3221-3条にいう報酬は、同一の職業格付けで同じ職務に就く、期間の定めのない労働者と同等で同一企業の、同じ企業において試用期間の終了している労働者が、同じ企業において試用期間の終了後受け取るであろう報酬の額を下回るものであってはならない。（L.1242-15条）	○パートタイム労働・有期労働契約法 ・有期契約労働者は、客観的な理由によって正当化されない限り、有期労働契約であることを理由として、比較可能な無期契約労働者より不利に取り扱われてはならない。（4条2項1文） ・一定の評価期間に対応して支給される労働報酬その他の分割可能な金銭的価値を有する給付は、有期契約労働者に対しては、少なくとも、その評価期間に対する当該労働者の就労期間の長さの割合に応じて、支給されなければならない。（同項2文） ・労働条件が同一の事業場または企業における労働関係の存続期間の長さに依拠する場合、有期契約労働者については、客観的な理由によって正当化されないなら、無期契約労働者と同一の期間と評価されなければならない。（同項3文）

第８章　日本型「同一労働同一賃金」改革とは何か？

	EU	フランス（＊）	ドイツ
派遣労働者	○派遣労働指令（2008/104/EC） ・派遣労働者の基本的な労働・雇用条件は、派遣先に派遣されている期間中は、少なくとも、同じ職務に従事するために派遣先から直接雇用されるならした場合に適用される条件とされなければならない。（5条1項） ・賃金について、加盟国は、労使団体と協議のうえ、派遣元と無期労働契約を締結している派遣労働者が、派遣されていない期間について継続して賃金が支払われている場合には、第1項の原則の例外を規定することができる。（同条2項） ・加盟国は、労使団体と協議のうえ、加盟国が定める条件に反する労使団体に、適切なレベルで、第1項の均等待遇原則とは異なる労働・雇用条件を維持しまたは締結する取決めを定める労働協約を締結することができる。（同条3項）	○労働法典 ・派遣労働者は、派遣先企業において、当該企業の労働者と同じ条件で、集団的交通手段、および、食堂などの集団的施設を利用することができる。（L.1251-24条1項） ・派遣労働者が受け取る、L.1321-3条にいう報酬は、L.1251-43条6号の規定する労働者派遣契約が定めた報酬（「派遣先企業において、同等の職業資格付けで同じ労働ポストに就く労働者が、試用期間の終了後受け取る報酬の額」、諸手当や賞与を含めた、成要素からなる報酬の額）を下回ることはならない。（L.1251-18条1項）	○労働者派遣法 ・派遣元は、派遣労働者に対し、派遣先への派遣期間中、派遣先事業所における比較可能な労働者に適用される、賃金を含む基本的労働条件を付与すべき義務を負う（均等待遇原則）（8条1項1文）。 ・時間単位最低賃金を下回らない限りにおいて、労働協約によって均等待遇原則から逸脱することができる（同条2項1文）。2項の労働協約は、賃金については、派遣開始から9か月、均等待遇原則から逸脱することができる。より長期間の逸脱は、①労働協約から遅くとも15か月後における比較可能な労働者の賃金と同額となるよう規整され、かつ、②実習期間の後、遅くとも6週間後には、当該協約賃金に向けた段階的賃金引上げが行われる場合にのみ、許される（同条4項1文）

＊　フランスでは、法律の条文上「客観的な理由によって正当化されない限り」という文言が付されていないが、その給付の目的・性質に応じて、客観的な理由による不利益取扱いの正当化（適法化）を認める解釈がなされている。

＊＊　詳細は、水町勇一郎「「格差」と「合理性」―非正規労働者の不利益取扱いを正当化する「合理的理由」に関する研究」社会科学研究62巻3・4号125-152頁（2011年3月）、山本陽大・山本志郎（2016）「ドイツにおける労働者派遣法および請負契約の濫用規制をめぐる新たな動向」労働法律旬報1872号36頁以下（2016年9月）参照。

⇒基本的には、客観的な理由がない限り、非正規労働者に対して不利益な取扱いをしてはならない。客観的な理由があれば、賃金に差を設けるなどの取扱いも認められる。

第4部　賃金システム

射程に入れたより一般的な法原則として、「客観的理由のない不利益取扱いの禁止」という形がとられているのである[3]。「同一労働同一賃金」は「客観的理由のない不利益取扱いの禁止」という大きな法原則のなかの賃金（とりわけ基本給）に関するルールと位置づけることもできる。

　第3に、「同一労働同一賃金」も「客観的理由のない不利益取扱いの禁止」も「原則」であり、その例外として「客観的理由」があれば格差は許容されることである。この「客観的理由」は、各事案においてそれぞれの給付の目的・性質に照らして判断されている。例えば、職務内容と関連して設計されている賃金（基本給等）についても、そこに在職期間を組み込んで設計されている場合には在職期間の違いが賃金の違いを正当化する客観的理由となり[4]、職業能力向上のためのキャリアコースが設定されそのコースを選択するか否かで賃金に差が設けられている場合にはキャリアコースの違いが賃金の違いを正当化する客観的理由になる[5]と解釈されている。このように、同じ内容の職務に従事している場合でも、給付の性質・目的により、勤続年数（在職期間）の違いやキャリアコース等の違いが、給付の違いを正当化する客観的理由になるとされている。また、その性質上、職務内容に関連しない給付（通勤手当、食事手当等）については、職務内容が異なる場合であっても、その給付の性質・目的に応じて同様に支給しなければならない（職務内容の違いは給付の違いを正当化する客観的理由にならない）とされている[6]。

　以上のように、欧州においても、「同一労働同一賃金」は「例外」のある「原則」であると位置づけられており、また、正規・非正規雇用労働者間の待遇格差問題については、「賃金」以外の待遇や「同一労働」でない場合にも及びうるよ

3）水町勇一郎「『同一労働同一賃金』は幻想か？─正規・非正規労働者間の格差是正のための法原則のあり方」鶴光太郎・樋口美雄・水町勇一郎編著『非正規雇用改革─日本の働き方をいかに変えるか』（日本評論社、2011年）271頁以下参照。

4）Cass. soc. 20 juin 2001, n° 99-43905. この判決では、同じ業務に就く2人の労働者間の報酬の違いについて、在職期間が基本給の要素として組み込まれているとすれば、両者の在職期間の違いは報酬の違いを正当化する要素となりうるとされた。

5）Cass. soc. 3 mai 2006, n° 03-42920, *Bull. civ.* V, n° 160, p.155. この事件では、労働協約により職業能力向上のためのキャリアコースが設定され、そのコースに進んだ労働者とそうでない労働者との間で、職務が同一であるにもかかわらず賃金差が生じていることにつき、キャリアコースが異なることを考慮すると両者は同一の状況にあるとはいえず、同一労働同一賃金原則に違反しないと判断された。

り広い法原則として「客観的理由のない不利益取扱いの禁止」原則が採用されている。さらに、この法原則は、非正規雇用労働者として連続性・代替性のあるパートタイム労働者、有期契約労働者、派遣労働者に基本的に同様に及ぶものとされている。

1.3 日本の法的ルール─「不合理な待遇の相違の禁止」

日本において採用された「不合理な待遇の相違の禁止」は、これらの点においては、基本的に欧州の「客観的理由のない不利益取扱いの禁止」と同様の性格をもつものである。

すなわち、日本でも「同一労働同一賃金」は、勤続年数や職業経験・能力など賃金の違いを正当化する事情がある場合には賃金の違いを許容しうるもの（その意味で例外のある法理である）と位置づけられている。また、「同一労働同一賃金」のままだと、賃金以外の待遇が対象外となり、労働（職務内容）と関連しない給付（通勤手当、食事手当等）についても労働が同一でないことで格差が適法とされてしまい、正規・非正規雇用労働者間の待遇格差が大きく残ってしまうおそれがある。そこで、賃金以外の待遇も、職務内容と関連していない待遇も射程に入れた法理として、「不合理な待遇の相違の禁止」が採用されている。さらに、この法理は、非正規雇用労働者として連続性・代替性のあるパートタイム労働者、有期契約労働者、派遣労働者に基本的に同様に及ぶものとして制度設計されている。

このように、日本の「働き方改革」は、「同一労働同一賃金」という看板を用いつつ、法律上はより射程の広い「不合理な待遇の相違の禁止」という法理を、非正規雇用労働者全体に及ぼす（「同一労働同一賃金」は「不合理な待遇の相違の禁止」のなかの職務内容と関連性をもつ賃金〔特に基本給〕に関するルールと位置づけられる）という形で改革を行ったものといえる。

もっとも、その法理の内容として、欧州の「客観的理由のない不利益取扱いの

---

6) Schaub/Koch/Linck/Treber/Vogelsang, Arbeitsrechts-Handbuch, 16.Aufl.（2015），S.433
（Linck）；Cass. soc. 15 octobre 2014, n°13-18006. これらのほか、フランス、ドイツにおける「客観的理由」の有無の判断の具体例については、水町（2011）前掲注2）135頁以下、水町勇一郎「労働条件（待遇）格差の『不合理性（合理性）』の内容と課題」日本労働法学会誌128号64-72頁（2016）など参照。

第4部　賃金システム

禁止」と日本の「不合理な待遇の相違の禁止」とは異なる特徴をもつものであり、この日本の法理のなかには、これまでの欧州の法的ルールにはみられなかった画期的な意義も見出される。この点は、日本の法理の特徴として後述する（**3**）。

2　何のための改革か？―改革の趣旨

なぜ、いまこのような改革が、日本で進められているのか。この改革の趣旨は、大きく2つの側面からなるとされている。

2.1　改革の2つの側面

1つは、社会的側面である。正規雇用労働者と非正規雇用労働者の間にある賃金、福利厚生、教育訓練などにわたる待遇格差は、仕事や能力等の実態に対して処遇が低すぎる（それゆえ非正規雇用労働者に正当な処遇がなされていないという気持ちを起こさせ頑張ろうという意欲をなくす）という社会的不公正の問題を顕在化させているとともに、若い世代の結婚・出産への影響により少子化の一要因となり、また、ひとり親家庭の貧困の要因となるなど、将来にわたり日本社会全体へ影響を及ぼすに至っている[7]。このように、正規・非正規雇用労働者間の格差問題は、単に個々の労働者間の問題にとどまらず、日本の労働市場や社会全体にわたる社会問題となっている。

もう1つは、その経済的側面である。正規・非正規雇用労働者間の待遇格差は、非正規雇用労働者がコストの安い労働力と認識されることにより、能力開発機会の乏しい非正規雇用労働者の増加につながり、労働力人口の減少のなか労働生産性の向上を阻害する要因となりかねない。また、低賃金・低コストの非正規雇用労働者の存在は、経済成長の成果を賃金引上げによって労働者に分配することで賃金上昇、需要拡大を通じたさらなる経済成長を図るという「成長と分配の好循環」を阻害する要因ともなっている[8]。このように、低生産性・低賃金の労働者

7）働き方改革実現会議「働き方改革実行計画」（2017年3月28日）2頁・4頁、厚生労働省労働政策審議会同一労働同一賃金部会「同一労働同一賃金に関する法整備について（報告）」（2017年6月9日）1頁など参照。

8）「働き方改革実行計画」前掲注7）2頁、「同一労働同一賃金に関する法整備について（報告）」前掲注8）1頁など参照。

第8章　日本型「同一労働同一賃金」改革とは何か?

を生む原因となっている正規・非正規雇用労働者間の待遇格差問題を解消することは、生産性向上・経済成長と賃金上昇・需要拡大とを循環させる「成長と分配の好循環」の実現を図ろうとする構造改革の根幹にある重要な経済的課題としても位置づけられているのである。

2.2　改革の趣旨と「不合理な待遇の相違の禁止」

　今回の日本の「同一労働同一賃金」改革は、この大きく2つの問題を解消することを目的とした改革である。同一企業・団体におけるいわゆる正規雇用労働者（無期雇用フルタイム労働者）と非正規雇用労働者（有期雇用労働者、パートタイム労働者、派遣労働者）の間の不合理な待遇差を解消することによって、どのような雇用形態であっても仕事ぶりや能力等に応じた公正な処遇を受けることができる社会（多様な働き方を選択できる社会）を創り、そこで得られる納得感が労働者の働くモチベーションや労働生産性を向上させる。そして、生産性向上や経済成長の成果を非正規雇用労働者の待遇改善を含む賃金全体の引上げ（労働分配率の上昇）につなげていくことで、「成長と分配の好循環」を回復し、日本経済の潜在成長力の底上げを図る。このように、社会的公正さの追求とともに、賃金上昇による日本経済の好循環の回復を図ることが、本改革の大きな目的である。

　このような趣旨で、「働き方改革実行計画」では、「日本経済再生に向けて、最大のチャレンジは働き方改革である。……その変革には、社会を変えるエネルギーが必要である。／安倍内閣は、一人ひとりの意思や能力、そして置かれた個々の事情に応じた、多様で柔軟な働き方を選択可能とする社会を追求する。働く人の視点に立って、労働制度の抜本改革を行い、企業文化や風土を変えようとするものである。……／働き方改革こそが、労働生産性を改善するための最良の手段である。生産性向上の成果を働く人に分配することで、賃金の上昇、需要の拡大を通じた成長を図る『成長と分配の好循環』が構築される。個人の所得拡大、企業の生産性と収益力の向上、国の経済成長が同時に達成される。すなわち、働き方改革は、社会問題であるとともに、経済問題であり、日本経済の潜在成長力の底上げにもつながる、第三の矢・構造改革の柱となる改革である」と述べられている[9]。

9）「働き方改革実行計画」前掲注7）1頁以下。

237

第4部　賃金システム

　このような趣旨に立ち、本改革では、有期雇用労働者に関する労働契約法、パートタイム労働者に関するパートタイム労働法、派遣労働者に関する労働者派遣法の三法を一括改正することとされた。具体的には、有期雇用労働者について不合理な労働条件を禁止した現行の労働契約法20条を削除し、パートタイム労働法の題名をパートタイム・有期雇用労働法（正式名称は「短時間労働者及び有期雇用労働者の雇用管理の改善等に関する法律」）に改めて、パートタイム労働者と有期雇用労働者とを同法で同じ規制の下に置くこととされた[10]。また、派遣労働者の待遇については、労働者派遣法を改正して、パートタイム・有期雇用労働法と原則として同じ規制（不合理な待遇の禁止など）の下に置くこととされた。

3　欧州の制度との共通性と独自性―改革の特徴

　今回の日本の改革で「同一労働同一賃金」の制度化を検討するにあたって繰り返し述べられてきたのが、「我が国の雇用慣行に十分留意しつつ」という点と、「欧州の制度も参考にしつつ」という点である[11]。2017年3月28日に働き方改革実現会議で決定された「働き方改革実行計画」では、「同一労働同一賃金の考え方が広く普及している欧州の実態も参考としながら、我が国の労働市場全体の構造に応じた政策とすることが必要である」とされている。

　今回の日本の「同一労働同一賃金」改革の特徴を探るために、まず、今回の日本の改革の骨子をみたうえで、欧州の制度との異同（欧州との共通性と日本の独自性）を明らかにすることにしよう。

10）パートタイム労働法（改正後はパートタイム・有期雇用労働法）は公務員を適用除外としている（29条）が、本改革の趣旨は、社会的公正さの追求という点でも、賃金引上げによる経済成長力の底上げという点でも、いわゆる非正規公務員の待遇をめぐる問題に同様に及ぶものである。政府は、地方自治体の一般職の非常勤職員について、①「会計年度任用職員」と位置づける規定を新設し採用方法などを明確にしたうえで、②会計年度任用職員についてはフルタイムでもパートタイムでも期末手当（ボーナス）の支給を可能にする地方自治法改正を行い（2017年5月11日国会で可決・成立）、地方自治体における正規・非正規職員間の待遇格差の是正を促している（改正法は2020年4月施行）。

11）例えば、「ニッポン一億総活躍プラン」（2016年6月2日閣議決定）8頁。

第8章 日本型「同一労働同一賃金」改革とは何か？

3.1 日本の「同一労働同一賃金」改革の骨子

今回の改革の柱となる「不合理な待遇の相違の禁止」について、改正法（パートタイム・有期雇用労働法8条）は、次にように規定している。

「**（不合理な待遇の禁止）**

第8条　事業主は、その雇用する<u>短時間・有期雇用労働者の基本給、賞与その他の待遇のそれぞれについて、当該待遇に対応する通常の労働者の待遇との間において</u>、当該短時間・有期雇用労働者及び通常の労働者の業務の内容及び当該業務に伴う責任の程度（以下「職務の内容」という。）、当該職務の内容及び配置の変更の範囲その他の事情<u>のうち、当該待遇の性質及び当該待遇を行う目的に照らして適切と認められるもの</u>を考慮して、不合理と認められる相違を設けてはならない。」〔下線部は今回の改正部分〕

この条文改正のポイントは、短時間または有期雇用の労働者といわゆる正社員（「通常の労働者」）との間の不合理な待遇の相違を禁止するにあたり、改正前の条文（パートタイム労働法8条、労働契約法20条）に比べ、次の2点を明確にしている点にある。第1に、基本給、賞与その他の待遇「のそれぞれ」についてと規定し、それぞれの待遇ごとに個別に不合理性を判断すること、第2に、その判断にあたり、さまざまな事情「のうち、当該待遇の性質及び当該待遇を行う目的に照らして適切と認められるもの」を考慮するとして、それぞれの待遇の性質・目的に照らして不合理性を判断すること、である。改正前の条文では、規定の内容が簡略であったため不合理性の判断方法が必ずしも明確でなかったが、今回の改正では、それぞれの待遇ごとにその性質・目的に照らして不合理性を判断することが条文上明記されたのである。

もっとも、このような形で不合理性の判断方法が条文上明らかになったとしても、これによってただちに企業実務が変わっていくことが期待できるわけではない。各企業におけるさまざまな待遇について、それぞれどのような性質・目的をもち、それぞれどのように待遇をそろえていけばよいのか、使用者としてどのような責任をもってこれを進めていけばよいのかといった点が、この条文だけでは明らかでないからである。そこで今回の改革では、この条文の改正に加えて、①その不合理性の判断の考え方と事例を具体的に示す「ガイドライン案」[12)]を作成

239

第4部 賃金システム

し、これを同条の解釈のための「指針」（パートタイム・有期雇用労働法15条参照）とすることで、企業の現場での具体的な取組みを促すこととし、さらに、②待遇の相違の内容と理由を「事業主の説明義務」の対象とすること（同法14条2項）によって、待遇格差の是正についての使用者の説明責任を法律上明確にし、労働者が訴訟を提起できるようにするための情報面での基盤を整備とすることとした。

　これらのうち、「ガイドライン案」（①）については、改正法の成立（2018年6月29日）前の同年6月1日に最高裁が下したハマキョウレックス（差戻審）事件および長澤運輸事件の二判決[13]によって、実質的にこれを後押しするような判断がなされた。両判決は、本改正前の労契法20条の解釈として、労働条件の相違の不合理性について、原則として個々の労働条件ごとにその趣旨・性質に照らした判断をすることとし、また、その具体的判断として、皆勤手当、作業手当、給食手当、通勤手当について事実上「ガイドライン案」に沿った解釈をしたのである。この最高裁二判決は、これらの点で、本改正の方向性を部分的に先取りし、改正に向けた動きを加速させたものと位置づけられうる[14]。その後、このガイドライン案は、改正法に基づく指針（いわゆる「同一労働同一賃金ガイドライン」）として、2018年（平成30）年12月28日に正式に公布された[15]。

　また、事業主の説明義務（②）については、本法案の国会審議のなかで、同義務違反は、労働局による指導監督等の対象となるとともに、待遇の相違の不合理

---

12) 働き方改革実現会議「同一労働同一賃金ガイドライン案」（2016年12月20日決定）。このガイドライン案は、正規か非正規かという雇用形態に関わらない均等・均衡待遇の確保を目指すことを目的として、いかなる待遇差が不合理となるか（ならないか）を、それぞれの待遇ごとに示したものである。具体的には、基本給（職業経験・能力に応じるもの、業績・成果に応じるもの、勤続年数に応じるもの、勤続による職業能力の向上に応じた昇給）、手当（賞与、役職手当、特殊作業手当、特殊勤務手当、精皆勤手当、時間外労働手当、深夜・休日労働手当、通勤手当・出張旅費、食事手当、単身赴任手当、地域手当）、福利厚生（食堂・休憩室・更衣室、転勤者用社宅、慶弔休暇、健康診断に伴う勤務免除・有給保障、病気休職、法定外年休・休暇）、その他（教育訓練、安全管理）のそれぞれの給付について、均等または均衡待遇を実現するための基本的な考え方、および、典型的な事例として問題となる例とならない例が示されている。

13) ハマキョウレックス（差戻審）事件・最二小判平成30・6・1民集72巻2号88頁、長澤運輸事件・最二小判平成30・6・1民集72巻2号202頁。

14) 水町勇一郎「有期・無期契約労働者間の労働条件の相違の不合理性」労判1179号5頁以下など参照。

性（同法8条）を基礎づける事情として考慮されるものとなることが、厚生労働
大臣答弁として確認された[16]。待遇の相違の内容と理由についての事業主の説明
義務は、待遇の不合理性の判断のための重要なプロセスとしての機能を果たすも
のと位置づけられているのである。

　派遣労働者についても、労働者派遣法の改正によって、不合理な待遇の相違の
禁止（労働者派遣法30条の3第1項）、事業主の説明義務（同法31条の2第4
項）などパートタイム・有期雇用労働法改正と同様の規定が、労働者派遣法のな
かに定められた。なお、派遣労働者については、不合理な待遇の相違の禁止は、
原則として派遣先に雇用される通常の労働者との間で均等・均衡待遇の実現を図
ることが求められる（同法30条の3第1項）が、この原則（いわゆる「派遣先均
等・均衡方式」）を貫くと、派遣労働者がキャリアを蓄積して派遣先を移動して
も、派遣先労働者の賃金が低下する場合に派遣労働者の賃金が下がり、派遣労働
者の段階的・体系的なキャリア形成支援と不整合な事態を招くことになりかねな
い。そこで、派遣労働者については、労使協定で同種業務の一般労働者の平均的
な賃金額（厚生労働省令で定めるもの）[17] 以上である賃金額など一定水準を満た
す待遇を決定しそれを実際に遵守・実施するという方法（いわゆる「労使協定方

15）「短時間・有期雇用労働者及び派遣労働者に対する不合理な待遇の禁止等に関する指針」
　（平30・12・28厚労告430号）。この「同一労働同一賃金ガイドライン」は、2016年12月の
　「同一労働同一賃金ガイドライン案」をベースとしつつ、①冒頭に「目的」と「基本的な考
　え方」を置き、その「基本的な考え方」のなかに、国会での審議内容を踏まえて、新たに雇
　用管理区分を設けたり職務分離をしても不合理な待遇差の解消が求められること、労使合意
　なく正社員の待遇を引き下げることは望ましい対応とはいえないことを明記する、②最高裁
　長澤運輸事件判決（前掲注13）)を踏まえ、定年後再雇用であることは不合理性の判断の考
　慮事情となるが、直ちに不合理性が否定されるものではないことを明記する、ⓒ労働者派遣
　の場合の原則となる派遣先均等・均衡方式については短時間・有期雇用労働者のガイドライ
　ン案の記載内容を基本的に変更せずに記載し、例外となる労使協定方式については改正法に
　沿って新たに記載する、という形で、「同一労働同一賃金ガイドライン案」を補強したもの
　となっている。

16）例えば、2018年5月23日の衆議院厚生労働委員会において、加藤勝信厚生労働大臣（当
　時）は、西村智奈美委員（立憲民主党）の質問に対し、「事業主が……この待遇差について
　十分な説明をしなかったと認められる場合にはその事実、そして、していなかったという事
　実も〔パートタイム・有期雇用労働法8条の〕その他の事情に含まれ、不合理性を基礎づけ
　る事情としてこの司法判断において考慮されるものと考えているところであります」〔括弧
　書きは筆者補充〕と答弁している（衆議院国会会議録第196回国会厚生労働委員会第22号）。

241

第4部　賃金システム

式」）をとることを例外として認めるものとされている（同法30条の４）。

3.2　改革の特徴はどこにあるのか？―欧州との共通性と日本の独自性

　この日本の「同一労働同一賃金」改革は、前述した欧州の制度（前述**1.2**）と次の点で共通性・類似性をもつものといえる。

　第１に、パートタイム労働、有期契約労働、派遣労働という３つの雇用形態を基本的に同一の規制の下に置き、正規・非正規雇用労働者間の待遇格差問題を包括的に解決していこうという方法をとっている点である。そのなかで、派遣労働者については労使協定方式という例外的な調整を許容している点も、EU指令やドイツ等と類似したアプローチをとるものといえる。

　第２に、文字通りの「同一労働同一賃金」ではなく、法的ルールとして、より広く賃金以外の労働条件を含む待遇一般を射程に入れ、それぞれの待遇にあった多様な要素を考慮に入れることができる枠組みを採用している点である。

　第３に、具体的な判断において、それぞれの待遇ごとにその目的・性質に照らして待遇の相違の違法性（不合理性）を判断するという方法をとっている点である。その判断の基本的な考え方や具体的な例を示した「同一労働同一賃金ガイドライン案」（およびそれをベースとした「同一労働同一賃金ガイドライン」）は、欧州（フランス、ドイツ）における判例や学説の蓄積を参考にしつつ定められたものである。

　日本の「同一労働同一賃金」改革は、これらの点で「欧州の制度」を参考にしたものということができる。

　これに対し、以下の諸点では、欧州の制度とは異なる日本の独自性が認められる。

　第１に、法的ルールとして、「客観的理由のない不利益取扱いの禁止」ではなく「不合理な待遇の相違の禁止」としている点である。この点は、民事訴訟における立証責任の構造の違いに起因している面がある。欧州では、労働者側が「不利益取扱い」の存在を立証し、使用者側が「客観的理由」の存在を立証するという形で、立証責任が明確に分配されている。これに対し日本では、客観的理由や

17）賃金構造基本統計調査、職業安定業務統計等に基づき、この一般労働者の平均的な賃金額を職種別に具体的に示す厚生労働省職業安定局長通達が、2019（令和元）年７月８日に発出された（令元・７・８職発0708第２号）。

第8章　日本型「同一労働同一賃金」改革とは何か？

合理性・不合理性の存否という抽象的な要件は「規範的要件」とされ、当事者双方が自らに有利な証拠を提出し（「不合理な待遇の相違の禁止」については、「不合理である」という評価根拠事実を労働者側が、「不合理でない」という評価障害事実を使用者側が主張立証し）、裁判所がそれらの証拠全体を踏まえて要件の充足・不充足を判断するという方法がとられている[18]。このような「規範的要件」論によると、人事管理上の取扱い（待遇）について十分な情報をもたない労働者が不利な状況に置かれかねない。そこで、今回の日本の改革では、この一般的な「規範的要件」論をとりつつ、使用者に待遇の相違の内容と理由についての説明義務を法律上課すこととし（パートタイム・有期雇用労働法14条2項、労働者派遣法31条の2第4項）、労働者と使用者間の情報の非対称性を解消しようとしている。

　第2に、日本では、基本給について「同一労働同一賃金」（職務給）を必ずしも原則としておらず、職務給、職能給、成果給、勤続給などいかなる基本給制度をとるかは、企業や労使の選択に委ねるものとされている。この点は、社会的な制度として、産業別労働協約等により職務の内容と格付けに応じた職務給制度が形成されている欧州とは対照的な点である。もっとも欧州でも、職務給の格付けにおいて職業経験・能力等の違いが考慮されたり、基本給（職務給）に上乗せされる加算部分（手当）等で業績・成果、勤続期間、キャリアコース等の違いが考慮されており、これらの点は賃金の違いの正当化事由（客観的理由）となりうるものと解されている（前述**1.2**）。したがってこの点は、欧州と日本との間の法的な判断そのものの違いではなく、これまでの賃金制度（社会制度）の違いに基づく判断の局面の違いであるといえる。

　第3に、日本では「均等」待遇だけでなく「均衡」待遇の確保が求められている。「均等」待遇とは前提が同じ場合に同じ待遇を求めること、「均衡」待遇とは前提が異なる場合に前提の違いに応じたバランスのとれた待遇を求めることである。このうち、欧州では基本的に「均等」待遇のみが求められているが、日本の正規・非正規雇用労働者間の待遇格差の是正においては「均等」待遇のみならず「均衡」待遇の確保も求められているのである。この「均衡」待遇の要請は、正

18）労働契約法20条の「不合理」性の判断についてこのことを述べた判例として、ハマキョウレックス（差戻審）事件・前掲注13）判決がある。

第4部　賃金システム

規・非正規雇用労働者間にキャリア展開（雇用管理区分）の違い等を理由として大きな格差が設けられていることの多い日本特有の法的要請であり、これまでの日本における議論の蓄積[19]を踏まえて、「ガイドライン案」において明確な形で示された点である。

　これらの点で、日本の「同一労働同一賃金」改革は日本独自の特徴をもったものであり、とりわけ第2と第3の点は「我が国の雇用慣行」を考慮したものといえる。なかでも、第3の点（「均衡」待遇の制度化）は、正規雇用労働者を中心として形成された日本的雇用慣行に起因する日本の「正規・非正規」格差の問題構造を考慮した日本固有の法的要請である。前提が同じ場合に同じ取扱いをする「均等」待遇だけでなく、前提が異なる場合に前提の違いに応じたバランスのとれた取扱いをする「均衡」待遇を法的に求める点は、他国に例のない先進的な法政策であるという比較法的な観点からも、職務分離や雇用管理区分等の形式の違いを超えた対応を求める（職務や雇用管理区分等が異なるとしてもその違いに応じた均衡のとれた待遇となっていることを法的に要請する）という実務的な観点からも、重要な意味をもつ日本的な特徴であるといえる。

4　今後の課題

　以上のような内容と特徴をもつ日本の「同一労働同一賃金」改革を進めていく

---

19) 例えば、無期雇用労働者と有期雇用労働者との不合理な労働条件の相違を禁止した労働契約法20条のなかに「均等」と「均衡」の双方の要請が含まれているとの理解を示していたものとして、2012年6月19日第180回国会参議院厚生労働委員会会議録23頁〔金子順一厚生労働省労働基準局長（当時）発言〕、平24・8・10基発0810第2号第5の6（2）オ、2015年同一労働同一賃金推進法6条1項・2項のほか、岩村正彦・荒木尚志・島田陽一「鼎談 2012年労働契約法改正—有期労働規制をめぐって」ジュリスト1448号34頁以下（2012）、阿部未央「不合理な労働条件の禁止—正規・非正規労働者間の待遇格差」ジュリスト1448号61頁以下（2012）、緒方桂子「改正労働契約法20条の意義と解釈上の課題」季刊労働法241号25頁以下（2013）、岩村正彦「有期労働契約と不合理労働条件の禁止」ジュリスト増刊『労働法の争点』156頁以下（有斐閣、2014）、奥田香子「改正パートタイム労働法と均等・均衡待遇」季刊労働法246号22頁（2014）、両角道代「パート処遇格差の法規制をめぐる一考察—「潜在能力アプローチ」を参考に」野川忍ほか編『変貌する雇用・就労モデルと労働法の課題』（商事法務、2015）362頁以下などがある。最高裁も、2018年6月1日の二判決（ハマキョウレックス（控訴審）事件・長澤運輸事件・前掲注13）判決）において、労働契約法20条は「均衡」待遇の要請を含むものであることを明らかにした（水町・前掲注18）12頁以下参照）。

うえでの課題として、大きく次の３つの点があげられる。

第１に、正規・非正規雇用労働者間の待遇格差の是正の着実な実行である。実際の人事労務管理上のステップとしては、①最高裁ハマキョウレックス事件判決でも示された諸手当・福利厚生の非正規雇用労働者への支給を第１段階とし、さらに、改正法の施行（大企業は2020年４月、中小企業は2021年４月）に向けて、②非正規雇用労働者への均等または均衡のとれた水準での賞与および退職金の支給[20]、および、③正規雇用労働者の基本給制度への非正規雇用労働者の組入れまたは均等・均衡のとれた水準での基本給の支給という段階を踏みながら、就業規則改正等の制度的な準備を進めていくことが考えられるだろう。ここでのプロセスとして大切になるのは、非正規雇用労働者の意見を反映させる形で労使の交渉・協議を行うことである。とりわけ日本の今回の改革では、前提が異なる場合に前提の違いに応じたバランスのとれた取扱いを行う「均衡」待遇が法的に求められており、この量的な水準の決定（その「不合理性」の判断）においては、労使間の話合いで利害関係者の意見や利益を調整して決定したという手続の公正さが重要な意味をもちうる[21]。特にここでは、待遇改善の対象となる非正規雇用労働者の意見や利益を反映させる手続が踏まれているか否かが重要であり、労働組合がある場合には非正規雇用労働者の組織化、労働組合がない場合には非正規雇用労働者の意見を聴き待遇改善に反映させる手続的な工夫を講じることが課題となる。このようなプロセスの充実は、当事者の納得性を高め、企業にとっては判

---

20) 改正前の労契法20条をめぐる裁判例であるが、有期契約労働者への賞与や退職金の不支給を部分的に不合理とした裁判例として、大阪医科薬科大学（旧大阪医科大学）事件・大阪高判平成31・２・15労判1199号５頁（アルバイト職員への賞与の不支給につき正職員の支給基準の少なくとも60％を下回る範囲で不合理と判断）、メトロコマース事件・東京高判平成31・２・20労判1198号５頁（契約社員への退職金の不支給につき正社員の支給基準の４分の１を下回る範囲で不合理と判断）参照。

21) ハマキョウレックス（差戻審）事件・前掲注13）判決も、「同条〔労働契約法20条〕は、職務の内容等が異なる場合であっても、その違いを考慮して両者の労働条件が均衡のとれたものであることを求める規定であるところ、両者の労働条件が均衡のとれたものであるか否かの判断に当たっては、労使間の交渉や使用者の経営判断を尊重すべき面があることも否定し難い」と判示し、「均衡」待遇の判断にあたっては労使交渉というプロセスが重要となりうる旨を述べている。学説としては、水町勇一郎『「同一労働同一賃金」のすべて』（有斐閣、2018）69頁以下、神吉知郁子「労働法における正規・非正規『格差』とその『救済』―パートタイム労働法と労働契約法20条の解釈を素材に」日本労働研究雑誌690号73頁（2018）等参照。

第4部　賃金システム

断の予見可能性を高めることにもつながる。

　第2の課題は、正規雇用労働者（いわゆる「正社員」）を含めた賃金・人事労務管理制度の全体像を将来に向けて再検討することである。今回の改革では、賃金原資を拡大しつつ[22]、非正規雇用労働者の待遇改善に向けた公正な分配を行うことが求められている。この過程のなかで改めて問われるのは、正規雇用労働者の賃金・人事労務管理制度そのものが効率的なものとして設計されているのかという点である。そもそも、正規雇用労働者の制度が効率的なものとなっていないのに、今回の改革で非正規雇用労働者もその制度に合わせて均等・均衡のとれた待遇にしていくことになると、正規・非正規雇用労働者の制度全体が不効率なものとなっていくおそれがある。今回の改革を契機に、賃金・人事労務管理制度全体の再検証をしていくこと、具体的には、正規雇用労働者の基本給制度は企業経営の将来の方向性・課題と整合的なものとなっているのか、賞与や退職金が賃金全体のなかで占める割合・規模やその算定・支給方法は効率的で持続可能なものとなっているか、諸手当・福利厚生の規模や内容は企業経営の方向性や労働者のニーズに沿った効率的で公正なものとなっているのかといった点を、中長期的な視点で改めて検証する作業を行うことが重要になるだろう。その検証の結果は、それぞれの業種や企業ごとにさまざまなものとなるだろうが、大きな方向性としては、賞与や諸手当・福利厚生の多くが基本給のなかに組み込まれ、基本給の構成要素としては勤続・年功よりも職務・成果に重きを置いたものに重心がシフトしていく（その意味で結果として「同一労働同一賃金」に近づいていく）可能性があり、退職金については企業丸抱え型から個人積立型にシフトしていく可能性があるだろう。

　第3の課題は、「非雇用」労働者の増加への対応の必要性である。労働法や社会保障法の適用を受けない（最低賃金の適用や社会保険料の企業負担等がない）業務委託・フリーランス等の形態をとった自営業者的な労働者（「非雇用」労働

22）今回の改革では、非正規雇用労働者の待遇改善という社会的側面からも、成長と分配の好循環の実現という経済的側面からも、賃金原資を拡大して労働分配率を引き上げながら改革を進めていくことが求められている。賃金原資を拡大する方法としては、①労働生産性の向上、②企業の内部留保の賃金への還元、③適正な価格転嫁などの方法をとることが想定されている（水町・前掲注20）書122頁以下参照）。これらを政策的に結びつけながら総合的に推進していくことが、「働き方改革」という大きな改革のねらいでもある。

者）が世界的に増加している。この動きは、ウーバー（Uber）に象徴されるプラットフォーム・エコノミーの急速な拡大によって加速し、法的には「労働者」・「労働契約」概念の再検討を促す状況を生んでいる[23]。日本の今回の「同一労働同一賃金」改革によって「非正規雇用」労働者の待遇改善を図ることは、コスト削減を求める企業行動として「非雇用」労働者を増加させる動きをさらに加速させる可能性がある。このような市場の動きのなかで、「非雇用」労働者も含む公正な競争条件を確立するとともに、これらの多様な労働形態を魅力的な就労機会として健全に発展させていくという観点から、「非雇用」労働者の社会的保護のあり方を検討すること[24]が、次の「働き方改革」の大きなテーマとなるだろう。

---

23) 水町勇一郎「『労働契約』概念の変容？―『プラットフォーム』型就業と『経済的従属性』」大村敦志ほか編『現代フランス法の論点』（東京大学出版会、近刊予定）など参照。

24) 例えば、2018年10月に厚生労働省雇用環境・均等局に「雇用類似の働き方に係る論点整理等に関する検討会」が設置され、非雇用労働者をめぐる法政策のあり方が検討されている。

【第5部】労働時間システム

第9章 労働者の健康向上に必要な政策・施策のあり方

労働経済学研究を踏まえた論考

黒田祥子・山本 勲

要旨

　本章では、心の健康（メンタルヘルス）と労働との関係について、これまでの研究から明らかになってきたことを労働経済学の視点から概観・整理し、今後の課題を提示することを目的とする。労働と健康に関連する研究は、労働が健康に及ぼす影響を検証するものと、健康が労働（生産性）にどのような影響を及ぼすのかという2つの視点に大別できる。本章ではまず、第一の視点に着目し、労働時間の長さや働き方が、個々の労働者の心の健康にどのような影響を及ぼすのか、計量経済学の手法を用いた検証結果を紹介する。そのうえで、労働者の個体差を統計的に取り除いたとしても、労働時間の長さや仕事の性質や働き方、上司との関係性などによってメンタルヘルスが左右されること、すなわち、働き方と心の健康に明確な関係性があることを指摘する。続く第二の視点として、労働者のメンタルヘルスが生産性にどのような影響を及ぼすのか、特に企業レベルの生産性に焦点を当てた研究を概観する。具体的には、メンタルヘルスの悪化は労働者個人の主観的な生産性とともに、企業レベルでの業績に悪影響を与える可能性があることを述べる。最後に、これまでの研究で明らかになってきたことを踏まえ、今後高齢化がさらに進展するわが国において、必要な政策・施策のあり方を検討し、政府や企業などの第三者による介入が必要であることや、その中でも日本では企業の役割が重要であることなどを論じる。

第5部　労働時間システム

1　はじめに

　わが国は高齢化の一途を辿っており、人口に占める65歳以上の高齢層の割合は、1950年の4.9％から2018年には28.1％に上昇した。また、高齢者の増加だけでなく、生産年齢人口である15-65歳の高齢化も進んでいる。人口推計（総務省統計局）によると、生産年齢人口に占める40歳以上の割合は、1970年の37％から2025年には60％に達すると試算されており、健康に何らかの問題を抱える労働者が今後も増加していくことが予想される。

　こうした状況から、一人一人が生涯を通じて働くことができる健康状態をいかに維持していけるかに大きな関心が集まっている。政府も、働き方改革実現会議の実行計画に、病気と仕事の両立支援の推進を掲げたほか、2019年4月に施行の改正労働基準法において、働く人の過労を防止し、健康を確保することを目的として、労働時間の罰則付き上限規制を盛り込んだ。

　これまで経済学における健康の位置づけは、医療経済学やマクロ経済学を中心とした研究が多く、労働経済学の立場から、労働と健康との関係を検証した研究は必ずしも多くはなかった。しかし、近年になって、労働経済学の分野でも、少しずつ健康に関連する研究が蓄積されつつある。そこで本章では、特に心の健康（メンタルヘルス）と労働との関係について、幅広い読者層を念頭におきながらこれまでの研究から明らかになってきたことを概観・整理し、今後の課題を提示する。

　労働と健康に関連する研究は、労働（労働時間や働き方など）が健康に及ぼす影響を検証するものと、健康が労働（生産性など）に及ぼす影響を検証するものの2つに大別できる。本章ではまず、労働が健康に及ぼす影響について、これまでの研究を整理・考察する。より具体的には、労働時間の長さや働き方等が、個々の労働者の健康にどのような影響を及ぼすのかについて、計量経済学の手法を用いて統計的に検証を行った結果を紹介する。改正労働基準法で労働時間の上限規制が盛り込まれた背景には、長時間労働が労働者の健康を害し、過労死を招く危険性があることが挙げられる。このように、労働時間や職場での働き方に労働者の健康が左右されると想定されることが多いが、実際に労働時間や働き方が健康にどの程度の影響を与えるのか、また、どのような労働者や職場でその影響が顕著になるのか、といった点を整理したい。

第9章　労働者の健康向上に必要な政策・施策のあり方

　次に、労働者の心の健康（メンタルヘルス）が生産性にどのような影響を及ぼすのかについて、特に企業レベルの生産性に焦点を当てた研究を概観する。『患者調査』（厚生労働省）によれば、わが国の精神疾患の患者数は、1996年の189万人から2014年には318万人と1.7倍に急増しており、メンタルヘルス対策は喫緊の課題である。特に、生産年齢に相当する15-65歳の患者数は208万人と、総患者数の65％を占めており、メンタル不調者の増加は医療費の増大といった社会的コストだけでなく、生産性の低下というルートを通じて労働市場に多大な影響を及ぼしていると考えられる。

　さらに、近年では企業が経営戦略として労働者の健康に積極的に介入する、いわゆる「健康経営」の必要性が訴えられている。そこで、本章の後半では、これまでの研究で明らかになってきたことを踏まえ、今後高齢化が進展するわが国において、必要な政策・施策のあり方を検討するとともに、今後の検討課題として残されている点について整理する。

　本章の構成は以下のとおりである。まず、第2節では、労働者のメンタルヘルスの規定要因について、個人や職場レベルの切り口から既存研究を概観する。続く3節では、労働者のメンタルヘルスが生産性にどのような影響をもたらすのかを、個人・企業レベルに焦点を当てた研究を紹介する。4節では、健康への投資費用をだれが負担すべきかについて既存研究の考え方を整理するとともに、多くの企業が導入している各種のメンタルヘルス施策がどの程度メンタルヘルスを毀損する労働者の減少につながっているかを検証した分析結果を紹介する。5節では、今後の検討課題を述べる。

2　労働者の健康の規定要因

　本節では、労働時間の長さや働き方、上司との関係といった職場の要因が、個々の労働者の健康にどのような健康を及ぼすかについて考察する。

2.1　労働時間とメンタルヘルス
(1)　労働時間の長さとメンタルヘルスとの関係

　わが国では、以前から過労がメンタルヘルスを毀損させる重要な要素として考えられてきており、長時間労働の是正はメンタルヘルス対策の大きな柱の一つと

第5部　労働時間システム

位置付けられてきた。果たして、長時間労働はどの程度メンタルヘルスに影響を及ぼすのだろうか。労働者のメンタルヘルスを毀損する要因を考察する際、注意すべきは労働者の個体差（体力やストレス耐性、性格の違いなど）を考慮しなくてはならない点である。例えば、同じ長時間労働を行っても、体力がある人と相対的に体力がない人とでは、過労による病気の発症確率も異なる可能性がある。このように労働者に個体差がある場合、単純に異なる労働者間で働き方とメンタルヘルスの状態を比較しても、両者の間に明確な因果関係は検出しにくい。

Kuroda and Yamamoto［2016a］では、こうした個体差を取り除くために、同一個人（約2000人のホワイトカラー正社員）の働き方とメンタルヘルスの状態を4年間追跡調査したパネルデータ（「人的資本形成とワークライフバランスに関する企業・従業員調査」、経済産業研究所）を利用して、労働時間とメンタルヘルスとの関係を検証した。パネルデータは、同一労働者の働き方やメンタルヘルスの状態を経年的に把握することができるため、同じ労働者で働き方が変化した場合にどの程度メンタルヘルスが変化したか、つまり個体差を取り除いたうえで働き方がメンタルヘルスにもたらす影響を分析することが可能となる[1]。もし、タフな人は労働時間がどれだけ長くてもメンタルヘルスには影響がないのだとすれば、個体差を取り除いたうえでは、長時間労働とメンタルヘルスとの間には明確な因果関係はないと評価することができる。逆に、個体差を取り除いたとしても長時間労働がメンタルヘルスを悪化させることが明らかになれば、長時間労働を是正する働き方改革を行うことで、多くの労働者の健康の向上を図ることが可能となる。メンタルヘルスの悪化は、本人の性格などの「個人の問題」[2]とされることが多いが、長時間労働や2.2節で詳しく述べる職場・企業での働き方という「システムの問題」にも原因があるかどうかを定量的に解明することは、重要な政策課題である。

　分析の主要な結果を要約したのが、図9-1である。図は、推計で個体差を取

1）具体的には、時間によって変わらない個体差（固有効果）を固定効果モデルという計量経済学の推計手法で統計的に除去したうえで、労働時間とメンタルヘルスとの関係を検証している。

2）労働政策研究・研修機構［2012］の事業所に対する調査によると、メンタルヘルス不調者が現れる原因として「本人の性格の問題」を挙げた事業所が7割近くあり、最も多くなっている。

第9章　労働者の健康向上に必要な政策・施策のあり方

図9-1　メンタルヘルスと週当たり労働時間との関係

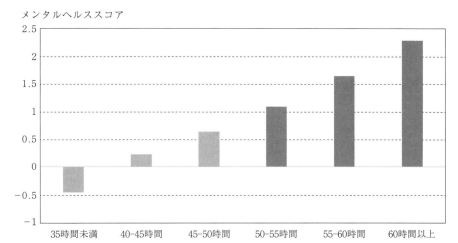

備考）Kuroda and Yamamoto［2016a］の Table 4 の結果を元に作成。濃い縦棒は統計的に10％未満で有意であることを示す。

り除いたうえで、同一個人が所定内時間（週当たり35〜40時間）で働いた場合に比べて、別の長さの労働時間で就業した場合にどの程度メンタルヘルスが異なるかを分析した推計結果を示したものである。縦軸はメンタルヘルスのスコア（労働者本人による質問紙形式の設問への回答をスコアリングしたもの）を示しており、値が大きくなればなるほどメンタルヘルスが毀損している度合いが高くなっていることを意味する。

図の中に示した6つの棒のうち、薄い棒は所定内労働時間で働いたときと比較して、メンタルヘルスのスコアに統計的な有意差がないことを示している。図をみると、週当たり50時間未満程度の労働時間はメンタルヘルスに影響を及ぼさないことがわかる。一方、同図の濃い棒は、所定内労働時間で働いたときと比較して、メンタルヘルスのスコアが統計的にみてプラスで有意であることを意味している。図をみると、週当たりの労働時間が50時間を超えると、所定労働時間で働いていた時と比べて顕著にメンタルヘルスが悪化することが見て取れる。しかも、50時間以上の範囲では、労働時間が5時間追加されるごとにメンタルヘルスが毀損する度合いが大きくなっている。

253

第5部　労働時間システム

　これらの結果は、①個体差を取り除いたうえでも、長時間労働はメンタルヘルスを毀損する要因となりうること、②ただし労働時間とメンタルヘルスとの関係は線形関係にあるわけではなく、週当たり労働時間が50時間を超えるあたりからメンタルヘルスが顕著に悪化する傾向が認められること、③50時間を超えて労働時間が長くなるほど悪化の度合いも顕著であることを示唆している。これは週当たり50時間という長さが、従業員のメンタルヘルス管理の際の一つの参考値となりうることを示しているといえる[3]。

(2) 不本意な長時間労働とメンタルヘルスとの関係

　伝統的な経済学では経済主体は常に合理的な行動をとると想定している。労働者は効用最大化を図りながら労働時間や就業形態を選択するため、他の条件を一定とすれば、働き方によって労働者の効用が小さくなり、結果的に健康状態が悪くなるとは考えにくい。

　しかし、労働者は常に自由に労働時間や働き方を選択できているとは限らない。何らかの制約があるために長時間労働や希望しない働き方を余儀なくされているとしたら、効用水準が低下し、結果的に健康に悪影響が生じることも十分考えられる。仕事好きで喜んで長時間労働をしている場合と、嫌々ながら好きでもない仕事を長時間しなければならない場合とでは、ストレスのかかり方やメンタルヘルスが異なることは容易に想像できる。したがって、労働者の健康問題を議論する際には、労働時間の長さだけではなく、希望しない長時間労働がどの程度あるかに注目すべきといえる。

　この点を捉えるために、労働者の希望労働時間と実際の労働時間のギャップに着目し、労働時間の希望と実際の違いによって、労働者の仕事のストレスの度合

3）ちなみに、メンタルヘルスが悪化しているから生産性が低くなり、結果として労働時間が長くなってしまうといった逆の因果性を操作変数法により統計的に考慮した場合でも同様の結果が得られる。ただし、ここで得られた含意はあくまでも2000人のホワイトカラー正社員を対象とした分析結果から導出されたものであり、別の職種やサンプルで追試を行っていく必要があることは今後の課題である。なお、経済学以外での分野（疫学や産業保健心理学など）では、経済学に比べると労働時間とメンタルヘルスとの関係を検証した研究の蓄積は比較的進んでいるが、計量経済学の手法を用いて個体差をコントロールした分析は筆者らが認識する限りあまり存在しない。労働時間とメンタルヘルスとの関係を検証した他分野の研究については、Kuroda and Yamamoto［2016a］や山本・黒田［2014］で整理している。

第9章 労働者の健康向上に必要な政策・施策のあり方

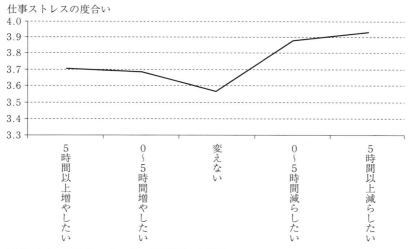

図9-2 労働時間の希望と実際の違いと仕事ストレスの度合い

備考) 山本・黒田 [2014] の第4章補論図1を引用。

いがどの程度異なるかを分析した結果を示したのが図9-2である。分析に利用したのは、「仕事と生活の調和（ワーク・ライフ・バランス）に関する国際比較調査」（経済産業研究所）の男性正規雇用者約5000人の個票データである。仕事のストレスの度合いとしては「あなたは仕事にストレスを感じていますか」という質問に対する5段階の回答（「強く感じている」、「やや感じている」、「どちらともいえない」、「あまり感じていない」、「まったく感じていない」）を5点満点で点数化したものを使用した。

図をみると、仕事のストレスは週当たりの実労働時間が希望労働時間よりも長く、労働時間を減らしたいと考えている人ほど、大きくなっていることがわかる。また、結果の掲載は省略するが、仕事のストレスを被説明変数、労働時間の希望と実際のギャップを説明変数にした式を順序ロジットモデルで推計すると、実労働時間が希望労働時間よりも長いほど、統計的に有意に仕事のストレスが大きくなっていることも明らかとなっている[4]。

実労働時間が希望労働時間よりも長くなってしまう状況としては、職場に長時間労働を余儀なくされる職場風土が存在する場合や、上司や同僚の長時間労働に

第5部　労働時間システム

影響されて労働者本人も長時間労働をしてしまう「ピア効果」が存在する場合、労働者のバーゲニングパワーが小さいために企業や上司からの過剰な労働負荷を断れずに長時間労働をしてしまう場合などが考えられる。これらの状況は労働者個々人の努力で変えることは難しいため、時間外労働の上限規制などによる法的な介入や職場・企業全体による働き方改革を行うことが重要といえる。

2019年4月施行の改正労働基準法においては、臨時的な特別の事情がある場合の特例として単月で100時間未満を上限に、時間外労働を年720時間までとする罰則付き上限規制が盛り込まれた。年間720時間の上限は、単純に割ると月60時間、一日当たり3時間の残業（週の総労働時間で55時間程度）に相当する。筆者らの計算によれば、2016年時点で平日一日当たりに11時間以上働くフルタイム雇用者の割合は男性の約3割、女性の約1割に相当する。これは一日の所定内労働時間を8時間とすると、これらの人々は一日に少なくとも3時間以上時間外労働をしていると解釈できる。

この法改正を巡っては上限水準が高すぎて、過労を許容することになるとする反対の声も多く聞かれた。しかし、こうした実態がある以上、現状からあまりに乖離した無理なルールの設定を行えば、むしろ法規制の形骸化につながってしまう怖れもある。まずは改正労働基準法で定められた上限規制を徹底する土壌を作ったうえで、単月の上限および年間の総労働時間の引き下げなどの早期見直しを図っていくという段階的なステップを踏んでいくことが望ましいと考えられる。

なお、何らかの制約によって労働者が希望する働き方ができていないために健康状態が悪化する可能性については、就業形態についてもあてはまる。山本［2011］では、『慶應義塾大学パネル（KHPS）』を利用して、労働者が正規雇用を希望しているにもかかわらず、不本意に非正規雇用に就くことを余儀なくされているかが心身症状にどのような影響を及ぼしているかを検証している。両者の関係を固定効果操作変数法で検証したところ、逆の因果性を考慮したうえでも、不本意型の非正規雇用に就くことで心身症状が悪化することを確認している。こ

4）ただし、これらの結果は逆の因果性、つまり、仕事ストレスが大きいために労働時間を短くしたいと考える、という関係性を捉えている可能性があるため、留意が必要といえる。本来であれば、適切な操作変数を用いた推計やパネルデータを用いた推計を実施することで統計的に逆の因果性を考慮するべきだが、そのためにはデータの蓄積を待つ必要があり、今後の研究課題といえる。

第9章　労働者の健康向上に必要な政策・施策のあり方

のほか、同論文では不本意型非正規雇用とともに、失業も労働者の健康状態に負の影響を与えることを明らかにしている。労働時間にしても就業形態にしても、希望する働き方が実現していない状態は、労働者の健康状態にマイナスの影響を及ぼす可能性があるといえよう。

(3) 自主的な長時間労働とメンタルヘルスとの関係

　本人の意に反して長時間労働をさせられるケースはともかく、本人の意思で自ら長時間労働をしている場合もある。仕事が好きだったり、昇進を望んでいたりして長時間労働をしているケースでは、メンタルヘルスが毀損することはない可能性も考えられる。過労がメンタルヘルスを害することは世間的に広く認知されているにもかかわらず、自主的に長時間労働をしてしまう背景には、どのようなメカニズムがあるのだろうか。

　この点を明らかにするため、Kuroda and Yamamoto［2019］では、経済学で標準的に用いられている効用関数に、仕事から得られる達成感や自己効力感、職場で必要とされている自尊心など、「非金銭的な効用」を組み込んだモデルを提示した。そして、2.1.1節で紹介した Kuroda and Yamamoto［2016a］と同じデータ（ホワイトカラー従業員を4年間追跡調査したパネルデータ）を用いて、労働時間の長さと、仕事満足度とがどのような関係にあるかを検証した。仕事満足度については、5段階の回答（「満足」、「やや満足」、「どちらともいえない」、「やや不満」、「不満」）を5点満点で点数化したものを用いている。

　分析の結果、労働時間が長くなるほど、労働者の仕事満足度が増していくような関係が見出されることが分かった。図9−3は、推計結果をもとにこの関係をシミュレーションしたものである。図をみると、その他の条件を一定とした場合、週当たりの労働時間が55時間を超える辺りから、仕事満足度が上昇していくことが観察される。労働時間が長くなるほど、仕事がおもしろくなり、仕事から得られる非金銭的な満足度が上がっていくことがあると解釈できる。しかし一方で、メンタルヘルスと労働時間との関係については、仕事満足度とのような関係性は見いだせず、労働時間が長くなるほどに悪化する傾向があることは2.1節（1）で確認したとおりである。これらの分析結果は、満足度とメンタルヘルスは必ずしも同じではなく、同一個人であっても満足度を感じながら、その背後でメンタルヘルスを悪化させている人が存在していることを示唆している。

第5部　労働時間システム

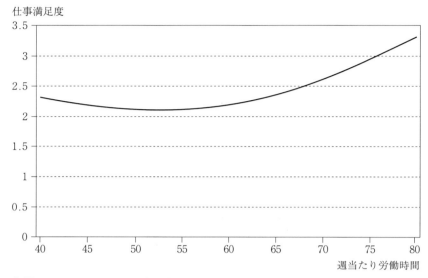

図9-3　仕事満足度と労働時間との関係

備考）Kuroda and Yamamoto [2019] のTable 3を引用。図は、他の条件を一定としたうえで、仕事満足度と労働時間との関係をシミュレーションした結果である。縦軸の仕事満足度はスコアが高くなるほど、満足度が高いことを示している。

　行動経済学では、人々には、自身の健康に過剰な自信をもってしまう自信過剰（overconfidence）傾向や、現在の状態が将来も続くと考えてしまう予測バイアス（projection bias）が存在することが指摘されている。このことを踏まえると、図9-3については、労働者がこうした認知の歪みを持っているために「自分は大丈夫」と考え、自身の健康を過信してしまう結果、仕事満足度のほうを優先させてしまい、長時間労働になりやすい可能性があると解釈できる。なお、Kuroda and Yamamoto [2019] によると、特にこうした傾向が強いのは、性格Big5と呼ばれる性格特性のうち、「外向性」という要素が高くエネルギッシュなタイプの労働者や、職場の同僚がメンタル不調に陥った場合に「士気が下がるので迷惑だ」と考えるようなタイプの労働者などに顕著にみられることも明らかになってきている。

　近年、裁量労働制や高度プロフェッショナル制度など、労働時間と成果を切り離し、働く時間や時間帯を自由に決められる自律的な働き方の拡充が展望されて

いる。しかし、上述の分析結果は労働時間の決定を労働者の裁量に完全に委ねてしまうと、結果的に健康を損ねてしまう危険性を高めるおそれがあることを示しており、健康を確保するための何らかの措置が必要であるといえる。また、上述の分析結果からは、従業員の「仕事満足度」が高いからといってストレスやメンタル不調がないと判断することは危険であり、満足度以外の指標も併せてみながら従業員の心の健康を総合的にチェックしていく必要があることも指摘できる。

2.2　働き方や職場要因とメンタルヘルス

(1)　仕事の性質とメンタルヘルスとの関係

　2.1節では、労働時間の長さがメンタルヘルスに影響を及ぼす可能性を概観した。しかし労働時間の長さは同程度であっても、働き方や仕事特性、職場環境などによって労働者のメンタルヘルスが異なることもある。こうした考え方は、産業保健心理学の分野で発展してきた。研究の嚆矢となったのは、Karasek [1979] の「仕事の要求度－コントロールモデル（Job demands-control model）」である。カラセックのモデルは、仕事の要求度（仕事量、時間、集中度や緊張など）と仕事をコントロールできる度合い（裁量性や自律性）の2つの評価軸から仕事の特性を4つに分類し、要求度が高いが自律性が低い「高緊張な仕事」に従事している労働者ほど、ストレスに晒されやすいことを指摘している。

　Kuroda and Yamamoto [2016a] では、カラセックのモデルに依拠し、労働時間だけでなく、仕事特性などに関する情報も変数化し、それらがメンタルヘルスにどのような影響があるかを検証した。表9-1は分析の結果を要約したものである。表9-1をみると、労働時間の長さを所与とした場合でも、「業務内容が明確化」されており、「仕事の手順を自分で決めることができる」タイプの仕事をしている場合、つまり業務内容の明確性と自律性がある働き方をしている人は、そうではない人に比べてメンタルヘルスは良好となっていることがわかる。一方、自分の裁量で仕事がしにくい「突発的な業務が頻繁に生じる」タイプの仕事に従事している場合は、そうではない場合に比べてメンタルヘルスは悪くなる傾向にある。これらの結果は、労働時間の長さも重要であるが、それに加えて、業務内容の明確化や仕事の裁量を大きくするなどの働き方改革を進めることで、労働者のメンタルヘルスが改善しうることを示唆しているといえる。なお、業務内容が明確であることは、単に職務記述書（ジョブデスクリプション）が整っているか

第5部　労働時間システム

表9-1　働き方とメンタルヘルスとの関係

	(1)	(2)	(3)	(4)
週当たり労働時間	0.0687**	0.0749**	0.0679**	0.0753**
	(0.0319)	(0.0316)	(0.0317)	(0.0318)
仕事特性				
担当業務の内容は明確化されている	−1.1232**	−1.1804**	−1.1514**	−1.1337**
	(0.5446)	(0.5409)	(0.5382)	(0.5470)
仕事の手順を自分で決めることができる	−1.6274***	−1.6371***	−1.6431***	−1.6283***
	(0.6201)	(0.6145)	(0.6109)	(0.6223)
自分の仕事は他と連携してチームで行うものである	−0.3478	−0.4200	−0.4132	−0.3602
	(0.4504)	(0.4470)	(0.4484)	(0.4468)
突発的な業務が生じることが頻繁にある	1.1183**	1.0720**	1.0672**	1.1225**
	(0.5182)	(0.5129)	(0.5140)	(0.5156)
職場の評価				
残業や休日出勤に応じる人が高く評価される	0.3824	0.4843	0.3885	0.4653
	(0.6017)	(0.6081)	(0.5980)	(0.6104)
職場環境				
周りの人が残っていると退社しにくい	2.2671***	2.2946***	2.2739***	2.2750***
	(0.6464)	(0.6436)	(0.6355)	(0.6361)
残業や休日出勤が続くと、ある程度の遅出は許される	0.4219	0.3913	0.4273	0.4077
	(0.7667)	(0.7502)	(0.7522)	(0.7616)
職場のMH				
自分の職場にMHが理由で1か月以上休職している人がいる	−0.0202	−0.0829		
	(0.5813)	(0.5692)		
自分の職場で、MHが理由で退職した人がいる	0.9633*		0.9704**	
	(0.4957)		(0.4756)	
職場でMHが不調となる人が3年前と比べて増加した	0.0612			0.1918
	(0.6002)			(0.5600)
R2	0.0598	0.0633	0.0648	0.0591
サンプルサイズ	1462	1462	1462	1462

備考）Kuroda and Yamamoto [2016a] の Table 2 を引用。括弧内は頑健標準誤差。表中の*、**、***はそれぞれ10、5、1％水準で統計的に有意であることを示している。分析は全て固定効果モデルを用いている。被説明変数にはメンタルヘルスのスコアを使用しており、スコアが高くなるほどメンタルヘルスが悪化していることを示す。説明変数には表中に記載されているもののほか、既婚ダミー、子どもありダミー、年収、過去1年間に生じた変化（昇進や仕事内容の変化等）を用いている。

第9章　労働者の健康向上に必要な政策・施策のあり方

どうかではなく、上司やチーム内の同僚とのコミュニケーションが良好で、自身が担うべき業務や役割を労働者が明確に認識できていることを意味するとも解釈できる。そうだとしたら、業務内容が明確であることは、職場での人材マネジメントがうまくいっていることの代理指標になっている可能性があり、人材マネジメントが労働者の健康を左右するとも指摘できる[5]。

　また、職場環境として「周りの人が残っていると退社しにくい」雰囲気がある場合には、メンタルヘルスが悪くなる傾向にある。さらに特質すべきは、労働時間や仕事特性、職場環境を調整した場合でも、「自分の職場で、メンタルヘルスが理由で退職した人がいる」と答えた人は、そういう職場で働いてない人に比べて、本人のメンタルヘルスも悪い傾向にあるという点である。これは、個々人の労働時間の長さや仕事特性だけではなく、職場自体にメンタルヘルスを悪化させる何らかの要因があることを示唆している。

(2) 職場要因とメンタルヘルスとの関係

　カラセックの「仕事の要求度＝コントロールモデル」の拡張版として、産業保健心理学分野で2000年代以降に発展したモデルに、「仕事の要求度－資源モデル（Job Demands-Resources model；JD-R モデル）」がある（Demerouti, Bakker, Nachreiner, and Schaufeli [2001]）。JD-R モデルは、労働時間の長さや業務の量、顧客の要求など仕事の要求度が高い仕事であっても、その人の仕事をサポートする資源がどの程度充実しているかで、メンタルヘルスへの影響が異なってくると考えるモデルである。仕事の資源とは、「事業所レベル」「部署レベル」「作業・課題レベル」の３つに大別される。事業所レベルには経営層との信頼関係や公正な人事評価等、部署レベルには上司や同僚の支援、上司のリーダーシップや公正な態度等、作業・課題レベルには仕事の裁量性や役割の明確さ等が含まれる（詳細は、例えば島津 [2014, 2019]）。つまり、カラセックの「仕事の要求度－コントロールモデル」は、仕事の資源のうち、主として作業・課題レベ

5）このほか、管理職への昇進が労働者のメンタルヘルスにどのような影響を及ぼすかを検証した論文に、佐藤 [2015] がある。同論文では、昇進した直後の年に労働者のメンタルヘルスが悪化する傾向があること、しかしその１年後にはメンタルヘルスが改善することを示している。この結果は、特に昇進直後の労働者に対する組織や職場のサポートがメンタルヘルス悪化を回避する方法として有効であることを示唆している。

第 5 部　労働時間システム

ルの仕事の特性がどの程度担保されているかを問うものであるのに対して、その後発展した JD-R モデルは、仕事の特性だけでなく上司・同僚といった職場の要素や、事業所（あるいは企業全体）レベルの要素も労働者のメンタルヘルスに深く関係していると考えるモデルと整理できる。

　現代社会における仕事は個人で完結するものはほとんどなく、多くはチーム生産であり、チームには上司と部下、あるいは同僚間の関係性が存在する。近年では上司によるパワーハラスメントが労働者のメンタルヘルスに多大な影響を及ぼしうるとして、世間の関心も高まっている。例えば、平成30年度『過労死等の労災補償状況』（厚生労働省）によれば、精神障害に関する労災補償の支給決定要因としては、「仕事の量・質」といった業務自体にまつわる要因が大きいウエイトを占めるものの、それ以上に大きな要因として「対人関係」が挙げられる。「対人関係」の中でも、「上司とのトラブル」に起因した案件は、支給が決定した1461件のうち255件と、全体の約2割に上っている。

　しかしながら、これまでの経済学の研究では、上司と部下との関係性に着目した研究は意外なことに必ずしも多くの蓄積がなされてこなかった。そこで、Kuroda and Yamamoto［2018］では、上司や同僚とのコミュニケーションの良し悪し等が、労働者のメンタルヘルスにどのような影響を及ぼしているかを検証した。分析に用いたデータは、「人的資本形成とワークライフバランスに関する企業・従業員調査」（経済産業研究所）の個票データで、ホワイトカラー正社員約900人を複数年にわたり追跡調査したデータを用いている。それぞれの労働者から集めた上司に関する情報を利用して、どのような上司の下で働く労働者が、メンタルを毀損したり、生産性を低下させたりする傾向にあるのかを検証した。

　上司の良し悪しの指標としては、図9-4のとおり、以下の7つの設問にもとづくものを採用した。すなわち、(1) 上司は、評価結果を納得がいくようにきちんとフィードバックしてくれる、(2) 上司と部下のコミュニケーションはよくとれている、(3) 上司は、部門のメンバー内での情報を共有するように工夫している、(4) 上司は、仕事はとても優秀である、(5) 上司は出世街道を順調に歩んでいる、(6) 上司は、私の職務内容を良く把握している、(7) 上司は私が不在の場合、私の仕事を代わりに行うことができる、の7つである。(1) ～ (3) は、主としてコミュニケーションや情報共有などといった上司と部下との人間関係に関する設問であり、(4) ～ (7) は部下から評価した上司の仕事遂行能力に関する

第9章　労働者の健康向上に必要な政策・施策のあり方

図9-4　上司の良し悪し

(1) 上司と部下との関係

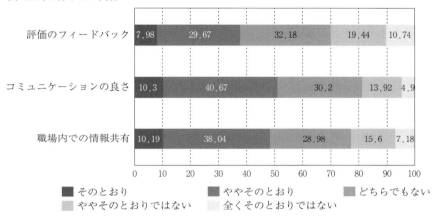

(2) 部下からみた上司の仕事遂行能力

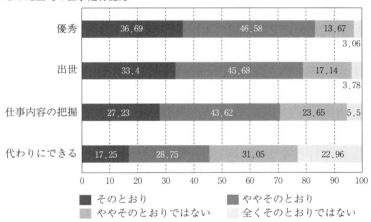

備考）Kuroda and Yamamoto［2018］のFigure 1を引用。

設問と位置付けることができる。

　図9-4は、それぞれの設問項目に関する回答を単純集計したものを掲載したものである。図をみると、それぞれの項目でばらつきがあることがわかるほか、特に人間関係にまつわる図9-4（1）をみると、上司との関係でコミュニケーシ

ョンや情報共有がうまくいっていないと回答している労働者が2〜3割程度存在していることがみてとれる。

そこで、これらの情報を使って、どういう上司の下で働いている労働者がメンタルヘルスを悪くする傾向になるかを分析したところ、性格特性や元々のメンタルのタフさといった個々人に固有の要因や、労働時間や仕事の特性といった業務に関連する情報をコントロールしたとしても、コミュニケーション能力や仕事遂行能力が低い上司の下で働いている部下は、良い上司の下で働いている部下に比べて、統計的に見て有意にメンタルヘルスが悪い傾向にあることが明らかとなった。特に、上述の7つの指標のうち、最も部下のメンタルヘルスに影響を与えているのは、「上司と部下のコミュニケーションはよくとれている」、次いで大きな影響があったのは「仕事はとても優秀である」という変数であった。これらのことから、普段のコミュニケーションが良くとれていることに加えて、上司の仕事遂行能力が高いと、その下で働いている部下のメンタルヘルスが良くなる傾向にあることが示唆される。

また、同僚との関係については、同僚とのコミュニケーションの良し悪しは統計的に有意な結果とならなかったものの、同僚と仕事のノウハウを教え合う雰囲気が職場にあると回答した場合は、そうではない場合と比べて、統計的に有意にメンタルヘルスが良い傾向にあることもわかった。上司や同僚とのコミュニケーションの多寡や必要性は職種や業種によって様々ではあるが、そうした違いを統計的にコントロールしたとしても、コミュニケーションについては同僚よりも上司との良し悪しがメンタルヘルスに大きな影響を与えることが示唆される。以上の分析結果は、メンタルヘルスの対策としては、長時間労働是正だけにとどまらず、上司と部下との関係というソフト面も含めて職場改善が重要であることを示唆している。

2015年12月に改正労働安全衛生法によるストレスチェックが義務化されてから、本章執筆時点で約3年が経過した。ストレスチェックの結果は、部や課などの一定のまとまりをもった職場ごとに集計・分析をし、職場組織の見直し等の職場環境を改善するための必要な措置を講ずることも指針に盛り込まれている。ストレスチェックをするだけでは意味がなく、ストレスチェック後の職場改善の対策がない限り、一次予防にはならないという指摘は、これまでもしばしばなされてきた。ストレスチェックのデータを有効活用し、集計においてストレス度が高く検

第9章　労働者の健康向上に必要な政策・施策のあり方

出された職場においては、上司とのコミュニケーションや職場の雰囲気など、労働者のメンタルヘルスを悪化させる職場全体の要因の特定化・改善を図っていくことが不可欠である。

3　労働者の健康が生産性に及ぼす影響

　メンタルヘルスが個人の問題であれば、企業としてはいかにそうした潜在的なリスクを持つ労働者を採用しないか、あるいはリスクが顕現化した労働者を排除するかというインセンティブが生じる。しかし、2節では、個体差を取り除いたうえでも労働時間や仕事・職場の特性が、労働者のメンタルヘルスに影響を与えていることを確認した。それでは、労働者のメンタルヘルスの良し悪しは、生産性にどの程度影響するのだろうか。もし生産性に多大な影響を及ぼしているとすれば、労働者のメンタルヘルスの悪化は、組織の問題として捉える必要性があることが示唆される。そこで以下では、メンタルヘルスと生産性との関係について検証した既存研究を、個人レベルと企業レベルの2つの切り口から整理する。

3.1　個人レベル

　経済学では、賃金や就業などの労働変数を生産性の指標とするのが一般的であるのに対して、疫学や産業保健などの分野の研究では、個人レベルの生産性としてアブセンティイズム（absenteeism）やプレゼンティイズム（presenteeism）といった指標を用いた研究の蓄積が進んでいる。アブセンティイズムとは、傷病による欠勤のことであり、プレゼンティイズムとは出勤はしているものの、健康上の問題によりフル稼働できていない状況を指す。どちらも健康上の理由で生産性が低下している状態と考えることができる。経済学では、アブセンティイズムやプレゼンティイズムを対象とした研究がこれまでほとんど行われてこなかった。その背景には、市場メカニズムが十分に機能していれば、生産性は賃金や雇用に反映されるはずという前提があることも関係していると思われる。しかし、健康の度合いを定量的に把握することが困難であったり、能力の違いがバイアスをもたらしてしまったりするなどの問題があり、個人の健康状態と賃金や就業について、必ずしも明確な関係を見いだせていない先行研究も多い（詳細は、黒田[2018]を参照）。

265

第 5 部　労働時間システム

　一方、疫学や産業保健の分野では、特にプレゼンティイズムが多大な損失となっていることが認識されるようになってきた。プレゼンティイズムの計測は、質問紙に示された設問に対して自己記入形式で回答するタイプの主観尺度である。国際的に広く使われている尺度は複数あるが、仕事で通常発揮できるパフォーマンスのレベルを100％とした場合に、健康を理由とするパフォーマンスの低下がどの程度かを回答するタイプの設問で構成されているのが共通点である。

　日本人を対象とした最近の研究としては、Wada *et al.* [2013]、Suzuki *et al.* [2015]、Nagata *et al.* [2017] などがある。約6800人の日本人男女を対象に5つの傷病（腰痛・肩こり、精神疾患、頭痛、腹痛、不眠）別にプレゼンティイズムのコストを試算した Wada *et al.* [2013] では、傷病別にみるとアブセンティイズムとプレゼンティイズムによる合計損失額が最も大きいのが精神疾患であることを報告している。そこで、精神疾患を発症することによるプレゼンティイズムのコストに着目した分析を行っているのが Suzuki *et al.* [2015] である。約1800人の日本人男女を対象とした分析では、メンタルヘルスの度合いが顕著に悪かった（深刻な精神疾患が疑われる）労働者グループは、健常なグループに比べて、1年後のプレゼンティイズム尺度が下位30％に入る確率が3.67倍となることが報告されている。Nagata *et al.* [2018] は、製薬会社4社に勤める約13000人の日本人男女を対象にアンケート調査を行い、一人当たりの年間のコストは、医療・薬剤費が1165ドル（総コストの25％）に対して、アブセンティイズムが520ドル（同11％）、プレゼンティイズムが3055ドル（64％）であり、プレゼンティイズムの平均コストは医療・薬剤費の3.13倍に相当することを示している。このように、疫学や産業保健の先行研究では、不健康が生産性に及ぼす負の影響は、医療費や欠勤よりも、プレゼンティイズムによる生産性低下のほうが圧倒的に大きいことや、精神疾患による生産性の低下が深刻であることが報告されている。

　なお、2.2.2節で取り上げた Kuroda and Yamamoto [2018] では、上司との関係が労働者のメンタルヘルスを通じて、2つの生産性指標（（A）「プレゼンティイズム」指標（生産性の低下度合いを測る労働者の主観指標）、（B）「過去1年以内に転職を考えたか」）にどのような影響を及ぼし得るかも分析した。分析の結果、「上司と部下のコミュニケーションはよくとれている」ことと、「上司の仕事ぶりがとても優秀である」ということが、（A）（B）の2つの生産性指標に対して、統計的に有意にプラスの影響を与えていることが分かった。これらの結

第9章　労働者の健康向上に必要な政策・施策のあり方

果は、上司と部下との悪い関係は、部下のメンタルヘルスを毀損させるだけでなく、生産性の低下や離職行動を通じて、企業業績にも大きく影響をもたらしうることを示唆している。

3.2　企業レベル

　前節では労働者のメンタルヘルスが個々人の生産性に影響をもたらすことが示唆された。しかし、労働者のメンタルヘルスは企業や組織全体の生産性にも影響をもたらすのだろうか。上述のプレゼンティイズムの研究は、少なくともいくつかの点において留意が必要である。第一は、メンタルヘルスに対しては社会的に強いスティグマが存在するため、本人の主観に依存した生産性への影響は過少申告されるバイアスがある可能性である。第二は、チーム生産の場合、他の労働者のメンタルヘルスは良好に保たれていた場合であっても、ある労働者のメンタルが不調となることにより、チームとしての生産が滞ってしまう可能性である。逆にチーム生産の場合、メンタルヘルスが悪い人の生産性低下分を、良好な人が人一倍働くことによってカバーしている可能性もある。第三として、メンタル不調で生産性が低い労働者が職場に存在することで、周りの労働者に業務のしわ寄せが行き二次的な健康被害がでたり、職場の士気や雰囲気が悪化して、職場全体の生産性も低下してしまう可能性である。特に、第二、三の点については、個々人のメンタルヘルスが企業や組織全体の生産性に及ぼす影響を考えるうえで留意が必要といえる。そこで以下では、労働者のメンタル不調が上述のいくつかのルートを通じて最終的にどの程度企業の生産性を低下させているかを、財務データを用いて検証した Kuroda and Yamamoto［2016b］の結果を紹介する。

　なお、Kuroda and Yamamoto［2018］の分析に用いた労働者データからは、プレゼンティイズムが一切なく、100％の能力を発揮できていると答えた労働者は全体の2割程度しか存在しないことが明らかとなっている。このことは、日々働いている労働者の中にもメンタル等の不調が理由で十分なパフォーマンスが発揮できていない労働者が数多く存在していることを示唆している。つまり、メンタル不調によって休職や退職をしている労働者は氷山の一角であり、日々働いている労働者の中にもメンタルの不調で生産性が低下している労働者が少なからずいると考えられる。

　2節で整理したとおり、メンタルヘルスの不調は個々人の個体差を取り除いた

267

第5部　労働時間システム

うえでも、労働時間や仕事・職場特性などの要因に多大な影響を受けることが明らかとなった。ということは、「メンタル不調によって休職や退職をしている労働者の比率」が高い企業では、働き方や職場特性から、顕在化していない労働者の中にもメンタルヘルスを毀損している人が多く存在する可能性が考えられる。そこで、Kuroda and Yamamoto［2016b］は、個別の企業から収集した「メンタル不調によって1カ月以上の休職や退職をした労働者の比率」をその企業に勤める労働者の平均的なメンタルヘルスの状態を示す代理指標とみなし、メンタル不調により休職・退職者比率が高くなると、どの程度企業業績（ROS：売上高利益率）が低くなるかを推計した。使用したデータは、「人的資本形成とワークライフバランスに関する企業・従業員調査」（経済産業研究所）の企業側のパネルデータである。

　分析の結果、図9-5に示したように、メンタル不調による休職・退職者比率が高くなると、企業業績が低くなる傾向にあることが分かった。この傾向は、企業の個体差（業種の違いや元々の体力差、企業風土など企業固有の違い）を考慮したうえでも、また、業績が悪いからメンタル不調者が増加してしまうという逆の因果性を統計的に可能な限り取り除いた場合でも、認められた。

　メンタルが不調となって休職や退職に至ってしまうケースは労働者全体でみると1～2％程度に過ぎない。しかし、本章の分析結果はそうした休職者・退職者の存在は、全体のメンタル不調者の一部に過ぎず、実際には不調を抱えながら低い生産性で働いている労働者が多数存在していること、そして結果的に企業業績が悪化してしまっていることを示している。

　このほか、特に固定費用が大きい企業（長期雇用に基づき、従業員の社内教育投資を重視している企業）ほど、メンタル不調の企業業績に対する負の影響が大きいことも分かった。つまり、固定費用が大きい企業では従業員に企業特殊的な人的投資を多く行っているため、メンタル不調による休職・退職者が増加すると、人的投資のリターンを回収しにくくなり、より企業業績への負の影響が大きくなると指摘できる。これらの結果は、労働者のメンタルヘルスの悪化は企業や組織の生産性を低下させるものの、その影響の大きさは一様ではなく、従業員への人的投資のあり方によっても異なると整理できる。

第9章 労働者の健康向上に必要な政策・施策のあり方

図9-5 メンタル不調による休職・退職者比率とROSとの関係

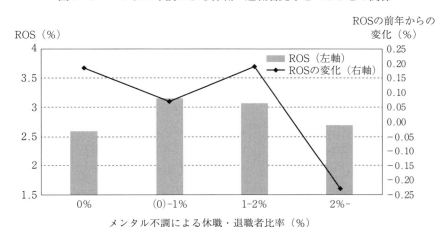

備考）Kuroda and Yamamoto［2016b］のFigure 6を引用。

4 健康政策・施策の方向性

4.1 企業（第三者）による介入

　3節で概観した分析結果は、メンタル不調の問題は休職や退職に至ることとなった労働者固有の問題として片づけるのではなく、その企業で働く労働者全体の問題として捉え、働き方の見直しや職場環境の改善など、企業全体の対策を考える必要があることを示唆している。政府も、職場における労働者のメンタルヘルス対策として、2015年12月の改正労働安全衛生法で労働者50人以上の事業場では年1回のストレスチェックを義務化した。法制度以外にも、政府が健康経営に積極的な企業を表彰したり、取り組みが進んでいる企業の優良事例を紹介したりするなど、健康経営の推進にも力を入れている。経済産業省［2018］によれば、「『健康経営』とは、従業員等の健康管理を経営的な視点で考え、戦略的に実践すること」であり、「従業員等への健康投資を行うことは、従業員の活力向上や生産性の向上等の組織の活性化をもたらし、結果的に業績向上や株価向上につながると期待され」るとされている。近年では、こうした考え方の普及に伴い、働き方の見直しや職場環境の改善などだけでなく、労働者の健康投資に多くの費用を負担する企業も増えてきた。

第5部　労働時間システム

　従来の経済学では、健康が企業特殊資本ではなく、労働者に付随するポータブルな一般資本だとするならば、企業が健康資本投資のコストを負担する合理的な根拠はないと考えられてきた。この点については、医療保険料の事業主負担の是非について考察している Currie and Madrigan［1999］のロジックを援用することができる。Currie and Madrigan［1999］は、企業が保険料を負担する場合には、最終的にはその費用は賃金に織り込まれるため、賃金は高いが保険料負担がない場合と、賃金は低いが保険料を事業主が負担する場合とでは、労働者にとっては無差別になるはずであると述べている。なぜならば、高い賃金をもらって自分で民間の保険に加入したり、健康投資にお金を使ったりすることと、低い賃金の代わりに健康に関する制度が手厚い企業に勤める場合とでは、個人の効用としてはどちらも同じだからである。むしろ、事業主が健康資本投資に対する労働者の真の選好がわからない場合や、個人は異質なため人によって望ましい投資額が異なるにもかかわらず、従業員に一律の健康サービスしか提供できない場合には、事業主がコストを負担する場合のほうが労働者の効用が下がる場合も考えられる[6]。

　しかし最近では、行動経済学で蓄積されてきた知見[7]から、健康資本投資は個人に委ねると過少投資となりやすいため、国や企業の介入が重要とする考え方もでてきた。例えば、Liebman and Zeckhauser［2008］は、個人が選択する健康資本投資の水準は、以下のいくつかの理由から最適な水準から乖離してしまいやすいと主張する。第一は、健康資本投資に関する従来の枠組みでは、個人は投資をした場合としなかった場合の将来の期待効用について、将来健康を損なうリスクやそのための金銭的負担、病気になった場合の効用の低下度合いなどを勘案して決めることが想定されている。しかし、現実の世界では、将来に関する不確実性は高く、人間の判断は誤ったものになりがちである。例えば、確率としては

6）Currie and Madrigan［1999］は、それにもかかわらず、現実の世界で企業負担が好まれるとしたら、労働者が私的に購入する際の健康投資の価格に比べて、事業主が一括購入するほうが価格を低く抑えられる場合があるためではないかと述べている。このほかにも、事業主側が健康投資に積極的になる理由として、健康増進に対してより意識が高い人を採用することができるというセルフセレクションの可能性や、そうした健康意識が高い人の離職を抑制することができるという可能性も挙げている。

7）行動経済学と健康資本投資との関連については、Frank［2004］、Baicker, Mullainathan and Schwartzstein［2015］、Roberto and Kawachi［2016］などを参照。

第9章　労働者の健康向上に必要な政策・施策のあり方

非常に低い飛行機の事故に備えて高額の保険に入ったり、がんなどの大きな病気を罹患した場合の効用の低下を実際よりも過大に見積もりがちだったりと、判断にバイアスが生じやすいことが知られている。第二に、人間は、現在の投資費用を過大に捉え、将来の投資のリターンを大きく割り引いてしまう結果、現在すべきことを先延ばしにしてしまうバイアスを持っており、健康資本投資が過小となってしまいやすい。第三に、人間は無数の選択肢から選ぶことにストレスを感じやすく、数多くの健康資本投資のメニューから最適なものを選ばず、現状維持を選んでしまいやすいバイアスも持っている（現状維持バイアス）。これらの点は、2.1.3節で取り上げた Kuroda and Yamamoto［2019］において日本人のデータを用いた検証でも確認したとおりである。すなわち、労働者は自身の健康に対して自信過剰になったり、誤った将来予測をしてしまったりしがちであり、「働き過ぎ」は自覚しにくい。したがって健康管理を完全に自己責任として労働者個人に任せた場合、労働者によっては本人の自覚がないまま健康を害するほどの過剰労働を行ってしまうリスクが生じうる。

　さらに、Kuroda and Yamamoto［2013a：詳細は5節にて説明］が指摘したように、働き方には「ピア効果」が存在し、上司や同僚の長時間労働に影響されて長時間労働をしてしまう傾向がある。また、職場に長時間労働を強いるような風土が存在する場合にも、労働者のバーゲニングパワーが小さければ、本人の意に反して長時間労働をしてしまう怖れもある。つまり、長時間労働には負の外部性があると指摘できる。

　このように、人間に認知の歪みが存在することや、労働者個々人が負の外部性を克服することは難しいことを考慮すると、企業や政府などの第三者が労働者の行動に介入し、「働き過ぎ」を防ぐための法律や健康確保のための措置を講じることは必要といえよう。

　また、日本のように労働市場の流動性が低い場合には、健康が一般資本だとしても、企業による投資がリターンを生むため、企業はコストを負担して健康投資を実施することが有効と考えられる[8]。というのも、日本的雇用慣行のもと、日本の多くの中堅・大企業では、従業員に企業特殊スキルを身につけるための人的

8）労働市場が不完全な状態では一般資本への企業による投資も生じることは Acemoglu and Piscke［1998, 1999］などの研究によっても示されている。

第5部　労働時間システム

投資を実施し、長期間かけて投資のリターンを回収する人材活用モデルがとられているといわれる。よって、スキルへの投資の回収期間に従業員の健康が悪化すると、企業はリターンを十分に得ることができなくなるため、そうした事態が生じないよう健康を維持するために投資することには合理性が生じうる。つまり、流動性が低いからこそ、健康経営を実施して健康という一般資本へ投資することは、スキルへの投資効率を高めることにもなるため、企業にとって必要といえる。さらに、少子高齢化によって企業内の従業員の平均年齢が上がっていることも、日本企業にとっての健康経営の重要性を高めている。高度成長期のように大量の新卒従業員を一括採用し、企業内で育成していた時代には、いかに若手従業員にスキルを身につけさせるかが企業にとっての重要な課題だったといえる。しかし、従業員の高齢化が進行している企業にとっては、スキルの形成に加えて、培った高いスキルを発揮するために健康状態を維持・向上させることが重要課題となってきていると指摘できる。

4.2　企業による健康施策の有効性

　一方、健康に対して何をどのように投資するのがよいかについては必ずしも明確なコンセンサスが得られているわけではない。例えば、日本では、労働安全衛生法によって労働者の健康管理が企業に義務付けられていることもあって、中堅大企業を中心に既に数多くの健康施策を実施している企業も多い。例えば、大和総研が上場企業向けに実施した「健康経営度」調査（平成26年）によると、9割以上の上場企業が労働者の健康状態を把握したり、健康増進策に取り組んだりしていると回答している。ところが、同調査によると、メンタルヘルス対策の実施が十分と回答している上場企業は4割程度にすぎず、各企業の自己評価は必ずしも高くないとの結果も報告されている。実際に、企業が導入している各種の施策には、どの程度の効果があるのだろうか。

　個別企業を対象に行った疫学研究には、ある施策を導入した際の費用と労働者の主観的な生産性で測った導入後の効果を測定したものがいくつか存在するが、業種や企業風土の違いをはじめ、企業には多くの個体差（異質性）があるため、ある企業で効果があった施策が必ずしも他の企業には当てはまらない可能性もある。

　そこで、山本・黒田［2014］および Kuroda and Yamamoto［2016b］では、

第9章　労働者の健康向上に必要な政策・施策のあり方

表9-2　企業のメンタルヘルス施策が休職者比率に与える影響：固定効果推計

(1) 2004・2007年サンプル

(1)	(2)	(3)	(4)	(5)
相談対応窓口の開設	管理監督者への教育研修・情報提供	労働者への教育研修・情報提供	衛生委員会等でのメンタル対策審議	メンタルヘルスケア実務担当者の選任
−0.04	0.01	−0.06	−0.15**	−0.01
(0.06)	(0.13)	(0.10)	(0.07)	(0.09)

(6)	(7)	(8)	(9)	(10)
ストレス状況などのアンケート調査	職場復帰における支援	医療機関や他の外部機関等の活用	産業保健スタッフの雇用や情報提供	職場環境等の評価および改善
−0.21*	−0.09	0.01	−0.16	0.02
(0.12)	(0.13)	(0.10)	(0.13)	(0.09)

(2) 2011・2012年サンプル

(1)	(2)	(3)	(4)	(5)
相談対応窓口の開設	管理監督者への教育研修・情報提供	労働者への教育研修・情報提供	衛生委員会等でのメンタル対策審議	メンタルヘルスケア実務担当者の選任
0.01	−0.15	0.06	−0.09	0.05
(0.11)	(0.10)	(0.12)	(0.07)	(0.07)

(6)	(7)	(8)	(9)	(10)
ストレス状況などのアンケート調査	職場復帰における支援	医療機関や他の外部機関等の活用	産業保健スタッフの雇用や情報提供	職場環境等の評価および改善
−0.21	−0.09	0.33	0.01	−0.23**
(0.13)	(0.12)	(0.24)	(0.26)	(0.10)

備考）山本・黒田［2014］の表10-6を引用。括弧内は頑健標準誤差。表中の*、**は、それぞれ10、5％水準で統計的に有意なことを示す。サンプル・サイズは、629サンプル（336企業）。すべての推計に、労働時間、成果主義、WLB 施策導入ダミー、従業員数、年ダミー、定数項を説明変数に含めている（掲載省略）。

企業のパネルデータをもとに計量経済学の手法を利用して企業の個体差を取り除いたうえで、健康施策がメンタルヘルスの悪化によって休職・退職する労働者の比率にどのような影響を及ぼすかを検証した。表9-2は、分析の結果を整理したものであり、メンタルヘルス施策に注目し、個々のメンタルヘルス施策の有無が休職者比率に与える影響を固定効果モデルで推計している。

　表をみると、推計期間によって結果は異なるものの、2004・2007年では衛生委員会等でのメンタル対策審議とストレス状況などのアンケート調査、2011・2012年では職場環境等の評価および改善が有意にメンタルヘルス休職者比率を引き下げる効果があることが示されている。一方で、相談対応窓口の開設や職場復帰に

第 5 部　労働時間システム

おける支援、メンタルヘルスケア実務担当者の選任、医療機関や他の外部機関等の活用、産業保健スタッフの雇用や情報提供といった施策には、メンタルヘルス不調者を減らす効果があまりみられないこともわかる。効果がみられた施策は、より直接的に働き方に影響を及ぼすものといえる。企業のメンタルヘルス対策には、メンタルヘルスの悪化防止を目的とする 1 次予防、早期発見を担う 2 次予防、不調者の職場復帰支援を行う 3 次予防といった段階があるといわれるが、上述の検証結果を踏まえると、これらのなかでも、特に働き方にかかわる職場レベルでの 1 次予防の重要性が高いと指摘できる。

さらに、山本・黒田［2014］や Kuroda and Yamamoto［2016b］の分析結果によると、企業のメンタルヘルス休職者比率は上述の健康施策だけでなく、ワークライフバランス推進のための組織の設置といったワークライフバランス施策や長時間労働の是正によっても低下することを明らかにしている。つまり、健康そのものに焦点を当てた施策だけでなく、柔軟で働きやすい職場環境を整備することや長時間労働を是正する働き方改革を行うことなど、日々の職場での働き方をよくすることに企業が投資することが、結果的に従業員の健康改善につながるといえる。

なお、医療費の増大は日本だけでなく高齢化が進む多くの先進諸国でも問題となっており、その対策として、メンタルヘルス対策だけでなく、従業員の健康増進プログラム（健康リスクの査定、カウンセリング、栄養や運動に関する教育セミナーの実施、ストレスマネージメントの研修、ICT を用いた運動や健康維持のモチベーションプログラムなど）を導入する企業は海外でも増えているといわれている。ただし、先行研究のメタ解析を行ったいくつかの分析では、介入プログラムの内容や、効果の測定方法（医療費やアブゼンティイズム、プレゼンティイズムや主観的健康など）も区々で、企業による健康資本投資の費用対効果の有無や大きさに関してはコンセンサスは得られていない。どのような介入が最も費用対効果があるかという視点での統一的な尺度を用いた研究は今後の課題となっている。

5　おわりに

本章では、労働経済学の視点から、労働とメンタルヘルスとの関係、およびメ

第9章　労働者の健康向上に必要な政策・施策のあり方

ンタルヘルスと生産性との関係を分析した研究を概観した。政府の働き方改革による長時間労働是正の動きは、過度な長時間労働がメンタルヘルスの毀損につながるとした本章2節で紹介した結果と整合的といえる。日本の労働市場では、戦後から高度成長期にかけて形成された、いわゆる「日本的雇用慣行」が長く維持されてきた。企業は、高い教育訓練費用を投じて新卒一括採用した若年労働者に人的資本を蓄積させ、その後、生産性の上昇した労働者に長期間にわたって同一企業で働いてもらうことでリターンを回収する。こうした人的投資・回収型の慣行では、高い固定費を投じた労働者の雇用を保護するために、平時から労働者に長めの残業を要請しておき、不況期には残業代の削減で人件費を調整することが合理的となる。この「残業の糊代（のりしろ）説」を検証した筆者らの分析（Kuroda and Yamamoto［2013b］）によれば、過去の不況期に雇用調整を行わなかった企業ほど、従業員のふだんの労働時間が長い傾向にあることがわかっている。これは、日本的雇用慣行を背景とした長時間労働には一定の経済合理性が存在すること、敷衍すれば、日本人の長時間労働は長期雇用が存在していることの代償と解釈しうることを示唆している。

　とはいえ、日本人の長時間労働のすべてに経済合理性があるかというと、そうとは言いがたい。筆者らの試算によれば、日本人の労働時間が雇用保護に必要な糊代分はそれほど長くなく、それ以外の要因で長時間化してしまっているという側面もある。日本人の働き方に非効率性が生じている可能性は別の研究でも指摘できる。筆者らは、日本のグローバル企業の欧州現地法人に勤務する管理職層約350人を対象にしたアンケート調査を実施し、日本から欧州の海外現地法人に転勤した労働者が、現地の働き方に影響を受けて労働時間をどのように変えたかを検証した（Kuroda and Yamamoto［2013a］）。その結果、日本人労働者の労働時間は欧州への転勤後に大幅に減少し、現地採用の管理職層に近い水準になっていたことがわかった。なお、長時間働かざるを得ない理由としてしばしば指摘される要因に「業務量の多さ」があるが、欧州赴任前と後での仕事量の変化や調査時点の景気動向の違い等を統計的に厳密に調整したうえでも、欧州赴任後に労働時間が短くなるという傾向は変わらなかった。また、特に仕事上、日本人との関わりが少なく、現地の人々と関わる割合が高い人ほど労働時間の減少幅も大きかった。これらの結果は、労働時間は必ずしも業務量の多さのみに規定されるわけではなく、働き方には周囲の影響を受けやすいという「ピア（同僚）効果」があり、

第5部　労働時間システム

職場の環境次第で働き方は効率的にも、非効率的にもなりうることを示唆する。

　長時間労働には経済合理性の伴う部分とそうでない部分が存在する可能性があり、日本人の望ましい働き方を考えるにあたっては、その見極めが重要といえよう。ただし、多くの人が働き方を変えたいと思っても、個々の企業や労働者の意識を変えるだけでは、長い時間をかけて経路依存的に確立した長時間労働・非効率タイプの均衡状態から、短時間・効率タイプの均衡状態に移行していくことは難しい。個別企業や労働者にはそれぞれ取引相手がおり、自分だけが先行して短時間労働を選択することはできないからである。誰しもが働き方を変えたいと思っていても変えられない、という膠着状態を打開するためには、労働市場全体のコーディネーションが有効であり、2019年4月施行の改正労働基準法に織り込まれた罰則付き上限規制はまさにマクロ的な協調政策と捉えることができる。

　ただし、本章2節では労働者の心の健康維持には、長時間労働の是正だけでは不十分であり、仕事・職場の特性や上司との関係など、ソフト面での職場改善も不可欠であることも示した。今後、長時間労働が是正される中、短時間で生産性をあげていくために、労働者には時間当たりの生産性自体を引き上げていかなければならないとするプレッシャーがかかっている。労働強度が上昇する中、職場レベルでの働き方の改善や仕事の資源の向上を通じて、労働者のメンタルヘルスを毀損させずに、如何に無理のない生産性向上を図っていくかは働き方改革を推進していくわが国において喫緊に検討していかなければならない課題である。

　企業や政府による健康資本投資の必要性については、費用対効果や生産性との関係について、より厳密なデータを用いた研究の蓄積が必要である。短中期的には健康投資の企業負担が賃金に織り込まれないとした場合、企業に過度な健康増進を促すことは、企業の負担が増すことにもつながる。もし健康増進がフルタイムの正社員を中心に行われるとした場合、正社員の固定費の増加は、企業に費用負担の対象外となる短時間労働者や非正規雇用を増やすインセンティブや、少数の正社員を長時間労働させるインセンティブをもたらす可能性もある。労働者の健康への配慮は重要だが、健康資本投資は誰がどのくらい負担すべきかは、費用対効果に加えて、雇用や労働時間への影響などにも留意をしながら検討していく必要がある。

　健康と企業レベルの生産性との関係性についての研究は、財務データなどの経済学的な指標を用いたものが特に少ない。日本のように比較的労働移動が少ない

国においては、従業員の健康増進がどの程度企業の生産性に影響を与えているかという企業レベルの研究が重要である。このためには主観的な健康度という尺度だけでなく、健診やレセプトデータと、勤怠・人事データ、企業の財務データなどを突合させた検証が必要である。また、企業による健康への投資と生産性との関係については、どの程度の期間を効果測定の対象とするかについても検討が必要である。ある程度無理をして長時間労働をし、少々身体に悪い高カロリーの食事を摂取したり、運動不足がしばらく続いたりしたとしても短期的にはそのほうが仕事の生産性は高い可能性はある。ただし、そうした状況をどの程度の期間続けていると、健康を害し、ひいては生産性や企業業績の低下につながるのかという長期的な視野に立った検証はほとんど行われていない。費用対効果の研究については、短期的な検証が多く、長期的な視点に立った検証も必要である。

参考文献

黒田祥子［2018］「健康資本投資と生産性」『日本労働研究雑誌』労働政策研究・研修機構 No.695、pp.30-48。

経済産業省［2018］「健康経営の推進について」経済産業省ヘルスケア産業課、経済産業省。

佐藤一磨［2015］「管理職への昇進はメンタルヘルスにどのような影響を及ぼすのか」RIETI ディスカッション・ペーパー No. 15-J-062、経済産業研究所。

島津明人［2014］『ワーク・エンゲイジメント』労働調査会。

島津明人［2019］「産業保健心理学からみた持続可能な働き方」RIETI ポリシー・ディスカッション・ペーパー No. 19-P-001、経済産業研究所。

労働政策研究・研修機構［2012］『職場におけるメンタルヘルス対策に関する調査』JILPT 調査シリーズ No.100、労働政策研究・研修機構。

山本勲［2011］「非正規労働者の希望と現実」『非正規雇用改革』水町勇一郎・樋口美雄・鶴光太郎編著、日本評論社、pp.93-120。

山本勲・黒田祥子［2014］『労働時間の経済分析——超高齢社会の働き方を展望する』日本経済新聞出版社。

Acemoglu, Daron and Jörn-Steffen Pischke［1998］"Why Do Firms Train? Theory and Evidence," *The Quarterly Journal of Economics*, 113（1）, pp. 79-119.

Acemoglu, Daron and Jörn-Steffen Pischke［1999］"Beyond Becker：Training in Imperfect Labour Markets," *The Economic Journal*, 109（453）, pp. F112-F142.

第5部　労働時間システム

Baicker, Katherine, Sendhil Mullainathan, Joshua Schwartzstein [2015] "Behavioral Hazard in Health Insurance," *Quarterly Journal of Economics*, 130 (4), pp.1623-1667.

Currie, Janet, and Brigitte C. Madrian [1999] "Health, Health Insurance and the Labor Market," *Handbook of Labor Economics*, Volume 3, eds. O. AshenJOlter and D. Card, Elsevier, pp. 3309-3416.

Demerouti, E., Bakker, A. B., Nachreiner, F., and W. B. Schaufeli [2001] "The job demands resources model of burnout," *Journal of Applied Psychology*, 86, pp. 499-512.

Frank, Richard G. [2004] "Behavioral Economics and Health Economics," NBER Working Paper, No. 10881, National Bureau of Economic Research.

Liebman, Jeffrey, and Richard Zeckhauser [2008] "Simple Humans, Complex Insurance, Subtle Subsidies," NBER Working Paper, No. 14330, National Bureau of Economic Research.

Karasek, Robert [1979] "Job demands, job decision latitude and mental strain : Implications for job redesign," *Administrative Science Quarterly*, 24, pp. 285-306.

Kuroda, Sachiko and Isamu Yamamoto [2013a] "Do peers affect determination of work hours? Evidence based on unique employee data from global Japanese firms in Europe," *Journal of Labor Research*, 34 (3), pp. 359-388

Kuroda, Sachiko and Isamu Yamamoto [2013b] "Firm's demand for work hours : Evidence from multi-country and matched firm-worker data," *Journal of the Japanese and International Economies*, 29 (3), pp. 57-73

Kuroda, Sachiko and Isamu Yamamoto [2016a] "Workers' Mental Health, Long Work Hours, and Workplace Management : Evidence from workers' longitudinal data in Japan," RIETI Discussion Paper, No.16-E-017, Research Institute of Economy, Trade & Industry.

Kuroda, Sachiko and Isamu Yamamoto [2016b] "Does Mental Health Matter for Firm Performance? Evidence from longitudinal Japanese firm data," RIETI Discussion Paper, No.16-E-016, Research Institute of Economy, Trade & Industry.

Kuroda, Sachiko and Isamu Yamamoto [2018] "Good Boss, Bad Boss, Workers' Mental Health and Productivity : Evidence from Japan," *Japan and the World Economy*, December, pp. 106-118

Kuroda, Sachiko and Isamu Yamamoto [2019] "Why Do People Overwork at the Risk of Impairing Mental Health?," *Journal of Happiness Studies*, 20 (5), pp 1519-1538.

Nagata, T., Y. Fujino, K. Saito, M. Uehara, I. Oyama, H. Izumi and T. Kubo [2017]
"Diagnostic Accuracy of the Work Functioning Impairment Scale (WFun): A
Method to Detect Workers Who Have Health Problems Affecting their Work and
to Evaluate Fitness for Work," *Journal of Occupational and Environmental
Medicine*, 59 (6), pp. 557-562.

Roberto, Christina A. and Ichiro Kawachi [2016] *Behavioral Economics & Public
Health*, Oxford University Press.

Suzuki, Tomoko, Koichi Miyaki, Yixuan Song, Akizumi Tsutsumi, Norito Kawakami,
Akihito Shimazu, Masaya Takahashi, Akiomi Inoue, Sumiko Kurioka [2015]
"Relationship between Sickness Presenteeism (WHO-HPQ) with Depression and
Sickness Absence due to Mental Disease in a Cohort of Japanese Workers,"
Journal of Affective Disorders, 180, pp. 14-20.

Wada, Koji, Mikako Arakida, Rika Watanabe, Motomi Negishi, Jun Sato and Akizumi
Tsutsumi [2013] "The Economic Impact of Loss of Performance Due to
Absenteeism and Presenteeism Caused by Depressive Symptoms and Comorbid
Health Conditions among Japanese Workers," *Industrial Health*, 51 (5), pp. 482-
489.

【第5部】労働時間システム

第10章 労働時間法制改革の到達点と今後の課題

島田陽一

要旨

　長時間労働の規制は、現在進められている働き方改革の最重要課題の一つとされている。本章は、これまでの日本の労働時間法制の問題点を歴史的に明らかにし、今回の働き方改革関連法による労働時間制度改革を踏まえて、今後の労働時間法制の立法課題を提案する。具体的には、①労働者の健康確保のために、勤務間インターバル制度を義務化すること、②年休を長期休暇の制度とするため使用者の時季指定方式に抜本的に変更し労働週単位の連続付与の義務付けること、③労働時間管理と割増賃金制度とを切り離し、労働者の健康の確保を内在化した新しい柔軟な労働時間制度を実現すること、④労働時間等の適正化を実現するために、労使による恒常的なコミュニケーション組織の設置の義務化することなどを提案している。

第5部　労働時間システム

1　はじめに

　第3次安倍内閣は、2016（平成28）年8月3日に発足した第2次改造後「働き方改革」を政府の最重点施策と位置づけ、首相を議長とする「働き方改革実現会議」を立ち上げた。そして、同会議は、2017（平成29）年3月28日、「働き方改革実行計画」を決定し、「日本経済再生に向けて、最大のチャレンジは働き方改革である」とした。また、「働き方改革は、日本の企業文化、日本人のライフスタイル、日本の働くということに対する考え方そのものに手を付けていく改革である」としている。

　この「働き方改革実行計画」のなかで、長時間労働の是正は、非正規雇用の処遇改善と並んで重要な課題とされ、次のように位置づけられている。

　「長時間労働は、健康の確保だけでなく、仕事と家庭生活との両立を困難にし、少子化の原因や、女性のキャリア形成を阻む原因、男性の家庭参加を阻む原因になっている。これに対し、長時間労働を是正すれば、ワーク・ライフ・バランスが改善し、女性や高齢者も仕事に就きやすくなり、労働参加率の向上に結びつく。経営者は、どのように働いてもらうかに関心を高め、単位時間（マンアワー）当たりの労働生産性向上につながる。」

　このように、「働き方改革実行計画」においては、長時間労働の是正が単なる社会問題ではなく、経済問題の文脈で課題とされていることが特徴である。すなわち、長時間労働は、ワーク・ライフ・バランスを乱し、女性のキャリア形成を妨げ、少子化の要因となっている原因や、女性のキャリア形成を阻む原因となっており、長時間労働の抑制によって多様な人材が活躍するダイバーシティ経営が可能となり、企業の生産性が向上していくというストーリーが描かれているのである。

　「働き方改革実行計画」において提起された労働時間制度の改革は、「働き方改革関連法」においてほぼ実現された。そのなかでも、長時間労働の規制においては、時間外労働の上限時間を定めるなど労働基準法制定以来初めてとなる画期的とも言える改革が実現した。労働時間制度改革は、1987年の労基法改正に始まり、この40年間、年間実総労働時間の短縮を目指して、幾度もの法改正がなされてきたが、時間外労働の上限規制に切り込むことがなく、また従来の働き方に変革を迫る内容でなかったため、正社員の長時間労働の抑制に十分な効果を上げること

第10章　労働時間法制改革の到達点と今後の課題

ができなかった。これに対して今回の改正は、時間外労働の上限規制に初めて踏み込み、また、日本経済の発展という観点からも長時間労働の抑制が位置づけられており、実際に日本の働き方を変える画期となる可能性を秘めている。しかし、労働時間制度に関しては、現在が完成形というわけでなく、今後も制度改正によって対応すべき課題も山積している。

　また、「働き方改革実行計画」は、長時間労働の抑制とともに、柔軟な労働時間制度の拡充として、企画業務型裁量労働制の対象拡大および高度プロフェッショナル制度の創設を提案し、後者が「働き方改革関連法」において実現したところである。このように「働き方改革実行計画」のなかでは、長時間労働の規制と並んで柔軟な労働時間制度の拡大が提案されている。長時間労働の規制と現代の働き方に適合する柔軟な労働時間制度の創設は、これまでも労働時間制度に関する立法政策の２つの柱であった。しかし、長時間労働の規制は社会的に必要性が認識され、政治的にも与野党が追求する課題となったが、新たな柔軟な労働時間制度については、その必要性が社会的に深く理解されているとは言えず、今回の高度プロフェッショナル制度についても野党からは、残業代の抑制、過労死の助長制度といった強い批判がなされたところである。

　「働き方改革実行計画」を見ても、長時間労働の規制については、その必要性と具体的な方策が詳しく展開されているのに比べて、柔軟な労働時間制度については、「創造性の高い仕事で自律的に働く個人が、意欲と能力を最大限に発揮し、自己実現をすることを支援する労働法制が必要である」と述べるだけで具体的な必要性について説得力のある説明がなされているとは言い難い。

　しかし、現代においては、定型的な働き方よりも労働時間の規制から自由な働き方の方が効率的である職務が増加している。そして、労働時間と私生活の時間との区別が曖昧となる傾向も強い。このことは、IT技術の発展などの条件のもとで進んでいる働き方の多様化のなかで労働時間管理の仕組みを考える上で重要な課題である。日本のように長時間労働の規制が弱かったところに適切な柔軟な労働時間制度を定着させることは確かに困難を伴う。しかし、働き方の多様化のなかで定型的な実労働時間管理にはなじまない就業が増加することは不可避であり、定型的な働き方のなかでの長時間労働の抑制ともに柔軟な労働時間制度を構想する必要がある。

　以上のように、これからは、労働者の健康確保、ワーク・ライフ・バランスの

第 5 部　労働時間システム

確保および多様な働き方の容認という観点から長時間労働の抑制と柔軟な働き方の実現との双方を可能とする労働時間制度を構想することが課題である。

　本稿は、この課題に接近するために、1947年労基法制定以来の労働時間法政策と正社員の無限定的な働き方を振り返り、正社員の長時間労働を抑止する仕組みが脆弱だったことを明らかにするとともに、これまでの柔軟な労働時間制度を検討し、新しい制度が必要される根拠を示し、今回の働き方改革関連法による労働時間制度の改革を概観したうえで、今後の労働時間制度のあり方を提言したい。

2　労働基準法制定時の労働時間規制とその問題点

2.1　第 2 次世界大戦前の日本の労働時間規制と国際水準

　日本の労働時間制度を歴史的に振り返るうえで、ILO 第 1 号条約が 1 日 8 時間労働制（ 1 週48時間）を定めた1919年における国際基準と日本の労働時間制規制との落差を出発点として確認しておきたい。

　日本で最初に労働時間を規制した工場法は、1911年に制定され、1916年に施行された。その内容をみると、適用対象となる工場は、常時15人以上の職工を使用するもの、および危険有害事業であり（適用除外の可能性あり）、適用対象労働者は、女性および15歳未満の者（保護職工）であり、就業時間の上限は、12時間であり、休日は月 2 回であった。しかも、生糸製造および輸出絹織物が 5 年間14時間、その後10年間13時間とする例外が設けられていた。

　このような日本の状況を踏まえて、ILO 第 1 号条約は、日本についての特例規定をおいている（ 9 条）。就業時間については、次のような特例が定められている。

　「一切の公私の工業的企業又は其の各分科に於ける十五歳以上の者の実際労働時間は、一週五十七時間を超ゆることを得ず。但し、生糸工業に於ては其の制限を一週六十時間と為すことを得。」（ 9 条 b 号）

　工場法によれば、休日のある週であっても、週72時間であり、ILO 第 1 号条約の上記の特別条項ともかけ離れた水準にとどまっていたのである。日本は、この特例にも関わらず、第 1 号条約を批准することはなかった。そして、この落差は、戦前においては、基本的に解消されなかった。このことは、今日に続く長時間労働に対する社会的な規制の弱さに影を落としていると言える。

284

2.2 労働基準法制定と労働時間規制

　1947年に制定された労働基準法（以下。「労基法」とする。）は、戦前に見られた国際水準との落差を一挙に埋めるべく全体としてILO条約などに示された国際水準を取り入れようとした。しかし、労働時間規制については、当時の現実に大きく制約され、中途半端な改革に終わった。当時は、例えば、1日8時間という法定労働時間についても、「第2次大戦終了時、日本では休憩を含めた『就業時間』を1日8時間、9時間、10時間制にする事業場がほぼ同率で併存していた」[1]と指摘されているように、国際水準を最低基準として受容する社会的状況にはなかった。

　このような状況において、労基法の労働時間制度は、一見国際水準を満たしているようにも見えるが、実際には、それに程遠いものであった。しかも、本来的には過渡的な妥協であるべき水準を解消することが法制度の中に内在化されていなかったため、結果的にその水準が固定化することになった。以下で、とくに問題とすべき事項を示しておこう。

　第1に8時間労働制については、業種、規模に応じて広い範囲での特例が認められた（労基法40条）。実際に、商店（30人未満）、理容業、映画・演劇業、保険衛生業、接客娯楽業については、1日9時間、1週54時間という特例が長期間続いたのである[2]

　第2に、法定時間外労働に対する規制が弱く、事業場の労働者の過半数代表者との書面協定（労基法36条、いわゆる36協定）という簡単な手続きによって時間外労働が合法化され、かつその上限時間に規制がなかった。この柔軟に時間外労働を認める仕組みを前提として初めて1日8時間、1週48時間という法定労働時間に関する当時の国際水準を法定化できたのである。この仕組みこそ、立法に深く携わった官僚が「軟式労働時間制」と呼んだものである[3]。日本においては、時間外労働の許容条件が明確に定められていない。しかし、36協定による時間外労働の許容が臨時的・一時的で必要に対応するというものであるという考え方は、少なくとも行政解釈において確認されていた[4]。しかし、それを具体的に実現す

1）渡辺章『労働法講義上』（信山社、2009年）353頁
2）有泉亨『労働基準法』（有斐閣、1963年）307-8頁参照。
3）寺本廣作『改正労働基準法の解説』（時事通信社、1952年）285-286頁、297-298頁参照。
4）東京大学労働法研究会『注釈労働時間法』（有斐閣、1990年）406-7頁参照。

第5部　労働時間システム

る装置は準備されていなかったのである[5]。36協定による時間外労働の容認は、長時間労働を法的に規制することを困難にしてきたと評価できる。時間外労働の上限時間や週の絶対的上限時間もないため、日本の労働時間規制の仕組みは、1日の労働時間の長さを制約するための仕組みとして機能せず、むしろ長時間労働を制度的に支えたと評価すべきであろう。本来、時間外労働を制約するための仕組みであるはずの割増賃金制度は、その割増率の低さもあって、現実には時間外労働の抑制に機能しなかった。

　第3に法定休日についても1週1回という原則に対し（35条1項）、4週間に4日の休日を与えれば良いとする変形休日制という例外が用意されている（同条2項）。これにより、就業規則に定めを置くだけで、もともとの休日を労働日に振り返ることが容易にできる（休日振替制度）。しかも、36協定によって、時間外労働と同様に簡単な手続きで休日労働が可能となっている。ヨーロッパ諸国では、キリスト教文化の影響を受けて日曜休日制が採用されていることが多い。この場合、日曜に就業すること自体が禁止されているので、日本の休日の仕組みとは根本的に異なる。日本では、相当数の労働者が私生活において休日を家族・友人との自由な時間として利用できない状況を生み出した。このため、週休制が労働者の健康な生活の維持とともに1日単位の自由時間を保障し、家庭生活および市民生活への参加を確保する機能を有することが国民の意識に定着することがなかった。

　第4に、年次有給休暇制度（以下「年休制度」とする。）が導入されたものの、1週間（1労働週）単位の長期休暇の取得を保障する仕組みになっていない（39条）。すなわち、労基法制定時においても付与日数では国際基準を満たしていたが、年休制度は、連続した長期休暇を有給で保障する仕組みを欠いていた。国際的にはILO52号条約（1936年）では、出勤率要件もなく、分割付与が例外であり、それも最低6労働日は連続していることを求めている。これは、年休が労働週を単位とする連続休暇であることを意味する。しかし、労基法は、「継続したまたは分割した6労働日」と規定して、年休が継続した休暇が原則であることを明確にしなかった（39条1項）。また、ILO条約は、疾病に基く就業中絶を有給休暇に含まれてはならないと規定していた。労基法は、このような制限を課しておら

5）同上407頁

第10章　労働時間法制改革の到達点と今後の課題

ず、むしろ年休は、1日単位の利用が主流であり、病気欠勤を年休に振り返ることが常識化してしまった。日本の年休制度は、国際的にみるならば、極めて奇異な制度であり、その実態に至っては、現在に至っても年休制度と見ることも困難と言える[6]。

　第5に、労働時間・休憩・休日の規制が適用除外される管理監督者の範囲は（労基法41条2号）、その具体的な範囲が法令に定めがなく、実務においては、法の予定する範囲と大きく乖離し、管理職＝管理監督者とする取り扱いが定着した。労基法41条2号は、ILO1号条約の規定をそのまま取り入れたものであるが[7]、この当時は、工場において、時間規制の対象となる現場作業員と工場長などの管理監督者との区別が明白であったので、このような抽象的な規定で対応できたが、中間管理職が増加するなかでは、「経営者と一体的に就労する」管理監督者の範囲を法令によって明らかにすることが必要であった。この結果、実務においては、法の予定する範囲を大きく超えて管理職＝管理監督者という誤った常識が広がっている[8]。

　以上のように、労基法制定時における労働時間制度は、1日8時間1週48時間の法定労働時間を設定し、週休制、年次有給休暇制度などを設けたが、その具体的内容は、実労働時間を効果的に制約できるものではなく、また、労働者の私生活に対する配慮が不十分なものであった。このような労働時間制は、それまでの労働者の労働時間に対する意識を改革する機能に乏しかったのである。

2.3　企業の労働時間管理の実際と労働者の対応

　労基法によって形成された労働時間制度は、日本の労働者の労働時間に対する意識を大きく変革する契機に欠けていた。このようななかで、長時間労働を当然の前提とする日本の正社員の働き方が形成されていったと言える。この働き方は、日本の雇用慣行に深く根付く勤労文化とも言える[9]。

6）島田陽一「労働時間の法政策」『ジュリスト増刊　労働法の争点』（有斐閣、2013年）100頁参照。

7）ILO1号条約2条a号「本条約の規定は、監督若は管理の地位に在る者又は機密の事務を処理する者には之を適用せず。」

8）管理監督者として取り扱われていた労働者による時間外割増賃金請求に関する裁判例においては、ほとんどが労働者側の勝訴となっている。島田陽一「労基法41条」労働基準法コンメンタール第2版（日本評論社、2012年）181頁以下参照。

287

第5部　労働時間システム

このなかで、企業の労働時間管理は、労働時間法制の本来の趣旨と大きく乖離していった。企業としては36協定を締結し、これを労基署に提出すれば事実上労働時間の長さの制約を気にとめることもなしに経営できたのである。小規模な企業においては、36協定さえ締結されないまま、時間外労働が行われてきた実態もある[10]。

労働者も労働組合も、このような企業の労働時間管理を結果的には受容していたと評価できる。このことを少し敷衍して見ておこう。

8時間労働制を定めるILO第1号条約の採択以降、日本においても労働組合運動が8時間労働制を要求したが、それは、「実際に労働時間を8時間に短縮せよというのではなく、8時間を超えた労働に時間外手当をつけろという要求」であったという[11]。実労働時間を短縮することは、労働組合運動のなかでも深く根付いた要求ではなかったのである。

戦後についても「わが国の労働時間の特徴は、時間外労働が非常に長いということである」[12] と指摘されている。従って、「残業を含んだ9時間労働、あるいは10時間労働（週48時間労働を超えている）を短縮するというのが現実の問題である。」[13] しかし、時間外労働の規制は、労働者にとって、それだけでは収入減となる現実があり、労働組合も本音のところでは、労働者の即時的な要求を反映して、労働時間の短縮には重きを置かず、賃金への配分を求める傾向にあったのである[14]。

1947年当時においては、労基法の労働時間規制の水準は、社会的には最低労働基準というよりは、理想的な労働基準と受け取られたことは事実であろう[15]。日本の労働者は、労基法の水準を前提とした所定労働時間を超えて働くことに抵抗

9）小野浩「日本の労働時間はなぜ減らないのか？」日本労働研究雑誌677号15頁参照

10）36協定のない事業場（全体の43％）のうち、35.2％が36協定という制度を知らなかったとされている（厚生労働省「平成25年労働時間等総合実態調査」）。

11）内海義夫「労働時間の短縮」日本鉄鋼連盟編『技術革新下の労働と労働法』（日本評論新社、1962年）37頁。

12）内海・前掲論文40頁

13）内海・前掲論文48頁

14）寺原重文・本田千之「労働時間をめぐる労使の主張点」日本鉄鋼連盟編・前掲書によれば、時間短縮よりも賃上げを望むのが、労働組合で79.6％、労働者で89.1％であったとされている（67頁参照）。

感を生じないマインドを保持し続けたのである。これは、当時の労働者が低賃金であり、時間外労働手当が基本的な生活を支えていたという現実が背景にあったことも留意すべきである。

この状況のもとで、平均的労働者は、恒常的な時間外労働を受容して行ったのである。そしてそのことが今日に至るまで長時間労働の是正に対する障害となっている。日本の法定労働時間制度は、使用者がそれを超えて労働させることを罰則付きで遵守させようとするものであるが、実際には、アメリカのように割増賃金の発生する基準時間のように受け止められてきたのである[16]。今日、ホワイトカラー労働者の労働時間の適用除外制度が立法提案されると「残業代ゼロ法案」として、賃金に焦点をあてた批判がなされるのも、労働者の時間外労働に対する意識を反映したものと考えられる。

3　1987年以降の労働時間制度の立法改革とその限界

1980年代になると、日本の国際的競争力が長時間労働に支えられているという国際的批判が高まり、労働省（当時）は、①時間外労働の削減、②週休2日制の普及および③年休の完全消化の3つの柱からなる労働時間短縮行政を強力に進めた。しかし、この行政指導は、経営側に受け入れられることがなく、法改正による労働時間短縮を図ることになった。ヨーロッパ諸国においては、産業別労働協約が労働時間短縮の大きな支えとなっていたことと対照的だった。

1987年以来、数次に渡って政府主導により労働時間法制の法改正が行われてきた。その改正理由は、ヨーロッパ諸国に見られた失業対策としてのワークシェアリングということに重点はなく、生産性向上の成果を賃金だけではなく、労働時間短縮に向けるということであった。また、労働時間の短縮とともに、使用者に柔軟な労働時間の配分を認める労働時間制度（弾力的労働時間制度）も併せて導

15）　この当時、労働法の概説書としてもっとも広く読まれた磯田進『労働法』（岩波新書、1951年）は、当時の最低基準を日本ではなく、国際水準で考えるべきとしている（240頁参照）。

16）　西谷敏「労働時間の思想と時間法制改革」労働法律旬報1831号12-13頁（2015年）によれば、労働組合も労働時間短縮よりも賃金重視であったとする。深谷信夫「長時間労働を生み出す要因を考える」労働法律旬報1831・32号39頁（2015年）も同様の見解である。

第5部　労働時間システム

入された。

　以下では、これらの法改正がどのような機能を果たしたかを簡単にみておこう[17]。

3.1　法定労働時間の短縮と週休二日制の普及

　1987年以降の立法改正により、法定労働時間を週48時間から40時間へと漸進的に短縮した。1987年労基法改正では、本則である労基法32条は、週40時間（同条1項）および1日8時間とする法定労働時間を定めたが、同時に、附則131条1項に労基法32条の40時間を「40時間を超え48時間未満の範囲内において命令で定める時間」と読み替える経過規定を置いた。この規定に基づき、当初、週46時間を法定労働時間とし、かつ一定規模及び業種によってその適用を猶予した（猶予企業：週48時間）。その後、1991年に週44時間（猶予企業：週46時間）、1994年に週40時間（猶予企業：週44時間）となり、1997年4月1日からは、規模・業種にかかわらず、週40時間となった。ただし、労基法40条の特例の対象となる10人未満の商業、映画演劇業、保健衛生業及び接客業は、週44時間とされている。

　この結果、週休2日制は普及し（87.2%、完全週休2日制46.9%（平成29年就労条件総合調査））、また所定労働時間の短縮は実現した。しかし、時間外労働の削減が実現しなかったために、正社員の総実労働時間には見るべき短縮効果がなかった[18]。この結果、正社員の平日の労働時間が増加し、睡眠時間が減少していると指摘されている[19]。

3.2　年休制度の改正と消化率の停滞

　年休制度についても、最初の付与日数が国際水準を考慮して、1987年改正において6日（週休1日制の1労働週相当）から10日（週休2日制の2労働週相当）に増加し、所定労働日数の少ない労働者に年休の比例的付与を認め、労働者の時季指定権の行使がないと年休が発生しないという仕組みが年休の消化を妨げてい

17）日本の労働時間に関する立法政策の歴史は、濱口桂一郎『日本の労働法政策』（2018年、労働政策・研究研修機構）505頁以下に詳しい。

18）山本勲・黒田祥子『労働時間の経済分析』（日本経済新聞出版社、2014年）37頁以下参照。結果的に正社員の睡眠時間が減少しているという。

19）山本・黒田・前掲書25-26頁参照。

第10章　労働時間法制改革の到達点と今後の課題

るということから、年休の取得率を向上させるために計画年休制度が導入された。また、1993年には年休取得に必要な勤続期間が1年から6か月に短縮された。さらに、1998年には、継続勤務年数3年半からは2日ずつ付与日数を増加することとなった。加えて、2008年には、5日を上限として時間単位での年休付与を可能とした（労働者の過半数代表との書面協定を要件とする。）[20]。

　このような年休制度の改革にもかかわらず、最近も年休の取得率は49.4%（平成29年就労条件総合調査）であり、50%を超えていた1987年改正時よりも後退している。計画年休制度も15.5%の企業でしか活用されず、しかも協定に定められる年休日数は、およそ半数が4日以下である（平成29年就労条件総合調査）。計画年休協定も年休消化率を引き上げる効果を生んでいないと評価せざるを得ない。

3.3　これまでの労働時間短縮政策の限界

　このようにこの間の労働時間短縮に向けた法改正が見るべき成果をあげていないのは、法制度としては、その仕組みが労基法制定以来の問題点を克服していないからである。特に36協定方式と割増賃金制度および年休制度については、制度趣旨を実現できる仕組みとなっていないことを率直に認めるべきであろう。

　そして、労働時間短縮が労使にとって切実な課題と意識されてこなかったことも労働時間短縮が進まない要因であることは間違いがない。

3.4　柔軟な労働時間制度の発展

　この間の労働時間に関する立法政策の柱は、労働時間短縮と並んで、労働時間制度の柔軟化であった。1987年以来、労働時間制度の柔軟化を趣旨とする法制度としては、①1日1週の法定労働時間規制を柔軟化する仕組み（変形労働時間制[21]、フレックスタイム制）および②実労働時間の算定を免除するみなし労働時間制（事業場外労働および裁量労働制）が導入された。国際的に見ても、労働時間短縮に伴い柔軟な労働時間制度が導入される傾向にある。これは、使用者に労

20）1987年以降の年休制度の改正の概要は、武井寛「年休の制度と法理」日本労働法学会編『講座労働法の再生第4巻　人格・平等・家庭責任』（日本評論社、2017年）256-257頁参照。

21）変形労働時間制は、労基法の制定時に4週間単位のものが導入されていたが、1987年にこれを1か月単位とし、また、3か月単位および1週間単位の変形労働時間制が導入された。前者は、1993年に1年単位の変形制となったが、後者はほとんど利用されないままである。

第5部　労働時間システム

働時間の配分の柔軟化を認めることによって、使用者が労働時間短縮を受容することを容易にする効果があるからである。

3.4.1　所定労働時間の短縮と変形労働時間制の機能

　変形労働時間制は、法定労働時間の短縮を企業が受容する過程において大きな役割を果たしてきた。法定労働時間が週46時間および週44時間の段階においては、それぞれ4週5休および4週6休（隔週週休制）に対応するために1か月単位の変形制が利用され、また、週40時間となると1年単位の変形労働時間制（1987年では3か月単位であったが、1993年に1年単位となった。）を利用して休日の配置によって法定労働時間をクリヤーする手法が広くとられている[22]。

3.4.2　裁量労働制の導入の意義と課題

　柔軟な労働時間制度の中でも裁量労働制は、労働時間短縮とは直接的な関連があるわけではない。これは、産業構造が大きく転換し、IT技術が急速に発展し、仕事の内容が変化しているなかで、定型的な労働時間制度が実情に合わない就業形態にある労働者が広がっていることに対する対応であった。専門業務について導入された裁量労働制は、その後、1998年労基法改正により企画業務型裁量労働制が創設された（2000年4月1日施行）。しかし、これらの裁量労働制によって現代な必要な柔軟な労働時間制度のニーズには十分には応えきれていない状況にある。また、労働時間が適用除外される管理監督者制度との整理も十分ではない。

　ここでは、1987年の労基法改正による裁量労働制導入の経緯を見ておくことにしよう。裁量労働制は、労基法のなかでは、事業場外労働と並んで「労働時間のみなし制」として導入された（労基法旧38条の2第4項、第5項）。

　もともと事業場外労働の労働時間計算については、当時の労基法施行規則において、「労働者が出張、記事の取材その他事業場外で労働時間の全部または一部を労働する場合で、労働時間を算定し難い場合には、通常の労働時間労働したものとみなす。」（旧22条）との特例が定められていた。この労働時間のみなし制が法律によらず、施行規則で行われていたことについて、憲法27条2項の勤労条件

22）週40時間は週休2日制に対応するので、1日の所定労働時間を8時間とすると、1年間に105日以上の休日を配置すればよいのである。

第10章　労働時間法制改革の到達点と今後の課題

法定主義に反するとの批判があった。そこで、1987年の労基法改正において、事業場外労働のみなし制を立法化し、「労働者が労働時間の全部又は一部について事業場外で業務に従事した場合において、労働時間を算定し難いときは、所定労働時間労働したものとみなす。」と規定された（労基法38条の2）。

　事業場外労働のみなし制を労基法に取り入れたのは、違憲の疑いを解消することもあったが、それ以上に、第3次産業における多様な労働形態の発展という状況に対応しようとするものであった[23]。もっとも、最近では、IT技術の発展は、事業場外労働について、「労働時間を算定し難いとき」と言える状況が少なくなっているが、現在のところ、その利用状況に大きな変化は見られない[24]。

　さて、産業構造の転換および技術革新の発展のなかで、定型的な労働時間が馴染まない就業形態が増加しており、これらの就業形態に対応する柔軟な労働時間制度（「弾力的労働時間制度」ということもある。）の必要性は、国際的にも高まっていた。業務の遂行の手段および労働時間の配分の決定を労働者の裁量に委ね、労働時間の長さについては、一定の時間労働したものとみなす裁量労働制の導入は、このような文脈の中で捉えることができる。もっとも、裁量性の高い就業形態についての労働時間制度の対応は、各国様々であり、労働時間のみなし制という仕組みによったということは日本の特徴と言える。

　労働時間のみなし制は、労基法制定時から存在する坑内労働（労基法38条2項）にしろ、1987年に立法化された事業場外労働（同38条の2）にしろ、就業場所に着目しているのに対し、裁量労働は、業務の性質からみなし制を導入するものであった。就業場所に着目する場合には、適用対象が比較的明確であるが、業務の性質というと日本のように職務内容が特定されていないときには、適用対象が一義的には決定できないという問題を孕んでいる。

　裁量労働制の導入時において、労働時間規制が適用除外されている管理監督者（労基法41条2号）以外に厳格な労働時間規制に馴染まない働き方をしている労働者として次の4類型が指摘されていた。

　第一は、管理監督者には該当しないが、企業の政策の企画・立案・決定に参画

23）事業場外労働のみなし制の立法化の経緯については、東京大学労働法研究会編『注釈労働時間法』（有斐閣、1990年）535-536頁参照。

24）「平成29年就労条件総合調査」によると、事業場外みなし労働時間制を採用している企業は、12％、適用労働者が6.7％である。

第5部　労働時間システム

する高級スタッフである。第二は、研究開発業務などに従事する高度の知的専門業務に従事する高学歴労働者である。第三は、編集、商品開発、設計などの専門的技能によって裁量的に業務を遂行する一般労働者である。これらの労働者は、仕事の進め方に本人の裁量的按配を認めなければ効率的な業務遂行が期待できない。第四は、特別の知識・経験・能力・資格を有し、特別の任務で雇われる労働者である[25]。

　これらの労働者は、単に厳格な労働時間規制が馴染まない働き方であるということにとどまらず、賃金制度においても、労働時間の長さではなく、仕事の成果に応じた仕組みが適合的である。もちろん、労働時間規制と賃金制度は別個の問題ではあり、労働時間規制を受けるからといって成果主義的な賃金制度をとることができないわけではない。しかし、その場合、実労働時間が法定労働時間（場合によっては所定労働時間）を超えるならば、時間外労働手当が発生するのであり、労働時間と賃金とを完全に切り離す賃金制度とはならないのである。これらの労働者については、労働時間と賃金を完全に切り離す賃金制度を実現するためにも、その意味での厳格な労働時間規制からの解放が要請されていたのである。より正確に言えば、長時間労働を抑制するための手段である割増賃金制度からの解放である。

　しかし、裁量労働制においても、使用者は労働者に対する安全配慮義務が免除されるわけではない。労基法が法定労働時間を定めて労働時間を規制しているのは、もともと労働者の健康の確保のためである。したがって、実労働時間管理の必要性がなくなっても、労働者の健康管理という観点からの労働時間の把握が必要でなくなるわけではない。しかし、実務において実労働時間管理は、賃金計算、とくに所定外労働時間の割増賃金の計算のために行われてきたという現実があり、実労働時間管理の解放が労働者の就労状況の把握からも免除されるかのごとき状況があったことは否めない。このことから裁量労働制は、労働者の働き過ぎを雇用管理上チェックすることが不十分となる可能性を秘めていると指摘させざるを得ない。

　以上のように、裁量性の高い働き方をする労働者に適合的な労働時間制度および賃金制度の整備の必要性が高まるなかでの立法的な対応が1987年の裁量労働制

25）東京大学労働法研究会編・前掲書574頁

第10章　労働時間法制改革の到達点と今後の課題

の導入であったのである。そこで、裁量労働制は、この必要性と労働者の健康管理の要請を満たすものであったのかが検討されねばならない。

　裁量労働制は、裁量性の高い働き方をする労働者に適合的な労働時間制度および賃金制度の整備という課題にみなし労働時間制という手法によって応えようしたものである。裁量労働制が導入されると、賃金計算のための実労働時間管理と時間外労働に対する割増賃金の支払いから解放されるため、適正に実施されている限り、労働時間制度と賃金制度を一応切り離すことができる（ただし、深夜業に対する割増賃金の支払いは残る）。このことは、裁量性の高い労働者の賃金制度に関しては適当な仕組みを組みたてる法的条件を提供することができる。しかし、賃金計算の必要がなくなっても、健康確保の観点からの労働時間管理は依然として使用者の義務であるが、このことが裁量労働制自体に内在的に組み込まれていないために、使用者に誤解と濫用を産む危険性を秘めていることに注意しなければならない。

　また、裁量労働制の対象となったために、従来よりも経済的な大きな不利益を受けるというのでは、本来の機能を営むことはできない。この点は、裁量労働手当などの創設が必要であるが、これが法的に制度内在的な仕組みになっていない問題点がある。

　裁量労働制の適用対象業務は、当初「研究開発業務その他業務」と規定され、その具体的な内容が、「業務の性質上その遂行の方法を大幅に労働者の裁量に委ねる必要があるため当該業務の遂行の手段及び時間配分の決定等に関して具体的な指示をしないこととするものとして当該協定（労働者の過半数代表との労使協定のこと。筆者注）で定める業務に限る。」とされた。行政解釈では、対象業務として、①新商品または新技術の研究開発等の業務、②情報処理システムの分析または設計の業務、③記事の取材または編集の業務、④デザイナーの業務、及び⑤プロデューサーまたはディレクターの業務が例示されていたにとどまる。この例示は、前述の４類型からすれば、主として念頭に置いているのが第二、第三の類型であることを示している。

　このように裁量労働制の対象業務は、その導入当初、労使に委ねられていたことが注目される。もっとも、この方式は、裁量労働制の適用対象が実務においても不明確であり、その利用促進の妨げになるという声を受けて、1993年の労基法改正によって対象業務を省令で限定列挙する方式となった。実際の適用対象業務

295

第5部　労働時間システム

は、それまでの例示に即した専門職的な業務であった。その後、裁量労働制は、「その他厚生労働大臣の指定する業務」という枠の中で拡大しながら今日に至っている[26]。

　その後、前述の第一の類型である企業の政策の企画・立案・決定に参画する高級スタッフについて、経営側からは、柔軟な労働時間規制への移行を要望する声が高まった。この要望について、労働時間法制の適用除外の方向ではなく、裁量労働制の適用拡大によって対応したのが、1998年の労基法改正であった。すなわち、従来の裁量労働制を「専門業務型裁量労働制」として整理し、新たに「企画業務型裁量労働制」を導入したのである。企画業務型裁量労働制の対象業務は、「事業の運営に関する事項についての企画、立案、調査及び分析の業務であって、当該業務の性質上これを適切に遂行するには、その遂行の方法を大幅に労働者の裁量にゆだねる必要があるため、当該業務の遂行の手段及び時間配分の決定等に関して具体的な指示をしないこととする業務」と定義された。

　専門業務型裁量労働制は、労働者の過半数代表者との書面協定（以下、「労使協定」とする。）によって導入できるが、企画業務型裁量労働制は、そのために新たな仕組みを導入した。それが、労使同数で構成される常設の委員会の設置である。これは、「労使委員会」とよばれる。これまで労基法においては、労働者の過半数代表との労使協定が大きな役割を果たしてきた。しかし、労働者の過半数代表者が労使協定を締結するにあたっては、そのために労働者のなかで議論するなど集団的に代表意見を形成するプロセスは法的に保障されていない。過半数代表者が過半数労働組合であるときには、代表性が実質的に担保されるが、そうでない場合には、その保障がない。

　企画業務型裁量労働制の導入要件として労使協定ではなく、新しい制度である労使委員会の全員一致（2003年に5分の4以上に改正）の決議によることとしたのは、その導入について、労働者側の意見を慎重に反映することが重視されたのである。また、労使委員会は、対象業務の範囲、みなし労働時間、健康確保措置、

26）具体的には、コピーライター、システムコンサルタント、インテリアコーディネーター、ゲーム用ソフト開発、証券アナリスト、金融商品開発、大学における教授研究、公認会計士、弁護士、建築士、不動産鑑定士、弁理士、税理士、中小企業診断士である。「平成29年就労条件総合調査」によると、専門業務型裁量労働制を採用している企業は、2.5％、適用労働者が1.4％である。

苦情処理制度、対象者本人の同意の保障などの事項を決議することが必要である。

このように企画業務型裁量労働制の導入に慎重な要件としたのは、専門業務型が業務の客観的内容から対象範囲が基本的に明確であるのに対して、企画業務型の対象業務は、チーム型で就労するホワイトカラー業務の一部であり、その適切な範囲を慎重に定める必要があるからである。ホワイトカラー労働の裁量性と言っても、仕事の進め方に裁量性が認められている労働者の範囲は広いが、仕事量の裁量性を有するホワイトカラーは、上層だけである。そして、仕事量の裁量性を有していないホワイトカラーに安易に裁量労働制の対象とすることは、割増賃金のない長時間労働を助長する可能性が高い。したがって、企画業務型裁量労働制の適用対象業務の範囲は、労使の慎重な議論を通じて決定すべきであり、その意味で労使委員会制度は、それが予定された機能を発揮すれば、このことに適合的な制度と言える。

もっとも、企画業務型裁量労働制は、必ずしも普及せず[27]、果たして労使委員会制度が適正な運営に機能しているかは実証されていない。それだけではなく、この裁量労働制が普及しない理由が手続きの煩雑さにあると指摘されることが多い。しかし、それが労使委員会制度に向けられているとすれば残念である。労使委員会制度の適正な機能こそが裁量労働制の本来的機能を定着させる鍵となるはずだからである。労使による常設機関は、裁量労働制の導入だけではなく、その後の適正な実施について監視し、運用上の問題点を改善していくことを可能とする条件だからである。

4　働き方改革関連法による労働時間制度改革の概要

2018年働き方改革関連法は、時間外労働の上限規制の導入や使用者の年休付与義務の新設、高度プロフェッショナル制度の導入など労働時間制度を大きく改正した。ここでは、その概要を紹介する[28]。

---

27)「平成29年就労条件総合調査」によると、企画業務型裁量労働制を採用している企業は、1.0％、適用労働者が0.4％である。

第5部　労働時間システム

4.1　労働時間制度改正

4.1.1　法定時間外労働の上限規制

　今回の改正によって労基法制定以降初めて36協定の法定外の労働時間数を1か月45時間、1年360時間という限度時間が設定された（3か月以上の1年単位の変形労働時間制の場合は、1か月42時間、1年320時間）。また、36協定に定める事項も詳しく法定化された（36条2項各号）[29]。そして、36協定が実際に必要な時間外労働に限定する機能を発揮できるようにするためにガイドラインが公表されている（厚生労働省「36協定で定める時間外労働及び休日労働について留意すべき事項に関する指針」（平成30年9月7日厚労告示第323号）以下、「36協定指針」とする）。

　ただし、この限度時間は、絶対的なものではなく、通常予見することのできない業務量の大幅な増加等の臨時的な特別な事情のある場合、年720時間、単月100時間未満（休日労働の時間数も含む）、複数月平均80時間（休日労働時間を含む）を限度とする例外が認められている。

　この限度時間を超える特例については、複数月平均時間だけではなく、多様な制約を伴う。まず、限度時間を超えることができるのは、1年のうち6か月までである。また、限度時間を超えて労働させる労働者に対しては、36協定において、一定の健康及び福祉を確保するための措置（以下、「健康福祉確保措置」という。）をとることが望ましいとされている[30]。

　なお、研究開発業務については、これらの時間外労働規制が適用除外とされ、また、土木・建設業・運輸業・医師においては、5年間、適用が猶予される。

28）働き方改革関連法による労働時間制度改正に関する評価については、後述するが、基本的には島田「働き方改革と労働時間法制の課題」ジュリスト1517号56頁以下（2018年）において示している。

29）従来から36協定の届出書式があり、そこに記載すべき事項が事実上定められていたが、今回の改正は、36協定の記載事項変形労働時間制の労使協定と同様に法定化したのである。

30）次のような措置から選択する。①労働時間が一定時間を超えた労働者に対する医師による面接指導、②深夜労働の回数を1か月について一定回数以内とする。③勤務間インターバル制度、④代償休日または特別休暇、⑤健康診断の実施、⑥年休のまとまった日数の連続取得を含む取得促進、⑦心とからだの相談窓口の設置、⑧適切な部署への配置転換、⑨産業医等による保健指導。その実施状況に関する記録を36協定の有効期間中及び満了後3年間保存する義務がある。

4.1.2 フレックスタイム制度の柔軟化

フレックスタイム制については、その清算期間が1か月から3か月に延長された（労基法32条の3第1項2号）。1か月を超える清算期間を設定した場合には、1か月ごと期間の1週間の平均労働時間が50時間を超えないようにする（労基法32条の3第2項）。1か月を超える清算期間を定めた労働者の過半数代表者との書面協定の行政官庁に届出る（労基法32条の3第4項）。

4.1.3 有給休暇の使用者の付与義務（39条7項）

有給休暇日数が10労働日以上である労働者について、5日については、基準日から1年以内の期間に、労働者ごとに時季を定めることにより与えなければならない。なお、労働者自身が時季指定権（39条5項）および計画年休協定（6項）によって年休を取得している場合は、使用者による時季指定を要しない。使用者は、使用者による時季指定については、労働者の意見を聴き、それを尊重する努力義務を有する。使用者は、年休に関して時季日数及び基準日を労働者ごとに明らかにした書類（年次有給休暇管理簿）を作成し、3年間保存しなければならない。年次有給休暇管理簿は、労働者名簿及び賃金台帳をあわせて調製することができる。

4.1.4 高度プロフェッショナル制度の導入（労基法41条の2）

①導入手続き

高度プロフェッショナル制度の適用対象労働者には、労働時間・休憩・休日及び深夜業に関する規定を適用除外する。以下では、この制度の概要を簡単に紹介する。

この制度を導入するためには、労使委員会（企画業務型裁量労働制の導入の際に必要な仕組みと同様）の4／5以上による後述の法定事項についての決議及び行政官庁（所轄労働基準監督署）に対する決議の届出が必要である。そして、使用者は、i適用対象労働者が同意いた場合には高度プロフェッショナル制度が適用される旨、ii対象期間及びiii支払われると見込まれる賃金額を明らかにした書面に当該労働者の署名を受ける方法で当該労働者から同意を得なければならない。

②労使委員会の決議事項

ⅰ 対象業務　高度の専門的知識等を必要とし、その性質上従事した時間と従事

第5部　労働時間システム

して得た成果との関連性が通常高くないと認められるものとして厚生労働省令で定める業務[31]のうちから選ぶ。

ii 対象労働者の範囲　対象労働者は、使用者との合意に基づき職務が明確に定められ、かつ賃金額が基準年間平均給与額（毎月勤労統計から算定した労働者一人当たりの給与の平均額）の3倍の額を相当程度上回る水準（具体的には、1075万円）であることを条件とする。職務の合意については、対象労働者の業務内容、責任の程度及び求められる水準を書面により労使が合意する方法をとらねばならない。

iii 健康管理時間を把握する措置　健康管理時間とは、対象労働者が事業場内にいた時間と事業場外において労働した時間との合計の時間である。健康管理時間の把握方法は、タイムカードによる記録またはパソコンなどの起動時間の記録等客観的な方法による。ただし、事業場外労働については、自己申告を認める。

iv 休日の確保　1年で104日以上、かつ、4週間を通じ4日以上の休日を付与すること。

v 選択的健康確保のための措置　以下のいずれかの措置から選択する。

　・時間数を11時間以上とする勤務間インターバル制度の導入および深夜業を1か月4回以内とする。

　・健康管理時間の上限規制を1か月100時間及び3か月240時間とする。

　・1年に1回以上継続した2週間連続休日の付与（労働者の請求による時には、1年に2回以上の継続した1週間）

　・臨時の健康診断（1週間当たりの健康管理時間が40時間を超えた場合におけるその超えた時間について、1か月当たり80時間を超えたことまたは本からの申出があった場合）

vi 健康管理時間の状況に応じた選択的健康福祉確保措置（前述の選択的健康確保措置のうち、労使委員会が選択した措置以外の措置からの選択、代償休日、特

31）具体的には、①金融工学の知識を用いて行う金融商品の開発業務、②資産運用の業務または有価証券の売買その他の取引の業務のうち、投資判断に基づく資産運用の業務、投資判断に基づく資産運用として行う有価証券の売買など、③有価証券市場における相場等の動向または有価証券の価値等の分析、評価またはこれに基づく投資に関する助言の業務、④顧客の事業運営に関する重要事項についての調査・分析及びこれに基づく当該事項に関する考案または助言の業務、⑤新たな技術、商品または役務の研究開発の業務、である。

第10章　労働時間法制改革の到達点と今後の課題

別の有給休暇の付与、心とからだの相談窓口の設置、配置転換、産業医の指導に基づく保健指導、医師による面接指導のうちから選択する。）

　　vii同意の撤回の手続き

　　viii苦情処理措置

　　ix不利益取扱いの禁止（同意をしなかった労働者に対する解雇その他の不利益取扱いの禁止）

　　xその他厚生労働省令で定める事項（決議の有効期間の定め及び当該決議を自動更新とはしないこと、労使委員会の開催頻度及び開催時期、50人未満の事業場においては、労働者の健康管理等を行うのに必要な知識を有する石を選任すること、労働者の同意及びその撤回、合意した職務の内容、支払われる賃金の額、健康管理時間、健康確保措置として講じた措置、50人未満の事業場の医師の選任の記録を決議の有効期間中及びその後3年間保存すること）

③制度導入後の対応

　使用者は、休日の確保、選択的健康確保措置及び健康管理時間の状況に応じた選択的健康確保措置の実施状況を6か月以内ごとに所轄労働基準監督署長に報告しなければならない。また、1週間当たりの健康管理時間が40時間を超えた場合におけるその超えた時間について、1か月当たり100時間を超える対象労働者に対し、医師による面接指導を実施しなければならない。

4.2　労働時間等の設定の改善に関する特別措置法（労働時間等設定改善法）の改正

　労働時間等設定改善法は、今回の改正によって勤務間インターバル制度の設定を事業主の努力義務とした（1条の2、2条1項）。勤務間インターバル制度は、労働者の健康において重要な機能を果たすことが期待されており、その普及の足掛かりとしてこの改正は重要と考える。

　また、事業主が他の事業主との取引を行う場合の配慮事項の定めに、「著しく短い期限の設定及び発注の内容の頻繁な変更を行わない」配慮をする努力義務が付け加わった（2条4項）。さらに、新たに企業単位で労働時間等設定改善企業委員会の設置を可能とした（7条の2）[32]。

301

第5部　労働時間システム

4.3　労働安全衛生法（労安法）の改正

　働き方改革法は、労働時間制度の改正と並んで、長時間労働やメンタルヘルス不調などにより健康リスクが高い状況にある労働者を見逃さないために、産業医及び産業保健機能の強化を目指して労安法が改正された。労働時間法制においても、労働者の健康を直接確保するために、健康診断などを組み込んでいるが、それが有効に機能するためには、産業医などの権限強化を伴うことが必要である。今回の改正は、その方向性を示すものとして評価できる。ここでは、労働時間制度の関係において労働者の健康確保のためになされた産業医に関する改正を簡単に紹介しよう[33]。

4.3.1　事業者の産業医に対する情報提供義務

　事業者は、①労働者の労働時間に関する情報、②健康診断や面接指導後の措置の内容に関する情報（措置を講じない場合にあっては、その旨及びその理由）、③時間外労働が1か月当たり80時間を超えた労働者の氏名および当該労働者に係る当該超えた時間に関する情報を産業医に提供しなければならない（13条4項、常時50人未満の事業場においては努力義務）。

4.3.2　産業医の事業者に対する勧告権及び事業者の勧告尊重義務・勧告報告義務

　産業医は、事業者に対し労働者の健康管理等について必要な勧告することができる。今回の改正により、この勧告の場合に、事業者の意見を求めること、及びその勧告を事業者が尊重する義務が新設された（13条4項）。

　また、事業者は、産業医の勧告を衛生委員会または安全衛生委員会に報告しなければならない（14条5項）。これらについては、常時50人未満の事業場においては努力義務である。

32）厚労省基発0907第12号平成30年9月7日「働き方改革を推進するための関係法律の整備に関する法律による改正後の労働時間等の設定の改善に関する特別措置法の施行について」参照

33）厚労省基発0907第2号平成30年9月7日「働き方改革を推進するための関係法律の整備に関する法律による改正後の労働安全衛生法及びじん肺法の施行等について」参照

4.3.3　医師による面接指導

　今回の改正は、長時間労働などによって労働者が健康を損なわないようにするために、医師による面接指導を強化している。まず、疲労の蓄積が認められる者ということは変化がないが、従来は時間外労働が１か月100時間を超える者を対象としていた医師の面接指導について１か月80時間を超える者と範囲を拡大した（66条の８）。

　次に時間外労働の上限規制の適用が除外される研究開発業務に従事する労働者の時間外労働が１か月当たり100時間超えた場合の当該労働者の申し出に基づく医師の面接指導を実施が義務付けられた（66条の８の２）。

　さらに、高度プロフェッショナル制度の適用労働者の健康管理時間が１か月100時間を超えた時には、当該労働者の申出により医師の面接指導を実施しなければならない（66条の８の４第１項）。

4.3.4　医師の面接指導を実施するための労働時間の状況の把握義務

　事業者は、医師の面接指導を実施するために労働者の労働時間の状況を把握する義務が新設された（66条の８の３）。この労働時間の状況の把握は、タイムカードによる記録、パソコンなどの使用時間による記録などの客観的方法その他適切な方法による（労安則52条の７の３第１項）。また、その記録は３年間保存する義務を負う（同２項）。これは、管理監督者を含む、すべての労働者を対象とする。ただし、高度プロフェッショナル制度の適用労働者は除外される。これは、同制度の適用労働者は、健康管理時間の把握という別制度が設けられているからである[34]。

5　今日における労働時間制度改革の必要性と課題

　ここでは、働き方改革関連法による労働時間制度の改革を含めて、これまでの労働時間制度の到達点を総括し、今後の労働時間制度改革の課題を示したい[35]。

34）その他、事業者には産業医の業務内容等を労働者に周知する義務が課され（101条２項）、心身の状態に関する情報の取扱いに関する規定（104条）も設けられた。

第5部　労働時間システム

5.1　長時間労働の抑制に関する社会的認識の深化

　正社員の長時間労働が1987年以降の立法改革にもかかわらず解消されない状態が継続しているなかで、これを見直すべき大きな状況変化が生じてきた。

　第1は、日本の人口構成における少子高齢化である。これにより、一方で労働力人口における高齢者および女性割合は増加したが、他方で女性の労働力化が少子化傾向を加速する要因ともなった。この状況は、従来の正社員の働き方の持続可能性に疑問が投げかけることになった。正社員の長時間労働は、男女性別役割分業を前提とする男性稼ぎ主モデルによって支えられており、女性の社会的活躍を制約するからである。この結果、いわゆるM字型就労構造が解消に向かっているとはいえ、女性の多くが非正社員として就労している状況にある。女性が家庭責任を押し付けられるのではなく、その能力を発揮して就労するためには、正社員自体の働き方の改革が必要となるのである。ワーク・ライフ・バランスのとれた働き方の実現は、少子高齢化社会および日本の生産性の向上に不可欠であることが社会的にも認識されるようになってきたのである。

　第2は、長時間労働が過労死・過労自殺の要因であることについて社会的な認知が進んだことである。過労死（脳・心臓疾患）に関する労災認定基準は、かつては要因とは直前の通常の想定を超える労働負荷を要因と見る事故型の基準から恒常的な長時間労働を要因として、直前1か月に100時間を超える、または2か月以上6か月にわたって月80時間を超える法定時間外労働があった場合には、就労に起因する蓋然性が高いとする基準に変わった。そして、長時間労働は、うつ病の要因となり、その症状として自殺に至ることが認められるようになった。長時間労働の規制の原点が労働者の生命・健康の維持にあったことを改めて想起させる状況となったのである。

　今や正社員の長時間労働の克服は、労働者の生命・健康の確保およびワーク・ライフ・バランスの実現という持続可能な社会に不可欠な要請として求められるようになったと言える。これは、1980年代の労働時間短縮政策が主として国際的な批判という外在的な要因から求められたことと比較すると大きな相違がある。

　しかも、正社員の長時間労働を抑制し、健康とワーク・ライフ・バランスの確

35）この問題について、本稿の立場と異なるが、和田肇「労働時間規制改革の法的分析」日本労働研究雑誌702号6頁（2019年）以下、緒方桂子「労働時間の法政策」日本労働法学会編・前掲書107頁

第10章　労働時間法制改革の到達点と今後の課題

保された多様な働き方を実現することが、これから日本経済の発展の基礎となると政府レベルでも意識されていることが重要であろう。ここに至り、所定労働時間の短縮から実労働時間の短縮に本格的に取り組む必要性が社会的に認められたといってよい。

5.2　長時間労働を規制する法制度の到達点と課題

すでに述べたように、1987年以降2018年に至るまでの立法改革は、正社員の長時間労働の削減に見るべき成果を挙げなかった。所定労働時間の短縮が実現されても、総実労働時間の短縮に効果がなかったのである。その意味で、2018年改正が初めて時間外労働の上限を規制したことは、画期的と評価できる。原則として時間外労働の上限を1か月45時間、1年360時間とする水準は、労働者の健康確保及びワーク・ライフ・バランスの実現という目的からして妥当と言える。もちろん、1か月100時間未満（休日労働も含む年6回）、1年720時間という特例を可能としており、今回の改正を完成形と見ることはできない。今後は労使が自主的に特例の必要のない働き方を実現するような仕組みを設けて実質的な労働時間の短縮を図るべきであろう。そのための第1歩は、今回の改正の趣旨に即して労使が熟議を経て、実際に必要な範囲で36協定を締結するという労使関係を築く必要があると言えよう。

今後は、今回の時間外労働の規制にとどまらず、長時間労働の規制のために必要な措置をとる必要がある。今回の改正では、時間外労働だけではなく、休日労働も視野に入れた規制が登場したが、それをさらに進めて、総実労働時間を規制する仕組みを導入すべきである。具体的には、①週当たりの労働時間の上限を50時間とすること、ただし一種の変形労働時間制として、当面最長1年を単位として、その間の平均が週50時間を超えないこととする（調整期間）。その際の1か月当たりの上限時間を254時間とする。②今回の改正では努力義務を定めるにとどまった勤務間インターバル制度（原則として11時間）を義務化し、1日の労働時間の上限を原則として13時間とする必要がある。最近の医学的な知見によれば、労働者の健康確保のためには1日最低6時間の睡眠をとることが重要であると指摘されており、その意味では、勤務間インターバル制度及び1日の労働時間の上限規制は、労働者の健康確保にとって極めて有効な制度と考えられる[36]。

今回の改正において使用者の年休付与義務が創設されたが、未だ年休を1労働

305

第5部　労働時間システム

週単位のまとまった長期休暇とする方向は実現していない。日本の年休消化率が極めて低いということだけではなく、そもそも年休本来の趣旨が浸透していないことを率直に認めて大胆な改革がとられるべきであろう。具体的には、労働者の時季指定方式から使用者の時季指定方式に抜本的に変更し、2労働週の連続した休暇の付与を義務付けることが考えられてよい。そのことと併せて、病気休暇など労働者に必要な休暇制度を充実させ、年休が本来の趣旨に即した活用が可能となる条件を整備する必要があろう。このような休暇を設けることにより、現行の時間単位の年休取得の仕組みを廃止することができる。

　休日についても、定期的な休日を保証しない現行の変形休日制を改め、法定休日を特定することを義務付け、かつ法定休日についての休日振替を原則として禁止する必要がある[37]。

　以上のような労働時間の規制、休日の確保及び年休の完全消化などの課題は、各事業場における労使のコミュニケーションを組織化し、計画的に働き方を変えていく仕組みが必要である。この点では、例えば労働時間等設定改善委員会の設置の義務化によって、労働時間等の改善に関する実施計画を立案し、その実施状況を監視するというPDCAサイクルを確立する必要があろう[38]。

5.3　柔軟な労働時間制度の再編成に向けた課題
5.3.1　柔軟な労働時間制度の必要性と課題

　現代の労働に適合的な柔軟な労働時間制度の創設は、この間の労働時間制度に関する立法政策において、長時間労働の規制と並んでこれまでの労働時間制度に関する立法政策の柱の一つであった。柔軟な労働時間制度は、1987年労基法改正以降、多様な制度が創設されてきた。

　このうち、変形労働時間制およびフレックスタイム制については、社会的にもその必要性が受容されていると評価できる。これに対して、裁量労働制は、専門業務型については、一応定着してきていると言えるが、なおその運用において問題点が指摘されている。また、企画業務型については、利用度が低く、十分な理解が得られていない。さらに、しばしば提案される労働時間を適用除外する制度

36）島田「労働時間政策のこれから」日本労働研究雑誌677号68〜69頁参照

37）島田・前掲注28）論文59〜60頁参照

38）詳しくは、島田・前掲注36）論文69〜70頁参照。

については、今回の高度プロフェショナル制度をめぐる議論に見られるように社会的に批判が強い。また、「働き方改革実行計画」を見ても、長時間労働の規制については、その必要性と具体的な方策が詳しく展開されているのに比べて、柔軟な労働時間制度については、「創造性の高い仕事で自律的に働く個人が、意欲と能力を最大限に発揮し、自己実現をすることを支援する労働法制が必要である」と述べるだけで具体的な必要性について説得力のある積極的な説明がなされているとは言い難い。

しかし、すでに述べたように、定型的な労働時間規制と異なる仕組みを要する働き方は、少なくとも、①管理監督者には該当しないが企業経営に中枢に関与する高級スタッフ、②高度の知的専門職、③専門的技能を要する職、及び④特別の任務を帯びる職などの4類型がある。そして、現代においては、定型的な働き方よりも労働時間の規制から自由な働き方の方が効率である職務が増加していることは間違いがない。そして、労働時間と私生活の時間との区別が曖昧となる傾向も強い。このことは、IT技術の発展などの条件のもとで進んでいる働き方の多様化のなかで労働時間管理の仕組みを考える上で重要な課題である。

そして、この課題に照らして、現在の適用除外制度および裁量労働制だけでは以下に述べるように十分な対応となっていないと言わざるを得ない。

第1に、管理監督者には該当しないが企業経営に中枢に関与する高級スタッフに対応する労働時間制度を整備する必要がある。このことは、実務において管理監督者に対する適用除外制度が法の予定を遥かに超えた広い範囲に適用されており、管理監督者＝管理職という取扱いが蔓延している違法状態を整理するためにも重要な課題である。

第2に、現行の裁量労働制自体に問題があることである。裁量労働制は、行政解釈の1日あたりの労働時間のみなしに限るとの解釈が定着している。このため、みなし労働時間が労働日の労働時間であり、休日は含まれないことになる。すなわち、週休2日制が一般的である今日において、法定休日（労基35条）以外の休日における労働がみなし労働時間に含まれないことになる。これでは、とくに大学・研究機関などの高度な研究者やグローバル展開している企業における高度な専門職の働き方に対応していない。このことが柔軟な働き方に対する要望に裁量労働制が対応できない限界となっている。

第3に、裁量労働制が想定している業務とは異なり、教育研究のような職務に

第5部　労働時間システム

部分的に裁量的な業務が混在している業務に適合的な制度がないということである。

第4に、現行の裁量労働制も労働時間の適用除外制度も深夜業規制が適用になるという点を挙げることができる。

今後、裁量労働制だけでは、対応できない類型の労働者に対する管理監督者とは異なる適切な労働時間の適用除外制度が必要であることを正面から議論する必要があるといえる[39]。日本のように長時間労働の規制が弱かったところに適切な柔軟な労働時間制度を定着させるには困難を伴うことは事実であるが、働き方の多様化のなかで定型的な実労働時間管理にはなじまない就業が増加することは不可避であり、定型的な働き方のなかでの長時間労働の抑制とともに、社会的に受容される柔軟な労働時間制度を構想する必要がある。

5.3.2　高度プロフェッショナル制度の評価

それでは、働き方改革関連法により創設された高度プロフェッシェナル制度がこれらの課題に対する適切な解となっているかを検討しておこう。

今回の高度プロフェッショナル制度の導入をめぐる流れを見ていると、これまでの柔軟な労働時間制度を総括して、社会的にも受容される包括的な制度構想を打ち出すのではなく、特定の専門職についての部分的な制度を提案したにとどまっているおり、柔軟な労働時間制度の必要性を社会的に提起するという姿勢に欠けていたと言わざるを得ない。

しかも、高度プロフェッショナル制度の必要性についても十分な積極的な説明がないままに、この制度が柔軟な労働時間制度の切り札であるごとくの議論もあったことは適当ではなかったと言わざるを得ない。

また、この制度における労働者の健康確保に関する仕組みも十分なものではない。規制改革会議の「労働時間規制見直しに関する意見（2013年12月5日）」[40]においては、新しい労働時間の適用除外制度の創設には、労働時間の量的規制及び休日・休暇の取得の確保を条件とすることを提案している。この提案と比較しても、高度プロフェッショナル制度は、労働者の健康確保について不十分なもの

39）島田・前掲注36）「労働時間制度のこれから」72頁以下参照。
40）この意見の作成には、筆者も雇用ワーキンググループの専門委員として参加した。

と思われる。

5.3.3 今後の課題

　今後は、すでに述べたが、ホワイトカラー労働者のうち、裁量制の高い職務には新しい柔軟な労働時間制度が必要であることが社会的に許容されるよう積極的な議論を展開する必要があろう。

　そのためには、これまでの管理監督者制度及び裁量労働制など整理して、新しい柔軟な労働時間制度を提案する必要がある[41]。その際には、労働者の健康の確保をその仕組みの中に内在化させる必要がある。柔軟な労働時間制度は、長時間労働を容認するものではなく、柔軟な働き方を保障するためのものであるからである。しかし、この点がこれまでの議論の中では十分ではなかったことは率直に認めるべきであろう。裁量労働制および労働時間の適用除外制度の拡大については、事実上残業代の支払いを免れるための制度、または過労死・過労自殺を助長する制度であるとの批判に答える必要がある。

　健康確保措置については、労働時間の総量規制や休暇、休日、勤務間インターバル制度だけではなく、労働者の健康管理に直接対応する健康診断などの措置も重要である。この措置の実効性を高めるためには、産業衛生に関し専門性の高い産業医の養成とその権限の強化、特に事業者からの独立性の確保が必要である。今回の労安法改正はその方向を示していると評価できるが、一層の強化が求められよう。

　また、しばしば労働時間ではなく成果に基づく報酬のために実労働時間管理を適用しない柔軟な労働時間制度が必要であるという主張がなされることがある。この見解に対しては、労働時間制度と賃金制度とは別であり、定型的な労働時間制度においても成果主義的な賃金制度が可能であるとの反論がなされる。確かに、労働時間制度は、特定の賃金制度を強制するものではないことは事実である。しかし、割増賃金制度の適用を受けるとなると、賃金制度の設計とは無関係に労働時間制度を接合することになる。この意味において、定型的な労働時間制度は、事実上賃金制度を不可分であり、先の反論は、その限りで適当ではない。

41）　具体的な構想については、島田「正社員改革と雇用政策」季刊労働法247号20頁以下（2014年）、島田・前掲注36）論文・73頁以下を参照。また、筆者が2013年10月13日に規制改革会議雇用ワーキンググループに対し提出した「島田専門委員提出資料」も参照。

第5部　労働時間システム

　問題は、このことにより、実労働時間管理は、実務においては、本来長時間労働の抑制手段であるはずの割増賃金制度に従属しているところにある。その結果、割増賃金制度の適用がなければ、労働者の労働時間管理は必要がないと考えられがちなのである。

　すでに見たように、割増賃金制度は、長時間労働の抑制に大きな機能を果たしていない。従って、労働者の健康確保のために労働時間を管理することと定型的な労働時間制度を分けて考えることが必要であろう。今後の柔軟な労働時間制度においては、健康管理のための労働時間管理と割増賃金制度を分離し、後者を適用除外する制度とすることが必要である[42]。

　前述のように労安法が管理監督者を含む労働者の労働時間の把握を事業者に義務付けたこと、及び高度プロフェッショナル制度における健康管理時間の把握義務は重要な意味を持つ。割増賃金の計算のための労働時間管理と労働者の健康確保のための労働時間の把握を切り離す仕組みの萌芽的なものと評価できるからである。

　また、柔軟な労働時間制度については、導入時だけではなく、その運用時の労使による監視が必要である。柔軟な労働時間制度が適正に機能しているかをチェックするためには、労使委員会制度のような常設機関による監視が不可欠である（PDCAサイクル）。その意味で現行の労働時間等設定改善委員会のような労使合同の組織の役割が重要である。

　さらに、柔軟な労働時間制度の導入が、時間外割増賃金がなくなることにより、経済的な不利益を受けないように手当てすることを制度に内在的に織り込む必要がある。

　以上のように柔軟な労働時間制度は、その必要性を明確にした上で、労働者の健康の確保および割増賃金制度の適用除外を柱とし、制度の導入時だけではなく、運用を監視できる仕組みを伴い、かつ、制度導入により、労働者が経済的な不利益を受けないように制度設計する必要がある。

42）島田・前掲注36）論文73頁、大内伸哉『労働時間制度改革』（中央経済社、2015年）188頁以下、水町勇一郎『労働法改革』（日本経済新聞出版社、2010年）173頁以下（濱口桂一郎執筆）などを参照。荒木尚志『労働法第3版』（有斐閣、2016年）196頁は、このような方向での改革を「『適用除外』というより『特別規制』と理解すべきもの」と提唱する。

第10章　労働時間法制改革の到達点と今後の課題

5.4　副業・兼業及び在宅ワークの普及と労働時間法制の課題

5.4.1　副業・兼業と労働時間の通算規定

　副業・兼業の普及促進は、「働き方改革実行計画」の中でも重要な課題と位置付けられ、厚生労働省も原則としてこれを自由とするようモデル就業規則を改定したところである[43]。すなわち、「許可なく他の会社等の業務に従事しないこと」とされたものを「労働者は、勤務時間外において、他の会社等の業務に従事することができる。」と変更されたのである。

　しかしながら、このような副業・兼業の普及促進において、「労働時間は、事業場を異にする場合においても、労働時間に関する規定の適用については通算する。」との労働時間の通算規定（労基38条１項）がその阻害要因となっている[44]。「事業場を異にする場合」は、行政解釈において「事業主を異にする場合」も含むと解されているからである[45]。しかし、このような解釈は、文理解釈から当然に導き出されるとは言えず、「事業主が同じ場合」と解することも可能である。

　通算規定に関する現在の解釈によると、副業・兼業の場合に、通算して１日又は１週の法定労働時間を超えた場合に、割増賃金の支払い義務がいずれに生じるかは複雑な解釈問題を提起し、36協定の内容を含めて、事実上困難な問題が発生する[46]。このことが、労働者の主たる勤務先の副業・兼業の解禁を抑制していることは間違いがない。副業・兼業を認めている企業でも、それが雇用以外の場合に限定していることも少なくない。非雇用型の就業の中には、最低賃金の規制がないこともあり、雇用に比べて低収入である事例も少なくなく、労働者の健康確保という観点からしても、雇用型の副業・兼業だけを通算規定によって制約する

43）「働き方改革実行計画」を受けて、厚労省に設置された「柔軟な働き方に関する検討会」は、平成29年12月25日に報告書を提出し、副業・兼業の普及促進のために、ガイドラインの策定、モデル就業規則の改定など提案した。なお、副業・兼業の普及促進については、「未来投資戦略2017」、「未来投資会議2018」でも取り上げられている。なお、筆者も専門委員として参加する規制改革推進会議雇用ワーキンググループのタスクフォースにおいても、副業・兼業及び在宅ワークの普及促進について検討しているところである。その議論状況については、https://www8.cao.go.jp/kisei-kaikaku/suishin/meeting/wg/tf/20190405/agenda.html 参照。

44）厚労省は、現在「副業・兼業の場合の労働時間の管理の在り方に関する検討会」を組織し、副業・兼業の制度的な課題について検討している。

45）昭和23年５月14日基発第769号（局長通達）

46）厚労省も多様な場面を想定して解釈例を示しているが、全ての場合を網羅しているわけではなく、また、その解釈の妥当性にも疑問がある。

311

第5部　労働時間システム

意義が大きくないと言える。

　通算規定に関する行政解釈が出された労基法制定当時の労働時間法制は、現在大きく変容している。この間この解釈が見直されなかったのは、複数の使用者のもとで勤務する労働者の労働時間の通算に現実的な必要性が低かったためであろう。この中で、学説においては、「週40時間制移行後の解釈としては、この規定は、同一使用者の下で事業場を異にする場合のことであって、労基法は事業場ごとに同法を適用しているために通算規定を設けたのである、と解してもよかった」との見解も示されるようになっている[47]。このような見解も踏まえ、副業・兼業の普及促進が重要な政策的な課題となった現在、この解釈の見直しを含め、労働者が自発的に選択する副業・兼業の際の労働時間制度の適用に関して整備する必要があろう。

5.4.2　在宅ワークと深夜業規制

　在宅ワークの普及促進は、IT技術の発展を背景として多様な働き方を生み出している。時間及び空間の制約にとらわれない働き方である在宅ワークは、通勤時間を節約でき、また、育児・介護・看護などの家庭生活における多様なイベントと仕事を両立させる手段として機能する。「働き方改革実行計画」の中でも2020年までに雇用型テレワーカーを2016年度比の倍増という数値目標を掲げているところである。

　この在宅ワークの普及促進において、家庭責任を有する労働者にとって深夜業規制がその阻害要因の一つとなっている。在宅ワークは、時間及び場所を選ばず勤務できる柔軟な働き方ができるところに大きなメリットがあるが、その延長線上において、深夜の時間帯に勤務することを望む在宅勤務者が多いことに留意すべきである。企業としては、同様の仕事について深夜割増が発生することの不公平さなどを考慮して、在宅ワークの深夜業を禁止する場合が多い。しかし、育児または介護を済ませてから、仕事をしたいというニーズを本来労働者保護のための深夜業規制が制約しているという事態が生じているのである。そこで、本人の自発的な申出により、労働時間数が法定労働時間の範囲内であるとし、また、月または週単位の上限時間を設定し、深夜業の回数も制限し、さらにはインターバ

47）菅野和夫『労働法第11版』（弘文堂、2016年）464頁

ル規制を取り入れるなどの健康確保措置をとることを条件として、深夜割増の規制を適用除外することが検討されるべきである。

6 まとめ

最後に労働時間法制に関する今後の立法課題をまとめておこう。

第1に、労働時間の上限規制については、今回の時間外労働の上限規制の水準を出発点として、労使が自主的に特例の必要のない働き方を実現するような仕組みを設けて実質的な労働時間の短縮を図るべきであろう。

また、総実労働時間を規制する仕組みを導入すべきである。具体的には、上述したように週当たりの労働時間の上限を定めるとともに、勤務間インターバル制度（原則として11時間）を義務化し、1日の労働時間の上限を原則として13時間とする必要がある。

第2に、年休を本来の趣旨である1労働週単位の長期休暇の制度とするために、労働者の時季指定方式から使用者の時季指定方式に抜本的に変更し、2労働週の連続した休暇の付与を義務付け、同時に、病気休暇など労働者に必要な休暇制度を充実させる。

また、休日についても、定期的な休日を保証しない現行の変形休日制を改め、法定休日を特定することを義務付け、かつ法定休日についての休日振替を原則として禁止する必要がある。

第3に、管理監督者制度及び裁量労働制など整理して、新しい柔軟な労働時間制度を実現する。その際には、労働者の健康の確保をその仕組みの中に内在化させる必要がある。具体的には、労働時間管理と割増賃金制度とを切り離し、後者を適用除外する。そして、健康が確保される一定の枠内で、定型的な労働時間規制から離れた柔軟な働き方を可能とする。健康確保措置については、労働時間の総量規制や休暇、休日、勤務間インターバル制度だけではなく、労働者の健康管理に直接対応する健康診断などの措置も重要である。

第4に、事業場単位で労働時間等の適正化を実現するために、労使による恒常的なコミュニケーション組織、例えば労働時間等設定改善委員会の設置の義務化によって、労働時間等の改善に関する実施計画を立案し、その実施状況を監視するというPDCAサイクルを確立する必要があろう。

第5部　労働時間システム

　第5に、その他として、副業・兼業の普及促進という観点から、通算規定を
「同一使用者の下で事業場を異にする場合」に限定すること、及び在宅ワークの
普及促進の観点から深夜業規制の適用除外が検討されるべきであろう。

【第6部】教育システム

第11章

"大学での専門分野と仕事との関連度"が職業的アウトカムに及ぼす効果

男女差に注目して

本田由紀

要旨

　本章の目的は、30〜50代の大卒男女有職者を対象とした調査データ（2018年1月に経済産業省が実施）を用いて、"大学での専門分野と仕事との関連度"（以下〈関連度〉と表記）が、仕事の客観的および主観的なアウトカムにいかなる影響を及ぼしているのか、そしてそもそもどのような要因が〈関連度〉を左右しているのかを、ジェンダーによる違いを考慮しつつ検討することにある。

　日本では、仕事上で必要な知識やスキルは主に企業内教育訓練で習得され、大学での専門分野と仕事内容とのマッチングは希薄であるという認識が、社会意識としても研究上も広範に存在する中で、〈関連度〉の効果や規定要因についての経験的な検討は、比較的手薄なままであった。しかし、大学改革、労働生産性向上、「女性の活躍」がいずれも重要課題として浮上している現在の日本社会において、大学教育と仕事との順接的な接合関係を〈関連度〉という観点から模索する必要性は高まっている。

　本章の分析の結果、男性の正社員においては、他の諸要因を統制した上でも、〈関連度〉は収入および仕事満足度という職業的アウトカムを高めるポジティブな効果をもつことが見いだされた。他方で、女性の正社員では、〈関連度〉は仕事満足度を高めるが収入を上昇させる効果は持っていなかった。その理由は主として、女性内部で相対的に賃金が高い管理職、専門職、事務職において〈関連度〉が男性と比べて低いこと、また理工系出身で〈関連度〉が高い場合に女性では収入増につながっていないことによるものである。

315

第6部　教育システム

1　問題関心―なぜ〈関連度〉に注目するのか―

　本章の目的は、"大学での専門分野と仕事との関連度"（以下〈関連度〉と表記）が、仕事の客観的および主観的なアウトカムにいかなる影響を及ぼしているのか、そしてそもそもどのような条件下で〈関連度〉が高くなるのかを、ジェンダーによる違いを考慮しつつ、有職者を対象とする調査データを用いて検討することにある。

　〈関連度〉とは、大学の個別の専門分野における教育内容と、その卒業者が従事している仕事内容とのマッチングの度合いを意味している。日本においては仕事上で必要なスキルは主に企業内教育訓練で習得され、大学での専門分野と仕事内容とのマッチングは希薄であるという認識が、社会意識としても研究上も広範に存在してきた。その中で、〈関連度〉の効果や規定要因についての経験的な検討は、比較的手薄なままであった。

　しかし、本章の分析結果を先取りすれば、〈関連度〉は仕事のアウトカムを高める効果を持ちうるが、そこにはジェンダーによる差が見いだされる。具体的には、男性では〈関連度〉は収入と仕事満足度の双方を高めるが、女性では〈関連度〉が収入の上昇につながらない。その背景として、男女間の専攻分野および職種の分布の違いや、具体的な仕事への配属の仕方の違いが存在すると考えられる。大学改革、労働生産性向上、「女性の活躍」がいずれも重要課題として浮上している現在の日本社会において、大学教育と仕事との順接的な接合関係を〈関連度〉という観点から模索する必要性を改めて提起することを、本稿は目的とする。

2　社会背景と先行研究

　先述のように、大学の専門分野と仕事との対応関係は日本では希薄であること、特に文系ではそれが顕著であることが、従来は一般社会でも研究においても前提とされてきた。社会的・研究的関心は、大学の専門分野と仕事との関係よりも、「学歴主義」「学校歴主義」と呼ばれる大学の入試難易度と就職先企業規模との関係に対して向けられてきた。日本経済が好調であった1960年代から80年代にかけては、大学教育ではなく企業内教育訓練で仕事上必要なスキルが形成されているとされ、それが「日本的雇用慣行」の強みであるとさえみなされていた。

第11章 "大学での専門分野と仕事との関連度"が職業的アウトカムに及ぼす効果

　しかし、日本の経済面での低迷が続いている1990年代以降、そして今世紀に入ってからはいっそう、大学教育が「仕事の役に立たない」ことが問題視されるようになり、「仕事の役に立つ」ように大学教育を変革することへの政財界からの圧力が高まっている（本田 [2018a]）。その中で、財界からの提言の中には、専門分野の境界を希薄にしてゆくことを主張するものも見られる[1]。しかし、大学における学術的な研究・教育は、すでに一定の学際化が進んではいるが、いまだ個々の学問分野の長い歴史のなかで蓄積された理論・概念や方法論が主軸となっている。今後、学問分野間の連携や融合、盛衰が進んでゆく可能性はあるとしても、それは学術内在的な必然性に基づくものであるべきであり、政財界からの時には近視眼的な要請により強引に行われた場合には、これまでの個別学問独自の成果や意義すら破壊されかねないことが危惧される。それゆえ、大学教育と仕事との関係について改めて捉えなおそうとする場合、今なお専門分野という単位に着目することの重要性は失われていないと考えられる。

　こうした社会動向の中で、大学教育と仕事との関係についての実証研究にも一定の蓄積がみられる。そうした研究の中には、「意義」（本田 [2004]）、「活用度」（吉本 [2001]、金子 [2013]）、「重要度」（喜始 [2018]）など、様々なワーディングの質問項目を用いて、大学教育が仕事に対してどのように「役立って」いるかを捉えようとする一連の研究群が含まれる。それらが用いる質問項目は総じて、仕事における大学教育の「役立ち方」に関する調査回答者の主観的な評価や判断を問う形のものである。しかし、社会の中に「大学教育は役に立たない」という認識が広範である場合、回答者の主観的な評価はそうした社会風潮からの影響を免れず、「役立っていない」方に偏る回答になっている可能性がある。そのような人々の主観的な「役立ち感」そのものが研究対象として重要ではあるが（豊永 [2018a]、香川 [2018]）、大学教育が仕事上のアウトカムに対してもつ実

1）たとえば2018年12月4日に日本経済団体連合会が発表した「今後の採用と大学教育に関する提案」の中には、以下のような記述が含まれている。「大学は、例えば、情報科学や数学、歴史、哲学などの基礎科目を全学生の必修科目とするなど、文系・理系の枠を越えて、すべての学生がこれらをリテラシーとして身につけられる教育を行うべきである。理系とされる学部でも語学教育を高度化する必要があるし、文系とされる学部でも基礎的なプログラミングや統計学の学修が求められる。さらに、近い将来には、文理融合をさらに進め、法学部、経済学部、理学部、工学部といったこれまでの学部のあり方や学位のあり方、カリキュラムのあり方などを根本から見直すことが必要になると思われる。」

第6部　教育システム

際の影響を把握するという目的に対しては、主観性の強いワーディングの質問項目を用いた分析の制約は大きい。

　他方には、大学教育のスループット（受けた大学教育の内実、課外活動や熱心度など）やアウトプット（身につけたもの、成績など）と、卒業後の仕事上のアウトカム（収入や満足度など）との関連を分析する研究群が存在する。たとえば、大学在学中に身につけた「学び習慣」が卒業後の継続的な学習を介して収入に影響すること（矢野［2009］、濱中［2013］）、大学時代の人間関係の量と質が企業組織への適応を高めること（舘野［2014］）、授業の方法・内容が初期キャリアにおけるスキルに影響すること（本田［2018b］）などの知見が得られている。しかし、これらの研究は、大学教育のスループットやアウトプット、仕事上のアウトカムの把握の仕方が、ジェネリックなスキルや個人特性に偏る傾向があり、大学教育の専門分野と仕事とのマッチングの効果や要因に関する研究は不十分であることが指摘されている（小方［2011］）。

　それに対して海外では、大学時代の専門分野が仕事上のアウトカムとしての賃金に及ぼす影響、そしてそれがジェンダーによってどのように異なるかに関する研究が進展している。それらにおいては、専門分野による賃金格差に加えて、男女間の専門分野の分布の違いや同じ専攻分野における性別の違いが、賃金に及ぼす影響に焦点が当てられている（Bobbitt-Zeher［2007］, Finnie and Frenette［2003］, García-Aracil［2008］, Reimer et al.［2008］, Smyth［2008］）。特に、理工系大卒男女の職業キャリアや賃金に関する研究には、海外だけでなく日本でも進展が見られ、理工系大卒女性は賃金や職務に関して理工系大卒男性よりも不利になる傾向がしばしば指摘されている（Beede et al.［2011］, Graham et al.［2005］, 山本・安井・織田［2015］、山本・安井［2016］、山本［2018］、織田［2018］）。他にも、職域分離（山口［2017］、Roksa［2005］）、雇用形態（高松［2008］）、初職の職種（豊永［2018b］）など、仕事に関する様々な変数に対して、専門分野と性別がそれぞれ影響を及ぼしており、専門分野間・男女間で格差が生じていることが明らかにされつつある。

　しかし、そうした研究から得られた結果が、どのようなメカニズムで生じているのかについては、〈関連度〉という変数を媒介させた検討が必要であると考えられる。〈関連度〉は、大学での専門分野と仕事との内容的な対応関係を意味しており、主観的な「役立ち感」よりも客観性の度合いが高い変数として位置づけ

られる。海外の研究では、専門分野と仕事内容とのマッチングの度合いが仕事上のアウトカムを高める効果をもつことや、マッチングのジェンダー差についても指摘されている（van de Werfliorst［2002］, Robst［2007］）。日本では〈関連度〉が希薄であるという前提が存在したために、そもそも専門分野と仕事がどれほど内容的に対応しているのか、〈関連度〉の高低が職業的アウトカムにどのように影響しているのか、どのような要因が〈関連度〉の高低を規定するのか、といった問いに対する検討はこれまで十分になされてこなかった。しかし、先述のように、大学が仕事に「役に立つ」ことへの圧力が高まり、働き方に関しても従来の「メンバーシップ型正社員」（濱口［2013］）の諸問題と「ジョブ型正社員」への転換の必要性が謳われ（久米・鶴・戸田［2015］）、かつ「女性の活躍」が喫緊の課題となっている現在、大学で学んだ専門分野と仕事内容との〈関連度〉を中心に据えた分析には意義があるものと考える。

　以上のような問題関心に基づき、本章では、メインのリサーチクエスチョンを「〈関連度〉は仕事上のアウトカムを向上させるのか」とし、ジェンダー間の相違に留意しつつ検討を加えてゆく。その際に、客観的なアウトカムとして収入、主観的なアウトカムとして仕事満足度を指標とする。

　また、メインリサーチクエスチョンの結果の解釈に役立てるためのサブリサーチクエスチョンとして、「〈関連度〉を高める要因は何か」についても分析を加える。

3　使用するデータと変数

　前節で述べたリサーチクエスチョンに取り組むために、本章で使用するデータの概要を表11-1に示した。

　抽出方法の欄にあるように、この調査では男女それぞれについて5歳刻みの年齢層別に正社員と非正社員のケース数を指定してサンプルを抽出しており、日本の就業人口と比較して非正社員が男性では過大に、女性では過少になっているため、分析は性別×正規・非正規の4カテゴリーに分けて実施する必要がある。本稿では分析目的に応じて、この4カテゴリーもしくは正規のみを性別で分けた2カテゴリーを用いて分析を行う。

　このようにカテゴリー別で分析した上でもなお、正規・非正規それぞれの内部

第6部　教育システム

表11-1　データ概要

調査名	「リカレント教育に関する実態調査」
実施主体	経済産業省産業構造課 ※報告者は調査票の設計に際してアドバイザーを務めたことから分析への使用許可を得た
調査方法	GMOリサーチ（株）によるインターネット調査
実施期間	2018年1月22日～26日
抽出方法	30～50代、高卒以上、有職者、5歳刻みの年齢層別・性別に正社員600人、非正社員300人ずつを抽出
ケース数	調査全体：10,800人 うち大卒以上5,280名（男性正規2,354名、男性非正規783名、女性正規1,579名、女性非正規544名）を分析に使用

における各年齢層の比率は就業人口におけるそれとずれており、特に女性に関して50代の正社員および30代の非正社員の構成比が過大となっていることには留意が求められる。

　他方で、この調査では大卒以上のケース数が十分に確保されており、また大学教育や仕事内容、そして〈関連度〉に関する変数が盛り込まれていることから、本稿における分析に使用する利点がある。

　表11-2には、分析に使用する変数の定義と4カテゴリー別の基本統計量を示した。本分析のキー変数である〈関連度〉は、「あなたが最終学歴で学んだ専門分野と現在の業務がどの程度関係あるか、当てはまるものを選択してください。」という問いに対して、関係している／どちらかと言えば関係している／どちらかと言えば関係していない／関係していない、という4件法で回答を求めた結果を用いる。

4　分析結果

4.1　大学教育・仕事内容・〈関連度〉に関する基礎的な分析

　リサーチクエスチョンに関する分析に入る前に、主要な変数についての基本的な分布をみておく。

　4カテゴリー別に大学での専門分野の分布を示した図11-1からは、男性は工学および社会科学が多く、特に正社員では非正社員よりも工学がやや多いこと、

第11章 "大学での専門分野と仕事との関連度"が職業的アウトカムに及ぼす効果

表11-2 変数の基本統計量[2]

	変数名	説明	最小値	最大値	正規・男性 (2354)		正規・女性 (1579)		非正規・男性 (783)		非正規・女性 (544)	
					平均値	標準偏差	平均値	標準偏差	平均値	標準偏差	平均値	標準偏差
	年齢		32.0	57.0	44.256	8.699	42.776	8.536	44.650	8.747	42.533	8.512
親学歴	父大卒	父大卒以上＝1、それ以外＝0	0.0	1.0	0.394	0.489	0.524	0.500	0.342	0.475	0.476	0.500
	母大卒	母大卒以上＝1、それ以外＝0	0.0	1.0	0.169	0.375	0.256	0.436	0.129	0.335	0.193	0.395
家族構成	有配偶	有配偶＝1、それ以外＝0	0.0	1.0	0.622	0.485	0.450	0.498	0.289	0.453	0.645	0.479
	子ども数	子ども数（5人以上＝6）	0.0	6.0	0.819	0.988	0.434	0.789	0.253	0.643	0.651	0.930
大学特性	国公立	該当＝1、それ以外＝0	0.0	1.0	0.269	0.443	0.218	0.413	0.176	0.381	0.167	0.374
	大学院卒		0.0	1.0	0.146	0.353	0.086	0.280	0.116	0.321	0.057	0.232
大学時代の熱心度	実習・インターン・留学	14項目について熱心に受けた／実施した＝4、どちらかと言えば熱心に受けた／実施した＝3、どちらかと言えば熱心ではなかったが受けた／実施した＝2、熱心ではなかったが受けた／実施した＝1、受けたことがない／実施したことがない＝0の回答を因子分析にかけた結果の5因子の因子得点	-0.960	4.601	0.057	0.979	0.024	0.951	-0.165	0.792	-0.082	0.881
	授業		-1.920	2.482	-0.058	0.937	0.125	0.967	-0.119	0.906	0.058	0.921
	バイト・就活・友人		-2.137	2.793	-0.051	0.897	0.175	0.867	-0.285	0.864	0.125	0.835
	部・サークル・ボランティア		-1.086	4.224	0.057	0.958	0.083	0.904	-0.226	0.770	-0.056	0.787
	語学・資格		-2.603	4.625	-0.103	0.777	0.186	0.839	-0.152	0.699	0.127	0.710
大学時代の専門分野	理・農	該当＝1、それ以外＝0	0.0	1.0	0.125	0.331	0.099	0.299	0.102	0.303	0.096	0.294
	工		0.0	1.0	0.245	0.430	0.050	0.218	0.181	0.386	0.039	0.193
	医歯薬		0.0	1.0	0.043	0.203	0.089	0.285	0.014	0.118	0.048	0.214
	人文		0.0	1.0	0.080	0.271	0.331	0.471	0.147	0.354	0.397	0.490
	社会		0.0	1.0	0.441	0.497	0.244	0.430	0.462	0.499	0.200	0.401
	教育		0.0	1.0	0.034	0.181	0.084	0.278	0.042	0.201	0.101	0.302
	その他		0.0	1.0	0.033	0.178	0.102	0.303	0.051	0.220	0.119	0.325
勤務先・人材育成	企業規模	勤務先従業員数	1.0	1500.0	582.497	637.167	501.445	617.291	563.756	640.435	478.300	616.169
	転職回数	これまでの転職回数	0.0	6.0	1.273	1.552	1.567	1.728	2.607	2.084	2.250	1.903
	企業内研修	過去3年間に7項目の企業内研修について熱心に取り組んだ＝4、どちらかと言えば熱心に取り組んだ＝3、どちらかと言えば熱心ではなかったが取り組んだ＝2、熱心ではなかったが取り組んだ＝1、取り組んだことがない＝0の回答を因子分析にかけた結果の1因子の因子得点	-0.563	3.280	0.142	1.072	0.029	0.998	-0.287	0.656	-0.287	0.696
	企業外研修	10項目の企業外教育訓練のうち受講したものの合計数	0.0	10.0	1.935	2.719	1.947	2.527	1.146	2.040	1.278	2.135
	読書密度	4項目のジャンルの書籍について、熱心に読んだ＝4、どちらかと言えば熱心に読んだ＝3、どちらかと言えば熱心ではなかったが読んだ＝2、熱心ではなかったが読んだ＝1、読んだことがない＝0の回答を因子分析にかけた結果の1因子の因子得点	0.000	4.000	0.882	1.194	0.921	1.197	0.600	1.004	0.659	1.041
	業務スキル水準	14項目の知識・スキルについて、高度な水準が要求される＝4、どちらかと言えば高度な水準が要求される＝3、どちらかと言えば高度な水準は要求されない＝2、高度な水準は要求されない＝1の回答を因子分析にかけた結果の1因子の因子得点	-1.544	2.083	0.197	0.938	0.096	0.960	-0.457	0.942	-0.473	0.924
職種	管理	該当＝1、それ以外＝0	0.0	1.0	0.227	0.419	0.066	0.248	0.005	0.071	0.000	0.000
	専門・技術		0.0	1.0	0.282	0.450	0.234	0.423	0.195	0.397	0.131	0.337
	事務		0.0	1.0	0.184	0.388	0.483	0.500	0.171	0.377	0.414	0.493
	販売		0.0	1.0	0.117	0.322	0.069	0.254	0.137	0.344	0.103	0.304
	サービス		0.0	1.0	0.079	0.270	0.105	0.307	0.176	0.381	0.217	0.413
	マニュアル		0.0	1.0	0.109	0.312	0.044	0.204	0.315	0.465	0.136	0.343
	年収	18階級で質問した結果の各階級の中央値（万円）	25.000	1600.000	639.390	334.775	445.377	271.552	260.951	222.964	150.184	139.537
	関連度	「あなたが最終学歴で学んだ専門分野と現在の業務がどの程度関係あるか、当てはまるものを選択してください。」に対し、関係している＝4、どちらかと言えば関係している＝3、どちらかと言えば関係していない＝2、関係していない＝1	1.0	4.0	2.370	1.155	2.212	1.201	1.751	1.027	1.803	1.124
	満足度	仕事に関する4つの項目に対し、満足している＝4、どちらかと言えば満足している＝3、どちらかと言えば満足していない＝2、満足していない＝1の回答の総和	4.0	16.0	10.213	3.145	10.575	2.947	9.414	3.059	10.923	2.911

2）今回の調査では、大学の選抜度について変数化できないこと、また現在の勤務先の勤続年数が変数に含まれていないことが分析上の制約となっている。

第6部　教育システム

図11-1　性別・雇用形態別　出身学部

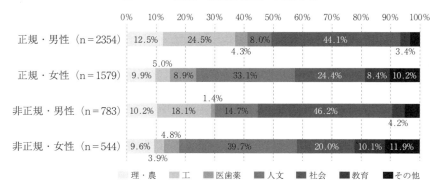

図11-2　性別・雇用形態別　職種

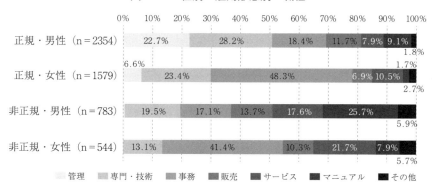

また女性は人文が男性よりも明確に多く、特に非正社員でいっそう多いことが確認される。これを年齢層別にみると（図は省略）、正規・女性において50代で教育および医歯薬がやや多くなっている。

同様に現在の職種の分布を示した図11-2では、正規・男性で管理が、正規・女性で事務が、非正規・男性でマニュアルが、非正規・女性でサービスが、それぞれ相対的に多い。これについても年齢層別に見ると（図は省略）、正規・男性では年齢が上がるほど管理職が増えて50代後半では45％に達しており、そのぶん他の職種が減少している。一方、正規・女性では高年齢ほど専門・技術が多く、逆に事務職が少なくなっている（50代後半ではそれぞれ36％と30％）。

第11章 "大学での専門分野と仕事との関連度"が職業的アウトカムに及ぼす効果

図11-3　性別・雇用形態別 〈関連度〉の分布

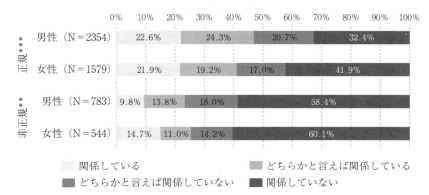

このような専門分野と職種の構成の違いはすでに周知ではあるが、後半の分析の解釈に用いるためあえて示した。

続いて、本分析が注目する〈関連度〉に関する基礎的な分析に進む。

図11-3は、4カテゴリー別に〈関連度〉の回答分布を示している。非正規より正規の方が、正規の中では男性の方が〈関連度〉が高いことがわかる。もっとも〈関連度〉が高い正規・男性においては、22％が「関係している」、24％が「やや関係している」と答えており、合わせて半数弱が、専門分野と仕事内容の対応関係について肯定的な回答を示している。同比率は正規・女性では40％前後に下がるが、「関係している」の回答は正規・男性と同程度である。年齢層別でみると、正規・女性のみ高年齢ほど「関係」「やや関係」の比率が高くなっているが、これは先述した専門分野および職種の構成比によるものと考えられる。正社員の場合は半数弱が専門分野と関連のある仕事内容に従事しているということは、〈関連度〉が日本においても無視できない重要性をもっていることを示唆する。

続いて図11-4は、大学での専門分野別に4カテゴリーの〈関連度〉のスコア（関係している＝4、どちらかと言えば関係している＝3、どちらかと言えば関係していない＝2、関係していない＝1と変換）の平均値を示している。分野別でみると医歯薬が突出しており、次いで工学と教育の正社員が続いている。各分野内部では総じて正規の方が非正規よりも〈関連度〉が高く、正規内での男女差

第6部　教育システム

図11-4　性別・雇用形態別・出身学部別　〈関連度〉

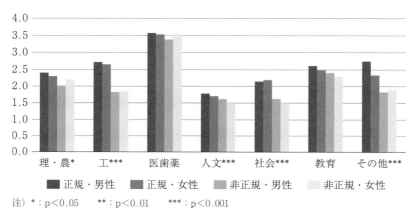

注）＊：p＜0.05　　＊＊：p＜0.01　　＊＊＊：p＜0.001

図11-5　性別・雇用形態別・職種別　〈関連度〉

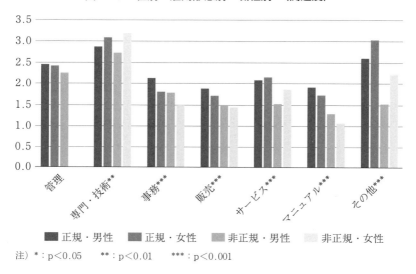

注）＊：p＜0.05　　＊＊：p＜0.01　　＊＊＊：p＜0.001

は顕著ではない。

　図11-5は職種別・4カテゴリー別の〈関連度〉スコア平均値を示している。専門・技術で突出しており、管理がそれに続いている。事務、販売、マニュアルの各職種では〈関連度〉に正規＞非正規、男性＞女性の傾向がみられるが、専

第11章 "大学での専門分野と仕事との関連度"が職業的アウトカムに及ぼす効果

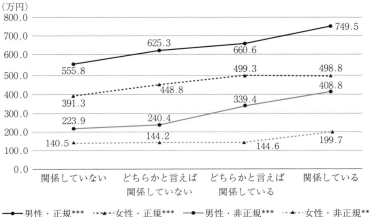

図11-6 性別・雇用形態別 〈関連度〉別 年収

注）＊：p＜0.05　＊＊：p＜0.01　＊＊＊：p＜0.001

門・技術とサービスではむしろ女性の方がやや高い。

　ここからは、〈関連度〉と仕事上のアウトカムとの関係を確認する。他の諸変数を統制した多変量解析は次節以降で行うため、まず単純な二変数間の関係をみておく。

　図11-6は、〈関連度〉別の年収を4カテゴリーのそれぞれについて示している。総じて〈関連度〉が高い方が年収が高いが、それよりも、正規と非正規および男性と女性の間に著しい年収格差が存在していることが目を引く。また、女性の方が右上がりの傾きは小さい。

　図11-7は、同様に〈関連度〉別の仕事満足度を4カテゴリー別に示している。ここでも総じて〈関連度〉が高い方が満足度が高い。そして図11-6とは異なり、正規と非正規、男性と女性の間で仕事満足度に大きな差はなく、むしろ非正規・女性において仕事満足度がやや高い傾向すらうかがわれる。

　図11-8には、参考として、〈関連度〉別の業務スキル水準を4カテゴリー別に示した。やはり総じて〈関連度〉が高い方が業務スキル水準が高く、また正規のほうが非正規よりも業務スキル水準が高い。正規男女の間では業務スキル水準に大きな差はみられないが、非正規女性は非正規男性に比べて、むしろ〈関連度〉

第6部　教育システム

図11-7　性別・雇用形態別　〈関連度〉別　仕事満足度

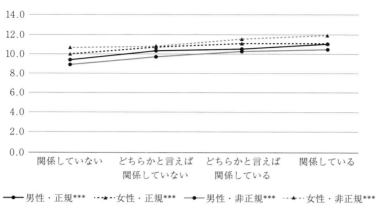

注）*：p＜0.05　　**：p＜0.01　　***：p＜0.001

図11-8　性別・雇用形態別　〈関連度〉別　業務スキル水準

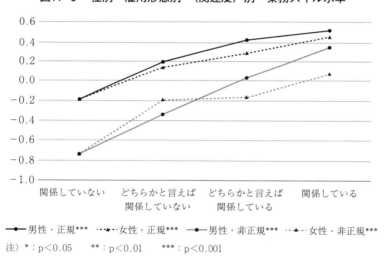

注）*：p＜0.05　　**：p＜0.01　　***：p＜0.001

が高い場合に業務スキル水準が伸びどまっている傾向がある。

　以上の基礎的な分析では、〈関連度〉が高ければ仕事の客観的アウトカム（収入）および主観的アウトカム（仕事満足度）も高く、さらに〈関連度〉が高い場合に業務スキル水準も高くなっている。ここからは、〈関連度〉すなわち大学での専門分野とマッチした仕事内容に従事することは仕事に関して様々に望ましい

第11章 "大学での専門分野と仕事との関連度"が職業的アウトカムに及ぼす効果

結果をもたらすように見える。これをふまえて次節では、他の諸変数を統制してもそのような〈関連度〉の効果が残るかどうかの検討に進む。

4.2 年収に対する〈関連度〉の効果

本節では、仕事上の客観的アウトカムとしての年収に対する〈関連度〉の効果を多変量解析によって検討する。表11-3は、年収（対数変換）を従属変数とし、基本属性、大学時代の取組の熱心度、専門分野、仕事特性と研修・自己啓発経験、職種を統制変数とした上で、〈関連度〉および〈関連度〉と専門分野・職種との交互作用を順に投入した重回帰分析の結果である。

統制変数に加えて〈関連度〉を投入したModel2を見ると、男性では正規・非正規ともに〈関連度〉が高い方が年収が高いが、女性では正規・非正規ともに〈関連度〉の効果はみられない。さらに専門分野と〈関連度〉の交互作用項を投入したModel3では、男性では工学および医歯薬分野の出身で〈関連度〉が高い仕事に就いている場合に賃金が高く、その効果はむしろ非正規で顕著であるが、正規・女性では交互作用項に有意な効果はみられない。これは、女性の理工系出身者が男性に比べて職業キャリア面で不利になっているという先行研究の結果と合致している。非正規・女性では医歯薬分野の出身で〈関連度〉が高い場合のみ年収に正の影響がある。職種と〈関連度〉の交互作用項を投入したModel4では、いずれの交互作用項にも有意な効果は見いだされなかった。

Model2の統制変数の中で、正規・女性に関して収入を高める効果をもっているのは、医歯薬分野、企業規模、管理職、専門・技術職、事務職であることである。

Model2は、〈関連度〉は男性においてのみ年収を高める効果を持つが、女性ではそのような効果が見られないことを示している[3]。

3）本データはサンプリングの設計により、男女を統合した分析は望ましくないが、参考として男女を合わせた上で専門分野ごとおよび職種ごとに年収の規定要因に関する分析を行ったところ（結果の表は省略）、すべての分野・職種において男性ダミーが明確に年収を上昇させる効果をもっていた。〈関連度〉は分野・職種により有意になる場合とならない場合があるが、係数はすべて正である。また、工学分野において、男性×〈関連度〉の交互作用項が1％水準で年収に正の影響を及ぼしていた。すなわち、同じ工学分野の出身であっても、男性は関連度が高い仕事に就いている場合に年収が上昇するが、女性ではそうではないことが確認される。

327

第6部　教育システム

表11-3　従属変数＝年収対数、重回帰分析、値は標準化係数

	Model1				Model2				Model3				Model4			
	正規		非正規		正規		非正規		正規		非正規		正規		非正規	
	男性	女性	男性	女性	男性	女性	男性	女性	男性	女性	男性	女性	男性	女性	男性	女性
年齢	.109***	.098***	.061	.029	.107***	.097***	.058	.031	.106***	.096***	.042	.035	.106***	.096***	.064	.026
父大卒	.019*	-.046+	.012	-.001	.048*	.046+	.011	-.001	-.044+	-.044+	.008	-.005	.047*	.049+	.008	-.002
母大卒	-.002	.089**	-.006	-.021	-.003	.089**	-.012	-.021	-.002	.086**	-.006	-.022	-.003	.090**	-.012	-.027
有配偶	.167***	-.098***	.098**	-.235***	.166***	-.098***	.093*	-.235***	.165***	-.100***	.088*	-.235***	.164***	-.098***	.093*	-.229***
子ども数	.059**	-.026	.003	-.068	.057*	-.027	.001	-.070	.055*	-.027	-.001	-.074	.058**	-.028	.000	-.071
国公立	.036+	.003	-.053	.008	.034+	.003	-.050	.007	.034+	-.001	-.051	.005	.035+	.002	-.055	.009
大学院卒	.067**	.008	.013	.082+	.063**	.007	.003	.086+	.063**	.006	.028	.087*	.063**	.006	.002	.074+
実習・インターン・留学	-.007	-.003	.037	-.039	-.008	-.004	.033	-.004	-.007	-.004	.023	-.035	-.008	-.001	.034	-.047
授業	-.012	.000	.127**	-.079	-.008	-.002	.134**	-.079	-.020	-.002	.136**	-.073	-.019	-.004	.133**	-.079
バイト・部活・友人	.060*	-.014	.175**	.016	.062*	-.014	.180**	.016	.061*	-.014	.183**	.008	.060*	-.012	.181**	-.016
部・サークル・ボランティア	-.024	-.009	-.071	.053	-.027	.008	-.074	.053	-.024	.007	-.075	.057	-.026	.008	-.073	.059
語学・資格	-.002	-.020	-.042	-.016	-.002	-.021	-.051	-.015	-.003	-.022	-.043	-.020	-.002	-.022	-.056	-.024
工	.045+	.008	-.018	.072	.037	.007	-.016	.072	-.063	.087	-.280***	.094	-.013	.006	.038	.067
医歯薬	.126***	.123***	.044	.130*	.114***	.120***	.044	.138**	-.006	.079	-.345***	-.226	.113***	.114***	.038	.108*
人文	.031	-.058	-.020	-.016	.038+	-.056	-.013	-.020	.056	-.052	-.109	-.004	-.016	-.054	-.016	-.035
社会	.090**	-.011	-.057	.055	.090**	-.012	-.053	.039	.036	-.065	-.234*	-.004	.090**	-.009	.107*	.045
教育	.030	-.021	-.011	-.043	-.016	-.053	-.018	-.069	.036	-.041	-.083	-.060	-.023	-.023	-.053	-.057
その他	-.029	-.007	.022	-.022	-.034+	-.008	-.024	-.021	.014	-.045	-.023	.047	-.034+	-.006	-.024	-.038
業務スキル水準	.073**	.049+	.098*	.118*	.063**	.048+	.080+	.124**	.061**	.050+	.080+	.127**	.063**	.052+	.082+	.119*
企業規模	.199***	.293***	.121**	.103*	.201***	.293***	.125***	.101*	.200***	.291***	.120***	.107**	.202***	.297***	.125***	.100*
転職回数	-.090***	-.045+	.012	.048	-.086***	-.044+	.020	.046	-.088***	-.046+	.018	.043	-.085***	-.044+	.018	.055
企業内研修	.084**	.052+	.104*	.037	.097**	.052+	.099*	.039	.099**	.155*	.098*	.032	.090+	.048	.107*	.042
企業外研修	-.044	-.004	-.014	-.066	-.048+	-.005	-.016	-.069	-.036	-.002	-.036	-.060	-.046+	-.005	-.015	-.055
読書密度	.041	-.001	.013	.027	.040	-.001	.016	-.005	.040	-.002	.025	.030	.040	-.002	.011	.034
管理	.258***	.235***	.112*	.103*	.254***	.236***	.111*	.236***	.257***	.232***	.108**	.107**	.313***	.234***	.125***	.100**
専門・技術	.109***	.159**	.147*	.155*	.097**	.157**	.117	.168**	.099**	.155*	.122**	.149+	.090	-.017	.107*	.055
事務	.084**	.246***	.055	.321***	.083**	.249***	.045	.319***	.086**	.236***	.043	.301***	.085	.165	.071	.165
販売	.044+	.080*	.036	.075	.047*	.082*	.035	.073	.046+	.074*	.037	.068	.040	.026	.026	.158
サービス	-.027	.046	-.018	.033	-.027	.046	.080+	.035	-.025	.050+	-.016	.022	-.006	.007	-.101	.076
関連度					.070***	.016	.087*	-.039	.023	.013	-.115	-.044	.088+	.074	.034	.030
工×関連度									.116+	-.089	.302***	.149*				
医歯薬×関連度									.135+	-.040	.433**	.383*				
人文×関連度									-.029	-.004	.082	.035				
社会×関連度									.058	.062	.184+	.065				
教育×関連度									.018	.022	.096	-.099				
その他×関連度									-.065	-.063	.044	.036				
管理×関連度													-.068	-.001	.008	-.068
専門・技術×関連度													-.002	.208	.117	.178
事務×関連度													-.002	.069	-.019	-.137
販売×関連度													.009	.046	.013	-.092
サービス×関連度													-.024	.036	.099	-.053
n	2354	1579	783	544	2354	1579	783	544	2354	1579	783	544	2354	1579	783	544
有意確率	0.000	0.000	0.000	0.000	0.000	0.000	0.000	0.000	0.000	0.000	0.000	0.000	0.000	0.000	0.000	0.000
調整済み R 二乗	0.298	0.180	0.116	0.171	0.302	0.180	0.119	0.170	0.304	0.180	0.134	0.177	0.301	0.180	0.116	0.173

第11章 "大学での専門分野と仕事との関連度"が職業的アウトカムに及ぼす効果

表11-4 男女間収入格差と関連度

年収：男性639.39万円 女性445.38万円　年収格差：194.01（万円）

		女性の調整後年収（万円）	男性との差（万円）	追加変数の効果（万円）	年収格差のうち説明される割合（％）
Model1	年齢	452.90	186.49	7.52	3.87
Model2	Model1＋専攻分野	469.25	170.14	16.36	8.43
Model2.1	Model1＋理農	454.43	184.96	1.54	0.79
Model2.2	Model1＋工	457.17	182.22	4.27	2.20
Model2.3	Model1＋医歯薬	444.84	194.55	−8.06	−4.15
Model2.4	Model1＋人文	469.16	170.23	16.27	8.39
Model2.5	Model1＋社会	454.75	184.64	1.86	0.96
Model2.6	Model1＋教育	454.52	184.87	1.63	0.84
Model3	Model2＋大学院卒	472.14	167.25	2.89	1.49
Model4	Model3＋職種	514.36	125.03	42.22	21.76
Model4.1	Model3＋管理	517.61	121.78	45.47	23.44
Model4.2	Model3＋専門・技術	472.38	167.01	0.24	0.13
Model4.3	Model3＋事務	485.12	154.27	12.98	6.69
Model4.4	Model3＋販売	470.55	168.84	−1.59	−0.82
Model4.5	Model3＋サービス	472.36	167.03	0.22	0.11
Model4.6	Model3＋マニュアル	464.03	175.36	−8.11	−4.18
Model5	Model4＋企業規模	520.29	119.10	5.92	3.05
Model6	Model5＋業務スキル水準	518.69	120.70	−1.60	−0.82
Model7	Model6＋関連度	518.02	121.37	−0.67	−0.34
Model8.1	Model7＋工×関連度	518.18	121.21	0.16	0.08
Model8.2	Model7＋人文×関連度	518.03	121.36	0.01	0.00
Model8.3	Model7＋社会×関連度	518.52	120.87	0.50	0.26
	Model7までで説明されない格差		121.37		62.56

　女性にとって〈関連度〉が年収の上昇をもたらしていないことを別の角度から検討するために、年収に対する〈関連度〉の影響力の差が明確である正規男女のみに分析対象を限定し、DFL法[4]）を用いて男女間収入格差の要因を探った結果が表11-4である。

　その結果によれば、男女間収入格差の23％は管理職比率の違いにより、また8％は大学で人文学を専門分野としていた者の比率の違いで説明され、〈関連度〉

4）DFL法は、女性の属性分布を男性に近づけるよう調整することで賃金格差の変化を検討する手法である。具体的には、性別を従属変数とし、調整したい変数を独立変数に投入した二項ロジスティック回帰分析を行い、各ケースについて算出される予測確率を用いて分布調整ウエイトを作成し、仮想的な年収の平均額を求める手法である。詳しくは山口［2017］を参照。

第6部　教育システム

は男女間収入格差にほとんど影響していない。なお男女間収入格差の6割以上は
ここでの調整変数では説明できない。

〈関連度〉は、男性においては収入を高めるが、女性にとっては収入を高めた
り男女間収入格差を縮小したりする効果をもたないことが、本節の分析から明ら
かになった。

4.3　仕事満足度に対する〈関連度〉の効果

それでは、仕事上の主観的アウトカムとしての仕事満足度に対しては、〈関連
度〉はいかなる効果を持っているのか。仕事満足度を従属変数として、先の表
11-3と同様のモデルの重回帰分析を行った結果が表11-5である。

統制変数に加えて〈関連度〉を投入したModel2を見ると、正規の男女では
〈関連度〉が高いほうが満足度が高い。交互作用項を投入したModel3・4からは、
こうした効果は特定の専攻分野や職種の〈関連度〉にほとんど影響されていない
ことが確認される。

表11-3と表11-5の分析を合わせて考察すると、正規・男性では〈関連度〉は
収入と満足度の双方を高めるのに対し、正規・女性では〈関連度〉は収入を高め
ず仕事満足度のみを高めるということになる。正規・男性の結果に注目するなら
ば、大学での専門分野と仕事内容とのマッチングを高めることは、個人が客観
的・主観的に、より望ましい職業キャリアを追求する上で有益であるということ
ができる。しかし、なぜ正規・女性では〈関連度〉が仕事満足度のみを高め、収
入に反映されないのかについては、さらなる解明が必要である。

そのために、次節では〈関連度〉そのものがいかなる要因によって規定されて
いるのかに関する分析、すなわちサブリサーチクエスチョンの検討を行う。

4.4　〈関連度〉の規定要因

先の表11-4におけるDFL法の分析と同様に、以下では年収に対する〈関連
度〉の影響力の相違が明確である正規の男女のみを対象として分析を行う。〈関
連度〉を従属変数とする順序ロジスティック回帰分析を行った結果が表11-6で
ある。

交互作用項を投入しないModel1によれば、男女に共通して〈関連度〉にプラ
スの効果をもつ変数は、大学院卒、大学時授業熱心度、大学時語学・資格熱心度、

第11章 "大学での専門分野と仕事との関連度"が職業的アウトカムに及ぼす効果

表11-5 従属変数＝満足度合計、重回帰分析、値は標準化係数

	Model1 正規 男性	Model1 正規 女性	Model1 非正規 男性	Model1 非正規 女性	Model2 正規 男性	Model2 正規 女性	Model2 非正規 男性	Model2 非正規 女性	Model3 正規 男性	Model3 正規 女性	Model3 非正規 男性	Model3 非正規 女性	Model4 正規 男性	Model4 正規 女性	Model4 非正規 男性	Model4 非正規 女性
年齢	-.021	.023	-.014	.010	-.022	.017	-.017	.007	-.022	.016	-.024	.002	-.023	.015	-.023	.016
父大卒	.008	.010	-.013	.027	.010	.009	-.014	.027	.009	.009	-.019	.023	.009	.008	-.014	.023
母大卒	.046*	-.014	.067+	.041	.046*	-.015	.062	.041	.046*	-.018	.061	.042	.045*	-.015	.063	.044
有配偶	.013	.076**	.101*	.209***	.013	.078**	.097**	.210***	.014	.077**	.097**	.209***	.012	.075**	.097*	.204***
子ども数	-.010	.066*	-.026	.037	-.012	.062*	-.047	.039	-.011	.063*	-.041	.038	.025	.060*	-.021	.035
国公立	.026	.062*	-.007	.006	.025	.060*	-.024	.007	.023	.059*	-.022	.006	.020	.007	-.018	.003
大学院卒	-.017	.019	-.007	.041	-.020	.011	-.016	.035	-.021	.010	-.007	.040	-.020	.007	-.005	.048
実習・インターン・留学	.033	.013	.006	.035	.031	.006	.002	.034	.031	.005	.000	.047	.032	.007	-.005	.041
授業	.078**	.014	.012	.035	.070**	.002	.005	.035	.069**	.005	-.001	.038	.069**	-.001	-.003	.039
バイト・就活・友人	.123***	.113**	.094+	.035	.125***	.118**	.100+	.035	.126***	.119**	.107+	.045	.125***	.125**	.110+	.035
部・サークル・ボランティア	-.011	-.032	-.019	.033	-.014	-.039	-.021	.033	-.015	-.040	-.025	.033	-.015	-.047	-.028	.033
語学・資格	-.012	-.040	-.035	.056	-.015	.032	-.026	.055	-.016	.031	-.020	.050	-.016	.032	.023	.068
工	.004	-.029	.039	-.077	-.004	-.037	.041	-.076	-.017	.000	-.066	-.069	-.005	-.033	.030	-.081+
医歯薬	.002	-.069*	.003	.007	-.005	-.097**	.002	-.006	.022	.035	-.103	.035	-.010	-.087	.000	.024
人文	-.012	-.041	-.055	-.132+	-.005	-.027	-.048	-.126	-.026	.047	-.165+	.032	-.048	-.031	-.045	-.119
社会	.047	-.022	-.039	-.047	.048	-.031	-.035	-.043	-.003	.023	-.275*	-.011	-.008	-.032	-.040	-.048
教育	-.007	-.032	-.031	.055	-.009	-.037	-.038	.050	-.069	.037	-.090	.015	-.008	-.032	-.026	.057
その他	-.002	-.007	-.028	.043	-.008	-.012	-.026	.042	.009	.087	-.065	.220+	-.023	-.006	-.028	-.053
企業規模	-.026	-.090**	-.024	-.064	-.023	-.087**	-.020	-.062	-.022	-.088**	-.019	-.066	-.023	-.096**	-.024	-.060
転職回数	-.019	-.061*	-.058	-.069	-.016	-.052*	-.051	-.067	-.015	-.055*	-.048	-.066	-.016	-.051*	-.045	-.079+
企業内研修	.045+	.067*	.025	-.013	.043	.068*	.021	-.016	.042	.065*	.016	-.023	.043	.062+	.015	-.014
企業外研修	.024	-.001	.009	.107+	.020	-.014	.006	-.102	.021	-.013	.010	.110+	.002	-.014	.009	-.121+
読書密度	.002	.014	.093*	.014	.001	.015	.096*	-.129*	-.001	.013	.090+	.136*	.002	.017	.094*	.134*
業務スキル水準	.120***	.023	.160***	-.049	.111***	.014	.143***	-.057	.112***	.015	.150***	-.068	.111***	.014	.142**	-.064
管理	.050	.039	-.019	.005	.049	.046	-.018	-.014	.008	-.012	-.095*	.032	.064	.101	-.115	-.239**
専門・技術	.017	.000	-.074	-.004	.006	-.013	-.102*	-.002	.001	.005	-.054	-.008	-.018	.116	-.102	.017
事務	.007	-.016	-.034	-.025	.007	.009	-.044	-.021	-.031	.008	-.107*	-.025	.023	.123	-.095	-.188
販売	-.033	-.008	-.099*	-.010	-.029	.010	-.100*	-.013	.032	.032	-.086*	-.008	-.053	-.024	.073	-.006
サービス	.034	.024	-.081*		.033	.031	-.082*		.036	.032	-.086*	-.008	.056	.200**	.079+	-.033
年収	.187***	.158***	.076+	.134**	.181***	.153***	-.069+	.134**	.180***	.152***	-.059	.136**	.180***	.154***	.079+	.137**
関連度					.070**	.125***	.084+	.060	.036	.216**	-.092	.183	.073	.243**	.102	-.022
工×関連度									.018	-.047	.114	-.003				
医歯薬×関連度									-.025	-.165	.139	-.072				
人文×関連度									.018	-.065	.117	-.163				
社会×関連度									.058	-.056	.264*	-.010				
教育×関連度									.069	-.088	.077	.037				
その他×関連度									-.017	-.116	.040	.209+				
管理×関連度													.027	-.056	.233*	-
専門・技術×関連度													-.019	-.166	.005	-.166
事務×関連度													.027	-.099	.062	-.099
販売×関連度													-.026	-.184*	-.008	.062
サービス×関連度															-.181*	-.050
n	2354	1579	783	544	2354	1579	783	544	2354	1579	783	544	2354	1579	783	544
有意確率	0.000	0.000	0.000	0.000	0.000	0.000	0.000	0.000	0.000	0.000	0.000	0.000	0.000	0.000	0.000	0.000
調整済み R二乗	0.151	0.084	0.086	0.120	0.155	0.093	0.089	0.125	0.154	0.092	0.090	0.124	0.153	0.098	0.099	0.130

第6部　教育システム

表11-6　従属変数＝関連度、順序ロジスティック

		Model1		Model2		Model3	
		男性	女性	男性	女性	男性	女性
しきい値	[関連度 = 1.00]	.548	.681	− 1.903	5.256	− 2.958	− 1.597
	[関連度 = 2.00]	1.602	1.616	− .847	6.193	− 1.883	− .634
	[関連度 = 3.00]	2.986*	2.903*	.538	7.485+	− .466	.700
	年齢	.007	.017**	.006	.018**	.006	.019**
	父大卒	− .022	.029	− .024	.048	− .032	.042
	母大卒	.023	.050	.021	.047	.046	.041
	有配偶	.066	− .115	.057	− .114	.070	− .114
	子ども数	.071	.124 +	.076	.124 +	.056	.138 +
	国公立	.071	.111	.074	.120	.055	.115
	大学院卒	.297*	.490**	.298*	.478*	.294*	.554**
大学時代の熱心度	実習・インターン・留学	.054	.129*	.052	.135*	.058	.129*
	授業	.276***	.254***	.275***	.255***	.281***	.234***
	バイト・就活・友人	− .063	− .087	− .070	− .092	− .070	− .054
	部・サークル・ボランティア	.112+	.127	.116+	.124	.111	.118
	語学・資格	.132*	.176**	.134*	.181**	.141*	.164*
専門分野（基準：その他）	理・農	− .862***	− .250	− .998***	− .215	− 1.038***	− .648*
	工	− .345	.230	− .484 +	.235	− .470 +	− .137
	医歯薬	1.478***	1.582***	1.331***	1.657***	1.904***	1.215***
	人文	− 1.708***	− .870***	− 1.967***	− .797***	− 1.987***	− 1.553***
	社会	− .849***	.129	− 1.075***	.170	− 1.248***	− 1.010***
	教育	− .549 +	.002	− .603 +	.031	− .790*	.124
	企業規模	.000 +	− .000	.000 +	− .000	.000*	− .000
	転職回数	− .085**	− .108***	− .083**	− .106***	− .084**	− .104***
	企業内研修	.052	− .002	.052	− .005	.068	− .008
	企業外研修	.038 +	.079**	.038 +	.078**	.040 +	.073*
	読書密度	.045	.004	.048	.001	.031	.034
	業務スキル水準	.328***	.201**	.331***	.202**	.325***	.198**
職種（基準：マニュアル・その他）	管理	.261 +	− .475	− .509	.445	.314*	− .260
	専門・技術	.805***	.631*	.782***	.629*	.747***	.647*
	事務	.108	− .861***	.132	− .868***	− 1.956*	− 1.908***
	販売	− .209	− 1.178***	− .186	− 1.181***	− .159	− 1.076***
	サービス	.003	− .378	.004	− .388	.005	− .259
	管理×理・農			.573	− .841		
	管理×工			.629	− .372		
	管理×医歯薬			.578	− 1.477		
	管理×人文			1.072 +	− 1.441 +		
	管理×社会			.918 +	− .871		
	管理×教育			.213	− .681		
	事務×理・農					1.682*	.769 +
	事務×工					1.100	.802
	事務×医歯薬					− 3.519**	.710
	事務×人文					2.101*	1.405***
	事務×社会					2.552**	2.061***
	事務×教育					2.069*	− .503
	n	2354	1579	2354	1570	2354	1570
	有意確率	0.000	0.000	0.000	0.000	0.000	0.000
疑似R2乗	Cox と Snell	0.257	0.339	0.259	0.341	0.281	0.363
	Nagelkerke	0.275	0.365	0.277	0.367	0.300	0.391
	McFadden	0.108	0.157	0.109	0.158	0.120	0.171

第11章 "大学での専門分野と仕事との関連度"が職業的アウトカムに及ぼす効果

医歯薬分野、企業外研修、業務スキル水準、専門・技術職である。ただし、専門・技術職であることと〈関連度〉の正の関係の強さは、男性の方が明確である。また、男女に共通して〈関連度〉にマイナスの効果をもつのは人文および転職回数である。大学時の授業熱心度が〈関連度〉に正の影響を及ぼしていることから、大学での学修の密度が高い場合に〈関連度〉が高くなると言える。

性別による違いをみると、男性においてのみ有意な影響が見出される変数は、理・農分野と社会科学分野でありいずれもマイナスである。また、10%の有意水準であるが、男性においては管理職に就いていることは〈関連度〉と正の関係があるが、女性の管理職ではそうした関係は見いだされない。他方で、女性においてのみ有意な影響が見られる変数は、年齢（＋）、大学時実習・インターン・留学熱心度（＋）、企業外研修（＋）、事務（－）、販売（－）である。正規女性の中で構成比の大きい事務職において〈関連度〉が低くなっていることが注目される。

続いて、管理職と専門分野の交互作用項を投入したModel2においては、10%水準の有意確率ではあるが、男性では人文学および社会科学分野を卒業して管理職に就いていることが〈関連度〉にプラスの効果をもつが、女性では人文学分野卒で管理職であることは〈関連度〉に対してマイナスに作用している。

さらに、事務職と専門分野の交互作用項を投入したModel3では、人文学および社会科学分野を卒業して事務職に就いていることは男女ともに〈関連度〉を引き上げるように作用している。しかし、事務職の主効果と合わせて検討すると、男性では人文学および社会科学分野を学んで事務職に就いていることの交互作用項の係数のプラス分は、事務職の主効果のマイナス分を上回る。女性でも社会科学分野と事務職の交互作用項の係数のプラス分は事務職の主効果のマイナス分を上回っているが、人文学分野と事務職の交互作用項の係数は主効果のマイナス分を補うにはいたっていない。

以上の分析結果を総合すると、正規・女性においてなぜ〈関連度〉が収入を高める効果をもたないのかについては、以下のような複合的な諸要因を考慮する必要があると考えられる。第一に、女性では人文学分野卒と事務職の比率がいずれも高い（図11-1，図11-2）。第二に、正規・女性にとって事務職、管理職、専門・技術職に就くことは相対的に収入を高める（表11-3）。第三に、男性では理工系出身で〈関連度〉が高い場合に収入が高まるが、女性では同じく理工系出身

333

第6部　教育システム

で〈関連度〉が高くとも収入は高まらない（表11-3）。第四に、人文学分野は男
女ともに〈関連度〉が低い（表11-6）。第五に、女性のみにおいて事務職は〈関
連度〉が低く、管理職は〈関連度〉と明確な関係がなく、専門・技術職は〈関連
度〉を高める効果が弱い（表11-6）。第五に、女性において、人文学分野卒で管
理職に就いた場合には男性とは異なり〈関連度〉は低くなり、また事務職に就い
た場合に〈関連度〉はやや高まるが事務職そのものの〈関連度〉の低さを覆すま
でにはいたらない（表11-6）[5]。

　このように、正規・女性にとって事務職、管理職、専門・技術職に就くことは
相対的に収入を高めるが、女性がこれらの職種に就いている場合に男性と比べて
〈関連度〉が高くならないということが、女性にとって〈関連度〉が収入の上昇
につながらないことの主な背景となっていると考えられる。加えて、女性の中で
多くを占める人文学分野の出身であることは総じて〈関連度〉を引き下げる傾向
をもつが、男性では人文学卒であっても管理職や事務職に就いた場合にその〈関
連度〉の低さがやや軽減される状況が見られるのに対し、女性ではそうした現象
は観察されない。女性の中で相対的に少ない理工系出身者についても、同じ分野
出身の男性では観察される、〈関連度〉が収入を高める効果は見られない。

　大学の各専門分野の内部で、性別によって学ぶ内容が大きく異なるということ
は想定し難いため、このような男女間の相違は主に職場側に起因していると考え
られる。職場において、なぜ女性では男性と異なり〈関連度〉が事務職で低く、
管理職や専門・技術職でも男性と比べて〈関連度〉が高くならない結果になって
いるかについては、これらの職種名からだけではわからない、それぞれの内部の
性別職域分離や、女性の職務配置に際して企業側が男性の職務配置よりも大学で
の専門分野や専門知識に配慮していないことに起因している可能性が考えられ
る[6]。事務職の中でも「一般職」的な補助業務に、今なお主に女性が配置されて
いるケースはかなりの比重を占めている。これは本章が用いている調査データか
らは確認できないため、別途、企業内でのプロセスに踏み込んだ調査が必要とさ

5）本章では年齢別の分析を詳細に示すことは省略しているが、特に正規・女性について諸変
　数を年齢別に確認すると、最も高齢である50代後半の女性において、専門・技術職（教員
　等）が相対的に多いことの結果として〈関連度〉は高くなっているが、この年齢層の年収が
　男性ほど上昇していないということも、正規・女性における〈関連度〉と年収との関係を弱
　める一因となっている。

334

れる。

4　まとめと考察

　本章では、大学での専門分野と職務内容との対応関係を意味する〈関連度〉に注目し、それが仕事上の客観的および主観的なアウトカムに及ぼす影響と、〈関連度〉そのものを規定する要因に関して、男女間の相違に注意を払いつつ分析を加えてきた。

　正規・男性についての分析結果を見る限り、〈関連度〉は他の諸要因を統制した上でも、収入や仕事満足度を高めるポジティブな効果をもつ。他方で、正規・女性については、〈関連度〉は仕事満足度を高めるが収入を上昇させる効果は持っていなかった。その理由は主として、女性にとって相対的に高い収入に結びつく職種において、男性のように〈関連度〉が高くないということによるものであると言える。

　男性にとっては〈関連度〉が仕事上のアウトカムに結びついているからには、日本の大学教育と仕事との関係に関して、大学での専門分野と仕事内容とのマッチングの希薄さを放置するのでなく、大学教育と企業側の両者が〈関連度〉を高める方向での改善に努めることが有益であると考えられる。

　大学教育側に関しては、大学時の学修密度の高さが〈関連度〉と正の関係があるという知見からは、大学教育の「質」を高め、いかなる専門分野であっても仕事において有効性を発揮できるような学修経験を学生に保証することが重要であるという示唆が得られる。また、男女間の専門分野の構成比の偏りを是正してゆくことが、引き続き求められるだろう。

　企業側に関しては、女性正社員において男性正社員と同様の〈関連度〉の収入への効果が見いだされないということは、女性が大学で身につけた知識・スキルが収入に結びつく形では活かされていないことを意味する。日本の職場において

6）性別職域分離に関しては、木本［2003］、村尾［2003］、首藤［2003］、高松［2012］、大湾［2017］をはじめ多数の研究蓄積があるが、大学の専門分野と結びつけた分析は山口［2017］などごく一部に限られる。また、山口［2017］は理工系の女性を増やすことの有効性を述べているが、現状では理工系女性も不利な状況にある。専門分野との〈関連度〉という観点から、性別職域分離について詳細に検討する余地が広く残されている。

第6部　教育システム

は、女性に対する差別が強固に存続していることがすでに明らかにされているが、大学での専門分野が報酬に反映する形で活かされているかどうかという点でも、女性は男性と比べて不利な状況にある。これを是正するためには、企業側が女性の職務配置に際して、男性と同程度に専門分野に適した配属を行い、また〈関連度〉に伴う知識・スキルの発揮を正当に報酬に反映させるように女性の処遇を改善することが不可欠である。さらに、〈関連度〉とは別に、男女間の賃金格差を是正してゆくためには、男性と比べて女性の中で構成比が少ない管理職に対して、より多くの女性を登用してゆくことが不可欠である。

参考文献

大湾秀雄［2017］「働き方改革と女性活躍支援における課題—人事経済学の視点から」RIETI Policy Discussion Paper Series 17-P-006。

小方直幸［2011］「大学生の学力と仕事の遂行能力」『日本労働研究雑誌』No. 64：28-38。

織田暁子［2018］「専攻分野によるキャリアの比較研究—人文・社会・理工・医療の四分類から—」古田和久編『2015年 SSM 調査報告書4　教育 I』37-55。

香川めい［2018］「大学教育への否定的評価再考」本田由紀編『文系大学教育は仕事の役に立つのか—職業的レリバンスの検討』ナカニシヤ出版：105-124。

金子元久［2013］『大学教育の再構築—学生を成長させる大学へ』玉川大学出版部。

喜始照宣［2018］「大学卒業者の類型と専門コンピテンスの重要度認識との関係性：経済学分野を事例として」一橋大学森有礼高等教育国際流動化センター Working Paper Series, No. WP2017-05。

木本喜美子［2003］『女性労働とマネジメント』勁草書房。

久米功一・鶴光太郎・戸田淳仁［2015］「多様な正社員のスキルと生活満足度に関する実証分析」RIETI Discussion Paper Series 15-J-020。

首藤若菜［2003］『統合される男女の職場』勁草書房。

高松里江［2008］「非正規雇用の規定要因としての高等教育専攻分野：水平的性別専攻分離の職域分離への転化に注目して」『年報人間科学』29-2：75-89。

高松里江［2012］「性別職域分離が賃金に与える影響とそのメカニズムに関する実証研究—技能に注目して—」『フォーラム現代社会学』

豊永耕平［2018a］「大学教育が現職で役立っていると感じるのは誰か」本田由紀編『文系大学教育は仕事の役に立つのか—職業的レリバンスの検討』ナカニシヤ出版：89-104。

第11章 "大学での専門分野と仕事との関連度"が職業的アウトカムに及ぼす効果

豊永耕平［2018b］「出身大学の学校歴と専門分野が諸職に与える影響の男女比較分析」『社会学評論』Vol. 69、No. 2：162-178。

舘野泰一［2014］「入社・初期キャリア形成期の探究：「大学時代の人間関係」と「企業への組織適応」を中心に」中原淳・溝上慎一編『活躍する組織人の探究—大学から企業へのトランジション』東京大学出版会。

濱口桂一郎［2013］『若者と労働—「入社」の仕組みから解きほぐす』中公新書ラクレ.

濱中淳子［2013］『検証・学歴の効用』勁草書房.

本田由紀［2004］「高校教育・大学教育のレリバンス」『JGSS で見た日本人の意識と行動——日本版 General Social Surveys 研究論文集 3』29-44。

本田由紀［2018a］「人文社会科学系大学教育は「役に立たない」のか」同編『文系大学教育は仕事の役に立つのか—職業的レリバンスの検討』ナカニシヤ出版：1-20。

本田由紀［2018b］「分野間の教育内容・方法の相違とスキルへの影響」同編『文系大学教育は仕事の役に立つのか—職業的レリバンスの検討』ナカニシヤ出版：21-42。

村尾祐美子［2003］『労働市場とジェンダー』東洋館出版社。

矢野眞和［2009］「教育と労働と社会—教育効果の視点から」『日本労働研究雑誌』No. 588：5-15。

山口一男［2017］『働き方の男女不平等』日本経済新聞出版社。

山本耕平・安井大輔・織田暁子［2015］「理系の誰が高収入なのか？：SSM2005 データにもとづく文系・理系の年収比較」『京都社会学年報』23：35-53。

山本耕平・安井大輔［2016］「大卒女性における専攻間賃金格差の分析：理工系出身女性の賃金抑制要因に注目して」『ソシオロジ』61（1）：63-81。

山本耕平［2018］「大卒女性における専攻間賃金格差の変化にかんする分析」古田和久編『2015年 SSM 調査報告書 4　教育 I』21-36。

吉本圭一［2011］「大学教育と職業への移行——日欧比較調査結果より」『高等教育研究』第 4 集：113-134。

Beede, D., T. Julian, D. Langdon, G. McKittrick, B. Khan, M. Doms［2011］"Women in STEM：A Gender Gap to Innovation," ESA Issue Brief #04-11：1-11.

Bobbitt-Zeher, D.［2007］"The Gender Income Gap and the Role of Education," *Sociology of Education*, Vol. 80：1-22.

Finnie, R., M. Frenette［2003］"Earning differences by major field of study：evidence from three cohorts of recent Canadian graduates," *Economics of Education Review*, Vol. 22, Issue 2：179-192.

García-Aracil, A.［2008］"College Major and the Gender Earnings Gap：A Multi-

第6部　教育システム

country Examination of Postgraduate Labour Market Outcomes," *Research in Higher Education*, Vol. 49, Issue 8 : 733-757.

Graham, J. W., S. A.Smith [2005] "Gender differences in employment and earnings in science and engineering in the US," *Economics of Education Review*, Vol. 24, Issue 3 : 341-354.

Reimer, D., C. Noelke, A. Kucel [2008] "Labor Market Effects of Field of Study in Comparative Perspective : An Analysis of 22 European Countries," *International Journal of Comparative Sociology* 49 : 233-256.

Robst, J. [2007] "Education, College Major, and Job Match : Gender Differences in Reasons for Mismatch," *Education Economics*, Vol. 15, Issue 2 : 159-175.

Roksa, J. [2005] "Double Disadvantage or Blessing in Disguise? Understanding the Relationship between College Major and Employment Sector," *Sociology of Education*, Vol. 78 : 207-23.

Smyth, E., S. Steinmetz [2008] "Field of Study and Gender Segregation in European Labour Markets," *International Journal of Comparative Sociology* 49 : 257-281.

van de Werfliorst, H. G. [2002] "Fields of Study, Acquired Skills and the Wage Benefit from a Matching Job," *ACTA SOCIOLOGICA*, Vol.45 : 287-303.

【第6部】教育システム

第12章

寺院・地蔵・神社の 社会・経済的帰結

ソーシャル・キャピタルを通じた 所得・幸福度・健康への影響[*]

伊藤高弘[a] ・ 大竹文雄[b] ・ 窪田康平[c]

要旨

　本研究は、一般的信頼、互恵性、利他性などのソーシャル・キャピタルが、所得・従業上の地位・管理職という労働市場でのアウトカムと幸福度に与える影響を個人に関する独自のアンケート調査をもとに検証した。ソーシャル・キャピタルの内生性に対処するために、小学生の頃に通学路および自宅の近隣に寺院・地蔵・神社があったか否かという変数を用いた。分析結果は操作変数法の有効性を示しており、推計結果からはソーシャル・キャピタルが高くても労働市場でのアウトカムには影響しないが、幸福度および健康水準を高めることであることが示唆された。また、労働市場でのアウトカムを高めない理由として、ソーシャル・キャピタルが高いと地域間移動が減少するという事実の存在を示した。

第6部　教育システム

1　はじめに

　一般的信頼や互恵性といったソーシャル・キャピタルが蓄積されていると、経済的取引の取引費用が低下するため、所得が高く幸福度も高いという実証研究は多い。たとえば、一般的信頼の高さが一人あたり所得や経済成長率と正の相関をもっていることを明らかにしている（Knack and Keefer [1997], Tabellini [2008], Algan and Cahuc [2010]）。個人レベルで互恵性と労働市場におけるアウトカムの関係をドイツ社会経済パネル調査（the German Socio-Economic Panel Study）を用いて研究したものに Dohmen et al. [2009] がある。彼らは、正の互恵性と残業時間、年収、雇用、生活満足度の間に正の相関があることを見出している。また、幸福度とソーシャル・キャピタルの間に正の相関があることを示した研究は多い（Putnam [2000], Helliwell [2003], Powdthavee [2008], Kuroki [2011], Yamamura et al. [2015]）。さらに、Ichida et al. [2009] および Kawachi et al. [1997] は、ソーシャル・キャピタルと健康の間の正の相関を示している。

　一方、ソーシャル・キャピタルが高まると所得や経済成長に必ずプラスの影響があるわけではないという指摘もある。例えば、Beugelsdijk and Smulders [2003, 2005] は、ソーシャル・キャピタルの形成が経済成長にマイナスの影響を与える可能性を指摘する。ソーシャル・キャピタルには、家族や友人とのネットワークのように同じバックグラウンドもつ結束型ソーシャル・キャピタル（bonding social capital）と、バックグラウンドが異なるコミュニティの間をつなぐような橋渡し型ソーシャル・キャピタル（bridging social capital）が存在する。彼らは、物質主義的な価値観と家族や友人との結束型ネットワークを重視す

＊本研究は、JSPS 科研費 JP26245041（大竹）、15K17069（窪田）および文部科学省共同利用・共同研究拠点大阪大学社会経済研究所「行動経済学拠点」の助成を受けた。本研究に対し RIETI、行動経済学会2016年度大会、「宗教と社会貢献」研究会、相愛大学、鹿児島高専で行われた研究会で多くのコメントといただいた。特に、鶴光太郎、山村英司、大垣昌夫、八木匡、近藤絢子、齊藤誠、釈徹宗、稲場圭信、櫻井義秀、白波瀬達也の各氏から有益なコメントを頂いた。記して感謝申し上げる。

a ）神戸大学大学院国際協力研究科　takahiro.ito@lion.kobe-u.ac.jp

b ）大阪大学大学院経済学研究科　ohtake@econ.osaka-u.ac.jp

c ）中央大学商学部　kkubota@tamacc.chuo-u.ac.jp

る住民が多い地域ほど、橋渡し型ソーシャル・キャピタルが少なく、経済成長を低めているということを見出している。また、Alesina et al.［2015］は、家族の連体感というソーシャル・キャピタルが強いと高所得を求めた地域間労働移動が減り、失業率も高まることを示している。さらに、Butler et al.［2016］は、信頼のレベルと個人所得の間がハンプシェイプトな形になっていることを示した。人をあまりにも信頼しないと、取引の機会を逃し、経済的なパフォーマンスにもそれが反映される。逆に、人を信頼しすぎると、他人に過剰に投資してしまったり、騙されたりすることになる。

　先行研究の多くは、ソーシャル・キャピタルと所得、幸福度、健康との間に正の相関を認めているが、それは必ずしも前者から後者への因果関係を示すものではない。例えば、互恵性や一般的信頼は、労働市場のアウトカムによって影響されるという意味で内生変数である可能性もある。労働者がより高い評価や所得を得られたからこそ上司に対して互恵的な行動をとるようになる可能性もある。「衣食足りて礼節を知る」ということわざのように、所得が高くなってはじめて互恵的な行動や他人を信頼できるようになるかもしれない。もし、このような逆の因果関係が互恵性と労働市場のアウトカムの間に存在したならば、互恵性と労働市場のアウトカムの間の正の相関は、前者から後者への因果関係を示すとは限らないことになる。

　したがって、ソーシャル・キャピタルに関する優れた操作変数を探し出すことが、ソーシャル・キャピタルと所得や幸福度との関係を明らかにする上では重要な問題になっている[1]。Algan and Cahuc［2010］および Alesina et al.［2015］は、移民のデータを用い出身国における平均的ソーシャル・キャピタルを操作変数として、ソーシャル・キャピタルから所得や経済成長の分析を行っている。また、Barr and Serneels［2009］は、ガーナのデータで互恵性の操作変数として、イスラム教徒であること、兄弟の中で最年少であること、両親と離れて住んでいる年数を用いて、互恵性が所得に与える影響を操作変数法で推定し、推定された係数は OLS よりも小さくなり、係数の値も統計的は有意でなくなっていることを示している。

1）同様の問題は、信仰心と所得や教育などのアウトカムとの正の相関を示した研究にも存在する。Gruber［2005］は、宗教的活動への参加についての操作変数として、その地域の宗教の信者の比率を用いて、所得や教育との間に正の相関があることを示した。

第6部　教育システム

　日本での実証研究において、移民の情報を使うことは、移民の数が多くないこと、移民に関するデータが十分でないことから難しい。宗教についての情報を用いることも考えられるが、多くが仏教徒であることから宗派による違いを用いることも難しい。また、日本においては、キリスト教やイスラム教のような一神教ではなく、多神教であるため、仏教と神道を同時に信じるという傾向もある。さらに、宗教がソーシャル・キャピタルにプラスの影響を与えるとは限らない。Berggren and Bjornskov [2011] は、日々の宗教活動が活発であるほど一般的信頼の程度が「低い」ことを、国別データ、アメリカの州別データ、アメリカの個人データをもとに明らかにしている。この理由として、一神教では、異教徒を信頼しないという効果が大きくなるためだと解釈している。ただし、東アジア諸国は、例外的になっており仏教圏では異なる可能性を指摘している。

　本研究では、無意識に宗教的価値観からソーシャル・キャピタルに影響を与える操作変数として、小学生の頃に通学路または家の近所に、寺院、地蔵菩薩（いわゆるお地蔵さん）、神社があったか否かという変数を用いる[2]。これらの変数が、ソーシャル・キャピタルに影響を与える可能性については、次の理由を考える。第一に、神社はもともと「それぞれの土地の守護神（産土神）という性格をもち、「村祭り」に代表される神道儀礼は地域住民の精神的（社会心理的）連帯機能を果たしていたものであった（湯浅 [1999]）」とされている。そのため、神社の存在が、その地域の人の互恵性を高める影響を直接的にもった可能性がある。実際、金谷 [2013] は神道の神社の氏子に対するアンケート調査をもとに、信仰心が強い人か神社活動の頻度が高い人ほど、地域・近隣の人々との交流が活発で、人々に対する信頼度が高いことを明らかにしている。第二に、寺院は「葬式仏教」という言葉にも示されているように、かつては死者ないし祖先の生と自己の現在の生のつながりを回想し、自覚する上に重要な役割を果たしていた（湯浅 [1999]）とされる。湯浅 [1999] は、「神道は日本人の生の空間性と地縁的原理

2）本研究においては、キリスト教会の有無を分析に用いていない。第一に、日本におけるキリスト教会の数は総体的に少ない。文化庁の『宗教統計年鑑』によれば、2014年において、全国でキリスト教会は7,053であるのに対し、神道の神社は81,237、仏教寺院は77,194である。第二に、ピュー・リサーチセンターの *The Global Religious Landscape* によれば、2010年時点において、キリスト教徒は人口の1.6％であり、宗派に属していない人が57.0％、仏教徒が36.2％に比べて少ない。

を指示し、仏教は時間性と血縁的原理を指示している」と指摘している。つまり、神社は地縁というソーシャル・キャピタルを高め、寺院は血縁というソーシャル・キャピタルを高める可能性がある。

また、仏像やお地蔵さんが身近にあると、人々は神様や人から見られている感覚をもつようになる可能性がある。ごみの不法投棄を防ぐために、鳥居のミニチュアやお地蔵さんを設置するとことが各地で行われており、効果が認められている[3]。人から見られている感覚をもつと、人々は利他的な行動をとったり、正直な行動をとる傾向があることが心理学の実験で確認されている（Bateson et al.［2006］, Oda at al.［2011］）。また、Mazar et al.［2008］は実験の前にモーゼの十戒を思い出させた被験者は、子供のころに読んだ本を思い出させた被験者よりも、嘘をつきにくいことを示している。さらに、Shariff and Norenzayan［2007］は、神を意識させた被験者は、独裁者ゲームにおいて、より多くのお金を匿名の他人に配分するという意味でより利他的な行動をとることを示した。

子供の頃に、寺院や地蔵菩薩を眼にする機会が多ければ、無意識のうちに仏や輪廻を信じる可能性が高くなり、その背後にある祖先を通じた血縁的なソーシャル・キャピタルが高まる可能性がある。一方、神社が近隣にあれば、その地域は神社を通じた地縁ネットワークが発達していた可能性が高い。本研究では、子供の頃の近隣環境が、信頼・互恵性・利他性といったソーシャル・キャピタルの形成に影響を与えることを示し、それらをソーシャル・キャピタルの操作変数として用いて所得や幸福度・健康への因果関係を明らかにする。

主な結果は次の通りである。第一に、神社の存在は互恵性に有意にプラスの影響を与える一方、寺院・地蔵菩薩の存在は信頼、互恵性、利他性に有意にプラスの影響を与える。興味深いのは、神社や寺院・地蔵菩薩がソーシャル・キャピタルに影響を与えるのは、信仰心を高めるというルートを通してではないことである。寺院・地蔵菩薩が子供の頃に近隣にあると、「どのような悪事も、天には必ず知られている」、「神様・仏様がいる」、「死後の世界（あるいは来世）の存在を信じる」というスピリチュアルな世界観をもつ傾向が高くなる。こうした世界観が、ソーシャル・キャピタルを高めている可能性がある。一方、神社はそのような世界観を高めるのではなく、直接的に互恵性を高める。これは、神社が地縁を

3）日本経済新聞［2014］、信濃毎日新聞［2012］

第6部 教育システム

高めるという特性と現生利益重視の宗教的特性とに対応していると考えられる。

第二に、神社・寺院・地蔵菩薩をソーシャル・キャピタルの操作変数として、所得に与える影響を分析したところ、OLSでは信頼・互恵性と所得の間に正の相関があるが、操作変数法では有意な相関がなくなる。これは、所得から信頼・互恵性の影響はプラスであるが、逆の因果関係がないことを意味する。この結果がなぜ生じたかについて、本研究では、地縁や血縁というソーシャル・キャピタルの形成は、高所得を求めた地域間労働移動を抑制する結果であるということを示した。

第三に、神社・寺院・地蔵菩薩をソーシャル・キャピタルの操作変数として、幸福度および健康に与える影響を分析した結果、両者には有意に正の相関があることを示した。しかも、操作変数法の係数は、OLSの係数よりも大きい。つまり、ソーシャル・キャピタルが高いと幸福度や健康水準が高まるという効果とともに、幸福度が高いか健康水準が高いとソーシャル・キャピタルが低くなるという効果が存在することを意味している。恵まれた状況にある人は、人との関係性を必要としないということを表していると考えられる。つまり、ソーシャル・キャピタルが高いと、人間関係を重視し、幸福度や健康を高めるが、所得を犠牲にしていると考えられる。

2 データ

2.1 暮らしと価値観に関する調査

本研究で用いるデータは、著者らが行ったインターネット調査『暮らしと価値観に関する調査』の本調査と追加調査の個票である。この調査は、日経リサーチのインターネットモニターに対して行われた。日本全国に居住する25～59歳の男女個人を対象に、国母集団準拠によって、47都道府県ブロック、25歳から59歳の年齢ブロック、男女別による標本割付を行ない、調査会社の登録モニターに全国配信するという手法で行った。調査は、2015年2月6日から2月14日までで、アンケートの回答者数は18,235人であった。このアンケートの回答者に対し、子供の頃の自宅での神棚、仏壇の有無などの追加質問を2016年1月22日から1月27日に行った。追加アンケートは約半数の家計に対して行われ[4]、その回答者数は9,231人である。推定には、年齢、都道府県、性別のセルのサンプル分布と住民

第12章　寺院・地蔵・神社の社会・経済的帰結

基本台帳の分布の比をサンプルウェイトとして用いている。本分析では、労働市場のアウトカムを分析対象とするため、労働力参加率が高い男性にのみのサンプルで分析する。分析に必要な情報が得られている回答者に絞ると、6,978から8,097人の回答者が、分析対象サンプルとなる。

2.2　一般的信頼・互恵性

　説明変数として用いるソーシャル・キャピタルは、一般的信頼、正の互恵性、および利他性である。一般的信頼についての質問は、世界価値観調査の質問と同じであり、「一般的に言って、人は信頼できる」という質問に対し、「1．全く当てはまらない、2．どちらかというと当てはまらない、3．どちらでもない、4．どちらかというと当てはまる、5．ぴったりと当てはまる」の5段階で答えてもらうものである。正と負の互恵性についての質問は、Perugini et al. [2003] によって作られたものを用いた。本論文では、正の互恵性についての回答を用いる。具体的には、「頼みごとを聞いてもらえたらお返しする」、「以前親切にしてくれた人には労を厭（いと）わず手助けをする」、「以前私に親切にしてくれた人は身銭を切ってでも助けるつもりだ」の3つを用いている。これらの質問について、自身がどの程度あてはまるかを5段階で回答してもらい、その平均値を互恵性の程度を示す変数として用いた。さらに、利他性の指標として「他の人のためになること（公園のゴミ拾いなど）をすると自分もうれしい」という質問に対してどの程度当てはまるかという5段階の回答を用いた。また、信頼、互恵性、利他性の平均値をソーシャル・キャピタル変数とした。表12-1に記述統計量を示している。一般的信頼の平均値は3.11、互恵性の平均は3.78、利他性の平均は3.51である。

2.3　操作変数、労働市場と幸福度・健康のアウトカム変数

　ソーシャル・キャピタルの操作変数として、小学生の頃の通学路や自宅の近所における神社・寺院・地蔵菩薩の有無をそれぞれ質問した回答を用いた。寺院と地蔵菩薩は、どちらも仏教に関する建造物であるので、寺院あるいは地蔵菩薩が

4）研究予算に限りがあったため、第一回目のアンケート回答者の約半数になるまで追加アンケートの回答者を集めた。

第6部　教育システム

表12-1　記述統計

	サンプル・サイズ	平均	標準偏差	最小値	最大値
被説明変数					
年間収入	7,074	512.98	313.38	50.00	1,750.00
年間収入（対数値）	7,074	6.02	0.74	3.91	7.47
正規雇用ダミー	6,978	0.86	0.34	0.00	1.00
管理職ダミー	6,978	0.19	0.39	0.00	1.00
幸福度	8,097	6.09	2.01	0.00	10.00
健康	8,097	3.61	1.08	1.00	5.00
ソーシャル・キャピタル					
信頼	8,097	3.11	0.85	1.00	5.00
互恵性	8,097	3.78	0.59	1.00	5.00
利他性	8,097	3.51	0.81	1.00	5.00
ソーシャル・キャピタル（平均）	8,097	3.47	0.53	1.00	5.00
操作変数					
神社ダミー	8,097	0.59	0.49	0.00	1.00
寺院・地蔵ダミー	8,097	0.57	0.50	0.00	1.00

通学路か自宅の近所にあれば1という変数にした。表12-1に示されているとおり、両変数の平均値は、神社が0.59、寺院・地蔵が0.57である。図12-1に、両変数の地域分布を図示した。寺院・地蔵や神社と小学生時代に接触していた経験は、地域的に大きな差があり、寺院・地蔵と神社でも地域分布に差があることがわかる。ただし、後に示す推定においては、12歳時点の都道府県と現時点での居住都道府県をそれぞれダミー変数でコントロールしているため、都道府県内の差を主な分析対象としている。したがって、本研究において、この図で示される地域差を用いて宗教的建造物の効果を分析しているわけではない。

労働市場のアウトカムとして、(1) 年間収入（対数値）、(2) 正規雇用ダミー、(3) 管理職ダミーを用いた。幸福度は、「非常に不幸」をゼロ、「非常に幸福」を10として現在の幸福度を0から10の間の整数での回答である。また、健康については、「あなたの現在の健康状態はいかがですか？」という主観的健康状態に関する質問に対する「1．よい、2．まあよい、3．ふつう、4．あまりよくない、5．よくない」という5段階の回答を6から引くことで、「よい」を5、「よくない」を1という数字に変換して用いた。幸福度の平均値は6.09、健康度の平均値は3.61である。その他の労働者の属性として、学歴、年齢コホート・ダミー（5歳刻み）、既婚ダミーを用い、世帯属性として、世帯員の数、父母それぞれの教

第12章　寺院・地蔵・神社の社会・経済的帰結

図12-1　寺院・地蔵変数と神社変数の地域分布

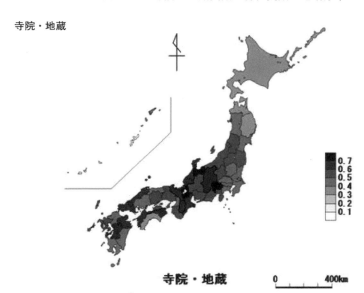

第6部　教育システム

育年数（及び欠損値ダミー）を用いた。幸福度については以上の変数に加えて年間収入（及び欠損値ダミー）もコントロールしたバージョンを推定した。また、現在の居住都道府県と12歳時点の居住都道府県・県庁所在地もコントロールしている。

3　ソーシャル・キャピタルの影響

3.1　寺院・地蔵・神社と一般的信頼・互恵性

　寺院・地蔵・神社が、一般的信頼や互恵性に与える影響を推定した第一段階の推定結果が表12-2に示されている。神社は互恵性にプラスの影響を与えるが、他の変数には影響を与えない。一方、寺院・地蔵菩薩の存在は信頼、互恵性、利他性のすべてにプラスの影響を与える。神社と寺院・地蔵の両方の操作変数が有意になる互恵性については、どのモデルにおいても操作変数のF値が25以上あり、弱操作変数の問題は小さいと考えられる。

　神社が互恵性にプラスの影響を与えるのは、神社がもともと土地の守護神として、地域の共同体における信仰の場として成立してきたことと整合的である。一方、寺院・地蔵の存在が、信頼、互恵性のいずれにもプラスで統計的に有意な影響を与えている点は、これらの変数がソーシャル・キャピタルに与える効果が、神社とは異なっていることを示唆している。この点については後で議論する。

3.2　ソーシャル・キャピタルと労働市場でのアウトカム

　表12-3は、ソーシャル・キャピタルが労働市場のアウトカムに対する影響をOLSとIVの結果を合わせて示したものである。一般的信頼は年間労働収入、正規雇用に、互恵性は年間労働収入、管理職に正に有意な影響を与えているが、操作変数法の結果では、有意に影響を与えるものはなくなっている。特に、年間収入は、OLSにおいて信頼および互恵性と有意な正の相関があったものが、操作変数法においては有意でなく符号もマイナスになっている。つまり、両者の間の正の相関には、年間収入が高いものほど、信頼や互恵性が高いという逆の因果関係が反映されていたと解釈できる。なお、過剰識別性の検定統計量であるハンセンのJ検定量はどのモデルも統計的に有意ではなく、統計的には操作変数と第二段階の誤差項には相関がないと判断できる[5]。

第12章　寺院・地蔵・神社の社会・経済的帰結

表12-2　第一段階における操作変数の推計結果

被説明変数：	(1) 信頼	(2) 互恵性	(3) 利他性	(4) ソーシャル・キャピタル
A）年間収入（対数値）の推計における第1段階推計結果				
神社	−0.008	0.109***	0.040	0.047**
	[0.035]	[0.026]	[0.034]	[0.022]
寺院・地蔵	0.097***	0.064***	0.086***	0.082***
	[0.035]	[0.025]	[0.033]	[0.022]
サンプル・サイズ	7,074	7,074	7,074	7,074
決定係数				
第1段階のF値	5.075***	25.155***	7.657***	18.439***
ハンセンのJ統計量	0.939	0.131	0.485	0.430
B）正規雇用／管理職の推計における第1段階推計結果				
神社	−0.016	0.096***	0.015	0.032
	[0.035]	[0.025]	[0.034]	[0.022]
寺院・地蔵	0.111***	0.079***	0.107***	0.099***
	[0.035]	[0.024]	[0.033]	[0.022]
サンプル・サイズ	6,978	6,978	6,978	6,978
決定係数				
第1段階のF値	6.133***	26.304***	8.157***	20.072***
ハンセンのJ統計量	0.116/0.082	0.086/0.233	0.118/0.000	0.114/0.013
C）幸福度／健康の推計における第1段階推計結果				
神社	−0.019	0.103***	0.022	0.036*
	[0.033]	[0.024]	[0.032]	[0.021]
寺院・地蔵	0.106***	0.093***	0.131***	0.110***
	[0.033]	[0.023]	[0.031]	[0.021]
サンプル・サイズ	8,097	8,097	8,097	8,097
決定係数				
第1段階のF値	6.337***	36.290***	14.507***	28.254***
ハンセンのJ統計量	1.905/6.902***	0.188/1.004	0.534/4.454**	0.237/3.696*

3.3　ソーシャル・キャピタルが幸福度・健康に与える影響

　ソーシャル・キャピタルが幸福度と健康に与える影響についてのOLSとIVの推定結果が表12-4にまとめられている。一般的信頼、互恵性、利他性のいずれの変数もOLSでもIVでも有意に幸福度・健康を高めており、IVの係数の方がOLSの係数よりも大きくなっている。これは、幸福度や健康水準が高いもの

5）負の互恵性についても同様の分析を行ったが、第一段階の推定モデルの説明力が低く弱操作変数となったため、本論文では正の互恵性についてのみ報告している（表12-A1）。

第6部 教育システム

表12-3 ソーシャル・キャピタルが労働市場のアウトカムに与える影響

	(1)	(3)	(5)	(5)
A. 被説明変数： 年間収入（対数値）	説明変数：			
	信頼	互恵性	利他性	ソーシャル・キャピタル
A1. OLS	0.029*	0.048**	0.002	0.045*
	[0.015]	[0.020]	[0.015]	[0.024]
サンプル・サイズ	7,074	7,074	7,074	7,074
決定係数	0.283	0.283	0.282	0.283
A2. IV	−0.135	−0.154	−0.174	−0.176
	[0.246]	[0.147]	[0.205]	[0.198]
サンプル・サイズ	7,074	7,074	7,074	7,074
第1段階のF値	5.075***	25.155***	7.657***	18.439***
ハンセンJ統計量	0.939	0.131	0.485	0.430
B. 被説明変数： 正規雇用ダミー	説明変数：			
	信頼	互恵性	利他性	ソーシャル・キャピタル
B1. OLS	0.024***	0.016	−0.001	0.026**
	[0.007]	[0.010]	[0.007]	[0.011]
サンプル・サイズ	6,978	6,978	−0.004	6,978
決定係数	0.108	0.106	[0.105]	0.106
B2. IV	0.005	−0.014	6,978	−0.008
	[0.117]	[0.079]	0.105	[0.103]
サンプル・サイズ	6,978	6,978	6,978	6,978
第1段階のF値	6.133***	26.304***	8.157***	20.072***
ハンセンJ統計量	0.116	0.086	0.118	0.114
C. 被説明変数： 管理職ダミー	説明変数：			
	信頼	互恵性	利他性	ソーシャル・キャピタル
C1. OLS	−0.003	0.024**	0.006	0.012
	[0.007]	[0.011]	[0.008]	[0.012]
サンプル・サイズ	6,978	6,978	6,978	6,978
決定係数	0.133	0.134	0.133	0.133
C2. IV	0.141	0.089	0.130	0.126
	[0.131]	[0.084]	[0.115]	[0.110]
サンプル・サイズ	6,978	6,978	6,978	6,978
第1段階のF値	6.133***	26.304***	8.157***	20.072***
ハンセンJ統計量	0.082	0.233	0.000	0.013

ほど、ソーシャル・キャピタルが低いという逆の因果関係が存在することを示唆している。幸福度が低い、あるいは健康水準が悪い場合には、互恵性を高める必要度が高いということを反映している可能性がある。幸福度のモデルも健康水準のモデルも、第一段階のF統計量は互恵性と利他性で10を超えている。一方、過剰識別性のハンセンのJ検定量は、幸福度についてはすべて統計的に有意ではないが、健康については信頼と利他性のモデルで有意になっている。したがって、健康水準については、互恵性のモデルが信頼できる推定結果だと言える。

　寺院・地蔵・神社の存在が、互恵性や幸福度、健康へどの程度の影響を与えるかを推定された係数から評価する。神社や寺院・地蔵が無かった地域に小学生時代を過ごした場合と、その両方があった地域で小学生時代を過ごした場合を比べると、後者の方が互恵性は0.20（互恵性の標準偏差の33％）高い。その結果、神社と寺院・地蔵があった場合の方が、幸福度では0.20（幸福度の標準偏差の10％）、健康指標では0.13（健康指標の標準偏差の12％）高いことが推計結果より示唆される。

　幸福度と健康度の推定モデルには、説明変数の中に世帯所得が含まれる。世帯所得が幸福度に与える影響の大きさを示す係数とソーシャル・キャピタルが幸福度に与える影響の大きさを示す係数を用いると、幸福度を一定にするために必要な所得とソーシャル・キャピタルの関係式を導きだすことができる。

　具体的には、ソーシャル・キャピタルが幸福度に与える影響の大きさは、表12-4から1.338276である。一方、対数世帯所得が幸福度に与える影響は表には示していないが0.445946であるので、世帯所得の平均値の512.9771万円で評価すれば、世帯所得が1万円増えると幸福度は0.000869329ポイント高くなる。この両者の比をとれば、ソーシャル・キャピタルが1ポイント高まることが、世帯所得をいくら高めることと幸福度を一定にするという意味で同値であるかを計算できる。その金額は、1539.4351万円である。では、子供の頃に神社や地蔵・お寺があったことの金銭的価値はいくらになるだろうか。神社が子どもの頃にあった人はなかった人よりも、ソーシャル・キャピタルは表12-2の結果から0.036高い。したがって、その金額換算効果は約55.4万円となる。同様に、表12-2によれば、寺院・地蔵が子どものころに通学路や自宅の近所にあった人は、なかった人よりもソーシャル・キャピタルは0.110高いのでその金額換算した効果は約169.3万円となる。

第6部 教育システム

表12-4 ソーシャル・キャピタルが幸福度・健康に与える影響

	(1)	(3)	(5)	(5)
A. 被説明変数： 幸福度	説明変数：			
	信頼	互恵性	利他性	ソーシャル・ キャピタル
A1. OLS	0.402*** [0.040]	0.395*** [0.055]	0.250*** [0.042]	0.690*** [0.069]
サンプル・サイズ	8,097	8,097	8,097	8,097
決定係数	0.218	0.204	0.200	0.223
A2. IV	1.572** [0.689]	1.036*** [0.356]	1.208*** [0.455]	1.338*** [0.456]
サンプル・サイズ	8,097	8,097	8,097	8,097
第1段階のF値	6.337***	36.290***	14.507***	28.254***
ハンセンJ統計量	1.905	0.188	0.534	0.237
B. 被説明変数： 健康	説明変数：			
	信頼	互恵性	利他性	ソーシャル・ キャピタル
B1. OLS	0.142*** [0.021]	0.112*** [0.030]	0.104*** [0.022]	0.244*** [0.036]
サンプル・サイズ	8,097	8,097	8,097	8,097
決定係数	0.125	0.117	0.119	0.128
B2. IV	0.671* [0.375]	0.656*** [0.207]	0.629** [0.252]	0.735*** [0.260]
サンプル・サイズ	8,097	8,097	8,097	8,097
第1段階のF値	6.337***	36.290***	14.507***	28.254***
ハンセンJ統計量	6.902***	1.004	4.454**	3.696*

　同様の計算を健康度の推定結果を用いて分析できる。ソーシャル・キャピタルが健康度に与える限界効果は、0.7353069である。一方、世帯所得が1万円あがることが健康度に与える影響を平均世帯所得で評価すると0.000334034である。したがって、ソーシャル・キャピタルが1ポイント高まることは、世帯所得が2201万円高まることと健康度を同じにするという意味では同じ価値があるという計算になる。子どものころに神社があった人となかった人の間で、ソーシャル・キャピタルは0.036異なるので、その金額換算した効果は約79.2万円となる。一方、寺院・地蔵がなかった場合とあった場合では、ソーシャル・キャピタルは0.110異なるので、その金額換算した効果は約242.1万円となる。

第12章　寺院・地蔵・神社の社会・経済的帰結

3.4　頑健性のチェック

　寺院・地蔵・神社などは、地域に根ざしたものであるので、都市よりも地方でより多くの人の記憶に残っている可能性があり、その場合は寺院・地蔵・神社の影響が地方という特性を代理しているかもしれない。そこで、対象サンプルを12歳時点の居住地が三大都市圏だったものに限った推定を行ったが結果には大きな差がなかった。表12-A2に、互恵性についての結果を示している[6]。

　また、寺院・地蔵・神社について記憶しているものとそうでないものがいて、それらの施設についての記憶があるものの特徴をこの変数が代理している可能性がある。そこで、寺院・地蔵・神社の存在について、「覚えていない」と答えたものを示すダミー変数を推定モデルに追加した結果（表12-A3）と、推定サンプルから「覚えていない」と答えたものを除いて推定した結果（表12-A4）を示した。どちらの場合も、基本的な結論を変えるものではないことがわかる。

4　神社・寺院・地蔵からソーシャル・キャピタル上昇への因果経路

4.1　コミュニティ活動・地域レベルのソーシャル・キャピタルを通じた影響

　お寺・地蔵・神社が小学生の頃、近隣に存在したということが、互恵性に影響を与えるのは、そのような地域で、コミュニティ活動がもともと活発だったことを反映している可能性がある。そして、そうした効果が互恵性にも、健康や幸福度にも直接的な影響を与えている可能性がある。その場合には、コミュニティ活動が重要で、お寺・地蔵・神社からの因果関係ではないことになる。このお寺・地蔵・神社がコミュニティ活動の活発さを代理しているという可能性をチェックするために、コミュニティ活動の有無をコントロール変数に加えて、推定結果が変化するかを検証する。

　分析に用いたデータでは、小学生の頃、その地域に、子ども会、夏休みのラジ

6）東京在住者（180人）を除いた分析、神社やお寺が比較的少ない沖縄在住者（164人）の除いた分析も行ったが、結果に大きな差はなかった。また、滋賀・京都・大阪・兵庫・奈良の府県では、地蔵盆が行われており、地蔵がソーシャル・キャピタルに与える影響が大きい可能性がある。そこで、これらの地域を表す地蔵盆ダミーを作成し、地蔵との交差項を追加した推定も行った。この交差項がソーシャル・キャピタルに与える影響についての推定値は、予想とは逆のマイナスであった。

第6部　教育システム

表12-5　市区群レベルの変数をコントロール（IV 推計）

被説明変数：	(1) 年間収入（対数値）	(2) 正規雇用	(3) 管理職	(4) 幸福度	(5) 健康
A. 地域活動の有無をコントロール					
ソーシャル・キャピタル	−0.280	−0.106	0.099	1.189**	0.777**
	[0.261]	[0.128]	[0.136]	[0.582]	[0.337]
サンプル・サイズ	7,074	6,978	6,978	8,097	8,097
第1段階推計のF値	11.513***	13.769***	13.769***	17.534***	17.534***
ハンセンJ統計量	0.465	0.34	0.048	0.16	3.958**
B. 神社、寺院・地蔵の平均をコントロール					
ソーシャル・キャピタル	−0.201	−0.021	0.124	1.331***	0.718***
	[0.194]	[0.104]	[0.109]	[0.452]	[0.256]
サンプル・サイズ	6,664	6,585	6,585	7,635	7,635
第1段階推計のF値	18.766***	19.966***	19.966***	28.422***	28.422***
ハンセンJ統計量	0.807	0.251	0.031	0.753	3.123*
C. ソーシャル・キャピタルの平均をコントロール					
ソーシャル・キャピタル	−0.203	−0.018	0.122	1.338***	0.705***
	[0.191]	[0.103]	[0.108]	[0.450]	[0.254]
サンプル・サイズ	6,664	6,585	6,585	7,635	7,635
第1段階推計のF値	19.365***	20.419***	20.419***	29.016***	29.016***
ハンセンJ統計量	0.776	0.206	0.048	0.764	2.906*

オ体操、地域の運動会、地域の清掃活動、盆踊り、お祭り（神輿）が存在したかどうかを質問している。これらの変数を、コントロール変数として追加して推定した結果が、表12-5のA欄に示されている。まず、これらのコミュニティ活動の活発さを、コントロールしたとしても、ソーシャル・キャピタルが、労働市場におけるパフォーマンスには影響を与えないが、幸福度と主観的健康度を高めるということは変わらない。ソーシャル・キャピタルへの影響を示す第一段階の推定結果の詳細は表には示していないが、追加したコミュニティの変数は、どのモデルにおいてもF値は統計的に有意でソーシャル・キャピタルに影響をもつ。特に、子ども会、夏休みのラジオ体操、地域の清掃活動、盆踊りの存在は、ソーシャル・キャピタルを高めている。また、表12-2の結果では、神社がソーシャル・キャピタルに与える係数は、約0.05であったが、コミュニティ変数を追加した表12-5では、神社の係数は、0.036に減少して統計的には有意ではなくなっている。寺院・地蔵の係数は低下していない。これは、宗教施設の存在が、ソーシ

ャル・キャピタルに影響を与える一部は、その地域でコミュニティ活動が活発であったためであるという仮説と整合的である。特に、その影響は神社の方が大きいというのは、神社が地域のコミュニティのハブとして機能してきたという仮説と整合的である。しかし、神社に関わるお祭りのような活動がなかったとしても、神社の存在がソーシャル・キャピタルを高めているのは、神社の存在そのものが、ソーシャル・キャピタルを高めるような世界観をもたらす可能性を示唆している。

　表12-5のB欄には、コントロール変数として、小学生の頃に近所に神社、寺院・地蔵が存在していた人の市区群平均（本人以外の平均値）を追加した推定結果を示している。神社や寺院・地蔵が多い地域と経済状況や幸福度・健康度との関係がある可能性を考慮した推定である。この場合も、ソーシャル・キャピタルと労働市場のアウトカム、幸福度、健康への影響は基本的モデルの結果と変わらない。

　さらに、各市区群内のソーシャル・キャピタルの平均値（本人以外平均値）をコントロール変数に追加した場合の推定結果を表12-5のC欄に示した。やはり、基本的な推定結果は表12-3および表12-4と変わらない。市区群内平均の係数は、ほとんどの場合で統計的に有意ではなかった。また、個人のソーシャル・キャピタルと市区群内のソーシャル・キャピタルの平均値の間の相関係数は、0.0225と非常に低い。

4.2　宗教的世界観を通じた影響

　神社や寺院が小学生の頃、通学路や自宅の近所にあることが、スピリチュアルな世界観に影響を与えてソーシャル・キャピタルを高めている可能性について、検証を行ったものが表12-6である。「どのような悪事も、天には必ず知られている」「神様・仏様がいる」「死後の世界（あるいは来世）の存在を信じる」「宗教を熱心に信仰している」という世界観および信仰度を被説明変数にして、個人属性に加えて、小学生の頃における近隣の神社と寺院・地蔵の有無で説明したものである。神社はいずれにも影響を与えていないのに対し、寺院・地蔵は神や死後の世界という世界観に影響を与えている。興味深いのは、どちらの変数も宗教の信仰度には影響を与えていないことである。

　寺院・地蔵は、神仏や死後の世界（来世）の存在というスピリチュアルな考え方を高めることを通じて、互恵性、信頼、利他性を高めていると推測される。一

第6部　教育システム

表12-6　神社・寺院・地蔵の因果経路の検証

	(1)	(2)	(3)	(4)
被説明変数：	天は悪事を知っている	神仏は存在する	死後世界（来世）を信じる	宗教を熱心に信仰している
平均：	0.35	0.27	0.23	0.06
神社	0.011	0.016	0.004	0.000
	[0.018]	[0.017]	[0.016]	[0.009]
寺院・地蔵	0.076***	0.075***	0.049***	0.003
	[0.018]	[0.017]	[0.016]	[0.009]
サンプル・サイズ	8,097	8,097	8,097	8,097
決定係数	0.048	0.045	0.037	0.035

方、神社の存在は、そのようなスピリチュアルな世界観を通じてではなく、直接的に互恵性を高めていると考えられる。このような寺院・地蔵と神社の影響の違いは、日本の神社と寺院の役割の違いと対応している。

　「天は悪事を知っている」や「神仏は存在する」という世界観をもつことが、ソーシャル・キャピタルのルートだけではなく、直接的に幸福度や健康に影響を与えている可能性を検証したのが表12-7である。表12-7では、宗教的な世界観変数をコントロール変数に追加して推定を行ったものである。第一段階の推定結果をみると、「天は悪事を知っている」や「神仏は存在する」という変数は、神社・寺院変数とともに、統計的に有意に互恵性を高める。

　また、2段階目の推定結果をみると、宗教的世界観変数は、「神仏は存在する」が健康にマイナスの影響を与える以外は、有意な影響をもたない。つまり、宗教的世界観はソーシャル・キャピタルを増加させるというルートを通じてのみ、幸福度と健康にプラスの影響をもたらしたと考えられる。

　湯浅［1999］は、神社は「それぞれの土地の守護神（産土神）という性格をもち、『村祭り』に代表される神道儀礼は地域住民の精神的（社会心理的）連帯機能を果たしていた」と指摘している。また、山折［1983］は、神社におけるカミはもともと目に見えないものであり、広い空間を移動すると考えられていたが、特定の土地に定住するようになりその地域の共同体を守護し、住民の利益を擁護するカミとして祀られるようになったものだと説明する。一方、仏教は「死者ないし祖先の生と自己の現在の生のつながりを回想し、自覚する上に重要な役割を果たしていた」と湯浅［1999］が指摘しているように血縁的な関係を重視するも

第12章　寺院・地蔵・神社の社会・経済的帰結

表12-7　宗教的世界観に関する変数をコントロール（IV 推計）

	(1) 年間収入 （対数値）	(2) 正規雇用	(3) 管理職	(4) 幸福度	(5) 健康
第2段階推計結果					
ソーシャル・キャピタル	−0.199	0.003	0.164	1.288**	0.854**
	[0.266]	[0.135]	[0.147]	[0.599]	[0.349]
天は悪事を知っている	0.032	−0.014	−0.046	0.107	−0.014
	[0.071]	[0.035]	[0.041]	[0.162]	[0.093]
神仏は存在する	−0.011	−0.009	−0.002	−0.003	−0.128*
	[0.051]	[0.022]	[0.025]	[0.126]	[0.076]
死後世界（来世）を信じる	0.013	0.010	−0.019	−0.022	−0.031
	[0.033]	[0.018]	[0.018]	[0.090]	[0.054]
宗教を熱心に信仰している	−0.013	0.031	−0.030	0.063	−0.065
	[0.053]	[0.023]	[0.028]	[0.141]	[0.080]
世界観の変数に対するF値	0.182	0.736	0.761	0.215	1.723
第1段階推計結果					
IV：神社	0.040*	0.023	0.023	0.031	0.031
	[0.021]	[0.021]	[0.021]	[0.020]	[0.020]
IV：寺院・地蔵	0.057***	0.076***	0.076***	0.081***	0.081***
	[0.021]	[0.021]	[0.021]	[0.020]	[0.020]
天は悪事を知っている	0.238***	0.240***	0.240***	0.234***	0.234***
	[0.021]	[0.020]	[0.020]	[0.020]	[0.020]
神仏は存在する	0.153***	0.116***	0.116***	0.149***	0.149***
	[0.025]	[0.024]	[0.024]	[0.024]	[0.024]
死後世界（来世）を信じる	−0.006	0.034	0.034	−0.007	−0.007
	[0.025]	[0.024]	[0.024]	[0.025]	[0.025]
宗教を熱心に信仰している	0.046	0.050	0.050	0.059	0.059
	[0.039]	[0.039]	[0.039]	[0.036]	[0.036]
IV に対するF値	11.029***	12.254***	12.254***	17.313***	17.313***
ハンセンJテスト	0.402	0.118	0.010	0.255	3.432*
世界観の変数に対するF値	82.37***	83.01***	83.01***	90.01***	90.01***
サンプル・サイズ	7,074	6,978	6,978	8,097	8,097

のである。さらに、山折［1983］が指摘するように、仏教寺院や地蔵で特徴的なのは、本来目に見えないはずのホトケという存在を造形化した仏像が存在することである。地蔵菩薩は幼児や子供たちの守り神であり、もともとは若い僧の形をしていたが中世以降は子供の救済神とみなされるようになり、赤いよだれかけなどをつけた子供の姿のものが多くなった。こうした仏像や地蔵菩薩は、子供にとって身近に霊的な存在を意識させるものとなっている可能性がある。こうした世

第6部 教育システム

界観は、ソーシャル・キャピタルを高めることに貢献し、その効果を通じて健康や幸福度を高めていると表12-7の推定結果から解釈できる。

4.3 親の宗教心を通じた影響

神道や仏教の世界観が、神社や寺院が近隣に存在したからではなく、親の信仰心が強かったから生じたり、そのような信仰心が直接、労働市場のアウトカムや幸福度・健康に影響を与えている可能性がある。そこで、推定モデルにおいて、親の信仰心の代理変数として子供の頃に家に神棚や仏壇があったか否か、祝日に国旗掲揚をしていたか、墓参りに行っていたか、初詣をしていたかを説明変数に加えて、ソーシャル・キャピタルの係数が変化するか否かを検証した。表12-8はその推計結果であり、紙幅の関係からここではソーシャル・キャピタルのみの結果を示している[7]。結論的には、これらの変数をコントロール変数に加えたとしてソーシャル・キャピタルが労働市場のパフォーマンスには影響しないが、幸福度と健康にはプラスの影響を与えるという結果は維持される。

5 ソーシャル・キャピタルが所得に影響を与えない理由

5.1 ソーシャル・キャピタルと地域間移動

本研究では、ソーシャル・キャピタルと所得との正の相関は、見せかけのもので、ソーシャル・キャピタルから所得への正の因果関係はないという結果が得られた。この結果がもたらされた理由を更に検証すべく、ここでは幾つかの追加的な分析を行う。先ず、地域間労働移動に着目する。例えば、結束型ソーシャル・キャピタルが存在するために、高い所得を求めての地域間労働移動が減少し、その帰結として所得への影響が見られなくなってしまったのかもしれない。

そこで、12歳時点の都道府県と現在の都道府県が同じかどうか（Uターンも含む）とソーシャル・キャピタルの関係を推定することでこの可能性を検証した。表12-9に示したように、ソーシャル・キャピタルの変数は、いずれも12歳時点

7）神棚・仏壇の有無は追加調査においてのみ調査されており、サンプル・サイズが大幅に小さくなっているので、表12-3、4における推計結果との比較のために追加調査のサンプルで推定した結果も表12-A5に示している。基本的は、表12-3、4と同様の結果が得られている。

第12章　寺院・地蔵・神社の社会・経済的帰結

表12-8　親の宗教的態度を通じた影響をコントロール（IV 推計）

	(1)	(2)	(3)	(4)	(5)
	年間収入 （対数値）	正規雇用	管理職	幸福度	健康
第2段階推計結果					
ソーシャル・キャピタル	−0.420	−0.12	0.27	1.80**	0.66*
	[0.39]	[0.16]	[0.18]	[0.70]	[0.39]
国旗掲揚	0.07*	0.01	−0.01	0.07	0.08
	[0.04]	[0.02]	[0.02]	[0.10]	[0.06]
墓参り	0.04	0.03*	−0.01	0.16*	−0.01
	[0.04]	[0.02]	[0.02]	[0.10]	[0.05]
初詣	0.09**	0.04*	0.01	−0.13	0.05
	[0.04]	[0.02]	[0.02]	[0.10]	[0.05]
神棚・仏壇に対する F 値	2.648**	2.421*	0.137	1.712	0.834
第1段階推計結果					
IV：神社	−0.002	−0.026	−0.026	−0.008	−0.008
	[0.030]	[0.029]	[0.029]	[0.029]	[0.029]
IV：寺院・地蔵	0.087***	0.113***	0.113***	0.121***	0.121***
	[0.030]	[0.028]	[0.028]	[0.028]	[0.028]
国旗掲揚	0.016	0.024	0.024	0.014	0.014
	[0.029]	[0.028]	[0.028]	[0.028]	[0.028]
墓参り	0.055**	0.034	0.034	0.048**	0.048**
	[0.026]	[0.026]	[0.026]	[0.024]	[0.024]
初詣	0.047*	0.072***	0.072***	0.054**	0.054**
	[0.025]	[0.025]	[0.025]	[0.024]	[0.024]
IV に対する F 値	5.930***	8.733***	8.733***	12.181***	12.181***
ハンセン J テスト	1.059	1.451	1.635	0.930	1.884
神棚・仏壇に対する F 値	3.50**	4.49**	4.49**	3.72**	3.72**
サンプル・サイズ	3,834	3,787	3,787	4,402	4,402

の居住地域に現在戻って居住している可能性が高いことを示している[8]。ソーシャル・キャピタルが高いと、地域間移動が小さくなり、所得上昇の可能性が小さくなると考えられる。

5.2　ソーシャル・キャピタルと対象別満足度

ソーシャル・キャピタルが高いと経済的な便益よりも人間関係の充実を選ぶと

8）ソーシャル・キャピタルが高いと移動しないか、移動しない相手だからソーシャル・キャピタルを蓄積するという双方の効果があるという David et al.［2010］の理論的実証的分析と本研究は整合的である。

第6部　教育システム

表12-9　ソーシャル・キャピタルの移動性向への影響（IV 推計）

	(1)	(2)	(3)	(4)
被説明変数：	非移動者（U ターン含む）			
平均：	0.74061			
信頼	0.372*			
	[0.193]			
互恵性		0.265***		
		[0.094]		
利他性			0.296**	
			[0.118]	
ソーシャル・キャピタル				0.334***
				[0.123]
サンプル・サイズ	8,097	8,097	8,097	8,097
第 1 段階 F 値	6.015***	36.587***	14.561***	27.664***
ハンセンの J 統計量	2.347	0.015	0.910	0.344

いう傾向は、ソーシャル・キャピタルが対象別の満足度に与える影響からも観察される。本調査では、住んでいる地域、余暇、経済的状況、友人関係、配偶者との関係、家族関係などの満足度を5段階のスケールで質問している。この対象別の満足度に対してソーシャル・キャピタルが与える影響を、神社・寺院・地蔵を操作変数として用いた IV 推定を行った。その結果が表12-10-1 から表12-10-3 に示されている。

　生活全般の満足度に対しては、表には示していないが OLS では信頼、互恵性、利他性のいずれもプラスで有意な影響を与えているが、IV では係数の大きさは OLS と変わらないが統計的に有意なものではなくなっている。

　また、家計の経済状態に対する満足度に対しては、IV の推定結果は、信頼も互恵性も利他性も統計的に有意ではなく、係数もマイナスになっている。同様に、仕事の満足度は、ソーシャル・キャピタルの各変数は有意な影響を与えていない。

　これに対し、住んでいる地域の満足度については、互恵性、利他性は地域の満足度に対してプラスの影響を与えている。信頼については、係数は大きくなっているが統計的には有意ではない。互恵性と、利他性は余暇の過ごし方の満足度に対して、IV でも統計的に有意影響を与えている。同様に、友人関係の満足度については、信頼と利他性が IV の結果でも統計的に有意にプラスであり、表には示していないが OLS の推定結果よりも係数の値が大きい。

第12章　寺院・地蔵・神社の社会・経済的帰結

表12-10-1　ソーシャル・キャピタルの生活満足度への影響

	(1)	(2)	(3)	(4)
被説明変数：幸福度（表12-4）				
信頼	1.572**			
	[0.689]			
互恵性		1.036***		
		[0.356]		
利他性			1.208***	
			[0.455]	
ソーシャル・キャピタル				1.338***
				[0.456]
被説明変数：生活全般の満足度				
信頼	0.363			
	[0.332]			
互恵性		0.160		
		[0.189]		
利他性			0.237	
			[0.229]	
ソーシャル・キャピタル				0.249
				[0.243]
被説明変数：住んでいる地域の満足度				
信頼	0.489			
	[0.346]			
互恵性		0.356*		
		[0.186]		
利他性			0.394*	
			[0.229]	
ソーシャル・キャピタル				0.442*
				[0.240]
被説明変数：余暇の過ごし方の満足度				
信頼	0.474			
	[0.344]			
互恵性		0.370**		
		[0.188]		
利他性			0.395*	
			[0.231]	
ソーシャル・キャピタル				0.448*
				[0.242]
サンプル・サイズ	8,097	8,097	8,097	8,097

第6部　教育システム

表12-10-2　ソーシャル・キャピタルの生活満足度への影響

	(1)	(2)	(3)	(4)
被説明変数：家計の経済状態の満足度				
信頼	−0.351			
	[0.373]			
互恵性		−0.325		
		[0.206]		
利他性			−0.319	
			[0.247]	
ソーシャル・キャピタル				−0.371
				[0.267]
サンプル・サイズ	8,097	8,097	8,097	8,097
被説明変数：友人関係の満足度				
信頼	0.572*			
	[0.334]			
互恵性		0.254		
		[0.176]		
利他性			0.375*	
			[0.218]	
ソーシャル・キャピタル				0.393*
				[0.227]
サンプル・サイズ	8,097	8,097	8,097	8,097
被説明変数：仕事の満足度				
信頼	0.206			
	[0.345]			
互恵性		0.057		
		[0.200]		
利他性			0.131	
			[0.265]	
ソーシャル・キャピタル				0.118
				[0.265]
サンプル・サイズ	7,671	7,671	7,671	7,671

　配偶者との関係の満足度は、ソーシャル・キャピタルはIVで統計的に有意なものではないのに対し、配偶者以外の家族との関係の満足度は、IVの結果でも互恵性と利他性でプラスの影響を与えている。

　おおまかにまとめると、ソーシャル・キャピタルは経済的な状況や仕事に関する満足度を引き上げないが、居住地域、余暇、友人関係、家族との関係についての満足度を引き上げている。信頼・互恵性・利他性などが高まると、所得よりも

第12章　寺院・地蔵・神社の社会・経済的帰結

表12-10-3　ソーシャル・キャピタルの生活満足度への影響

	(1)	(2)	(3)	(4)
被説明変数：配偶者との関係の満足度				
信頼	0.105			
	[0.363]			
互恵性		0.215		
		[0.247]		
利他性			0.149	
			[0.312]	
ソーシャル・キャピタル				0.190
				[0.313]
サンプル・サイズ	5,779	5,779	5,779	5,779
被説明変数：配偶者以外の家族との関係の満足度				
信頼	0.558			
	[0.350]			
互恵性		0.388**		
		[0.179]		
利他性			0.453**	
			[0.223]	
ソーシャル・キャピタル				0.503**
				[0.232]
サンプル・サイズ	7,534	7,534	7,534	7,534

ソーシャル・キャピタルを重視し、労働移動をしないか出身地に戻ることで高い幸福度を選んでいると解釈できる。

6　むすび

　本研究では、一般的信頼、互恵性、利他性などのソーシャル・キャピタルが、所得、幸福度、健康などの様々なアウトカムに与える影響を実証的に分析した。ソーシャル・キャピタルが様々なアウトカムに正の影響を与えることが先行研究で知られている。しかし、所得が高いほどソーシャル・キャピタルが高くなる可能性があるように、ソーシャル・キャピタルの内生性を考慮する必要がある。一方で、ソーシャル・キャピタルだけに影響を与えるような外生的ショックとして識別できる変数を探すことは難しく、それゆえ内生性の問題に対処した研究蓄積はあまり進んでいないのが実情である。本研究では、小学生の頃の住居の近隣に

第6部　教育システム

神社・寺院・地蔵菩薩という日本の典型的な宗教関連建築の有無が、ソーシャル・キャピタルの操作変数として機能することを発見し、それらを操作変数に用いた推定を行った。その結果、ソーシャル・キャピタルは、幸福度や健康を高めるが、労働所得を高めないことを明らかにした。労働所得を高めない理由として、高いソーシャル・キャピタルが地域間労働移動を低めることがあげられることを示した。

参考文献

金谷信子［2013］「日本の伝統宗教とソーシャル・キャピタル：神社活動を事例に」『宗教と社会貢献』3（2），1 -25.

信濃毎日新聞［2012］「水くみ場守る「ゴミ無し地蔵」　ポイ捨て絶えず長和町が設置」10月24日

日本経済新聞［2014］「街中の小鳥居、関西から全国へ」大阪夕刊関西View2014年1月28日付

山折哲雄［1983］『神と仏―日本人の宗教観』講談社現代新書、東京。

湯浅泰雄［1999］『日本人の宗教意識』講談社学術文庫、東京。

Alesina, A., Algan, Y., Cahuc, P., and Giuliano, P. [2015] Family values and the regulation of labor. *Journal of the European Economic Association*, 13 (4), 599-630.

Algan, Y., and Cahuc, P. [2010] Inherited Trust and Growth. *American Economic Review*, 100 (5), 2060-2092.

Barr, A and Serneels, P. [2009] Reciprocity in the workplace. *Experimental Economics*, vol. 12 (1), 99-112.

Bateson, M., Nettle, D., and Roberts, G. [2006] Cues of being watched enhance cooperation in a real-world setting. *Biology Letters*, 2 (3), 412-414.

Berggren, N. and Bjornskov, C., [2011] Is the importance of religion in daily life related to social trust? Cross-country and cross-state comparisons. *Journal of Economic Behavior and Organization*. 80, 459-480.

Beugelsdijk, S., and Smulders, S. [2003] Bridging and Bonding Social Capital：Which type is good for economic growth? *The Cultural Diversity of European Unity*, Brill, NED, 275-310.

Beugelsdijk, S., and van Schaik, T. [2005] Social capital and growth in European regions : An empirical test. *European Journal of Political Economy*, 21 (2), 301-324.

Butler, J. V., Giuliano, P., and Guiso, L. [2016] the Right Amount of Trust. *Journal of the European Economic Association*, 14 (5), 1155-.

David, Q., Janiak, A., and Wasmer, E. [2010] Local social capital and geographical mobility. *Journal of Urban Economics*, 68 (2), 191-204.

Dohmen, T., Falk, A., Huffman, D. and Sunde U. [2009] Homo Reciprocans : survey evidence on Behaviral outocomes. *Economic Journal*, 119, 592-612.

Gruber, J. H., [2005] Religious Market Structure, Religious Participation, and Outcomes : Is Religion Good for You? *Adv. Econ. Anal. Policy*, 5 (1), 1454-1454.

Helliwell, J. F. [2003] How's life? Combining individual and national variables to explain subjective well-being. *Economic Modelling*, 20 (2), 331-360.

Ichida, Y., Kondo, K., Hirai, H., Hanibuchi, T., Yoshikawa, G., and Murata, C. [2009] Social capital, income inequality and self-rated health in Chita peninsula, Japan : a multilevel analysis of older people in 25 communities. *Social Science and Medicine*, *69* (4), 489-499.

Kawachi, I., Kennedy, B. P., Lochner, K., and Prothrow-Stith, D. [1997] Social capital, income inequality, and mortality. *American Journal of Public Health*, 87 (9), 1491-1498.

Knack, S., and Keefer, P. [1997] Does Social Capital Have an Economic Payoff? *Quarterly Journal of Economics*, 112 (4), 1251-1288. http://doi.org/10.2307/2951271

Kuroki, M. [2011] Does social trust increase individual happiness in Japan? *Japanese Economic Review*, 62 (4), 444-459.

Oda, R., Niwa, Y., Honma, A., and Hiraishi, K. [2011] An eye-like painting enhances the expectation of a good reputation. *Evolution and Human Behavior*, 32 (3), 166-171.

Mazar, N., Amir, O., and Ariely, D. [2008] The Dishonesty of Honest People : A Theory of Self-Concept Maintenance. *Journal of Marketing Research*, 45 (6), 633-644.

Perugini, M., Gallucci, M., Presaghi, F. and Ercolani, A. P. [2003] 'The personal norm of reciprocity,' *European Journal of personality*, 17, 251-83.

Powdthavee, N. [2008] Putting a price tag on friends, relatives and neighbours : Using surveys of life satisfaction to value social relations. *Journal of Socio-Economics*, 37 (4), 1459-1480.

第6部　教育システム

Putnam, R. [2000] *Bowling alone: The collapse and revival of American community*. A Touchstone Book, New York.

Shariff, A. F., and Norenzayan, A. [2007] God Is Watching You. *Psychological Science*, 18 (9), 803-809.

Tabellini, Guido [2008] Institutions and Culture. *Journal of the European Economic Association*, 6, 255-294.

Yamamura, E., Tsutsui, Y., Yamane, C., Yamane, S., Powdthavee Cep, N., and Powdthavee Miaesr, N. [2015] Trust and Happiness : Comparative Study Before and After the Great East Japan Earthquake. *Social Indicators Research*, 123, 919-935.

第12章　寺院・地蔵・神社の社会・経済的帰結

表12-A1　負の互恵性の影響

	(1)	(2)	(3)	(4)	(5)	(6)	(7)	(8)	(9)	(10)
	年間収入（対数値）		正規雇用		管理職		幸福度		健康	
	OLS	IV	OLS	IV	OLS	IV	OLS	IV	OLS	IV
負の互恵性	0.032**	0.573	0.008	0.067	0.000	−0.369	−0.388***	−4.220	−0.125***	−3.119
	[0.014]	[0.602]	[0.008]	[0.344]	[0.008]	[0.460]	[0.042]	[3.076]	[0.023]	[2.261]
サンプル・サイズ	7,074	7,074	6,978	6,978	6,978	6,978	8,097	8,097	8,097	8,097
決定係数	0.283		0.105		0.133		0.213		0.212	
第1段階推計結果										
神社		−0.043		−0.025		−0.025		−0.034		−0.034
		[0.033]		[0.033]		[0.033]		[0.031]		[0.031]
寺院・地蔵		−0.001		−0.015		−0.015		−0.006		−0.006
		[0.033]		[0.033]		[0.033]		[0.031]		[0.031]
F 値		1.232		0.791		0.791		1.024		1.024
ハンセンのJ統計量		0.000		0.076		0.185		0.521		0.005

表12-A2　三大都市圏地居住者（12歳時）のみを用いた推計

	(1)	(2)	(3)	(4)	(5)	(6)	(7)	(8)	(9)	(10)
	年間収入（対数値）		正規雇用		管理職		幸福度		健康	
	OLS	IV	OLS	IV	OLS	IV	OLS	IV	OLS	IV
ソーシャル・キャピタル	0.183*	-0.346	0.042**	0.033	0.020	0.225	0.749***	1.302*	0.252***	0.899**
	[0.099]	[0.322]	[0.016]	[0.160]	[0.018]	[0.181]	[0.104]	[0.708]	[0.055]	[0.405]
サンプル・サイズ	2,663	2,663	2,617	2,617	2,617	2,617	3,021	3,021	3,021	3,021
決定係数	0.189		0.105		0.138		0.229		0.144	

表12-A3　リコール・バイアスの可能性の検証（1）：“覚えていない”ダミーをコントロール

	(1)	(2)	(3)	(4)	(5)	(6)	(7)	(8)	(9)	(10)
	年間収入（対数値）		正規雇用		管理職		幸福度		健康	
	OLS	IV	OLS	IV	OLS	IV	OLS	IV	OLS	IV
ソーシャル・キャピタル	0.15**	0.53	0.03**	−0.05	0.01	0.14	0.69***	1.47***	0.24***	0.70**
	[0.06]	[0.60]	[0.01]	[0.13]	[0.01]	[0.14]	[0.07]	[0.56]	[0.04]	[0.32]
“覚えていない”ダミー										
神社	−0.39**	−0.35*	−0.05	−0.06	−0.02	−0.01	0.02	0.11	−0.08	−0.02
	[0.17]	[0.18]	[0.03]	[0.04]	[0.03]	[0.04]	[0.15]	[0.16]	[0.08]	[0.09]
寺院・地蔵	0.09	0.14	0.02	0.01	0.01	0.03	−0.05	0.05	−0.04	0.01
	[0.11]	[0.14]	[0.02]	[0.03]	[0.02]	[0.03]	[0.11]	[0.13]	[0.06]	[0.07]
サンプル・サイズ	8,097	8,097	6,978	6,978	6,978	6,978	8,097	8,097	8,097	8,097
決定係数	0.180		0.107		0.133		0.223		0.128	

第 6 部　教育システム

表12-A4　リコール・バイアスの可能性の検証（2）: "覚えていない" と回答した人を除外

	(1)	(2)	(3)	(4)	(5)	(6)	(7)	(8)	(9)	(10)
	年間収入（対数値）		正規雇用		管理職		幸福度		健康	
	OLS	IV	OLS	IV	OLS	IV	OLS	IV	OLS	IV
ソーシャル・キャ ピタル	0.14**	0.95	0.03**	0.00	0.02	0.09	0.65***	1.43**	0.21***	0.77**
	[0.06]	[0.62]	[0.01]	[0.13]	[0.01]	[0.13]	[0.07]	[0.57]	[0.04]	[0.33]
サンプル・サイズ	6,918	6,918	6,020	6,020	6,020	6,020	6,918	6,918	6,918	6,918
決定係数	0.171		0.114		0.148		0.228		0.131	

表12-A5　追加調査サンプルのみを用いた推計結果

	(1)	(2)	(3)	(4)	(5)	(6)	(7)	(8)	(9)	(10)
	年間収入（対数値）		正規雇用		管理職		幸福度		健康	
	OLS	IV	OLS	IV	OLS	IV	OLS	IV	OLS	IV
A) 表12-3, 4と同じ定式化の推計結果										
ソーシャル・キャ ピタル	0.01	−0.28	0.02	−0.05	0.02	0.28*	0.62***	1.97***	0.25***	0.76**
	[0.03]	[0.33]	[0.02]	[0.15]	[0.02]	[0.16]	[0.09]	[0.65]	[0.05]	[0.36]
サンプル・サイズ	3,834	3,834	3,787	3,787	3,787	3,787	4,402	4,402	4,402	4,402
決定係数	0.311		0.131		0.159		0.226		0.133	

索　引

欧　字

AI　55
ICT　54
RPA　55

あ　行

後払い賃金　6
アブセンティイズム　265
アルゴリズム　57
一般的信頼　340
異動　123
ウェアラブル・センサー　32
遅い昇進　8

か　行

解雇ルール　47
改正労働基準法　256
過労死　304
機械学習　55
企画業務型裁量労働制　296
企業特殊的な熟練　81
企業特殊的な人的資本　80
客観的理由のない不利益取扱いの禁止
　230
「均衡」待遇　243
金銭救済制度　49
「均等」待遇　243
勤務間インターバル制度　301
継続雇用制度　45,139
ゲームの均衡　22

け

健康経営　251
健康増進プログラム　274
工場法　284
行動経済学　270
高度専門能力活用型グループ　93
高度プロフェッショナル制度　299
高年齢者雇用確保措置　137
互恵性　340,345
雇用柔軟型グループ　91
雇用ポートフォリオ　90

さ　行

在宅勤務　163
裁量労働制　162,292
36協定　285
産業特殊的な人的資本　79
時間当たり生産性　30
時間外労働の上限規制　298
自信過剰　258
宗教的世界観　355
終身雇用　10
職能資格制度　110
ジョブ型正社員　14
ジョブ・ディスクリプション　11
ジョブ・ローテーション　128
新時代の日本的経営　90
新卒一括採用　40
ストック型人材　105
ストレスチェック　264
制度的補完性　185
専門業務型裁量労働制　296

369

専門分野　316
相互転換　19
ソーシャル・キャピタル　340

た　行

ダイバーシティ経営　154
多様性尊重職場風土　174
弾力的労働時間制度　289
長期雇用　4
長期蓄積能力活用型グループ　91
賃金プロファイル　6, 182
定年制　44
テレワーク　33
転勤　123
　　――制度　149
同一労働同一賃金　230
　　――ガイドライン　240
同期　132

な　行

日経「スマートワーク経営」調査　39
日本型雇用処遇制度　166
年次有給休暇制度　286
能力主義管理　101

は　行

パーソナライゼーション　59
働き方改革関連法　230
働き方改革実行計画　237, 282

バックペイ　50
ピア効果　256
比較制度分析　23
非金銭的な効用　257
ビッグ・プッシュ　26
副業・兼業　311
不合理な待遇の相違の禁止　230
不本意型非正規雇用　257
プレゼンティイズム　265
フレックスタイム制度　299
フロー型人材　105
変形労働時間制　291
補償賃金仮説　213

ま　行

無限定正社員システム　10
メンタルヘルス　251
モバイルワーク　163

や　行

予測バイアス　258

ら　行

留保賃金　212
両立支援制度　156
労働基準法　285

わ　行

ワークワーク社員　154

執筆者一覧（執筆順）

鶴光太郎（つる・こうたろう）　　本書編者、はじめに、第 1、4、7 章執筆
慶應義塾大学大学院商学研究科教授／RIETI ファカルティフェロー・プログラムディ
レクター

中林真幸（なかばやし・まさき）　　第 2 章執筆
東京大学社会科学研究所教授

森本真世（もりもと・まよ）　　第 2 章執筆
東京大学社会科学研究所講師

梅崎　修（うめざき・おさむ）　　第 3 章執筆
法政大学キャリアデザイン学部教授

八代充史（やしろ・あつし）　　第 3 章執筆
慶應義塾大学商学部教授

久米功一（くめ・こういち）　　第 4、7 章執筆
東洋大学経済学部准教授

安井健悟（やすい・けんご）　　第 4、7 章執筆
青山学院大学経済学部准教授

佐野晋平（さの・しんぺい）　　第 4、7 章執筆
千葉大学大学院社会科学研究院准教授

佐藤博樹（さとう・ひろき）　　第 5 章執筆
中央大学大学院戦略経営研究科教授

村田啓子（むらた・けいこ）　　第 6 章執筆
首都大学東京大学院経営学研究科教授

堀　雅博（ほり・まさひろ）　　第 6 章執筆
一橋大学大学院経済学研究科教授

水町勇一郎（みずまち・ゆういちろう）　第8章執筆
東京大学社会科学研究所教授

黒田祥子（くろだ・さちこ）　第9章執筆
早稲田大学教育・総合科学学術院教授

山本　勲（やまもと・いさむ）　第9章執筆
慶應義塾大学商学部教授

島田陽一（しまだ・よういち）　第10章執筆
早稲田大学法学学術院教授

本田由紀（ほんだ・ゆき）　第11章執筆
東京大学大学院教育学研究科教授

伊藤高弘（いとう・たかひろ）　第12章執筆
神戸大学大学院国際協力研究科准教授

大竹文雄（おおたけ・ふみお）　第12章執筆
大阪大学大学院経済学研究科教授

窪田康平（くぼた・こうへい）　第12章執筆
中央大学商学部准教授

●編著者紹介

鶴光太郎（つる・こうたろう）　慶應義塾大学大学院商学研究科教授／RIETI ファカルティフェロー・プログラムディレクター

1984年東京大学理学部卒業。オックスフォード大学大学院経済学博士号（D.Phil.）取得。1984-1995年経済企画庁、1995-2000年 OECD 経済局エコノミスト、2000-2001年日本銀行金融研究所研究員、2001年より独立行政法人経済産業研究所（RIETI）上席研究員を経て、2012年より現職。主な著作物：『日本の経済システム改革：「失われた15年」を超えて』（日本経済新聞社、2006年）、『日本の財政改革：「国のかたち」をどう変えるか』（青木昌彦氏と共編、東洋経済新報社、2004年）、『労働市場制度改革』（共編著、日本評論社、2009年）、『非正規雇用改革』（共編著、日本評論社、2011年）、『最低賃金改革』（共編著、日本評論社、2013年）、『人材覚醒経済』（日本経済新聞出版社、2016年）、ほか。

雇用システムの再構築に向けて
日本の働き方をいかに変えるか

2019年 9 月20日　第 1 版第 1 刷発行

編著者──鶴光太郎
発行所──株式会社日本評論社
　　　　　〒170-8474　東京都豊島区南大塚 3-12- 4
　　　　　電話　03-3987-8621（販売）、8595（編集）、振替　00100-3-16
　　　　　https://www.nippyo.co.jp/
印　刷──精文堂印刷株式会社
製　本──株式会社松岳社
装　幀──林健造
検印省略 ⓒ Kotaro Tsuru, 2019
Printed in Japan
ISBN978-4-535-55916-5

JCOPY 〈（社）出版者著作権管理機構　委託出版物〉
本書の無断複写は著作権法上での例外を除き禁じられています。複写される場合は、そのつど事前に、（社）出版者著作権管理機構（電話 03-5244-5088、FAX 03-5244-5089、e-mail: info@jcopy.or.jp）の許諾を得てください。また、本書を代行業者等の第三者に依頼してスキャニング等の行為によりデジタル化することは、個人の家庭内の利用であっても、一切認められておりません。